재밌는 정부 톡talk

이승재 저

법우사
BUBWOOSA

책을 발간하는 이유

재정에 관한 책을 쓰게 된 계기는 다음과 같다. 사람과의 만남이 이 책의 저술을 가능하게 했다. 국회의원 한 분과 대화를 하면서 국가재정에 관해 짧은 시간을 투자해서 이해할 수 있는 책자를 추천해달라는 요청을 받았다. 재정에 관한 책들이 많은데, 쉽고 간략하게 재정이론과 현실을 소개하는 책자가 많지 않았다. 가능하다면 저자가 재정을 간략하게 소개하는 책자를 만들면 어떨까하는 생각을 했다. 또한 출판사 사장님과의 만남이 저술 활동을 포기할 수 없게 했다. 저자의 입장과 독자의 입장에서 항상 좋은 책을 만들어서 사회에 공헌하려는 황영성 법우사 사장님의 열정과 이윤추구에 물들지 않은 순수함에 감사한다.

다음으로 이 책 발간의 필요성에 관한 저자의 생각은 다음과 같다. 국회에서 교육부소관 업무를 담당하면서 교육부 공무원과 자연스레 인연을 맺고 교육문제 해결을 위한 정책과제들에 관해 이견을 교환할 기회가 많았다. 동의하지 못하는 분들도 계시겠지만, 교육공무원의 고뇌를 가까이서 지켜보고 그 입장을 공감하면서 필자와 인연이 된 교육부처의 공무원들은 순수하고 업무 열정이 남달랐다. 그럼에도 불구하고 집합적으로 보이는 교육부에 관한 일반 국민들의 인식은 그리 긍정적이지 못한 이유는 무엇인가를 생각해본다. 교육부장관은 사회부총리로서의 지위를 가진다. 국민의 기대와 요구는 사회정책에 관련한 여러 부처의 정책을 조율하고 성과를 내는 데 교육부총리의 역할을 기대하고 있다. 그렇지만 현실은 교육현안에서 한 발 벗어나기도 힘든 상황이다. 사회부총리로서의 교육부장관의 모습을 찾아보기란 쉽지 않은 일이다. 교육부소관 업무를 담당하는 필자가 가지는 안타까움이 이 책의 집필을 완성하게 된 힘이 되기도 했다.

기획재정부가 예산편성권을 가지고 있으면서 경제부총리로서의 역할을 수행하고 있는 저변에는 탄탄한 재정모형을 기반으로 한 이론적인 지지를 가지고 있기 때문이라고 생각했다. 사회부총리로서의 교육부장관의 역할이 더욱 공고해지고 국가 사회 정책 이슈를 조정하고 관리하는 역할을 수행하기 위해서는 그 역할이 가지는 사회적인 의미가 중요하다는 것을 이론적으로 설명해줄 수 있는 가칭 사회성장모형·교육성장모형 또는 행복모형을 계량화된 모습으로 보여줌으로써 경제를 넘어서 사회적인 문제 해결이 국가 발전에 크게 기여한다는 인식을 모두 함께 할 수 있는 계기가 필요하다고 보았다. 이 책의 독자는 재정을 이해한 지식을 기반으로 재정을 뛰어넘어 사회복지문제 해결의 모형을 상상할 수 있는 기회와 시간을 꼭 가져볼 것을 권한다.

머리말

재정에 관한 호기심을 가진 사람의 욕구를 충족하기란 쉽지 않다. 재정을 소개하는 책자들의 대부분이 두껍고 어려울 뿐 아니라 바쁜 현대인들이 재정 문제만을 숙고할 여유 또한 없기 때문이다. 이 책은 최소한의 시간과 노력으로 재정의 모습을 이해하고 싶은 분들을 위한 책이다.

쉽고 간결한 개념으로 복잡한 사회현상을 설명할 수 있다면 그 개념은 유용하다. 짧고 쉬운 언어로 재정과 예산을 설명하였고, 독자의 부담을 최소화하기 위해 정부예산을 이해하는 데 꼭 필요한 개념들만을 사례중심으로 제시하였다.

국가의 예산을 객관적이고 중립적으로 바라보는 관점을 가지고 싶은 분들이 기존의 방대한 지식보다는 가볍게 재정에 관한 인식의 틀을 만드는 데 도움이 되기 바란다.

재정예산은 국가정책을 수치화한 계획이다. 이 책의 독자는 국가정책사업에 대한 이해와 시각(critical view)을 가지게 될 것이다.

정부정책이 소위 '시장실패'영역에 개입하는 것이므로 현대사회의 경제주체의 한 축인 정부의 기능과 그 정당성에 관하여 각자의 견해를 정립하기를 기대한다.

과세와 대표의 개념과 세금납부에 따른 국가의 존재이유에 대해서도 숙고하고, 가능하다면 정부지출의 합리성에 대한 분석 능력을 키워 국민의 대리인인 국가가 주인으로서의 국민의 선호를 제대로 반영하고 국민의 효용을 높이는 정책들을 수립하고 시행하는지를 감시하고 평가하는 기준을 정립할 필요가 있다.

저자가 중점을 둔 이 책의 특징은 다음과 같다.

첫째, 최대한 간략하고 쉬운 언어를 선택하였다. 딱딱한 문어체보다는 구어체를 사용하려 했다.

둘째, 문장의 시각화를 시도했다. 재정의 모습을 그림이나 이미지로 표현함으로써 이해의 편이성을 높이고자 했다. 독자는 글의 문장을 그래프나 이미지로 그려보는 연습을 병행하면 훨씬 쉽게 재정에 접근할 수 있을 것이다.

셋째, 재정의 핵심 내용을 담고 있는 법률로는 국가재정법이 있다. 별첨한 국가재정법을 일독하기를 권한다. 국가재정을 이해하는데 많은 도움이 될 것이다. 국가재정법을 이해하는 데 필요한 재정용어들도 참고하기 바란다.

넷째, 부록으로 수록한 세입세출과목명세서, 그리고 주요재정사업정리표는 필요할 때 일독하기를 권한다. 국가재정을 바라보는 스키마를 형성하고 강화해 줄 것이다. 실무에 필요한 지식을 확인하는 동시에 재정정책을 추상적인 수준에서 연구하는 사람에게는 재정의 실제를 알고 그 연구수준이 더욱 견고해질 것으로 기대한다. 재정사업정리표는 필자가 국회예산정책처 예산분석실장으로 재직하면서 신은호 과장님을 비롯한 소중한 분들의 도움을 받아 많은 시간을 투입해서 작성한 자료이다. 시간의 흐름에 그냥 버려지기 보다는 재정사업들을 이렇게 엑셀시트에 정리해서 일목요연하게 볼 수 있다는 아이디어를 독자에게 알려주고 싶은 마음에 수록하였다. 세부 재정정책사업 내용을 살펴보기 보다는 재정사업을 정리하는 데 참고하기 바란다.

마지막으로 깊게 파려면 넓게 파야 한다는 말이 있다. 이 말에 저자는 무릎을 치면서, 바로 이것이구나 하는 영감이 떠올랐다. 특히나 국가재정이 담고 있는 내용은 인문, 사회과학을 넘어 자연과학의 지식까지도 필요로 한다. 재정학 이외의 다양한 학문에도 관심을 가지고 관계 서적을 읽어둘 필요가 있다.

그렇지만 독자에게 주어진 시간은 제한되어 있다. 재정 이외에도 다른 많은 인생 경험을 두루 섭렵해야하기 때문이다. 이 책이 독자들의 지적인 호기심을 자극하고 국가정책을 넓고 깊게 공부할 수 있는 나침반의 기능을 다 할 수 있기를 기대한다.

2020년 2월

저자 씀

독자를 위한 작은 톡(이야기)

제4차 산업혁명이 삶의 내용과 형식을 결정짓는 이 시기에, 과거의 아날로그 감성의 책을 발간할 필요성이 있는가를 자문하지 않을 수 없었다. 모르는 지식은 검색기능을 통해 빠르고 정확하게 접근할 수 있는 새 시대에도 저자의 책이 효용성을 가지는 것인가를 고민하게 된다. 이 책과 인연이 될 많은 독자 분들께서는 일상의 수레바퀴에서 이 책을 읽을 시간이 많지 않을 것으로 예상된다. 이 책이 누군가에게 읽혀지고 저자의 생각을 살펴보는 소중한 기회를 가졌으면 하는 욕심이 있지만, 바쁜 독자 분들의 귀한 시간을 뺏고 감동과 지식 전달에 실패할 수도 있다는 두려움도 함께 한다. 독자께서 가장 짧은 시간을 투입해서 이 책을 맛보고 싶다면 조직생활의 팁 1, 2, 3을 먼저 읽어보기 바란다. 그리고 처음부터 끝까지 책을 읽기 보다는 책 사이사이에 있는 생각하기 부분만 읽으면서 본문의 내용을 유추해보면 독자의 시간을 줄일 수 있을 것으로 기대한다. 지식과 정보가 넘쳐나는 현실에서 이 책이 읽혀지지 않고 결과적으로 이 책 발간의 취지를 발견하지 못하는 우를 저자가 범하지 않았으면 하는 소망이다. 지출액으로만 본다면 대기업보다도 더 큰 정부부문의 활동에 관심을 가지는 것은 민주시민의 의무이자 현대사회를 살아가는 시민이 사회·경제 공동체를 이해하는 데 초석이 된다. 이 책의 주된 내용은 저자의 지도교수인 안문석 교수님으로부터 배운 정보시스템이론과 지식 그리고 사람이 시스템의 주인이 되어야 한다는 철학에 저자의 공직 경험이 더해진 것이다. 대학입학 때 만남의 인연으로 지금까지 배움의 기회를 주신 안문석 교수님께 지면을 통해 감사드린다. 책을 통해 저와 인연이 된 독자 한분 한분께도 감사드리며 건승을 기원한다.

2020년 2월

저자 씀

차 례

차 례

제3편 체계편 : 재정조직과 제도

제1편

기초편 : 국가재정모형

자신에게 성(誠하고: 본성에 충실하여 말을 이루고,
타인에게 겸(謙하며: 인연에 겸손하게 양보하며,
사물에게 절(節하고: 자연환경에 아낌과 감사하며,
하늘에게 경(敬한다: 공간을 존중하는 삶

제1장 재정과 예산의 기초

재정과 예산은 국가 활동을 경제의 관점 특히 화폐의 관점에서 바라보는 개념이다[1]. 즉 국가예산은 국가 활동을 화폐 단위로 표현한 것이다. 그렇다면 화폐 단위로 표현하지 못하는 정부 활동은 재정활동 또는 예산활동에 포함되지 않는 것인가의 의문을 가진 독자가 있을 것이다. 2018년 9월 28일부터 시행된 도로교통법에 따르면 자동차 뒷좌석 승차자도 안전벨트 사용을 의무화하고 있다. 이 의무화 조치는 정부의 개입 또는 정부활동이긴 하지만 국가재정 또는 예산활동이라고 보기 어렵다. 다만 의무위반자에 대한 범칙금 부과·징수로 국가의 세입예산에 포함이 되어 범칙금이 납부되었다면 범칙금이라는 항목이 화폐단위로 표시되어 예산서에 표기될 뿐만 아니라 범칙금 부과·징수라는 국가재정활동의 모습이 보인다. 재정은 예산으로 표현이 가능한 국가 정책이다.

정부의 재정활동에는 공공재를 제공하는 정부의 활동과 국가조직을 유지·관리하기 위한 각종 활동들도 포함한다. 화폐경제하에서 정부는 조직 내의 사람(공무원)과 자원(물질과 정보 등)을 민간으로부터 제공 받고, 동기 부여하는데 국가의 돈(화폐)이 필요하다.

국가가 추진하는 각종 정책 사업들의 계획과 모습은 다양하다. 예산서는 이러한 정부의 활동들을 화폐적인 표현으로 담고 있다. 예산서 또는 예산을 분석하기 위해서는 예산서[2]의 내용을 알아야 한다. 결국 예산서가 담고 있는 내용인 정부의 조직,

---

1) 정부재정을 화폐적 표현으로 이해하는 시각은 화폐경제를 기반으로 하는 현대사회의 특징 때문이다. 과거에 현물로 세금을 징수하던 시대에는 정부가 강제로 취득하는 재화의 흐름을 파악하는 것이 국가의 재정활동을 이해하는 중요한 방법이 되었을 것이다.

2) 대부분의 독자는 예산서를 공부하는 경우 각 부처의 각목명세서에 표기된 프로그램사업들을 위주로 살펴보는 경향이 있다. 대한민국 정부가 제출하는 연도별 예산안(흰색표지 2020년도 정부예산안의 경우)에는 예산총칙, 세입세출예산(55개 독립 및 중앙관서 소관별), 계속비, 명시이월비, 국고채무부담행위를 포함하고 있음에 유의하자. 또한 예산총칙은 제1조 세입세출예산총액, 제2조 세입세출예산 명세, 제3조 계속비, 제4조 계속비 예산의 연부액초과사용, 제5조 명시이월비, 제6조 국고채무부담행위, 제7조 국고채무부담행위 한도액, 제8조 한국은행으로부터의 일시차입 또는 재정증권 발행 최고한도액, 제9조 국가의 차입금 한도액 또는 국채발행한도액, 제10조 소관내 타 비목으로부터 이용, 제11조 우체국예금 및 보험특별회계의 수입금 마련지출, 제12조 예비비 중 일부 금액 사용용도 제한 규정, 제13조

인사, 그리고 각종 사업에 관해 알아야 한다. 현대행정의 영역이 확대되면서 그 복잡도도 증가하고 있으므로 정부의 사업의 범위와 내용을 정확하게 이해하기란 쉽지 않다. 재정분석에 정치, 행정, 경제, 자연과학 등 다양한 학문을 학제적 관점에서 이해함이 중요한 이유다. 독자는 자신의 전공의 입장에서 정부예산을 분석해보고 필요하다면 다른 학문의 영역을 점차 확대해서 공부하는 전략이 현실적으로 바람직한 방법이라고 생각된다.

이 장에서는 재정을 이해하는데 꼭 알고 있어야할 기본 개념들을 소개한다.

• 투입 [공공조직] 산출 모형

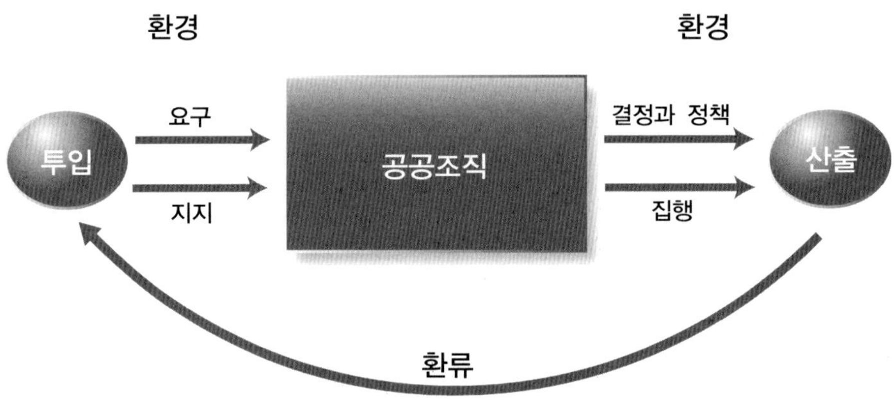

[그림 1] 투입-산출 모형

제1절 살아있는 시스템[3]으로서의 국가

삶이 덧없다는 의미로 인생무상이라는 용어가 있다. 한자로 '무상'이란 없을 '무'에 일정하다는 의미(영어로는 constant)의 '상'을 합한 단어로 변화하지 않는 것은 없다

선거경비에 따른 예비비지출, 제14조 기업특별회계의 전출금, 제15조 기업특별회계의 전입금, 제16조 원자력손해배상보상계약금액의 합계액, 제17조 각 중앙관서의 장의 재해대책비 설치, 제18조 민간투자사업의 토지보상비 집행 등을 규정하고 있다. 정부가 국회에 제출하는 예산안에 기록된 세입세출예산 내역을 보면, 장(분야), 관(부문), 항(프로그램) 까지만 표기되어 있으므로 세부사업명과 단위사업 명을 알 수 없다. 부처별로 사업을 분석하기 위해서는 각 부서의 각목명세서를 별도로 살펴봐야 한다.

3) 사물은 물리의 법칙에 따른다. 생물은 생존본능을 가지고 환경에 적응하기도 하고 환경을 변화시키려는 노력을 한다. 물건이 환경과의 관계에서 수동적인데 반해 생물은 자기변화를 모색한다는 차이가 있다. 조직이나 국가를 유기체적 생물로 바라보는 관점은 조직이 자체 생존본능을 가지고 조직이 계속 확장하려는 성향을 가지는 속성을 설명하기 쉽다.

는 의미다. 살아있는 생물은 세포분열을 통해 한상 변화하고 있다. 무생물도 외부의 환경이 미치는 영향에 따라서 변화한다. 결국 변화하지 않는 것은 없다.

국가도 변화와 질서를 추구하는 시스템으로 이해할 수 있다[4]. James G Miller[5]는 시간과 공간, 물질과 에너지, 그리고 정보체계 등의 기본적인 개념을 활용하여 시스템을 구분하고 있다. 즉 개념적인 시스템(conceptual systems), 구체적인 시스템(concret system), 그리고 추상적인 시스템(abstracted systems)이다.

개념적인 시스템이란 사고의 체계로써, 살아있는 시스템 이론도 이 범주에 속한다. 구체적인 시스템은 물리적인 세계의 부분들로 구성된 시스템을 말한다. 추상적인 시스템은 연구자의 관심에 따라 선택되어진 단위요소들과 그 관계로 구성된 시스템을 말한다.

J. G. Miller에 따르면, 살아있는 시스템은 다음과 같은 7가지 수준으로 인식할 수 있다고 한다. 즉 세포(the cell), 기관(the organ), 유기체(the organism), 집단(the group), 조직(the organization), 사회(the society), 그리고 초국가기관(the supernational system) 등이다.

이러한 7가지 수준의 살아있는 시스템은 구조, 과정(process is all change over time of matter/energy or information in a system), 하위시스템, 관계, 시스템들의 과정들(Systems Processes: Having dealt with the system's structural configuration, its process or central task, and its process-performing subsystems and relationships between the systems parts)이라는 유사한 특성을 가진다고 한다. 특히 시스템들의 과정은 투입과 산출 간의 관계(process relationships between inputs and outputs), 적응과정(adjustment processes), 진화과정(evolutionary), 통합과 성장(growth cohesiveness and integration), 병리(pathology), 소멸(decay and termination) 등의 제 과정을 거친다고 한다[6].

▶ 초연결사회와 시스템이론

정보통신기술과 SNS의 발달로 현대사회는 초연결사회로 변화하고 있다. 과거에는 오랜 시간이 흐른 후에 알 수 있는 사건이나 정보들이 이제는 실시간으로 전송되어 즉시 확산되는 시대에 살고 있다. 과거에는 소외계층이나 어려운 이웃들의 아픈 이야기들이 제대로 전달되지 못했으나 SNS의 발달로 다수의 대중들이 쉽고 빠르게 정보에 접속이 가능하게 되면서 부분과 전체의 개념으로 사회를 바라보는 시스템이론이나 다수결의 원칙을 고집할 수 없는 시대적 상황에

---

4) 이승재. 17대 국회운영의 변화요인 분석, 의회발전연구회(제13권제1호). 2007.에서 재인용.

5) James Grier Miller.(1978). Living systems. New York: McGraw-Hill.

6) 독자는 Miller의 살아 있는 시스템 이론과 동양의 '무상'이라는 개념이 무관하지 않음을 알 수 있을 것이다.

처했다고 본다. 지금의 시대를 살아가는 현대인들은 소수와 다수가 의미가 크지 않게 된다. 오히려 정보에 접속하고 정보를 확산하는 능력을 가진 사람들이 영향력을 가지게 될 것이다. 현대사회의 소수는 과거의 소수와는 달리 인터넷을 통한 정보의 확산과 교류 그리고 소통으로 공감을 얻기 위해 다수에 접근할 수 있고 다수의 지지나 공감을 얻을 수 있는 다양한 기회를 가지게 되었다. 예전에는 다수결의 원칙으로 다수의 의사에 소수를 따라오라고 했지만, 요즘은 소수의 아픔이 바로 다수에게 전이되는 시대다. 다수결 원칙 보다는 합의 원칙이 우리사회에서 더 바람직할지도 모른다. 대의민주주의와 직접민주주의의 논쟁으로 번질 수도 있겠다. 정보통신기술의 발달과 심화가 직접민주주의를 가능하게 할지도 모른다.

생각하기

지구에 존재하는 나라는 모두 몇 개일까? 유엔기준으론 195개이지만 올림픽 기준으론 206개, 국제표준화기구(ISO) 기준으론 249개국이다.[7] 국가를 바라보는 관점 또는 연구자의 관심에 따라 다양한 분류와 기준으로 연구대상이 국가를 묶고, 쪼개고, 나누어서 공통된 속성들을 추출해서 속성들 간 관계를 비교하는 연구[8]가 이루어진다. 국가의 권력의 속성에 주목하는 경우 정치학의 영역에 포함될 것이고, 국가 정책을 운용하는 공무원의 행태를 연구하는 경우는 행정학에 포함될 것이다. 이처럼 연구의 대상을 어떤 관점으로 바라보는가가 연구의 내용과 분야에 영향을 미치게 된다. 실상은 같을지라도 연구자의 관심항목과 접근방법의 차이로 다양한 연구의 틀이 생성된다.

제2절 국가의 자원배분

1. 국가시스템

시스템이란 일정한 목적을 달성하기 위한 구성요소들의 집합이다. 국가시스템은 국가가 지향하는 목표를 달성하기 위하여 국가를 구성하는 요소들의 집합이라고 정의한다. 국가가 지향하는 목표는 시대에 따라 변화해왔다. 야경국가시대에서는 국방과 치안의 유지가 주된 목표였다면 현대복지국가에서는 국방과 치안유지 뿐만 아니라 국민의 삶의 질을 보장하기 위해서 정부가 민간영역에 적극 개입하게 된다. 각종

7) 연합뉴스. 2018.02.19. (인터넷검색일 2018년 9월 26일).
8) 대통령제와 의원내각제, 자본주의체제와 사회주의체제, 지니계수비교 등.

사회복지제도의 확충들은 이러한 시대적 변화에 따른 것이다. 국가의 목표는 연구자의 관심에 따라서 다양한 측면에서 분류할 수도 있다. 정치학을 전공하는 독자라면 국가의 정치권력의 획득과 유지라는 목표에, 경제학을 전공하는 독자라면 자원의 효율적 배분과 소득배분의 공정성 및 경제성장과 안정이라는 국가목표 달성에 관심을 두게 될 것이다. 목표는 다양한 측면에서 이해될 수 있고 또한 목표들 간에는 목표-수단의 연계로 파악할 수 있다. 상위목표를 달성하기 위한 중간목표들은 다수가 있을 수 있고, 이 중간목표들을 달성하기 위한 하위 목표들은 다수가 있을 수 있다.

이제 국가를 구성하는 요소에 대하여 잠시 생각해보기로 하자. 국가를 구성하는 3대 요소로는 국민, 주권, 영토라고 한다. 이 관점에서 국가의 구성요소는 국민과 주권 그리고 영토가 된다. 이러한 전통적인 관점은 국가를 정태적으로 이해하는 한계가 있다. 살아있는 시스템으로 국가를 바라본다면 국가도 태어나고, 성장하고, 병리현상으로 소멸하기도 하는 일련의 과정을 거친다. 이 과정의 각각의 단계에서는 부분을 합하면 전체로, 전체를 쪼개면 부분으로 환원할 수 있다고 본다.

부분들인 하위시스템들은 각각의 고유한 기능을 하고 있다[9]. 본고에서는 국가를 살아있는 시스템으로 보면서, 국가기능 내지는 목표를 자원배분의 관점에서 고찰하게 될 것이다. 자원배분의 관점에서의 국가의 구성요소는 일반적으로 공공부문과 민간부문으로 나눈다. 공공부문의 구성요소[10]들은 중앙정부와 지방정부 및 공공기관으로 나눌 수 있다. 민간부분은 크게 가계와 기업으로 구분할 수 있다. 여기서 나누는 것과 구분하는 것의 의미는 각각의 구성요소들이 된다는 의미로 이해하기 바란다.

2. 자원과 자원배분

(1) 자원의 의미

자원은 [11] 인간이 생산 활동을 하는데 필요한 요소들을 의미한다. 통상적으로 재화나 서비스는 경합성과 배제성의 기준에 따라 사유재와 공공재 그리고 공유자원으로 구분한다. 경합성이란 나의 소비가 다른 사람의 소비를 감소시키거나 그 재화의 효용과 가치를 감소시키는 것을 말하고, 배제성이란 비용을 부담해야만 특정한 재화

9) 국가를 가계, 기업, 정부의 세 가지 구성요소의 합이라고 보는 경우, 국가는 시스템이 되고 가계, 기업, 정부는 각각 하위시스템이 된다. 각각의 하위시스템은 그 고유의 목표 내지는 목적을 가진다. 경제학에서 기업은 이익을 극대화한다는 가정을 한다.

10) 공공부문의 구성요소들에 관해서는 앞으로 더 자세한 소개를 한다.

11) 정치를 연구하는 사람들에게는 권력이, 경제를 연구하는 사람에게는 재화와 서비스가, 사회를 연구하는 사람에게는 상징이나 문화 등 각각 연구자의 관심에 따라 연구의 대상과 방법에 차이가 있을 수 있다. 마찬가지로 자원의 종류와 범주도 시대와 장소에 따라 달라짐을 유의해야 한다.

나 서비스를 사용할 수 있도록 허용되는 것을 말한다. 사과를 생각해보자. 사과를 특정인이 먹는 경우, 다른 사람은 그 특정인이 먹은 양 만큼은 소비할 수 없게 되므로 경합성을 가진 재화가 된다. 사과를 소비하기 위해서는 사과를 구입하는데 필요한 반대급부(화폐)를 지불해야 하므로 배제성을 가진 재화다. 경합성과 배제성의 속성을 모두 가진 재화를 사유재라고 하고, 사유재(민간재)의 특징으로는 배타적이용권과 소유권 이전의 자유의 속성을 가진다. 사유재산권의 정의를 통해 사유재의 특징이 보호된다. 반대로 경합성과 배제성을 모두 가지지 못한 재화나 서비스를 공공재 또는 집합재라고 한다. 경합성이 없으므로 교통이 원할한 일반도로의 이용은 나의 이용이 다른 사람의 이용을 방해(효용이나 가치를 감소시키는) 시키지 않으므로 경합성을 가지지 않으나, 자동차의 증가로 이용자 수가 증가하여 교통체증이 존재하게 되는 경우에는 혼잡비용이 발생하게 되므로 나의 소비가 다른 사람의 소비를 감소시켜 도로의 효용가치를 감소시키므로 경합성을 띠게 된다. 공공재의 경우는 비용부담을 하지 않고 재화나 서비스의 이용이 가능한데(비배제성) 고속도로 통행요금 징수의 사례에서 보듯이 공공재인 도로의 이용에 요금제도를 도입하여 배제성을 가미함으로써 교통량을 조절하고 시장원리를 도입하기도 한다.

소비는 경합성(나의 소비가 다른 사람의 소비에 영향을 미치는)을 가지지만 공공재의 속성 중의 하나인 비배제성(비용을 부담하지 않는 다른 사람의 소비를 배제하지 못하는)의 속성을 가지는 재화를 공유자원으로 분류하기도 한다. 호수나 물, 그리고 공기, 목초지 등 자연자원의 경우 공유자원의 속성을 가지는 사례가 많다. 공유재의 경우 그 자원이 고갈(멸종)되는 소위 공유재의 비극현상을 초래할 수 있으므로 소유권을 명확하게 정의해 준다거나 구성원 간의 합의를 통한 자원고갈의 방지 등의 대책 마련이 필요하다.

〈표 1〉 재화의 분류

구분	경합성 없음	경합성 있음
배제성 없음	공공재	공유자원
배제성 있음		사유재

국가를 자원배분의 관점에서 살펴보기로 한다. 국가시스템의 구성요소로는 정부를 중심으로 하는 공공부문과 기업과 가계로 구성된 민간부문 그리고 민간과 공공부문이 융합된 제3섹터로 구분할 수 있다. 국가를 구성하는 요소 내지는 주체들이 자원을 배분하는 방식을 살펴보면, 민간부문에서는 시장가격을 바로미터로 하고 공공부

문은 계획에 의한 자원배분방식을 따른다. 비배타성과 비배제성을 속성으로 하는 공공재의 특성상 시장에서 수요공급에 따라 결정되는 시장가격을 설정하기가 쉽지 않다는 한계 때문이기도 하다. 마찬가지로 하나의 국가 내에서 희소한 자원을 배분하는 방식에는 시장가격을 바로미터로 자원배분이 이루어지는 시장경제체제와 계획에 따라 자원을 배분하는 계획경제로 구분한다. 가격과 계획은 순수 이념적으로는 구분이 가능한 개념이지만 현대복지국가에서의 자원배분은 가격과 계획이 혼합된 방식이 적용된다.

제2장 국가재정모형

제1절 재정과 국민경제

시스템이론의 관점에서는 가계, 기업, 정부는 국가의 구성요소로 이해된다. 자원배분의 관점에서 가계는 기업에 노동이라는 생산요소를 제공한 대가인 임금을 가계의 수입으로 하여 마련한 재원으로 효용을 극대화하기 위해서 소비지출을 하고, 기업은 자본이라는 생산요소를 투자하고 노동을 가계로부터 공급받아 생산물을 시장에 판매하고 그 이익으로 근로자의 임금과 배당수익 등으로 배분한다. 순수 자본주의 경제체제라면 가계와 기업이 시장가격기구에 따라 자원을 효율적으로 배분하게 될 것이다.

대공황을 거치면서 순수자본주의 체제는 도전을 받게 되었고, 현대복지국가 이념에 따라 국가가 국민의 최저생활보장에 적극 개입하게 되면서 자원배분을 시장에만 맡겨두지 않고 정부가 시장에 개입하게 된다. 시장의 가격기구라는 파라미터에 더해서 정부의 계획(plan)이 혼합된 혼합경제체제의 모습을 가지게 된다. 혼합경제체제하에서의 국민경제 모형을 살펴보기로 한다.

생각하기 모형

자동차 모형을 생각해보자. 실제로 자동차의 모든 부품들과 모습을 표현하려면 설계도면처럼 세세하게 기록해야 한다. 자동차를 만들거나 수립하는 전문가들은 자동차의 세부 부품과 그 기능들을 알고 있어야 한다. 자동차 이용자의 입장에서 설계도면은 블랙박스(black box)로 간주해도 좋을 것이다. 왜냐하면 운전자는 자동차의 간단한 원리만을 알고 있어서 자동차를 활용하는데 불편함이 없기 때문이다. 이처럼 연구자는 연구의 편리와 효율을 위해 많은 부분들을 블랙박스로 간주하기도 한다. 현실을 반영하는 주요 변수들만을 가지고 모형을 만들고 그 모형을 통해 현실을 기술하고 설명한다. 독자들이 자동차를 설명해야 한다면 어떻게 모형을 구상할 것인가를 생각해보자. 독자들의 관심과 지식에 따라 자동차 모형의 구체적인 모습은 다양할 수 있다. 독자들이 생각하는 자동차 모형을 그림 또는 이미지로 표현해 보라고 한다면 가장 간단하게는 아래와 같은 그림으로 표현하지 싶다.

[그림 2] 자동차 모형

'소득은 노동과 자본의 함수다'라는 문장을 간략한 모형으로 표현하면 y=f(L,K)이다. 이 모형은 노동요소와 자본요소 그리고 기술(각각의 생산요소들의 투입의 비율)의 투입으로 상품을 생산하는 현실 경제의 모습을 아주 간단하게 표현한 것이다. 이처럼 모형은 최대한 적은 변수들을 선택하되 현실 경제의 모습을 기술(descriptive)하고, 설명(explanation)하며, 필요하다면 예측가능성이 높을 때 그 모형의 가치는 높다고 평가된다.

제2절 국민경제순환모형과 재정

재정모형은 독자들에게 익숙한 국민경제모형의 하부시스템(sub-system)으로 이해할 수 있다. 개방경제하에서의 국민경제모형은 국민소득=소비+투자+정부지출+(수출−수입)으로 표현된다. 시장경제체제(또는 혼합경제체제)에서 이들 변수 중에서 소비지출은 가계부문이, 투자부문은 기업부문이, 정부지출부문은 정부와 공공기관이 그 주된 주체가 된다. 정부와 공공기관은 세금정책과 정부지출을 조절함으로써 국민경제의 소득순환에 영향을 미친다.

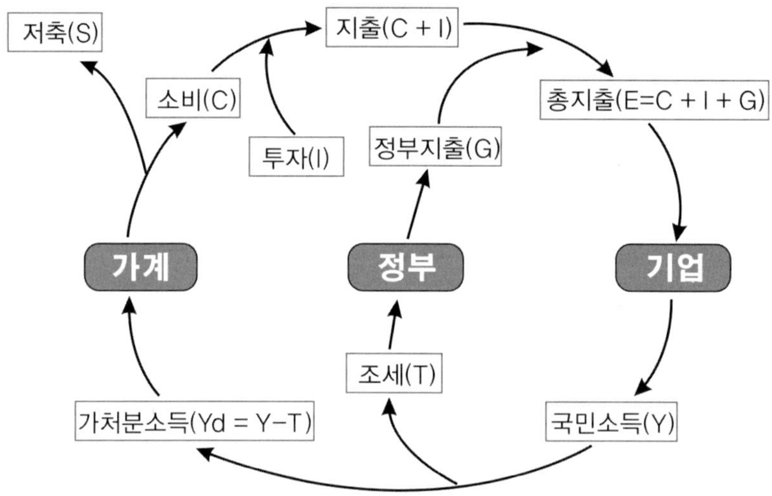

[그림 3] 국민소득순환모형

국민소득순환모형에서 화살표는 우리 몸의 혈액의 흐름의 방향으로 생각해보자. 동맥과 정맥을 통해 혈액이 원활하게 순환이 될 때 그 사람은 건강하다. 마찬가지로 국민소득순환 모형에서 각각의 주체들이 활동들이 최적의 합리적 선택(소비자는 효용극대화 가정, 생산자는 이익극대화 가정)하고, 각 경제주체들 간의 선택이 서로 조화를 이룰 때 그 경제는 건강한 모습으로 발전하게 될 것이다. 만약 가계와 기업의 활동이 원활하지 못하거나 서로 갈등상황에 직면하게 되어 경제순환의 흐름이 원활하지 못하거나 막히게 된다면 정부가 개입하여 흐름을 원활하게 만들어주는 정책개입을 하게 된다.

▶ 재정모형

정부가 국민경제에 개입하는 모습은 크게 세 가지로 분류할 수 있다.

첫째, 적자재정모형이다. 조세 등 수입보다 많은 정부지출을 통해 경제를 활성화시키려는 전략이다. 정부지출재정승수 효과를 고려하면서, 국가가 돈을 빌려서 경제에 수혈함으로써 경제를 활성화시키는 전략이다. 국가가 국채를 발행함으로써 자원을 조달한다는 의미는 미래세대의 돈을 현재세대가 사용한다는 의미를 내포하는데, 지하철 건설 등 사회간접자본의 경우 초기 투자비용이 많이 드는데 반해 그 이용은 미래세대까지도 포함하므로 자원조달과 자원배분의 효율성 확보 차원에서도 채권발행을 통한 자원조달은 정당화되기도 한다[12]. 그렇지만 자칫 국가의 과도한 국채발행을 통한 자원조달은 국가신용도를 떨어뜨리는 요인이 될 뿐만 아니라 국가의 재정건전성을 악화시켜 재정을 통한 효율적 자원배분 역할을 오히려 어렵게 하는 요인이 되기도 한다. 따라서 예산을 편성하고 심사할 때는 재정건전성 지표에 관심을 가지고 재정의 효율성을 점검할 필요가 있다.

둘째, 흑자재정모형이다. 하나의 국가가 조세 등 수입총량보다 적은 정부지출규모를 보이는 경우가 이에 해당한다. 국민경제순환모형에서 경제주체인 정부가 지출액을 줄이고, 조세 등 정부수입액을 지출액보다 더 많이 거둬들이는 경우로 경제가 인플레이션(물가상승) 또는 과도한 경제확장 국면인 경우에 물가상승을 억제하고 경제의 과도한 확장을 조절하기 위한 정부정책이 필요한 경우에 적합한 모형이다. 경제도 순환과정을 거치는데, 정책결정자인 인간이 지닌 인식의 한계와 정책시차 등의 이유로 경제가 자생적[13]으로 상승국면의 최고조에 달해서 하강국면으로 전환하려는 시점에 정부가 과도한 긴축정책(흑자재정정책)을 시행함으로써 하강국면을 더 심화시키고 경제순환의 폭을 과도하게 증가시켜 소위 정부실패(government failure)현상을 초래할 수 있음에 유의해야 한다.

셋째, 균형재정모형이다. 정부의 수입과 지출이 균형을 유지하는 경우의 모형이다. 균형재정은 국민경제순환모형에서 정부의 역할은 중립적이라고 생각하기 쉽지만, 정부는 조세수입과 정부지출을 통해 자원의 상대가격에 변화를 주거나 자원배분의 비율에 변화를 줄 수 있으므로 자원배분의 효율성과 소득배분의 공정성에 영향을 미치게 됨을 유의해야 한다.

이상의 재정모형을 다음과 같은 그림으로 표현할 수 있다.

---

12) 후진국 또는 개발도상국가들의 경우 국내자본이 부족한 상황에서 외국차관을 통해 자본을 충당하기도 한다. 민간기업의 경우에도 발전을 위해 자본을 차입하는 경우가 있다. 과거 중국의 인터넷회사가 일본에서 자본을 빌려서 그 기업을 확장하는 사례들이 이에 해당한다.

13) 경제가 자생적이라는 의미는 건강한 경제체제는 일종의 살아있는 시스템으로써 적정한 균형점을 찾고 유지하려는 내생적인 힘이 있다는 의미다. 경제가 활황기에 접어들면 기업의 재고량이 줄어들게 되고 기업은 재고를 늘리기 위해 고용을 늘린다. 경제의 자율시스템이 제대로 작동된다면 과도한 활황국면에서는 세금납부액이 많아지고(소득세, 부가가치세, 재산세 등) 늘어난 세금납부액 만큼 경제순환모형에서 자원이 정부부문으로 이전하게 되어 과도한 활성국면은 꺾기게 된다는 것이다. 경제가 임계치(critical point)를 넘어선 경우에는 경제의 자생력이 떨어져 장기침체에서 벗어나지 못하는 경우가 발생한다. 예를 들면 케인즈의 유동성함정 상태 또는 대공황상태에 빠진 경제시스템은 임계치를 넘어선 경우로 이 경우 과감한 정부의 개입이 정당성을 가지게 된다. 가벼운 감기는 몸이 쉽게 회복되지만 독감인 경우 독감약을 처방 받아서 건강을 회복하는 것과 비슷한 이치다.

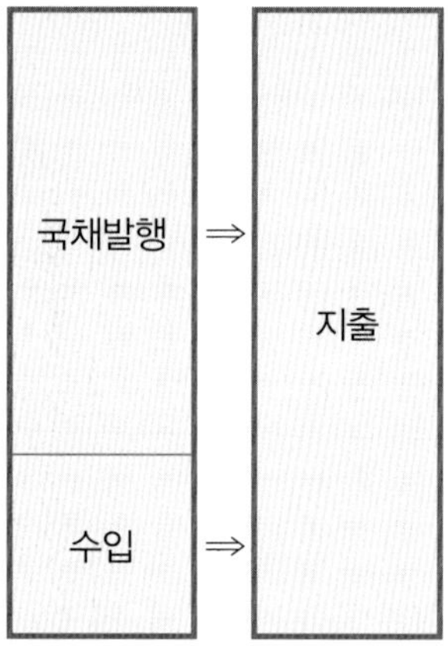

[그림 4] 적자재정모형

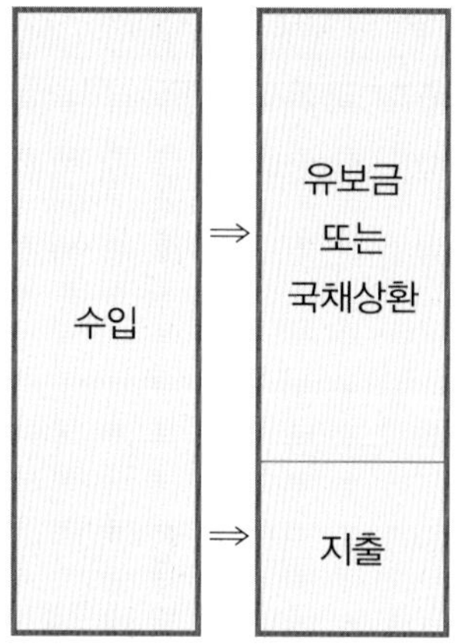

[그림 5] 흑자재정모형

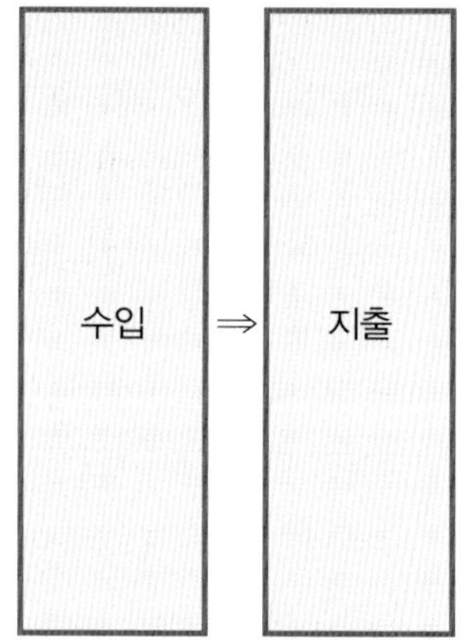

[그림 6] 균형재정모형

생각하기 재정승수

정부가 조세를 거둬들이고, 정부지출을 통해 국민소득에 영향을 미치는데 있어서 정부지출은 어느 정도의 국민소득을 증가시키는지 그 효과를 생각해보자. 예를 들어 1조원의 세수로 정부가 그만큼을 지출했을 경우 국민소득은 1조 이상으로 증가하게 될 것인가? 정부지출이 국민소득에 얼마나 영향을 주는지 보여주는 지표가 재정승수다. 만약 정부지출의 증가액보다 더 많은 국민소득의 증가를 가져온다면 정부의 개입이 경제의 효율성을 더 높인다고 평가할 수 있다. 정부의 재정승수를 정확하게 추계하기란 쉽지 않다. 경험적으로는 약 0.4정도라고 한다. 1조원의 정부지출에 대해서 약 4,000억 원의 국민소득 증가를 가져온다는 것이다. 우리나라는 개방경제시스템이므로 폐쇄경제시스템보다는 상대적으로 재정승수가 낮게 나타난다. 정부의 재정승수가 낮은 이유는 정부비효율 현상과 연관해서 생각해볼 필요가 있다. 공정성의 목표를 달성하기 위해서 효율성이 다소 떨어지더라도 정부가 개입하게 된다.

▶▶ 경제부총리와 사회부총리

대한민국 중앙행정기관 중에서 기획재정부장관은 경제부총리로, 교육부장관은 사회부총리로 한다. 경제부총리는 예산편성권을 가지고 있고, 경제부처의 수장으로서 각 부처의 정책을 적극적으로 개입하고 조정한다. 반면 교육부장관의 경우 사회부총리로서의 역할과 위상은 국민의 기대에 비해 높지 못한 현실이다. 사회부총리로서의 역할을 수행하기 위한 예산으로 2019년도 예산이 2억원, 2020년도 정부가 제출한 예산액은 6.5억 원으로 정부의 사회정책을 조율하는데 턱없이 부족한 규모다. 그동안 경제성장의 과제가 사회성장보다 더 우선순위를 가지고 정책이 추진되어온 결과로 이해된다. 이제는 국민의 삶의 질에 관한 관심이 증가되고 있고 공동체를 구성하는 개인의 행복지수에 관한 관심이 경제지표(GDP 등)로부터 이동하는 시점에서 사회부총리의 역할 강화를 위해서는 경제성장모형과 같은 맥락의 사회성장모형 또는 행복지수 결정 요인들에 관한 분석 모델이 적극적으로 제안될 필요가 있다고 본다. 예를 들면 교육이 경제성장에 미치는 영향에 관한 질적인 분석 수준을 넘어서 교육과 복지, 고용 등의 사회변수들이 개인의 행복과 공동체의 발전에 어느 정도의 영향력을 가지는지를 계량화해보고 국가 간 비교 등을 통해 사회 정책 해결의 중요성을 인식하는 계기가 되길 바란다.

제3절 시장과 정부[14)]

국민경제순환모형에서 가계와 기업만이 존재하는 모형을 생각해보자. 정부지출과 수출과 수입이 제외된다. 폐쇄경제하에서 가계와 기업 두 경제주체만 존재하는 순수자본주의 경제를 생각해볼 수 있다. 순수자본주의 경제체제 하에서의 자원배분과 소득배분은 가격이라는 바로미터가 작동하는 시장기구를 통해 이루어진다. 전통적으로 자원배분의 효율성과 소득배분의 공정성을 달성하는데 시장기구만으로는 불완전하다고 한다. 외부경제가 작동하기 때문이다. 가격 작동에 실패하는 현상을 시장실패(market failure)라고 정의하고, 대표적인 시장실패 영역으로는 공공재, 독점의 존재, 초기자본투자 비용이 많이 드는 사회간접자본(SOC)건설 등을 꼽는다.

근대시민사회에서 야경국가 모형은 시장의 비중이 컸다고 한다면, 현대 복지사회 국가 시스템에서는 국가의 역할과 개입의 비중이 상대적으로 크게 부각되고 있다. 정보통신기술의 발전과 SNS의 발전으로 개인과 개인이 연결되는 사회에서는 개인과 개인의 네트워크(연결고리)가 중요하게 되고 시장과 정부의 역할이 혼재된 제3의 민관혼성기구의 역할이 부각된다.

전통적으로 공공재와 같이 시장(가격)기구가 작동하기 어려운 재화와 서비스에 대해서는 정부가 개입하여 문제를 해결하는 것이 정당화되어 왔다. 과연 정부가 개입하는 것이 가장 효율적인지 또한 정부가 개입한다면 어떤 방법이 바람직한 것인지를 살펴볼 필요가 있다. 정부가 개입하는 경우 정부는 개인의 공공재 평가(선호)에 대한 개개인의 효용함수 파악이 쉽지 않고, 정치가와 관료의 이기적인 속성, 정책시차의 문

14) 시장과 정부를 설명하는 내용은 저자의 학위논문(환경정책체감에 관한 연구)에서 발췌하였다. 독자들이 재정을 바라보는 관점을 쉽게 습득할 수 있도록 도와주려는 이 책의 취지를 감안했다.

제, 부패와 비리의 개연성 등에 기인한 정부실패의 가능성이 제기되고 있다. 대표적인 시장실패의 유형의 하나인 환경문제 해결을 위한 다양한 방법들을 살펴보기로 하자. 독자는 시장과 정부의 역할과 한계를 공부함으로써 각종 재정사업에 관한 정부의 개입의 필요성과 그 한계에 관한 나름대로의 준거를 가지게 될 것으로 기대한다.

먼저 환경문제해결을 위해 정부가 개입하는 방법에 대한 대안으로 제시된 코즈의 접근방법을 살펴보기로 하자.

1. 시장실패(환경문제)해결: 시장적 접근방법, 코즈의 접근방법

코즈(Coase, 1960)는 외부성이 존재하더라도 정부의 개입 없이 관련 당사자들이 모여서 외부성의 내부화(internalization)를 통하여 효율성을 보장할 수 있는 장치를 설정하는 것이 가능하다고 보았다.

대표적인 시장실패의 사례라고 할 수 있는 환경문제의 사례를 살펴보자. 상수원 수질오염 현상의 관련 당사자들은 상류지역 거주민과 하류지역 거주민으로 구분할 수 있다. 이러한 관련 당사자들의 외부성의 문제는 맑은 상수원에 대한 소유권이 없거나 분명하지 않은 경우에 발생한다. 예를 들면 상수원을 이용하는 하류지역 거주민들은 상수원이 오염되지 않고 깨끗하게 보존되어야만 낮은 비용으로 맑은 물을 마실 수 있게 된다[15]. 이로 인해 상수원 주변에서 생활하는 상류지역 거주민들은 개발제약에 따른 불이익을 받게 된다. 이 경우는 하류지역 주민들이 맑은 물을 낮은 비용으로 마실 수 있도록 상수원 주변의 개발을 제한한 결과 상류지역 거주민들에게 외부불경제를 유발 하고 있는 것이다.

코즈(Coase)는 협상비용이 없거나 무시할 만하고 정보가 완전할 경우 외부성에 대한 법적 책임을 어떻게 정의하는지에 관계없이 자원배분은 동일하며 또 효율적으로 이루어진다고 한다. 상류지역에 입지한 수질오염배출업자와 하류지역에 입지한 가두리양식장 업자를 가정하여 보자. 상류에 위치한 공장이 호수를 오염시키는 외부불경제를 유발하지만, 이를 금지하거나 그 오염 정도를 대폭 줄이도록 규제하면 공산물 생산이 감소하고 가격이 높아져 서민들의 생계에 곤란을 주게 된다. 이를 방지하기 위해 호수를 오염시킬 권리를 공장주에게 주는 입법을 했을 경우 공산물 생산은 어떻게 될까? 이때 공장주는 가두리 양식장 업주의 사정은 고려하지 않고 자신의 이익

15) 우리나라는 4대강 수계별로 수돗물을 이용하는 하류지역 주민들을 대상으로 물이용부담금을 부과·징수하여 수계관리기금을 조성하고, 이를 재원으로 하여 상수원 상류지역 주민들에게 규제에 상응하는 각종 경제적인 지원을 하고 있다. 물이용부담금에 관한 상세는 (이승재.(2010). 환경정책체감에 관한 연구. 4대강 물 관리 종합대책 인식을 중심으로, 고려대학교 대학원 행정학과 박사학위 논문)을 참고하기 바란다. 또한 이 책의 5. 시장과 정부는 저자의 논문에서 요약·발췌한 것임을 밝혀둔다.

만을 고려하여 제품을 생산하려 할 것이고, 가두리 양식업자는 오염 물질을 덜 발생시키도록 공장주와 협상할 유인을 가질 것이다. 즉, 양식업자는 호수 오염으로 인한 양식비용의 상승과 어획량감소 피해액 한도 내에서 공장주에게 보상함으로써 오염물질 배출을 줄이도록 설득할 것이며, 수질오염 감소에 따른 양식비용의 절감 및 어획량을 유지하려 할 것이다. 이때 공장주는 제품 생산 감소에 따른 수입 감소가 양식업자의 보상액보다 크지 않는 한 협상에 응할 것이며, 제품 생산 감소로 인한 수입 감소액이 그에 따른 보상액과 일치할 때까지 제품 생산량을 줄일 것이다.

마찬가지로 양식업자가 호수의 소유권을 부여받는 경우 제조업자의 제품생산은 어떻게 될까? 이때는 제조업자가 먼저 양식업자와 협상할 유인을 가질 것이며, 제조업자는 제품 한 단위의 생산 증가로 얻을 수 있는 수입의 한도 내에서 양식업자에게 보상을 함으로써 제품 생산을 허용하도록 양식업자를 설득할 것이다. 양식업자는 제품 한 단위 생산 증가에 따른 오염으로 인한 양식비용 증가와 어획량 가치 손실액이 보상액보다 크지 않은 한 협상에 응할 것이다. 결과적으로 제조업자는 제품 한 단위의 생산 증가로 얻는 수입 증가와 보상액이 일치할 때까지 제품 생산을 늘리게 된다. 결국 위의 두 경우에 모두 제품 생산량과 오염 물질의 배출량은 같아지게 된다.

코즈는 정부가 환경문제에 너무 깊이 개입하기 보다는 소유권을 명확하게 정의해 주기만 한다면 －위의 사례에서는 배출업자 또는 양식업자－ 당사자간의 협의를 통하여 효율적인 자원배분이 이루어진다고 본다.

그러나 깨끗한 상수원이라는 소유권을 누구에게, 어떻게 부여할 것인가의 문제는 자원의 권위적 배분에 관련 되므로 더 이상 경제적인 문제가 아니라 정치적인 문제로 바뀌게 된다. 코즈이론이 현실세계에 그대로 적용하기에는 한계를 가지는 이유이기도 하다. 현실세계에서는 상수원의 보전과 관리를 둘러싼 상·하류지역 주민간의 협상에 비용이 들고, 하류지역에 거주하는 다수의 사람들은 서로 다른 인센티브 구조(다양한 한계 피해 곡선에 직면한다)를 가지고 있어 이들의 선호를 파악하기가 쉽지 않으며, 다수의 주민들이 완전한 정보를 가져야 한다는 코즈의 전제를 충족하기 쉽지 않기 때문에 시장을 이용한 효율적 자원배분에 실패할 가능성이 있다고 본다. 따라서 많은 경우 Coase가 주장한 소유권의 정의에 의한 해결보다는 정부가 직접적으로 문제를 해결하려는 현상이 보편적이다.

2. 시장실패(환경문제)해결: 정부개입을 통한 접근방법

환경문제를 해결하기 위한 집합적 행동이 왜 실패하는가? 코즈의 주장이 옳다면 정부의 개입의 정당성은 사유재산권을 정의하는 등 최소한의 범위에서만 인정될 것이다. 환경문제 해결을 위한 정부 개입의 필요성, 정도, 범위, 그리고 방법을 어떻게 설명할 수 있을까?

환경오염문제에 대해 정부개입이 필요한 이유는 첫째, 환경오염문제의 해결은 근본적으로 공공재의 성격을 지니며 둘째, 환경오염 당사자들이 모여서 외부성을 내부화하려고 할 때 거기에는 상당한 거래비용이 필요하고 셋째, 현재 설정되어 있는 재산권이 비효율적이기 때문이라고 지적된다[16](Stiglitz, 1988). 환경문제에 대한 정부의 개입방법은 직접적인 정부투자와 정부규제 및 시장유인적 규제로 구분될 수 있다[17](전상경, 1992).

먼저, 환경오염방지사업 또는 환경개선사업을 정부가 직접 수행하는 형태는 국민이 공동으로 환경비용을 부담하는 공동책임의 원칙을 구체화한 것이다. 정부의 직접투자가 환경문제를 해결할 것이라고 보는 근거는 환경문제는 기본적으로 공공재적인 성격을 띠고, 공해방지시설 설치에 투입되는 초기비용이 매우 크므로 민간부문이 그 비용을 감당하기 어렵기 때문에 정부가 직접 공해방지시설설치에 필요한 자금을 투자한다는 것이다. 1983년부터 1991년까지 산업단지 또는 공장밀집지역에서 배출되는 다량의 산업폐수를 처리하기 위하여 설치한 폐수종말처리시설 설치에 필요한 비용을 전액 국고에서 지원한 사례와(환경부. 환경백서, 2007), 폐기물 관리법 제4조에서 시장 · 군수 · 구청장이 폐기물처리시설을 설치·운영하도록 규정하고 있고, 민간에서 재활용이 제대로 되지 못하는 폐기물의 재활용과 적정처리를 수행하기 위하여 무자본 특수법인인 한국환경자원공사를 두고 있는 예가 있다. 이처럼 국가가 직접 개입하여 환경문제를 해결하는 방식은 오염자부담원칙을 훼손할 우려가 있으므로, 다수인이 관련되어 민간에서 환경문제 해결을 기대하기 어려운 경우만 제한적으로 운용하도록 규정하여야 한다.

정부의 직접투자방식이 초래할 수 있는 문제들을 회피하기 위해서 정부는 환경기준만을 설정해주고, 기준준수여부를 확인하는 방식이 있다(수질환경보전법 제19조 참조). 이 방식은 기준설정 대상에 따라 투입규제와 산출규제로 구분할 수 있다.

투입규제는 환경오염의 원인이 되는 투입요소의 규제를 통하여 환경오염문제를 해결하려는 것으로서, 공해를 유발시키는 생산품의 생산과정에 들어가는 원료나 중간재의 성분 등에 관하여 일정한 환경기준을 설정하고 그 기준 준수를 강제하는 것이다(대기환경보전법 제41조 참조). 이러한 투입규제의 장점으로는 행동의 명확성, 집행의

16) Stiglitz, Joseph E.(1988). "Economics of the Public Sector.(second ed) New York: W.W.Norton and Company.

17) 전상경.(1992). "시장실패와 비시장실패 및 공공정책: 환경오염을 중심으로," 한국행정학회. 한국행정학보 제26권 제1호.

용이함, 일반국민들의 지지 등을 들고 있으나 단점으로는 규제정책 효과의 불확실성, 지속적인 감시의 필요성, 기술수준의 최신성, 경제성 등을 들고 있다[18](최병선, 1992).

산출규제란 피 규제자가 달성해야 할 의무를 내용으로 하는 성과기준을 제시하고 이에 따르도록 강제하는 것이다. 예를 들면 수질배출허용기준은 환경기준을 달성하기 위한 규제수단의 하나로 배출사업장의 배출 수 농도를 규제하는 것인데 환경기준과 하천의 자정능력 등을 고려하여 설정하고 있다. 결국 정부가 일정정도의 허용 공해수준을 결정하고 기업이 그것을 준수하도록 하는 것이다.

정부가 직접 투자하는 방식과 기준을 설정해 주는 방식은 정부가 환경문제에 관련된 정보를 충분하게 가지고 있는 것을 전제로 한다. 정부가 민간보다 많은 정보를 가지기 곤란한 상황에 직면하면서 정부가 피 규제자에게 경제적인 유인을 제공 또는 변경함으로써 환경규제정책의 효과를 극대화하려는 방식을 도입하는 경향이 있다. 정부가 오염원인자에 대하여 환경세를 부과하거나, 오염원을 제거하는 자에 대하여 보조금을 지원하거나, 오염물질을 시장에서 거래할 수 있도록 배출할당량을 부과하는 배출권거래제도 등이 이 범주에 속한다.

행정부의 환경정책개입으로 발생할 수 있는 문제들을 해결하기 위한 장치로 사법부에 의한 환경문제 해결방식이 존재한다. 이러한 방식은 직접적인 이해관계를 가진 당사자들이 환경문제의 인식과 해결을 담당하도록 하려는 것으로, 일반적으로 피해당사자는 정부보다도 외부성의 발생여부를 더 잘 알 수 있기 때문에 이와 같은 사법적 접근방법은 정보획득 면에서는 효과적이나, 사법제도를 통하여 사례별로 설정되는 재산권으로는 복잡한 현대사회의 환경문제를 능동적이고 일관성 있게 다루기가 어렵다는 한계가 있다(전상경, 1992). 이밖에도 환경오염의 사법적 해결방법은 큰 거래비용이 들고, 환경오염을 유발하는 자는 어떠한 소송에도 상당한 비용이 든다는 것을 잘 알기 때문에 피해자가 그러한 비용을 감당하기에 꺼려할 수준까지는 그대로 환경오염을 유발할 가능성이 있으며, 높은 소송비용 때문에 사법제도 이용에 공정성을 확보하는데 한계가 있고, 환경오염유발자는 소수인데 반해 피해자는 다수인 경우가 많으므로 효율적인 대응이 어렵다는 특징이 있다.

환경문제를 해결하기 위한 이상의 논의들은 상호보완적으로 이해할 필요가 있다. 시장의 역할을 강조하는 코즈의 접근방법이 설득력을 가지는 이유는 자본주의 경제체계를 근간으로 하는 한 가격기구를 통한 자원배분역할의 중요성이 최우선되어야 할 것이기 때문이다. 규모의 경제 등 시장기구가 작동하지 못하는 시장실패의 영역에는 현명한 정부의 개입이 정당화된다. 정부는 환경기초시설을 설치하고, 깨끗한 환

18) 최병선.(1992). "정부규제론". 서울. 법문사.

경에 대한 사유재산권을 명확하게 정의해 주며, 규칙을 위반하는 자에 대하여는 엄정하게 제재를 부과한다.

3. 환경문제 해결을 위한 정부개입의 한계

수질오염과 같은 환경문제는 시장실패의 가능성이 있기 때문에, 상수원의 수질개선을 위해서 정부가 개입하는 행위가 언제나 정당화되는 것인가?

Wolf(1991)[19]는 시장수요와 시장공급에서의 왜곡으로 인하여 시장실패가 초래되듯이 정부실패(비시장실패)현상도 비시장수요와 비시장공급의 왜곡으로부터 유발된다고 보고, 다음과 같은 네 가지 비시장실패의 원인을 제시하고 있다.

첫째, 비용과 수입의 분리 때문에 비효율성이 발생한다. 정부활동은 시장가격이 아닌 세금이나 현금 등을 재원으로 하기 때문에 정부활동 산출물의 적절한 양과 가치와 생산비용이 분리되어 산출물의 소비정도와 무관하게 공급이 이루어지고 결국 비효율이 발생할 가능성이 높아진다.

둘째, 내부성(internality)으로, 여기서의 내부성이란 어떤 기관과 인력의 성과를 유도하고 평가하기 위해서 비시장조직 내부에서만 적용되는 목표로서 일종의 조직목표와 같은 의미로 사용된다. 시장조직에서는 그 성과가 이윤에 의해서 평가되나 비시장조직은 그러한 평가기준의 결여로 예산의 크기가 내부성으로 받아들여진다는 것이다.

19) 비시장수요의 특징으로서 첫째, 시장실패에 대한 일반인들의 인식고조로써 시장 활동의 결과가 사회적으로 최적 상태가 아니라는 인식과 정보가 널리 퍼지게 되는 것으로 환경오염에 대한 일반인들의 높은 관심이 그 예이다. 둘째, 정치적 조직화와 정치적 인권신장 등 민주화로 인하여 이전에는 정치과정에서 소외되고 소극적이었던 많은 이익집단들이 시장실패를 시정할 수 있는 입법과 규제조치 및 다른 계획들을 수립하게끔 정부에 압력을 행사할 수 있게 되었는데 각종 환경단체의 활동이 정부에 미치는 압력들이 그 예이다. 셋째, 정치적 보상구조의 왜곡을 들고 있는데, 정부시정조치의 필요성이 정치적 과정 속에 용해되는 과정에서 그 보상은 책임을 지지 않는 정치인에게 돌아가므로, 정치인들은 무책임하게 정부활동을 확대하려는 경향이 있다는 것이다. 넷째, 정치행위자의 높은 시간할인율로써, 정치인은 선출직이므로 짧은 임기 때문에 종종 미래에 생기는 편익이나 비용은 대폭 할인되지만 현재 또는 가까운 장래에 생기는 편익이나 비용은 지나치게 과장되는 경향이 있다는 것이다. 마지막으로 편익과 부담의 분리를 들고 있는데, 편익을 누리는 집단과 비용을 부담하는 집단이 상이할 경우에는 정치적 조직화와 로비를 통해서 잠재적 수혜자 집단이 수요를 창출하려고 할 것이므로 비효율적이라는 것이다. 편익과 부담의 분리는 미시적 분리와 거시적 분리로 구분할 수 있는데, 미시적 분리는 정부사업의 편익은 특정집단에 집중되어 있으나 그 비용이 납세자나 소비자인 일반대중에 널리 펴져있는 경우를 말하고, 거시적 분리는 복지사업과 같은 경우로 정부사업에 대한 수요는 다수이지만 그 재원은 소수가 부담하는 것을 말한다. 다음, 비 시장공급의 특징으로는 비 시장 산출물의 정의와 측정이 매우 곤란하며 그것의 산출에 사용되는 투입물의 가치로써 표현하는 경우가 많다는 점, 비시장산출물은 독점적 관할권을 가지는 기관에 의하여 독점적으로 산출물이 공급됨에 따라 경쟁이 어려워 산출물의 질에 대한 평가가 어렵다는 점, 생산기관이 사용하는 생산기술이 불확실하고 애매모호하다는 점, 종결메카니즘이 결여되어 있어 산출물이 성공적이지 못할 때 그것을 종결시키기가 어렵다고 한다(Charles Wolf, Jr.전상경 역.(1991). 시장과 정부. 교문사. pp.112-115).

비용을 줄이기보다는 비용을 정당화하는데 참여한 사람들이 보상을 받게 된다는 것이다. 또한 정부산출물에 대한 질의 평가가 어렵기 때문에 새롭고 복잡한 기술에 대해 집착한다거나 다른 사람이 모르는 정보를 획득하고 통제함으로써 조직의 목표보다는 수단에 집착하여 비시장실패 현상이 나타난다는 것이다.

셋째, 파생적 외부성(derived externality)로 시장실패를 시정하려는 정부의 개입으로 예기치 않은 부정적인 결과를 초래하는 현상을 말한다. 이는 정책결정의 조급성과 정책결정자의 근시안적인 사고방식 그리고 정치인의 좁은 시계와 높은 시간적 할인율에 기인한다.

넷째, 분배적 불공평(distributional inequity)로 비시장기구의 활동은 다른 사람의 행동을 제약하는 권한을 수단으로 하는데 이러한 권한은 몇 사람에게만 귀속되고 다른 사람에게는 배제되는 경우가 많아 분배적 불공평을 초래할 수 있다는 것이다[20].

이상의 논의를 환경문제원칙과 해결의 관점에서 환경문제에 대한 일반인의 관심 확산과 환경단체의 정책참여, 그리고 정치인의 지역 환경문제 관여 등은 환경정책수요를 과도하게 증폭시킬 우려가 있다. 정책공급측면에서도 정책평가와 종결시스템의 부재로 과잉공급의 우려가 있다. 이러한 특징은 환경부서이 조직, 인원, 예산의 팽창을 가져올 뿐 환경문제의 개선에는 뚜렷한 효과를 보지 못하는 정부실패현상을 야기할 수 있다는 시사점을 제공해 준다.

공공선택론적 관점에 따르면 정부는 정책결정과 집행에 참여하는 정치가와 관료들이 지대추구와 같은 이기적인 활동 때문에 정부실패현상이 나타난다고 한다. 주인-대리인 이론에 따르면 주인과 대리인 간의 정보비대칭성에 의한 역선택 문제와 도덕적 해이 현상에서 정부실패를 설명하기도 한다. 현실적으로 현대사회에서는 새로운 환경의 대두로 정책실패의 가능성이 높아지고 있다. 국가간 협약이나 국제규범에 따라 환경정책수립과 집행에 제약을 받기도 한다.

정부실패 또는 비시장실패 현상을 정의하고 규명하는 것에 대한 새로운 이론들이 제시되고 있다[21]. 다만 정부정책의 반복적 실패는 정책불만족의 원인이 되어 국민의 정부정책에 대한 체감을 떨어뜨리는 영향 요인이 될 것이기 때문이다. 누적적이고 반복적인 정부실패는 자유방임상태보다 상황을 더 악화시키고 만성적인 체감저하로 정부불신을 초래할 수도 있다. 우리가 느끼는 시장실패의 위험의 수준이 커질수록

---

20) Wolf의 이론에 대하여는 비판적인 시각도 있다. 국가의 업무는 효율성의 기준으로 판단하지 못하는 부분이 많이 있음에도 지나치게 효율성 위주의 논의이며, 시장체제의 불완전성에 관한 논의가 재현될 수 있고, 비시장실패론에서 거론하고 있는 상당부분이 조직관리상의 문제로 정부뿐만 아니라 일정규모 이상의 조직에서도 나타날 수 있다는 점을 지적한다(허철행, 2001).

21) 공유재의 비극 문제를 지역공동체의 협동으로 해결하는 사례를 소개하고 있는 오스트롬의 저서를 일독하기 권한다. Elinor Ostrom.(2005). Understanding Institutional Diversity (Princeton Paperbacks).

국가개입에 대한 수요는 커질 것이므로 정책관련자들의 인식이 정확하지 않다면 이미 왜곡되어 정부실패의 가능성이 높아질 것이므로[22](장 욱 외, 1997: 13) 정부가 각종 정책시행에 실패하는 원인과 현상을 이해할 필요가 있다고 본다.

제4절 예산제도의 변천

예산제도의 변천은 행정이론의 변천과 함께 정리할 필요가 있다. 야경국가시대에는 정부는 질서유지, 치안 등 최소한의 역할만 수행한다. 국가의 역할이 소극적이고, 제한적인 경우 정부예산도 의회에서 얼마나 쉽게 통제(oversighting)할 수 있는가에 중점을 둔다. 점차 정부의 역할이 확대되면서 예산의 중점이 통제→관리(management)→기획(planning)으로 변한다. 정부의 예산은 매년 순증 하는 경향을 보인다. 전년도 대비 몇 % 증감으로 표현되는 정부의 예산관련 보고서들이 이를 반영하는 것이다. 이러한 관행을 바꾸려는 노력의 일환이 일몰법(sunset law)의 도입이다. 정부가 추진하는 사업들은 그 사업의 예정기간이 도래하면 사업을 종결해야 한다는 것이다. 사업, 예산, 조직, 공무원은 하나의 묶음이다. 사업의 종결은 조직과 예산의 축소 및 공무원의 인원감축으로 귀결되기 때문에, 반면 조직은 조직유지 및 확장하려는 관성이 있어, 공공조직은 예산과 사업의 감축에 저항하는 경향이 있다.

계획과 예산과의 관계에 관하여 살펴보자. 정부는 의회(또는 국가)가 설정한 정책목표를 달성하기 위하여 －정치가 목표를 설정하고, 행정은 그 목표를 달성하기 위한 집행을 담당한다는 견해에 대해서는 학파(이론)들간의 차이가 있음을 명심하기 바란다－ 정책결정과정을 통해 정책수단을 선택하게 된다. 정책수단들은 구체적으로 사업단위로 분류되어 집행된다. 환경보전은 환경부가, 외교정책은 외교통상부가, 보건행정은 보건복지부 등 각각의 부서에서 담당한다. 각각의 부처가 자율적으로 정책을 수립하고 집행하는 경우 국가적인 통일성 확보가 어렵고, 부처 간 서로 상충되는 정책집행으로 국가정책목표에 엇박자가 발생할 수도 있다. 이를 방지하기 위해서 각 부처 업무협의를 하도록 규정하고 있으며, 각 부처가 사업을 추진하는데 필요한 예산을 정부 내(기획재정부)에서 협의 · 조정하고 의회의 사전 승인(예산 확정)을 받도록 규정하고 있다. 각 부처가 시행하는 사업들은 부처의 기획담당부서에서 우선순위를 결정하고, 이에 따라 사업별로 필요한 예산을 반영하여 의회에 예산요구를 하게 되

22) 장욱·송미령.(1997). “계획의 정당성과 시장실패.” 국토계획. 제32권 제4호.

는 것이다. 사업에 관한 기획과 예산은 동전의 앞뒤라고 생각하면 된다. 의회(국회: 대한민국 의회)에서 예산을 심사한다는 것은 정부의 사업의 우선순위를 심사하는 것이라고 보면 된다.

과거에는 예산을 편성하거나 심사하는 단계에서 전년도 예산액을 기준으로 몇 퍼센트 증가할 것인가를 고민했다면(품목별 예산제도), 국가재정법이 시행된 이후로 성과주의 예산을 적극 도입하고 있다. 경제가 긴축국면에 진입하는 경우 낭비적인 요소를 줄이고 정부예산을 개혁하라는 요구가 증가하게 된다. 정부예산의 낭비를 줄이는데 영기준(zero base) 예산은 예산의 기순이 영(0)으로 하라는 것이다. 모든 정부 사업의 기준을 영(0)으로 두고 사업의 필요성과 타당성을 검토하여, 제한된 정부재원을 고려하여, 예산을 산정하는 것이다.

알아두기: 거래비용(transaction cost)

거래를 할 때 발생하는 비용을 말한다. 독자 여러분이 이 책을 구입하는데 얼마의 비용이 들었는가를 계산해 보기 바란다. 책값 이외에도 이 책의 가치를 판단하기 위해서 친구에게 간식을 제공했다면, 간식비용과 그 시간비용이 들었을 것이다. 또한 책을 구입하기 위해서 서점에 들렀다면 그 서점에서 이 책을 보유하고 있는지를 검색하는데 투입된 정보검색시간비용과 그 서점을 방문하는데 투입된 교통비와 시간비용 등이 거래비용의 항목에 포함된다. 여기서 주목할 점은 동일한 활동에 대한 서로 다른 사람의 거래비용은 달라질 수 있다는 것이다. 책값과 교통비가 동일하다고 하더라도(교통비도 차등을 두고 있으니 달라질 수 있지만) 시간비용은 사람에 따라 달라질 수 있기 때문이다. 시간비용은 기회비용(opportunity cost)이다. 10분의 시간비용을 화폐단위로 환산하는 경우, 직장인이 업무를 수행하지 못해 1,000원의 소득손실을 본다면 그 1,000원이 기회비용으로서의 시간비용이 된다. 농업인이 그 시간 농토를 관리하지 못해 500원의 소득손실을 보다면 그 500원이 기회비용으로서의 시간비용이 된다.

기회비용의 개념은 버스요금 등 교통비용 정책에도 반영된다. 교통요금이 어린이, 성인, 노인으로 구분되어 있다면 그룹별로 기회비용이 다름을 반영한 것이다. 평균적으로 성인의 경우 청소년보다 상대적으로 시간에 대한 기회비용이 크기 때문에 요금을 더 높게 설정한다.

거래비용이론은 유사한 업종들이 모이는 현상을 설명하는데도 쓰인다. 의류매점들은 ㅇㅇ시장에 많이 밀집되어 있고, 소위 먹자골목은 △△△동이 유명하다고 소문이 나면, 직관적으로는 유사업종이 모이면 서로 경쟁을 해야 하므로 판매수익 면에서 불리할 것으로 생각되지만, 의류를 구입하거나 음식메뉴를 결정해야 하는 고객의 입장에서는 정보검색비용을 줄일 수 있어 ㅇㅇ시장이나 △△△동으로 간다. 해수욕장의 아이스크림 매점이 나란히 붙어서 영업하는 현상을 본다면 거래비용이론을 생각하라. 코즈이론(Coase Theorem)도 같은 맥락에서 이해된다. 관심 있는 독자는 코즈이론에 관한 논문을 읽어 보기 바란다.

거래비용의 관점에서 조직의 탄생을 설명해 보자. 자동차 메이커는 자동차를 만드는데 다양한 부품을 필요로 한다. 자동차 엔진, 브레이크 등 자동차 부품 공장들이 있다. 부품공장은 부품을 생산하기 위한 공정이 필요하다. 공정을 특화시킨 중소부품업체는 자동차 메이커에 의존하게 된다. 자동차 메이커가 차종을 변경하는 경우 부품업체는 공정을 변경하는데 비용을 투입해야 할 것이다. 또한 부품업체가 부품을 제때에 공급하지 않는 경우에는 자동차 메이커는 큰 손실을 입게 된다. 이러한 위험에 대비하기 위해서는 별도로 소규모 부품공정을 만들어야 할지도 모른다. 이 경우에 비용이 추가로 투입되어야 한다. 조직이 환경의 불확실성을 제거하는 방식의 하나로 흡수(co-optation)방식이 있다. 이와 비슷하게, 자동차 메이커와 부품업체 사이에는 존재하는 위험요소를 제거하기 위한 방안이 두 조직을 합해서 하나의 조직으로 만드는 것이다. 부품업체와 자동차 메이커가 동일한 조직으로 편입한다면 수익과 비용을-위험요소를- 내면화(internalization)할 수 있다는 것이다. 계약, 절차(Standard Of Procedure), 조직은 비용을 내면화하는 도구로 이해하기도 한다.

대기업이 이질적인 기업체들을 합병함으로써 대기업 군으로 조직의 규모를 확대하는 현상도 환경의 불확실성을 제거하기 위한 조직생리로 이해할 수 있다. 그러나 부분의 합리성이 전체의 합리성이 될 수 없듯이 중소기업들을 대기업이 합병하는 현상은 국가 전체적으로는 바람직하지 않은 현상을 초래할 수도 있다.

중소기업이 가진 다양한 장점들 예를 들면, 창의적인 아이디어 발굴이나 소규모의 실험 등은 사회발전의 원동력이 되기도 한다.

알아두기 : 전자의회와 민주주의

의회도 국가시스템의 일부분이다. 시스템이란 일정한 목적을 달성하기 위한 구성요소들의 집합이다. 국가시스템의 구성요소는 전통적으로 입법부, 행정부, 사법부로 살펴볼 수도 있고, 정부(광의의 정부, 공공부문 포함)와 시장(민간부문)으로 살펴볼 수도 있다. 구성요소들은, 세포가 분자들, 분자들은 핵으로 쪼개서 분석할 수 있는 것과 마찬가지로, 차원을 달리하는 세부적인 구성요소로 쪼개서 분석할 수 있다.

또한 국가 시스템은 환경과 밀접한 상호작용을 가지는 개방형 시스템이다. 의회도 의회를 둘러싸고 있는 환경의 영향을 받고, 환경에 영향을 미치는 시스템이다. 개방형 시스템은 환경과 서로 닮아가는 경향이 있다. 이를 거울효과(mirror effect)라고 부른다. 산업사회에서의 국회의 모습과 정보사회에서의 국회의 모습이 다를 것이다. 정보사회에서의 의회는 전자의회로 정의된다. 전자의회란 의회가 전자적인 수단을 활용해서 그 기능과 역할을 수행하는 것을 의미한다. 본회의장에서의 전자투표, 의회회의 중계시스템, 속기록 시스템, 의회정보검색시스템 등 의회의 문서들과 행위들이 컴퓨터와 네트워크에 의해 처리되고 공개되고 있다.

전자의회가 전통적 의미의 민주주의를 증진시키는 요인이라고 보는지, 아니면 민주주의를 저해하는 요인으로 작용하고 있는지를 살펴볼 필요가 있다. 기술의 중립성을 인정하더라도 컴퓨터와 네트워크 기술을 의회에 도입할 때 민주주의에 기여하는 방향으로 활용하는 것은 인간의 영역이라고 보기 때문이다.

예를 들어 의회에서 컴퓨터를 기반으로 한 전자투표 방식이 투표에 투입되는 시간과 비용을 절감하여 효율적인 의사진행을 가능하게 만들었다고 하더라도, 본인확인시스템의 미비로 대리투표가 가능하다고 한다면, 효율적인 대리투표를 방치한다면, 민주주의 요소인 다수결의 원칙은 형식화되고 말 것이다. 독자 여러분이 국회에 근무하게 되는 경우 컴퓨터와 네트워크에 기초한 의회업무수행의 모습을 분석, 평가하고 민주주의에 기여하는 방향으로 기술과 업무를 엮어가는 방향을 제시해 보기를 권한다.

조직생활의 팁 1 : 인턴이 살아남는 방법

필자가 국회의정연수원장의 직무를 수행하고 있을 때다. 지도교수님께서 연수원장이니 인턴이 살아남는 방법을 알려주셨다. 인턴이 조직에서 살아남는 비법은 어렵고 힘든 일을 솔선수범하는 것이다. 인턴이 조직에서 어렵고 힘든 일을 솔선수범하기란 쉽지 않다. 인턴의 입장에서는 신분도 보장되지 않는데다가 보수 또한 정규직원보다 훨씬 못하기 때문이다. 경제적인 보상도, 승진이라는 보상도 기대하기 힘든 인턴이 조직에서 어렵고 힘든 일을 멀리하려는 것은 인지상정이다. 그럼에도 불구하고 어렵고 힘든 일을 인턴이 적극적으로 한다면, 인턴이 떠난 빈 공간이 크게 느껴져서 조직 인들은 그 인턴을 다시 채용해달라고 인사부서에 요구하게 된다는 것이다. 심정적으로 동의하기 쉽지 않고 현실세계에서 실현가능성이 높지 않음에도 불구하고, 이론적으로만 본다면 인턴이 조직에서 살아남는 방법은 어렵고 힘든 일을 적극적으로 수행하는 것이다.

제2편

실전편 : 정부수입과 지출

우리의 뜻대로 삶을 영위할 때는, 더욱 많은 노력을 기울여 건방지거나 자만하지 않고 뭇사람들의 혐오의 대상이 되지 않도록 해야 한다.
지혜가 내포되어 있기만 하다면, 말을 많이 하는 것이 입을 굳게 다물어 신통치도 않은 사색만을 일삼는 것보다 낫다. 왜냐하면 단순한 사색은 자기 자신의 문제에 관한 것이지만, 말하는 것은 우리가 공동체 의식으로 결속되어 있는 동료 시민들의 이익과 직결되는 것이기 때문이다.

-키케로의 의무론-

생각하기 가계부와 예산서

국가를 움직이는 정부의 구성 또한 다양하므로 먼저 독자의 이해를 돕기 위해 가계의 사례를 생각해 보기로 하자.

한 가정의 수입과 지출을 기록한 가계부를 생각해보자. 월급을 받는 봉급생활자라면 매달 말에 수입란에 회사로부터 받은 월급액을 기록한다. 월급과 다른 수입들이 있다면 그 다른 수입들도 수입란에 기록한다. 월급은 월 단위로 수령하므로 가계의 구성원들은 월수입의 범위 내에서 지출행위를 할 것이다(자원배분을 한다는 의미로 이해해도 좋다).

지출은 전기세, 수도세, 전화세[1]–이들 개념은 수수료의 개념이므로 소위 소득세, 소비세 등과 같은 세금과는 다름에 유의할 필요가 있다– 등 생활하는데 매달 꼭 필요한 경비[2]들을 우선 지출하고 나머지 금액으로 영화, 박물관 견학 등 문화생활비로 지출하거나 저축하는 등의 경제행위를 한다.

위의 사례는 가계가 하나의 가계부를 작성하는 경우를 상상한 것이다. 만약 부부가 각각의 소득과 지출을 각각의 가계부로 작성하고 부부공통 내지는 양육에 필요한 경비를 부부 각각의 가계부와 별개의 '부부 공통 가계부'로 작성하는 경우를 생각해보자. '부부 공통 가계부'의 수입란에는 매달 일정 금액을 부부가 각각 50%씩 부담해서 이체하는 금액으로 조성하고 조성된 금액으로 자녀양육과 가계를 위한 지출에만 사용한다. 이처럼 필요에 따라 수입과 지출 계획에 칸막이를 두어서 회계를 구분하여 설정하는 사례가 있다. 정부가 일반회계를 두고서 각종 기금과 특별회계를 별도로 설치·운용하는 경우도 이에 해당한다.

가계의 수입지출 계획서인 가계부를 중심으로 살펴보았다. 이제는 관점을 조금만 달리해서 수입과 지출의 관계를 살펴보자. 위의 사례에서 수입의 범위 내에서 지출하는 –수입에서 공과금 등 꼭 필요한 금액을 공제하고 남은 금액을 저축과 문화생활에 사용한다고 가정함– 가계의 모습을 가정해서 설명한다. 갑동이네는 한가위 추석에 부모님을 찾아 뵙고 인사드리면서 선물비로 평소와는 달리 많은 금액을 지출하게 되었다. 이 경우 추석이 있는 달에는 수입보다 지출이 많아서 적자가 발생했다고 가정해보자. 갑동이는 그 달의 적자를 방지하기 위해서 부모님께 선물을 드리지 않는 선택을 했어야만 하는 것일까? 수입의 범위 내에서만 지출이 이루어져야 한다는 입장을 견지하는 독자는 부모님의 선물을 드리지 않는 선택을 선호할 것이다. 만약 12월 연말에 평달과는 달리 기대되는 보너스 월급을 받을 예정이라면 부모님께 선물을 드리는 선택을 할 수도 있다. 몇 달치의 이자와 원금을 12월에 상환하는 조건으로 그 보너스를 미리 당겨서 사용할 수 있기 때문이다. 위 사례는 시간이라는 조건을 분석의 단위에 포함시켜서 자원의 세대별 분배를 생각해 보는 주요 주제가 된다. 예를 들어 지하철 건설비용을 현재세대의 부담에 더해서 채권발행을 발행해서 재원을 마련하는 이유를 설명하는 좋은 사례가 된다. 지하철을 운용하는데 따른 효용가치는 현재세대 뿐만 아니라 미래세대도 이용하는 공공재이므로 채권을 발행해

1) 세금은 국가가 반대급부 없이 일방적으로 강제적으로 부과·징수하는 것으로, 전기세는 전기서비스를 제공받은 대가로 납부하는 것이므로 세금이 범주에 포함되지 않는다.
2) 정부의 예산지출에서는 의무지출이 이 경우에 해당한다.

서 재원을 마련함으로써 채권을 상환하게 되는 미래세대도 지하철을 이용하게 되는 만큼의 비용을 부담하는 '수익자 부담의 원칙'이 적용된 사례에 해당한다.

가계의 수입과 지출을 계획 또는 집행한 가계부 작성의 사례에서 우리는 암묵적으로 수입의 범위 내에서의 지출이 건전한 가계의 지출행위라는 가정을 했다. 위의 부모님 선물 사례에서도 12월 달의 보너스가 당장의 수입과 지출의 차이를 보전해 줄 것이라는 고려에서 건전한 가계의 지출행위의 가정을 지키고 있는 것이다. 이러한 가정을 기업과 정부로 옮겨서 생각해 보기로 하자. 기업은 이윤을 극대화하기 위해서 총수입을 최대한으로 늘리고 총비용을 줄이는 정책을 추구한다. 물론 기업의 공익적·사회적 가치를 중시하는 기업의 경우에는 이윤극대화보다는 매출을 극대화한다거나 이윤극대화 전략을 다소 완화한 정책을 추구하는 경우도 있을 수 있다. 그러나 어떠한 기업이라도 총비용이 총수입보다 많은 상황이 지속된다면 그 기업은 존재하기 어렵다. 따라서 가계와 마찬가지로 기업의 경우에도 총수입과 총지출의 규모와 비중을 비교해 보는 전략이 중요한 분석지표가 된다. 마찬가지로 이 책을 읽는 독자는 정부의 총수입과 총지출의 규모를 시계별로 비교·분석해볼 필요가 있다는 생각을 하고 있을 것이다.

마지막으로 생각해볼 주제는 자원배분의 합리성에 관한 논의다. 경제주체인 가계는 소비지출을 통해 효용을 극대화한다는 가정과 기업은 이익을 극대화한다고 가정한다. 경제주체들이 각각의 가정을 충족시키기 위해 합리적인 선택을 하는 경우 한 국가경제의 자원배분은 효율적으로 이루어진다고 가정한다. 자원배분이 효율적으로 이루어진다고 해서 소득배분이 공정하게 된다는 보장은 없다. 현대복지국가에서의 정부는 가격이 작동하지 않는 '시장실패' 영역에 개입해서 자원배분의 효율성이 저해되지 않도록 하고 동시에 부의 불균형을 해소하기 위한 사회보장정책을 적극적으로 추진한다. 부의 불균형 해소를 위한 정부의 사회보장정책은 소득배분의 공정성을 확보하려는 경제정책 목표를 달성하기 위한 수단이기도 하다.

이상의 생각하기 꾸러미들을 하나하나 풀어서 설명하기로 한다. 예산사업들과 그 예산을 분석을 설명하는 이 책을 읽으면서 복잡하거나 이해가 어렵다고 생각되는 독자들은 언제든지 지금의 이 생각하기의 가장 단순한 가계의 사례를 모형으로 삼아 생각을 다시 가다듬고 책의 맥락을 찾아서 놓치지 않기를 바란다.

제1장 재정과 예산의 범위

국가재정법에서는 재정의 범주로 예산, 기금, 결산, 성과관리 및 국가채무 등의 개념을 포함한다. 예산과 재정은 거의 동전의 앞뒤처럼 등가적 개념으로 사용되고 있다. 재정을 이해한다는 의미는 예산의 과정과 그 내용을 알고 있다는 의미다. 이 장에서는 소위 '예산이란 무엇인가'의 주제를 풀어서 기술하고 설명하는 방식[3]을 통해 독자의 궁금증을 풀어주려고 한다.

• 재정과 예산 개념구분

재정민주주의란 용어는 익숙한데 예산민주주의란 용어는 생소하다. 마찬가지로 재성의 기능 내지는 목적이라는 용어를 사용하는 반면, 예산의 기능 또는 목적이라는 용어의 사용은 익숙하지 않다. 재정과 예산을 혼용해서 익숙하게 사용하는 일반인들은 두 용어의 혼용으로 가끔 불편함에 직면하기도 한다. 일반적으로 예산은 재정의 화폐적 표현이라고 말한다. 예산과 재정은 동전의 앞뒷면처럼 이해하면서도 용어의 사용에서 느끼는 불편함은 재정과 예산의 차이점이 있을 것이라는 생각을 하게 된다.

차이점을 굳이 생각해본다면, 재정은 공공부문의 활동을 화폐의 관점에서 바라보는 것으로 동태적인 측면이 강한 반면, 예산은 예산각목명세서의 형식으로 정부가 의회의 심사와 승인을 받기 위해 의회에 제출하는 문서의 성격이 강하므로 상대적으로 정태적인 측면이 강하다고 볼 수 있다. 특히 예산은 기금을 제외한 개념이므로 예산의 사업범위와 기금의 사업범위를 포괄하는 재정의 부분집합으로 이해할 수도 있다. 물론 넓은 의미의 예산에는 기금도 포함하므로 넓은 의미의 예산의 개념과 재정의 정부활동 또는 사업범위는 같다고 봐도 무방하다.

---

3) 기술(descriptive)은 현상을 개념들을 사용해서 써 내려 가는 것을, 설명(explanation)은 개념들간의 인과 관계를 규명해 나가는 작업으로 엄격하게 구분하기도 한다.

재정 = 예산(일반회계, 특별회계) + 기금

예산에 없는 재정활동은 가능한가를 살펴보는 것은 예산과 재정의 개념을 구분하여 이해하는데 큰 도움이 된다.

예산의 원칙 중에서 예산총계주의 원칙(완전성의 원칙)이 있다. 국가재정의 모든 수입과 지출은 해당연도의 단일예산에 계상하되 모든 수입은 세입으로, 모든 지출은 세출로 하여 각각 총액을 계상하여야 한다. 그런데 수입대체경비, 현물출장, 외국차관 도입 전대, 전대차관 등은 예산의 완전성 원칙의 예외로 인정하고 있다(국가재정법 제53조). 그러니까 예산서(예산)에 정부의 재정활동이 모두 기록되어 의회에 제출되는 것은 아니라는 의미다. 재정과 예산의 개념상 뉘앙스가 있는 이유도 이처럼 재정과 예산이 100% 일치한다고 보기 어렵기 때문이다.

제2장 예산의 의의

예산이란 정부의 정책의도와 정책목표를 달성하기 위해 집행하는 자원들을 화폐단위로 표현한 것이다. 예산이란 정부의 정책의도를 알려주는 지표가 되며, 정부의 정책을 집행하는데 필요한의 자원들이 어떻게 배분되고 있는가를 살펴볼 수 있는 공공부분의 자원배분에 관한 정부의 집행계획명세서라고도 할 수 있다.

▶▶ 의회와 예산[4)]

민주주의와 좋은 지배(good governance)에 관한 점증하는 정책수요자들의 요구들은 의회가 예산과정에서 생산적이고 적극적인 활동을 요구한다. 예산과정에서 의회가 그 역할을 충실히 수행하는 것은 민주적인 지배를 실현하는 전제가 된다. 국가적 차원에서의 최고대표자격으로서 의회와 의회구성원들은 의회의 유권자들의 요구를 충족시켜야할 뿐만 아니라 공공의 자금은 공평하게 조성되어져야 하고, 잘 사용되어야 하고, 적정한 설명을 해야 한다. 국민의 대표기관인 의회는 예산을 심의하거나 결산을 승인하는 단계에서 유권자들의 요구를 충족키고, 국가의 공금이 적정하게 조성되고 사용될 수 있도록 해야 한다. 예산서는 수 천 페이지에 해당하는 방대한 양으로, 예산의 형식 또한 쉽게 이해하기 어려우므로 예산안을 분석하는 데는 상당한 시간과 노력이 투입되어야 한다. 이러한 이유로 정부로부터 넘어온 예산안을 의회가 정확하게 심의하기란 쉽지 않다.

상당수의 나라에서 예산정책에 관한 의회의 영향력이 줄어들고 있다[5)]. 이러한 현상이 나타나는 국가의 경우는 19세기 들어오면서 의회가 정당에 예속되는 현상이 심화되는 현상이 나타나거나, 정부의 수입이 줄어들거나, 지방정부가 중앙정부로부터 독립하는 현상이 심화되고 있는 국가들에서 주로 나타나는 현상

---

4) IPU.(2004). Parliament, the Budget and Gender.

5) 주의할 점은 대한민국의 경우 예산정책에 관한 국회의 영향력의 크기가 증가하고 있다고 체감되는 공무원의 수가 늘어나고 있다는 점이다. 정보통신기술의 발달로 정부정책과 그 정책을 둘러싼 다양한 변수들에 대한 예산과 그 분석이 정치권에서도 가능해짐에 따라 각종 정부정책 결정을 위한 세미나와 토론회 등이 국회에서 활발히 논의되고 있다.

이다. 20세기 들어서 경직적 성격을 띠고 있는(pre-committed large sections of the budget)복지예산의 비중이 커지게 된 것[6]도 의회가 예산심의과정에서 신축성과 자율성을 행사하는 제약요인이 되고 있다. 이러한 현상들이 정부가 제안한 예산안이 의회심사의 준거가 되는 원인들이다. 한편으로 이러한 현상들에 대해서 많은 국가들은 예산에 관한 의회의 역할을 다시 생각하면서 좀 더 적극적인 역할을 시도하고 있다. 의회가 예산과정에서 적극적인 역할을 수행하려는 이유는 민주주의를 확산시키고 제도 개혁을 주도하기 위한 것이다. 저개발국가의 경우 의회는 빈곤퇴치를 위한 예산심의를 강화하고 있다.

예산과정에서 쉽지 않은 예산 선택의 문제와 선택에 따른 서로 상충되는 이해들을 해소하고 동의를 구하기 위해 예산과정에 폭 넓은 참여를 허용하는 등 새로운 협력관계가 나타나고 있다(국회예산결산특별위원회가 예산에 관한 국민의 의견을 적극적으로 수렴하려고 시도한 것도 이러한 맥락에서 이해가 된다)[7]. 여성단체를 중심으로 성인지적 관점에서 예산을 심사하는 현상이 일부 국가를 중심으로 나타나고 있다. 이들은 여성과 남성이 서로 다른 사회적, 경제적 범주를 기초로 서로 다른 차이들을 고려하여 예산을 분석한다. 민간시민단체들은 의회와 연계하여 정부가 성인지적 예산을 집행하도록 한다. 국가의 다양한 접근방법과 경험들을 소개함으로써 의회와 의원이 예산과정에 효과적으로 참여할 수 있도록 방향을 제시해 줄 필요가 있다.

예산은 우리의 일상생활 전반에 영향을 미친다. 민간 기업은 성장과 고용에 영향을 주는 기업의 투자결정 전에 정부예산정책을 살펴본다. 왜냐하면 정부의 재정·금융정책은 물가와 고용 등 경제 활동에 직접적·간접적으로 영향을 미치기 때문이다. 만약 기업이 정부의 보조금을 지원 받는 사업을 추진한다면 정부재정의 영향력은 더욱 직접적이라고 할 것이다. 마찬가지로 시민들도 국가가 제공하는 공공서비스와 도로 등 기반시설들이 어느 지역에, 언제, 어떻게 제공되는가에 따라 크게 영향을 받는다. 정부가 제공하는 공공서비스와 기반시설들은 공공자금의 조성과 배분 계획인 예산안에 기초해서 제공되기 때문이다. 현대사회에서 경제주체인 개인과 기업이 국가재정에 관심을 가지고 대비해야만 하는 이유다.

예산은 정부의 가장 중요한 경제정책수단이며, 국가정책의 우선순위가 어디에 있는지를 알려주는 지표가 된다. 국민의 대표기관인 의회는 가용가능한 자원의 범위에

6) 의무지출의 증가 현상과도 맥락을 같이 한다.

7) 2019년도 기준으로 관련예산은 전액 집행되지 않고 있으나, 국회예산결산특별위원회가 예산에 관한 국민의견을 듣고 이에 대한 포상금을 위한 예산 300만원이 반영되어 있고, 2010년부터 2012년도에는 매년 4~5건의 국민의견이 접수되어 위원실과 행정부처에 통보한 사례가 있다.

서 국가의 필요와 요구를 가장 효율적으로 충족시킬 수 있도록 예산을 운용해야 한다. 예산과정에서의 효과적인 의회참여는 공공서비스가 효율적으로 제공되도록 담보할 뿐 아니라 정부의 투명성과 책임성 확보에 중요한 견제와 균형을 확립하게 한다.

의회는 예산을 심사함에 있어서 예산이 여성과 남성의 요구를 공평하게 반영할 수 있도록 하고, 장애인, 노인, 소년, 소녀 등 사회에서 특히 보호받아야 할 약자들을 특히 보호해 주도록 해야 한다. 의회는 인권에 관련된 국제적인 협약을 준수해야 한다.

예산을 통해 정부의 모습을 살펴볼 수도 있다. 예산안에는 정부의 수입규모, 공무원 수 등이 포함되어 있다. 예산안은 정부가 생산하는 문시들 중에서 가장 중요한 문서다. 예산은 경제와 사회발전에 영향을 미치는 강력한 수단이다. 국가 예산은 국민을 구성하고 있는 서로 다른 집단들－예를 들면 여성과 남성－이 공평하게 정부서비스를 제공받을 수 있는지의 여부와 수준을 결정한다. 예산안을 작성하는 과정에서 어느 활동에 얼마만큼의 돈을 지출할 것이라는 계획은 정부활동의 우선순위를 보여주는 것이다. 이 장에서는 예산의 개념을 소개하고 예산이 내포하고 있는 주요 이슈와 그 이슈들을 이해하는데 꼭 필요한 개념들을 소개한다.

> 예산은 금전적인 자원을 인간목적으로 전환하는 것이다.
>
> －Aaron Wildavsky－

1. 예산과 법

대한민국은 예산법률주의[8])를 채택하지 않는다. 예산안 편성권을 정부가 가지므로 정부가 편성한 예산안을 국회에서 심사만 가능하다. 우리나라 국회에서 예산 감액은 가능하나 증액을 할 경우에는 정부의 동의를 받아야 한다. 반면, 법률안은 국회의원의 발의할 수 있을 뿐만 아니라 국회에서 법률안을 수정할 때는 정부의 동의 없이도 가능하다. 예산안은 예산총칙은 조문의 형식을 취하고 있으나 세입예산안은 장, 관, 항의 형식으로, 세출예산안은 장, 관, 항, 세항, 목의 형식을 취한다. 반면, 법률안은 제안이

8) 예산법률주의를 채택하고 있는 나라는 미국이다. 1776년 미국헌법 제1조제9항에서 국고로부터의 지출은 오직 의회의 입법에 따른 지출 권한에 의거해서만 가능하다고 명시하고 있다(No money shall be drawn the Treasury, but in Consequence of Appropriations made by Law, and a regular Statement and account of Receipts and Expenditure of all public Money shall be published from time to time). 미국의 예산제도의 특징은 회계연도가 매년 10월 1일에 시작하고, 예산결의안과 세출법안의 형식은 법조문으로 되어 있고, 표(table)가 없으며 모두 문자로 풀어서 쓰고 있다. 이중에서 예산결의안은 법률이 아니므로 대통령이 거부권을 행사할 수 없으며, 예산결의안의 다년도 지출한도 중 기속력이 있는 것은 예산 회계연도의 단년도 예산에 한정되며 결의안에 포함된 다른 연도의 지출한도는 기속력을 가지지 않는다. 예외적으로 의회에서 예산결의안이 채택되지 못하거나 지출한도를 명시하지 않는 경우에는 전년도 예산결의안에 적시된 해당연도의 한도를 준용하므로 이 경우에는 다년도 한도 중 2차 연도가 실제로 적용되기도 한다. 세출법안을 하나로 묶어서 최종단계에서 통합세출법으로 통과하기도 한다.

유와 주요내용 및 조문형식으로 본칙과 부칙을 규정한다. 예산과 법률안은 형식과 내용에서의 차이가 있으나 국회에서 심사하는 방식과 절차는 크게 다르지 않다. 국회를 통과한 법률이나 국회의 심사를 마친 예산이나 모두가 국회의 의사결정의 결과라는 측면에서는 같다. 따라서 법률에서 규정한 사업내용을 예산안에 반영하여 집행하는 것이 가장 이상적이다[9]. 물론 법률에 규정하지 않은 정책사업들을 예산안으로 편성하고 집행할 수 있다. 그렇지만 법률에는 금지하도록 규정하고 있는 정책사업을 예산안으로 시행한다던지, 법률에 근거가 꼭 필요한 정책사업인데도 법률의 근거 없이 예산안에 편성하는 등은 바람직하지 못한 예산안 편성의 사례다. 예를 들어, 문화체육관광부 산하 체육공단의 골프장 부가금은 징수액, 징수비용을 각각 기금수입과 지출에 포함시켜야 하는데도 순수입만을 법정부담금에 포함시키는 관행은 예산총계주의 원칙에 위반될 소지가 있다고 하겠다. 또한 예산안 편성과정에서 법에서 정한 절차를 거치지 않는 사례도 종종 발견된다. 공적부조(ODA: Official Development Assistance)일부 사업은 예산안 편성 전에 기획재정부장관과 국제개발협력위원회의 심사를 거쳐야 하는데 국제개발협력위원회 심의를 통과하지 못했는데도 예산안에 포함되는 경우도 있다[10].

예산법률주의를 채택하지 않고 있다고 하더라도 법률은 국회의 심사를 거쳐 결정한 결과물이므로 예산 편성 및 심사 단계에서는 국회가 정한 정책사업을 반영하고 있는 법률의 취지와 절차를 충분히 지키고 존중할 필요가 있다.

2. 예산원칙

공공재와 공공서비스를 제공하는 정부(공공부문)의 고민은 공공재의 특성상 공공재 공급에 필요한 재원을 부담하는 사람들(집단)과 공공재 수혜자(사람 또는 집단)들이 일치하지 않는다는 점이다. 민간의 사유재를 이용하는 사람은 그 사용에 대한 대가를 지불하게 된다. 서비스 이용자와 그 부담자가 일치하기 때문에 공공재와는 달리 자원배분과 이용에 있어서의 도덕적 해이 현상은 발생할 가능성이 낮다. 반면 공공재는 비용부담자와 수혜자가 다를 수 있고, 공공재 공급에 대하여 수혜자간 칸막이 설치가 쉽지 않다는 공공재화의 속성으로 인해 소위 공공재 이용에 있어서의 무임승차자(free-rider)의 문제가 발생한다. 무임승차자의 문제는 공공재의 이용에 필요한 선호를 과도하게 축소하여 표현하게 됨으로써 결과적으로 공공재가 사회적으로 필요한 만큼 보다 적게 공급되는 원인이 되기도 한다. 그렇다면 공공재 공급이 사회적으로 필요한 만큼 효율적으로 배분하기 위해서 정부(공공부문)는 어떤 노력을 하는가를 살

9) 예산법률주의는 예산안을 법률안의 형식으로 구조화하는가의 형식에 관한 문제로, 어떤 정책사업이 예산안과 법률에 공통적으로 반영되어 있다는 내용적인 일치와는 차원이 다른 것임.
10) 내일신문. 국회선진화법에 곳곳에 구멍 뚫린 국회 예산심사권. 2018.11.13.일자 참조.

펴보자. 먼저 사회전체의 후생함수를 알 수 있어야 하는데, 사회후생함수(social welfare function)를 정부가 정확하게 알기 어렵다. 왜냐하면 개인의 선호를 완벽하게 알기 어렵고, 개인의 선호를 안다고 하더라도 개인간 선호의 우선순위를 부여하지 못하기 때문이다. 그럼에도 불구하고 사회적 후생함수를 발견하려는 정부의 노력을 포기할 수는 없다. 정부가 공공재 공급을 최적화하기 위해서 예산은 어떤 원칙을 준수해야 하는지를 살펴보기로 한다.

▶ 예산총계주의 원칙

한 회계연도의 모든 수입을 세입으로 하고, 모든 지출을 세출로 한다(국가재정법 제17조 제1항 참조). 국가재정의 모든 수입과 지출을 예산에 반영함으로써 그 전체를 분명하게 하고 재정상의 감독을 용이하게 하려는 취지다.

예산총계주의의 원칙을 적용 받는 모든 수입에는 소득세, 법인세 등과 같은 각종 국세수입, 국가가 부과하는 각종 부담금과 국가가 행하는 사업에서 발생하는 사업수입, 국유재산이나 물품의 매각대금, 임대수입, 민간차입금, 국공채매각대, 각종 수수료와 벌금 및 과태료, 과징금 등 모든 수입이 포함된다. 국가재정법은 국가 재정활동에 관한 원칙을 규정하고 있는 근거법률이므로 이 법에서 정하는 예산총계주의 원칙의 범주에 지방자치단체의 지방세아 지방세외수입 등 지방재정수입은 국가재정법에서 정의하는 모든 수입의 범주에 포함되지 아니함을 유의해야 한다. 국가 재정활동에 수반되는 모든 지출의 범주에는 인건비, 기관운영비, 보조금과 출연금 등 이전재원, 융자금과 출자금 및 차입금, 국유재산 취득 및 물품 취득에 필요한 경비 등 국가 재무활동에 소요되는 모든 경비를 포함한다. 또한 예산총계주의 원칙은 일반회계와 특별회계(이상은 예산) 그리고 기금에도 적용되는 것으로 해석한다.

▶ 예산총계주의 원칙의 예외[11)]

---

11) 국가재정법 제17조 제1항 한 회계연도의 모든 수입을 세입으로 하고, 모든 지출을 세출로 한다. 제2항 제53조에 규정된 사항을 제외하고는 세입과 세출은 모두 예산에 계상하여야 한다.
국가재정법 제53조(예산총계주의 원칙의 예외) 제1항 각 중앙관성의 장은 용역 또는 시설을 제공하여 발생하는 수입과 관련되는 경비로서 대통령령이 정하는 경비(이하 "수입대체경비"라 한다)에 있어 수입이 예산을 초과하거나 초과할 것이 예상되는 때에는 그 초과수입을 대통령령이 정하는 바에 따라 그 초과수입에 직접 관련되는 경비 및 이에 수반되는 경비에 초과지출할 수 있다. 제2항 국가가 현물로 출자하는 경우와 외국차관을 도입하여 전대하는 경우에는 이를 세입세출예산 외로 처리할 수 있다. 제3항 차관물자대의 경우 전년도 인출예정분의 부득이한 이월 또는 환율 및 금리의 변동으로 인하여 세입이 그 세입예산을 초과하게 되는 때에는 그 세출예산을 초과하여 지출할 수 있다. 제4항 전대차관을 상환하는 경우 환율 및 금리의 변동, 기한 전 상환으로 인하여 원리금 상환액이 그 세출예산을 초과하게 되는 때에는 초과한 범위 안에서 그 세출예산을 초과하여 지출할 수 있다. 제6항 수입대체경비 등 예산총계주의 원칙의 예외에 관하여 필요한 사항은 대통령령으로 정한다.

국가재정법에서 정하고 있는 예산총계주의 원칙의 예외로 수입대체경비 초과지출과 현물출자, 전대차관 도입, 차관물자대 초과지출, 전대차관 초과지출항목이 있다. 국가재정법 시행령에서 예산총계주의 원칙의 예외를 자세하게 규정하고 있다. 수입대체경비[12)]란 국가가 특별한 용역 또는 시설을 제공하고 그 제공을 받은 자로부터 비용을 징수하는 경우의 당해 경비, 수입의 범위 안에서 관련경비의 총액을 지출할 수 있는 경우의 당해 경비 등에 해당하는 경비로서 기획재정부장관이 정하는 경비를 말한다. 그리고 초과수입에 직접 관련되는 경비 및 이에 수반되는 경비도 예산총계주의 원칙의 예외에 해당되는데, 업무수행과 직접 관련된 자산취득비 · 국내여비 · 시설유지비 및 보수비 그리고 일시적인 업무급증으로 사용한 일용직 임금, 초과수입 증대와 관련 있는 업무를 수행한 직원에게 지급하는 보상적 경비, 그 밖에 초과수입에 수반되는 경비로서 기획재정부장관이 정하는 경비 등을 말한다. 각 중앙관서의 장은 예산총계주의 원칙의 예외에 해당하는 경비를 지출하거나 상환한 때에는 기획재정부장관 및 감사원에 각각 통지하여야 한다.

3. 예산제도

(1) 품목별 예산제도

미국 독립전쟁 당시에 주장되었던 대표가 없다면 과세 없다(no taxation without representation)는 예산의 현대적 의미를 이해하는데 알아두어야 할 개념이다. 예산안의 기원을 살펴보면 국왕(정부)의 살림살이를 국민의 대표인 의회가 통제하기 위한 것이고, 전제군주의 과세권한에 대하여 국민대표인 의회가 통제하기 위한 수단이다. 가계부 작성의 사례에서 살펴본 바와 같이 정부가 사업을 추진하는데 필요한 물품 품목을 나열하고, 각각의 품목별 화폐가격을 표시함으로써 정부 예산 편성의 낭비적인 요인이 없는지를 확인하고, 의회는 정부가 지출하는 대상과 그 금액 등이 예산서에 표기된 대로 집행되었는지를 검증하는데 도움을 주는 정보를 제공한다.

아래 표는 국토교통부 본부의 각목명세서에 표기된 본부 인건비의 일부를 사례로 제시한 것이다. 각 직급별로 공무원의 숫자와 단가를 곱해서 보수액을 산정하고 있다. 이처럼 인건비, 물품비 등 행정활동을 수행하는데 투입되는 재원의 품목 수와 각

12) 수입대체경비란 용역 또는 시설을 제공하여 발생하는 수입을 그 초과수입에 직접 관련되는 경비에 지출하는 것으로 예산총계주의의 예외가 된다. 예를 들면 외교부의 여권발급 경비가 수입대체경비에 해당한다. 수입대체경비의 예산편성은 세입세출예산에 별도로 다른 사업과 구분하여 편성한다. 관(수입대체경비수입)으로 별도지정하고, 세부사업(수입대체경비세부사업)으로 지정한다.

각의 품목들의 단가를 곱해서 예산액을 산출하는 방식이 품목별 예산제도이다.

품목별 예산제도는 정부 활동에 필요한 단위물품명과 단가를 제시함으로써 의회나 예산당국이 예산집행기관의 활동을 통제하기에 편리하다. 반면 단위물품 구매를 통해 예산집행기관이 행하는 활동들을 파악하기에는 한계가 있다. 예를 들어 예산집행부서에서 휴지 100개와 휴지 단가 1,000원이 예산서에 표기 되어 있다면, 그 예산집행부서에는 100,000원의 예산으로 휴지 100개를 구입한다는 정보를 쉽게 알 수 있는 반면에, 구입한 휴지를 어떤 활동에 사용하는지에 관한 정보는 전혀 제공하지 못한다.

〈표 1〉 품목별 예산 예시 (단위: 천원)

[110-01]	107,812,060 $ 406,674	보수
	76,071,591	1.봉급
	70,679,073	가.직제상 정원
	69,545,941	1)일반직
	43,299,224	가)언봉세
		1>장관및장관급
	131,644	10,970,365원*1명*12월*1.0=
		2>차관및차관급
	255,697	10,654,047원*2명*12월*1.0=
		3>3급
	2,707,513	7,850,867원*29명*12월*0.991=
		4>4급
	12,832,811	6,702,565원*161명*12월*0.991=
		5>5급
	24,014,656	5,609,433원*360명*12월*0.991=

(2) 성과주의 예산[13)]

품목별 예산은 정부의 재정 사업 활동을 정책목표와 관련하여 파악하기 어렵다. 성과주의 예산은 정부활동을 측정(monitoring)하고 평가(evaluation)하는 시스템을 구축하기 위하여 정부예산사업의 산출과 결과 중심의 성과지표를 설정하고 자료에 기반한 성과분석을 실시하여 성과관리를 강화하려는 예산제도다. 즉 정부의 활동을 기능별로 구분하여 예산의 관리기능을 중시하는 제도다. 성과주의 예산제도의 도입은 1913년 미국 뉴욕시 리치몬드 구에서 예산을 기능별로 구분하고, 원가예산의 개념을 예산안에 반영한 것이 시초다. 이후 1949년 제1차 후버(Hoover)위원회는 예산과 회계 보고서에서 성과주의 예산제도의 도입을 제안하면서 정부에 의하여 지출된 금액보다는 수행될 목표에 관심을 둔 예산제도로서 연방정부의 예산개념을 정부의 기능 또는 활동으로 표현하고 이 예산을 성과주의 예산으로 명명하였고, 1950년 예산회계절차법(Budgeting and Accounting Procedures Act)를 제정하여 성과주의 예산을 도입하였다.

성과주의 예산제도를 이해하기 위하여 목표[14)]-수단의 연계 및 조직시스템의 과정적 이해가 선행되어야 한다[15)]. 정부가 예산사업을 편성하거나 또는 정책결정을 하는 경우 그 예산사업을 통해 해결하기 위한 경제사회적 수요(needs)를 먼저 파악해야 한다. 경제사회적 수요를 살펴보고 사업의 목적(objective)[16)]을 설정하게 된다. 목적달성을 위한 정부의 활동(예산사업)에는 각종 인적·물적 자원과 정보가 투입(input)되게 된

---

13) 무릇 개인이나 조직이 예산사업의 성과를 향상시키기 위해서는 적정한 수준의 유인수단의 제공과 환류(feedback)을 통해 목표달성 여부에 관한 지속적인 점검이 필요하다. 성과관리 예산제도는 정부정책이나 예산사업의 성과정보를 목표달성여부와 피드백(feedback)함으로써 의사결정에 활용하기 위한 수단적인 성격을 가진다.

14) 성과주의 예산제도는 성과목표를 중시한다는데 주의할 필요가 있다. 행정 또는 정치조직의 목표는 다차원의 속성을 지닌다. 특히 공공부문의 경우 그 목표 설정이나 지표를 정의하기란 쉽지 않다. 계량화의 어려움이 있기 때문이다. 성과주의 예산에서는 성과목표 즉 목표 달성을 계량화할 수 있는 목표에 중점을 두기 때문에 양적 가치로 환원하기 힘든 가치나 과정에 관련한 목표들은 그 대상에서 제외될 우려가 있다.

15) 결과중심의 성과관리제도가 등장하게 된 배경을 살펴보면, 먼저 민주화의 발달에 따라 행정체계의 책임성 강화와 관련된다. 시스템 외부의 이용자(국민)의 입장에서는 행정가들이 중요하게 생각하는 과정이나 산출(output)의 효율성가치보다는 결과(outcome)가 더 중요하게 인식된다는 점이다. 정책사업수행의 결과가 국민들의 삶의 질에 직접적으로 영향을 미치게 되는 예산사업들이 증가하고, 또한 그 예산사업들의 불확실성과 복잡성이 증대하고 있는 현실에 직면하면서 국민들은 공무원들에게 사업수행의 재량을 주되 그 결과에 대해서는 측정하고 평가하려는 태도를 가지게 되었다. 물론 민주화에 이어 정보화의 진전으로 사업수행 방식과 과정에 관해서도 국민이 모니터링할 수 있게 되면서 종래의 성과관리 예산제도는 새로운 국면을 맞게 되었다.

16) 목적과 목표(goal)를 구분하기도 한다. 목적은 조직이 지향하는 미래의 바람직한 방향을 말하고, 목표란 미래의 일정시점에서의 바람직한 상태를 의미하기도 한다. 경제학에서의 유량(flow)와 저량(stock)의 개념을 유추해서 생각해보기 바란다.

다. 정부의 활동(activities)을 통해 산출(outputs)이 나타나게 되고 목표달성 여부를 확인하는 결과(outcomes)를 측정하는 일련의 정책과정을 거치게 된다. 정책과정에는 각각의 단계마다 행정조직이 관심을 가져야할 가치들이 존재한다. 즉 경제사회적 수요와 사업의 목적과 관련하여서는 합목적성(relevance)의 가치에 관심을 가져야 하고, 사업의 목적 달성과 관련하여는 효과성(effectiveness)의 가치를, 투입과 산출과 관련하여서는 효율성(efficiency)의 가치를, 사업목적과 결과를 비교함에 있어서는 지속가능성(sustainability)의 가치를 각각 고려해야 한다.

성과관리제도를 이해하는데 있어서는 다음의 세 가지 기본 개념을 숙지해둘 필요가 있다. 먼저 성과모니터링(Performance Monitoring)으로 성과지표를 중심으로 1차적인 성과를 파악하는 것을 말한다. 다음은 프로그램 리뷰(Program Review)로 사업의 계획, 절차적 정당성, 성과관리체계, 성과목표 달성 등을 점검하는 것을 말한다. 마지막으로 프로그램 평가(Program Evaluation)는 각 사업의 성과를 측정하고 사업의 문제점을 파악함으로써 프로그램 사업이 필요성에 관한 근본적인 질문과 답을 구하려는 것으로 비용과 시간이 많이 든다는 점이 단점으로 지적된다.

성과주의 예산제도는 재정사업운영의 효율성을 향상시키고, 예산편성의 점증주의를 극복함으로써 불필요한 재정사업을 조정하는 촉매제 역할을 한다. 주의할 점은 예산편성과정에서 정치과정으로 표출되는 국민의 선호, 국가새성 운영의 환경(경제사회적 환경), 정치인과 관료의 이해관계 등의 변수들이 영향을 미치므로 성과 정보도 하나의 중요한 정보에 지나지 않는다는 점이다. 또한 성과정보의 신뢰성과 정확도를 높이기 위해서는 시간과 자원의 투자가 필요하고 성과정보의 생산과 해석에 경제적 합리성 이외에 정치적 합리성 등의 가치가 개입된다는데 유의해야 한다.

성과관리 예산제도의 운영과 관련하여 여러 부처에 관련되는 예산사업의 경우 어느 부처를 성과관리의 주관부서로 정할 것인지, 공공사업의 속성으로 인해 성과지표 개발이 쉽지 않고 그 측정이 어렵다는 한계를 인식해야 한다. 또한 2006년 제정된 정부업무평가기본법에 따른 평가의 대상이 되는 중앙행정기관의 주요 정책과 평가주기[17]와 예산편성주기와는 일치하지 않는다는 점도 알아두기로 하자.

성과주의 예산 사례를 우리나라 정부의 예산 설명 자료로 살펴보기로 하자[18]. 국

17) 중앙행정기관의 장은 전년도 정책등의 추진실적을 기준으로 자체평가를 실시하고 그 결과를 매년 3월말까지 정부업무평가위원회에 제출하여야 한다(정부업무평가기본법 제16조제3항 참조).

18) 우리나라는 2000년대 진입하면서 중앙정부차원의 성과주의 예산제도를 시범운영하기 시작했다. 2003년과 2004년도에는 시범사업경험을 바탕으로 성과목표와 지표중심의 성과관리제도를 도입하였다. 2005년에 중앙부처 재정사업자율평가제도를 도입하고, 2006년 재정사업 심층평가제도를 도입하였다. 성과주의 예산제도는 서울시, 부천시, 대구시 등 일부지방자치단체로 확산되었으며 한전, 도로공사 등 공공기관으로 확산되었다. 2007년도 국가재정법의 제정으로 성과중심주의 예산제도를 안정

회에서 예산을 심사하는 단계에서 각 부처에 요구하는 요구 자료의 서식 중 일부내용을 살펴보면, 정부활동을 기능별로 분류하고 각각의 활동에 예산액을 반영하고 있다. 정부기능과 활동을 비목별로 분류한 예산액도 함께 표기하고 있음을 알 수 있다.

〈표 2〉 ○○○부처 예산안 세부내역

기능별분류	예산액	전년이월액	예산현액	이월액	불용액
-문화정책개발					
-여가문화활성화					
-문화영향평가제운영					
-문화다양성 보호 및 증진					
비목별분류					
-상용임금					
-일반수용비					
-공공요금및제세					
-특근매식비					
-임차료					

(3) 계획예산제도(PPBS: Planning Programing Budget System)

정부시스템 내에서 예산을 편성하는 과정을 생각해보자. 예산은 정부활동을 화폐적 단위로 표현한 단연도 계획이라고 정의한다. 중기계획은 약 5개년 정도의 시계(time horizon)를 단위로 하므로 회계연도 내를 시계(time horizon)를 단위로 하는 예산과는 구분된다. 미래의 바람직한 상태를 목표[19]라고 정의하고, 현재의 상태와 미래의 목표 상태와의 차이를 문제라고 정의할 수 있다. 현재의 상태를 미래의 바람직한 상태로 발전시키기 위한 정부의 노력 또는 활동은 정부 정책 사업으로 이해할 수 있고, 이 정부 정책 사업을 시행하는데 필요한 재원들을 화폐가치로 표현한 한 해의 계획을 예산이라고 정의할 수 있다. 한편 행정시스템의 목표를 발견하고 설정하기 위한 노력과 연구하는 활동을 기획과정이라고 하고, 행정시스템의 목표를 달성하기 위한 구체적인 사업계획을 수립하는 활동을 프로그래밍이라고 정의한다. 이 프로그래밍 활동을 통해

화단계에 들어섰다고 볼 수 있다(국가재정법 제8조 참조).

19) 바람직한 미래의 방향을 목적으로 구분하기도 한다.

산출된 프로그램(항: 정부사업프로그램)을 화폐단위로 표현한 것을 예산으로 표현한다.

예산을 통제수단, 관리수단, 기획수단으로 구분해서 살펴본다면 계획예산제도는 예산의 기획·수단적 성격을 강조한다. 즉, 계획예산제도 하에서의 예산은 목표-수단의 연계에 의해 정의되어진 사업들을 화폐적 단위로 표현한 것이 예산이라는 것이다. 예산사업은 분야-부문-프로그램의 계층화된 사업구조 하에서 각각의 단위사업들은 상위사업의 수단이 되고, 하위사업의 목표가 된다. 계획예산제도의 사례를 우리나라 예산안을 통해 살펴보자. 분야-부문-프로그램[20]을 살펴보기 바란다. 국토교통(분야)－물류등기타(부문)－물류정책(프로그램)으로 기능별로 계층화하고 있다. 프로그램은 서브시스템이라 할 수 있는 단위사업을 포함하고 있고, 프로그램은 상위 시스템인 부문에 포함되어 있다.

20) 분야-부문-프로그램 단위까지를 입법과목이라고 하고, 단위사업, 세부사업, 목, 세목을 행정과목으로 분류한다. 정부가 예산안을 국회에 제출하는 공식문서(△△△△년도 예산안)에는 프로그램까지만 표기되어 있다.

〈표 3〉 프로그램 예산편성 예시

분야 부문 프로그램 단위사업 세부사업 목 세목	2017년 예산(A)	2018년 예산(B)	증감(C=B-A)	증감율(C/A)
126 물류등기타	899,651,754	954,975,817	55,324,063	6.1
4000 물류정책	13,039,000	16,051,000	3,012,000	23.1
4032 화물자동차지원(일반)	109,000	0	▲109,000	순감
301 화물자동차휴게소건설지원(일반)	109,000	0	▲109,000	순감
330 자치단체이전	109,000	0	▲109,000	순감
330-03 자치단체자본보조	109,000	0	▲109,000	순감
4034 물류산업지원	3,510,000	4,138,000	628,000	17.9
307 군위탁컨테이너화물자동차관리비	540,000	1,128,000	588,000	108.9
210 운영비	400,000	388,000	▲12,000	▲3.0
210-09 시설장비유지비	400,000	388,000	▲12,000	▲3.0
320 민간이전	140,000	740,000	600,000	428.6
320-01 민간경상보조	140,000	140,000	0	0.0
320-07 민간자본보조	0	600,000	600,000	순증
309 물류산업지원	2,970,000	3,010,000	40,000	1.3
210 운영비	75,000	75,000	0	0.0
210-01 일반수용비	15,000	15,000	0	0.0
210-07 임차료	10,000	10,000	0	0.0
210-14 일반용역비	50,000	50,000	0	0.0
220 여비	15,000	15,000	0	0.0
220-01 국내여비	5,000	5,000	0	0.0

(4) 영기준예산제도(Zero Based Budget)

1970년대 석유파동으로 각국의 정부는 적자재정과 재정긴축에 직면하게 되었다. 이에 예산의 점증모형은 더 이상 예산편성과정을 설명하는 이론으로서의 자리를 잃고, 기존의 정부예산사업들이 필요한지와 적정한지에 대하여 원점에서 재검토하는 관점이 대두되었다. 영기준예산은 일몰법과 함께 검토할 필요가 있다. 정부의 예산사업은 한번 반영되고 나면 삭감하기는 쉽지 않다. 왜냐하면 예산사업의 수혜자가 형성되기 때문에 사업을 폐지하는 경우에는 그 수혜자가 사업폐지를 반대하기 때문이다. 정부 예산은 경제적 합리성과 동시에 정치적 합리성도 고려하므로, 예산사업의 수혜자 집단이 세력을 형성하고 정치적인 영향력을 행사하는 경우 그 힘을 무력화시키기 쉽지 않다. 정부사업의 관성의 법칙에 따른 효율성 저하를 제도적으로 막기 위해서 일몰법의 제정으로 사업을 신설할 때 그 사업의 존속기간을 정하도록 한다. 현실적으로는 일몰법의 연장이 빈번하게 발생하고 있다. 한번 형성된 질서를 변혁하는 것이 얼마나 어려운가를 반증하는 현상이라고 하겠다.

(5) 목표관리(MBO: Management by Objectives)

1973년과 1974년 하버드 대학 경영대학에서 창안되었던 MBO 제도는 더 나은 전략과 더 질 높은 결정, 그리고 형식주의(formalism)를 배제하고 정부정책 집행에서의 동기부여를 높이기 위한 것이다. 조직의 구성원들이 참여하여 조직의 목표를 명확하게 설정하고[21], 조직활동 결과를 측정·평가함으로써 조직관리의 효율성을 높이기 위한 조직관리체계다. 성과주의 예산제도와 프로그램 예산편성제도가 조직의 목표 내지는 행정조직을 둘러싼 환경의 요구들을 주어진 것으로 간주하는데 반해, 목표관리 예산제도는 예산사업의 목표설정을 조직구성원이 적극적으로 참여해서 결정하므로 목표를 외생변수가 아닌 내생변수화하고 목표를 관리하는 적극적인 의미의 행정을 표방하게 된다. 이론적인 논의를 확대한다면 국민참여예산제도처럼 행정의 수요자인 국민의 요구를 적극적으로 발굴하여 예산사업선정에 반영함으로써 조직의 목표관리를 과거보다 더 적극적으로 추진할 수 있게 되었다. 정보화와 민주화의 진전으로 적극행정이 가능한 조건을 만들었다면, 행정문제 또는 국민의 선호와 요구가 복잡하고 전문화되고 다양화되면서 적극행정의 도입 필요성이 높아졌다고 본다.

---

21) 전통적으로 조직의 목표설정과 구체화는 위로부터 아래로 top-down의 성격을 가지는데 반해, MBO 방식은 조직구성원들의 참여로 목표를 설정하고 정의함으로써 조직 구성원이 목표를 내면화하기 유리하다는 장점을 가진다. 내면화된 목표는 목표달성을 위한 사업수행의 동기부여로 작용하기도 한다. 성과주의 예산이나 MBO 예산제도 하에서의 목표는 계량화가 가능한 목표를 대상으로 하기 쉽고, 가치와 관련한 목표의 계량화는 쉽지 않다는 한계를 인식해야 한다.

(6) 국민참여예산

광의의 국민참여예산이란 예산의 편성, 심의 및 확정, 집행 그리고 평가 등 예산의 전 과정에 국민이 직접 참여함으로써 예산의 직접 수혜자라고 할 수 있는 국민의 의사에 합치되도록 예산을 운용하려는 것이다. 2018년도 예산에 시범사업으로 도입되어 2019년도 예산에는 각 부처별로 국민참여예산을 편성·반영하였다. 대의 민주주의 체제에서의 예산의 편성과 집행은 대통령과 국회의원 등 국민의 대표자들이 주도하였는데 소위 '주인-대리인 이론'에서 시사하는 대로 대리인이라고 할 수 있는 국민의 대표자들이 예산에 관한 의사결정을 주인인 국민의 의사에 합치되지 않을 수 있다는 문제의식에서 국민참여예산이 도입된 것으로 보인다. 주의할 점은 국민참여예산이 전체 예산에서 차지하는 비중[22]이 아직은 높지 않아 대의제의 문제점을 일부 보완하기 위한 직접민주주의 방식임을 유의할 필요가 있다. 특히 우리나라는 예산의 편성 단계[23]에서만 국민의 직접참여를 제한적으로 운용하고 있다. 국회에서도 국가소통강화차원에서 예산심사단계에서 국민참여를 제도화하려는 움직임이 있다. 국민참여예산은 국민이 직접 예산과정에 참여함으로써 예산의 투명성을 제고하는데 기여할 것으로 기대된다.

4. 회계연도

예산은 예산총계주의 원칙에 따라 한 회계연도의 일체의 수입을 세입으로 하고 일체의 지출을 세출로 편성 · 운용된다. 한 회계연도의 개념과 일체의 수입 · 지출이라는 개념에 주의할 필요가 있다. 생각하기란에서 가계의 사례를 생각해보기 바란다. 가계의 경우는 월 단위로 회계기간을 나눌 수 있으며 부부가 별도의 가계부를 만들지 않고 하나의 가계가 하나의 가계부로 수입지출 계획을 만드는 상황을 생각하면 된다. 즉 세입과 세출 경비가 대응되어 어떤 세입으로는 어떤 세출에만 충당하도록 한정되어 있는 것은 아니라는 것이다. 이에 대한 예외로는 수입대체경비와 특별회계, 기금 등이 있다.

넓게 말해서, 예산은 금전에 관련된 정부의 장래의 활동 계획이다. 예산은 정부에 의해서 매년 제안되며 의회의 승인을 받도록 준비된다. 예산이 2년 주기로 편성되는 경우는 흔하지 않다[24]. 예산은 거시경제안정, 소득재분배, 정부활동에 필요한 금전적인 자원들을 배분하는 기능을 한다.

---

22) 2019년도 국민참여예산 집행결과를 살펴보면, 총38개사업 928억원 산림청 등 22개 부처 사업이다.
23) 국민참여예산과정 및 절차.
24) 대한민국의 회계연도는 매년 1월1일에 시작하여 12월 31일에 종료한다(국가재정법 제2조). 영국의 회계연도는 4월 1일에 시작하여 다음 해 3월 31일에 종료하고, 미국은 10월 1일에 시작하여 다음 해 9월 30일에 종료한다.

▶▶ 회계연도의 기원

예산제도가 도입되었던 최초의 시기에, 예산의 회계연도는 농작물의 수확주기를 기준으로 했다. 농작물이 수확되면 이를 준거로 사람들은 다음 연도의 계획을 만들 수 있었던 것이다. 인도는 5월에서 7월의 몬순시기가 지나고 나면 다음 연도의 수확을 예측할 수가 있었다. 그렇지만 외국의 지원에 의존하는 제3세계 국가의 경우는 농작물의 수확이 유일한 수입원은 아니다. Papua New Guinea는 외국으로부터의 원조가 주요한 국가 수입원이므로 외국지원국의 회계연도에 맞췄다. 한편 양력과 음력을 사용하는 아시아 국가들은 회계연도의 준거를 양력으로 할 것인지, 음력으로 할 것인지의 문제에 직면하게 된다. 시간이 지나면서, 대부분의 국가들의 회계연도는 양력 1월 1일을 시작으로 1년을 주기로 한다.

5. 조세수입: 세입예산

예산은 수입과 지출항목으로 크게 구분할 수 있다[25]. 국가수입의 주된 내역으로는 조세수입이 있다. 세금은 국가가 공공재화나 서비스를 제공하는 반대급부 없이 일방적으로 법률에 근거하여 강제로 거둬들이는 화폐나 물건 및 노력 등을 포함한다. 화폐경제하에서는 주로 돈을 거둬들이는 조세행정이 발달해왔지만 과거에는 조·용·조의 사례에서 보듯이 사람의 노력봉사도 조세행정의 중요한 부분을 차지한다.

조세는 가처분소득을 결정하는 중요한 요인이 된다. 개인소득이 100만원인 경우 세금으로 10% 납부한다면 남은 90만원이 개인이 소비와 저축할 수 있는 가처분소득(소비 또는 저축이 가능한 소득)이 된다. 따라서 세금은 정부가 제공하는 공공재나 공공서비스의 기회비용이 됨에 유의해야 한다. 그리고 세금의 징수는 상대가격의 변화를 가져와서 경제에 또 다른 영향을 미치기도 한다. 예를 들어 특정 고가의 자동차에

25) 민주시민이라면 수입예산과 지출예산 중에서 어디에 더 관심을 가져야 하는가에 관하여 토론을 한 경험이 있다. 전통적으로 과세 없이 대표 없다고 하면서 엄격한 조세법률주의를 채택함은 조세 등 정부의 재정사업수행을 위한 재원마련과정이 엄격하게 통제되어 왔다. 정부지출은 공익에 적합하게 관리될 것이라고 간주되어 온 것이다. 정보화가 심화된 현대사회에서 정부지출의 공익적합성에 관한 국민의 검증과 정보에의 접근이 가능하게 되면서 정부지출을 국민이 직접 통제가능한 시스템으로 진전이 이루어지고 있다. 또한 재정의 규모와 역할 비중이 증대하면서 재정의 효율적 지출을 담보하기 위한 민주적 통제의 요구가 증대하고 있다. 한편 조세수입의 재원마련에 있어서 효율성과 효과성을 강조하던 시기에는 간접세, 법인세 등 직접소득세 보다는 상대적으로 조세저항이 적은 세원들을 발굴하는 것이 정당화 되었으나, 민주주의 사회의 이념에 비춰본다면 가능한 직접세의 비중을 높여서 납세자들이 정부의 재정활동에 관심을 가지고 접근할 수 있는 장치를 마련해나가는 것이 필요할 것으로 본다. 관련하여 생각해볼 이슈는 월급생활자들의 경우 소득세를 원천징수하는데, 같은 액수의 세금을 부과·징수하더라도 총액을 근로자에게 모두 지급한 후에 소득세를 사후에 근로자가 별도로 납부하게 하는 경우 납세자가 세금납부를 명확하게 인식하게 되고 세무행정과 재정지출행위에 관해 한 단계 높은 수준의 관심을 끌어낼 수 있고, 재정활동의 민주성 확보에는 긍정적으로 기여할 것으로 본다.

특별히 높은 가격의 물품세를 부과하는 경우 상대적으로 일반 자동차 가격과의 상대 가격의 변화가 시장에서 나타나게 되어 소비와 생산 활동에 영향을 미치게 된다는 것이다.

세금의 기초에 관해서 생각해보자. 세금은 공동체를 만들고 운영하는데 필요한 공통경비를 조달하기 위한 수단적인 측면이 강하다. 주로 지배계급이 공적목적으로 사용하는데 필요한 자원(물건, 노동력, 화폐 등)을 조달함을 목적으로 한다. 세금이 많이 필요할 때는 언제라고 생각하는가? 소득세의 기원을 살펴보면 전쟁의 시대에 전쟁물자를 조달하기 위한 경비를 확보하기 위해 도입되었다. 현대사회에서 세금은 주로 소득세, 소비세, 재산세로 대별되는 소득, 소비활동, 재산 등을 과세대상으로 하고 있다. 소득의 범주에는 소득세, 법인세가 있고, 소비활동에는 부가가치세와 개별소비세, 재산에는 취득 시에 취득세, 상속세, 증여세로, 보유 시에는 재산세와 종합부동산세, 처분 시에는 양도소득세가 여기에 해당한다.

소득세란 개인의 연간 소득에 대하여 다음 해 5월에 납부하는 세금이다. 봉급생활자는 매달 소득세를 공제하는 것으로 보이지만, 연말 정산과정을 통해서 한해에 한번 정산하게 된다. 법인세는 법인이 1년 동안 거둬들인 소득에 대하여 다음해 3월에 납부하는 세금이다. 소비활동과 관련한 부가가치세의 경우는 소비활동에 대하여 10%의 세금을 부과하는 데 물건을 구입하고 계산서를 살펴보면 물품가격에 부가세 10%를 포함한 금액을 지불했음을 알 수 있다. 개별소비세는 고가의 자동차 등 사치물품에 대하여 부과하는 소비세인데 세금 부과를 통해 그 물품가격을 상승시켜서 수요량을 줄이려는 목적도 함께 가지고 있다.

재산의 취득 시에 부과하는 취득세가 있고, 증여세와 상속세는 증여를 받은 자와 상속을 받은 자가 각각 납부 의무가 있음에 유의해야 한다. 관심 있게 살펴볼 대목은 소득에 관련한 세금은 주로 국가가 납부주체가 되는 국세[26]인데 반해 재산의 취득 시에 부과되는 취득세, 보유 시에 부과되는 재산세는 지방자치단체가 부과 주체가 되는 지방세의 범주에 속한다는 점이다. 어떤 세원을 국세로 분류할 것인가 아니면 지방세로 분류할 것인가는 정책선택의 문제이지만, 세금의 파급효과와 함께 생각

---

26) 국가가 징수하는 조세를 국세라고 하고 내국세, 관세, 목적세로 구분한다. 내국세는 조세가 부과되는 장소가 국내인 조세를 말하며, 직접세와 간접세로 분류된다. 내국세는 세목마다 소득세법, 법인세법, 부가가치세법 등의 법률에 의하여 각각 납세의무자, 과세물건, 과세표준, 세율 등 필요한 사항이 규정되어 있고, 국세기본법, 국세징수법, 조세감면규제법, 조세범처벌법 등의 법률도 참고할 필요가 있다. 국세 중에서 납세의무자가 담세자가 되는 직접세에는 소득세, 법인세, 상속세, 증여세, 재평가세 등이 있고, 간접세로는 부가가치세, 특별소비세, 주세, 인지세, 증권거래세 등이 있다. 조세는 특정한 지출목적에 구속되지 아니하고 세출예산의 재원으로 보통세가 일반적인데 예외적으로 특수용도에 충당하기 위하여 조세를 부과하는 경우가 있는데 이를 목적세라고 한다. 목적세로는 교육세, 농어촌특별세, 교통세 등이 이에 해당한다.

해볼 필요가 있다. 법인세, 소득세, 부가가치세, 상속세, 증여세, 종합부동산세, 양도소득세는 국세에 속한다. 실무적으로는 세무서에서 고지서를 발급하는 세금은 국세의 범주에 속하고 지방자치단체에서 고지서를 발급하는 세금은 지방세[27]에 속한다.

소득과 소비 그리고 재산은 서로 연관된 개념이다. 소득에서 소비하고 나머지 남은 소득이 축적한 형태가 재산이 된다. 과세대상은 시대에 따라 달라지기도 한다. 로봇세의 도입 논쟁에서 보듯이 4차 산업혁명시대를 거치면서 우리의 일상 생각의 범위를 넘어서는 다양한 모습의 세금이 등장할 가능성이 있다.

세금은 일반세와 특별세로 구분할 수 있다. 일반세는 평균적인 일반인 또는 물건에 일괄적으로 부과하는 세금을 말하고, 특별세는 특정한 목적을 달성하기 위하여 특정항목에 대하여 부과하는 세금을 말한다. 예를 들면 소득의 특정한 형태인 이윤에 부과하는 이윤세의 경우와 사치성 소비활동에 특별히 부과하는(일반적인 부가가치세와 달리) 특별소비세 등이 특별세의 범주에 속한다. 특별세는 조세획득의 수단에 더해서 생산과 소비활동에 조세부과를 통해 상대가격을 변화시킴으로써 자원배분의 형태를 변경시키고 소득배분의 공정성을 확보하려는 정부의 조치의 일환으로 이해하면 된다.

세금은 사회의 변화와 밀접한 관련성이 있다. 프랑스와 영국에서 도입을 검토하고 있는 소위 디지털세[28]를 알아 보자. 글로벌화된 세계 시장에서 미국의 IT기업이 프랑스에서 거둬들이는 수입에 대하여 총매출액의 약 3%를 디지털세로 부과하고 있는 프랑스의 경우를 보면, 법인기업의 소재지가 아니더라도 경제활동을 영위하고 있는 기업활동에 대하여 각종 세금을 부과할 수 있다는 것이다. 물론 이러한 세금의 도입은 다국적 기업활동에 영향을 받는 여러 국가들 간의 이익과 관세 등의 이슈와 함께 살펴볼 필요는 있다. 4차 산업혁명이 심화되는 경우 로봇세 등 새로운 형태의 세원이 발굴될 가능성이 매우 높다.

예산 수입 내역은 국가별로 차이가 난다. 주된 수입원은 개인이나 기업으로부터

---

27) 지방세를 포함한 지방재정에 관하여 정리된 자료들은 지방재정통합공개시스템에서 검색할 수 있다.
28) 영국도 도입을 검토하고 있다고 한다(매일경제, 2019년 12월 5일자. A14면 참조). 디지털세 도입에 관한 EU집행위원회 합의 실패 후 영국, 프랑스, 이탈리아, 스테인 등은 독자적으로 디지털서비스세(DST: Digital Service Tax)의 도입을 추진하고 있다. 특히 2019년 3월 6일 프랑스는 매출액을 기반으로 과세하는 디지털세 법안을 발표했고, 7월 4일 하원에서 의결하고 7월 11일 상원에서 통과하여 디지털세를 확정되었다. 프랑스 디지털세의 내용을 살펴보면, 전세계 디지털 매출액(revenue)이 7억 5천만 유로를 초과하고 프랑스 국내 디지털 매출액이 2천 5백만 유로를 초과하는 기업을 대상으로 프랑스 국내 디지털 매출액에 대해 3%를 과세한다. 이에 미국은 통상법 제301조에 따라 조사를 실시하여 프랑스의 디지털세가 불공정 행위로 판단될 경우 보복관세 등 징벌적 수입제한 조치를 취할 수 있어서 통상마찰의 불씨가 될 수 있다. 출처: 송헌재.(2019). 디지털세에 대한 논의. 미래성장 동력확보를 위한 조세정책방향. 제14회 조세관련학회 연합학술대회. 2019. 12. 12.

직접 거둬들이는 직접세와 판매세 등 간접세, 정부가 제공하는 서비스에 대한 대가로 받는 이용자부담금(user charges), 외국으로부터의 원조 등이다.

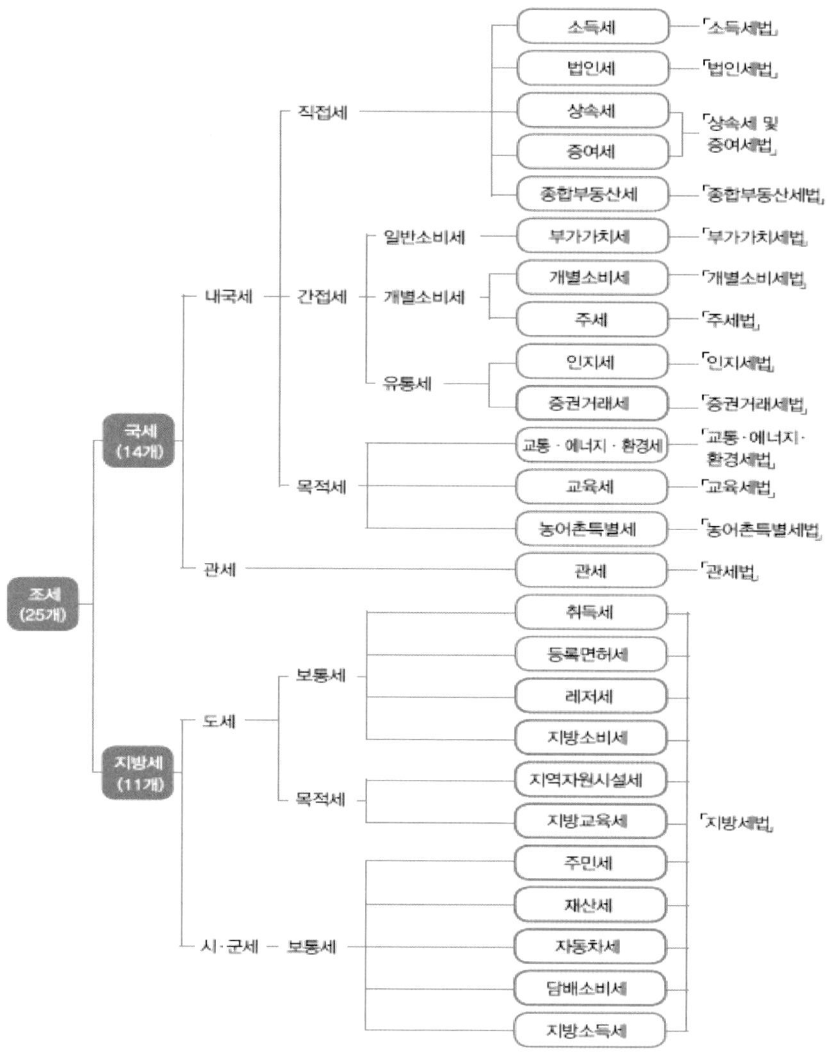

출처: 국회예산정책처(2019). 2019 대한민국재정, 79쪽.

[그림 1] 우리나라의 조세체계

6. 미국의 예산제도

우리나라의 정치제도는 대통령제를 근간으로 내각책임제의 요소를 혼합한 대통령제 국가 모형에 가깝다. 미국의 예산제도를 살펴보는 이유는 비교적 엄격한 대통령제 제도를 적용하고 있는 미국의 예산제도[29]는 우리나라 예산제도를 이해하는데 도움을 주기 때문이다. 주요국의 예산제도를 깊이 있게 비교 · 연구하려면 국회예산정책처에서 발간한 주요국의 재정제도[30]를 참고하기 바란다.

미국은 예산(Federal Funds)와 기금(Trust Funds)으로 구분하고 예산은 일반회계(General Fund),[31] 특별회계(Special Funds), 회전자금(Revolving Funds)[32]로 구분하고, 기금(Trust Funds)는 기금과 회전기금(Trust Revolving Funds)로 구분한다.

▶ 미국의 예산 절차와 규범

조세에 대한 부과 · 징수권한은 의회에 있다[33]. 미국은 예산법률주의를 채택하고, 의회가 대통령의 예산서에 구속됨이 없이 의회 스스로 예산을 편성하고 심의할 수 있는 권한을 가진다[34]. 의회는 정부가 즉시 혹은 미래에 지출하게 될 지출원인행위를 할 수 있도록 법으로 부여되는 권한 즉, 예산권한(budget

---

29) 국가는 왜 실패하는가(최완규역. 2012)에서 국가의 성패는 지리적, 역사적, 인종적인 조건들이 아니라 제도에 달려있다고 주장한다. 사회 시스템의 진보에 있어서 사람과 제도 모두 영향을 주는 요인들이 된다. 역설적이게도 서구 민주주의는 인간을 신뢰하기 보다는 민주적 제도의 도입을 통해 사회의 민주화를 발전시켰다는데 주목하자.

30) 국회예산정책처(2016). 주요국의 재정제도.

31) 일반회계는 대한민국의 일반회계와 같은 개념이다. 소득세와 같이 특정목적을 위해 법으로 지정되지 않은 수입을 재원으로 연방정부의 일반목적 수행에 쓰이는 자금으로서 예산의 주된 비중을 차지한다.

32) 회전자금은 기업적 성격의 활동을 관리하기 위해 사용하는데 재화나 용역의 판매로 수익을 얻고 동 수익금은 다시 기업적 활동에 투자하는 자금이다. 주의할 점은 회전자금의 수익금은 수입계정에 기록되지 않고 지출을 상쇄한 순수익(offsetting collections)으로 지출계정에 계상하고 있다. 대한민국의 경우 모든 수입을 세입으로 하고 모든 지출을 세출로 하며 세입과 세출은 빠짐없이 예산에 계상하여야 한다(국가재정법 제17조 예산총계주의 참조).

33) 연방의회는 다음의 권한을 가진다. 미국의 채무를 지불하고, 공동방위와 일반복지를 위하여 조세, 관세, 부과금 및 소비세를 부과·징수한다(미 합중국 헌법 제1조제8항제1호 참조). 대한민국은 조세법률주의를 채택하고 조세의 종목과 세율은 법률로 정하고, 입법권은 국회에 속한다고 규정함으로써 조세에 대한 부과·징수권한이 국회에 있음을 천명하고 있다(헌법 제59조 및 제40조 참조).

34) 국고로부터의 제원 인출은 법률의 형태로 세출승인을 요한다. 공금의 수납과 지출에 관한 정식결산서는 수시로 공표되어야 한다(미 합중국 헌법 제1조제9항제7호)[No money shall be drawn from the Treasury, but in Consequence of Appropriations made by Law; and a regular Statement and account of Receipts and Expenditures of all public Money shall be published from time to time].
대한민국 헌법 제54조에서 정부는 예산안을 편성·국회에 제출하는 권한을 가지고, 국회는 국가의 예산안을 심의·확정하는 권한을 부여하면서, 헌법 제57조는 국회는 정부의 동의 없이 정부가 제출한 지출예산 각항의 금액을 증가하거나 새 비목을 설치할 수 없다고 규정함으로써 국회의 예산심사권 행사에 일정한 제한을 두고 있다.

authority)의 형태로 연방기관에게 지출권한을 부여하는 법을 제정한다. 의회가 재정권한을 어떻게 행사하여야 하는지 또는 예산과정에 관한 사항 등은 개별 법률로 정하고 있다. 일반적으로 재량지출은 연간세출법(annual appropriations Act)로, 의무지출은 수권입법(authorizing legislation)으로 예산권한 규모를 결정한다. 예산권한은 해당연도에 대한 신규 예산권한을 의회가 제정하는 current authority와 의회의 세출법안 입법 없이 현존하는 법에 의해 재원 사용이 가능한 permanent authority가 존재한다.

예산회계법(Budget and Accounting Act)은 국가재정에 관한 총칙법으로 예산안의 편성과 집행과정 및 회계감사에 관한 사항들을 규정하고 있다. 대통령 및 관리예산처가 부처들의 요구를 조정하여 종합적인 예산안을 의회에 제출할 수 있도록 하고, 대통령은 1월 첫째 주 월요일 이후에 다음 회계연도 예산안을 의회에 송부하며 그 시기는 2월 첫째 주 월요일을 경과해서는 안 된다. 예산안은 예산교서와 예산요약, 산출근거가 되는 자료를 함께 첨부하는 등의 내용을 담고 있다.

예산회계절차법(Budget and Accounting Procedures Act)은 예산서의 서식, 회계절차, 검사절차 등에 관하여 규정하고 있다. 즉 성과에 기초하여 예산을 편성하여야 하며, 조직의 활동과 기능에 대한 재무정보를 포함하도록 하고, 정부책임처는 행정부가 준수해야 할 회계원칙과 기준 및 기타 관련된 필수사항을 공표하여야 하며, 각 조직의 장은 정부책임처가 제정한 기준에 맞추어 회계와 내부통제 시스템을 수립·유지하며, 각 부처는 정부책임처와 함께 회계시스템을 개발하여야 하며 동 시스템은 정부책임처의 검토와 승인을 거치도록 규정하고 있다.

의회예산 및 지출유보통제법(Congressional Budget and Impoundment Control Act of 1974)은 의회예산법과 지출유보통제법 등 두 법으로 구성되었으며 이를 계기로 의회가 직접 예산을 편성하기 시작하였다. 의회예산법에 따라 예산과 관련된 의회 위원회들을 처음으로 상임위원회로 설정하고, 의회예산처(CBO)가 신설되었다. 의회의 예산결의안 작성 및 승인 절차가 만들어졌으며, 이를 통해 예산연도 등 5년 이상의 기간에 대하여 연도별 지출한도를 설정하도록 하며, 의회예산처[35]는 상원과 하원의 모든 위원회에서 발의되는 법안 및 결의안에 대해 발효 당해 연도 및 이후 4년간의 재정소요를 추계하도록 규정하고 있다. 지출

35) 국회예산정책처법 제3조제2호에서 국회예산정책처의 직무로 예산 또는 기금상의 조치가 수반되는 법률안 등 의안에 대한 소요비용의 추계를 포함하고 있다.

유보통제법에 따라 행정부의 재원지출 지연이나 폐지 및 삭감 등을 제한하게 되었다. 즉 부처가 지출을 연기하거나 거부할 경우 의회에 그 사실을 통지하도록 하였다.

결손방지법(Antideficiency Act)은 의회가 공공지출에 대한 통제권한을 행사할 수 있도록 하는 법으로 관리예산처는 예산을 배분하고 지출을 감독하도록 하고, 각 부처들은 할당된 지출금액 이상을 지출할 수 없으며, 정부 세출안이 확정되고 부처에 분배되기 전에 서비스나 용품 등을 구매할 수 없고, 한도를 초과해서 지출하는 등 결손방지법을 위반하는 경우에는 해당 공무원에 대한 정직 또는 벌금 등 벌칙이 부과되며 해당 부처의 장은 위반에 대한 사항을 대통령과 의회 및 정부책임처장에게 보고하여야 한다.

최고재무관법(Chief Financial Officers Act)은 의회가 재부관리체계를 개선하고 책임성을 강화하기 위하여 관리예산처는 전체 연방정부의 재무관리체계를 강화하도록 하고, 주요 부처에 대해 최고재무관직(CFO)을 신설하여 부처별 재무관리를 총괄하도록 하며, 관리예산처는 매년 재무현황보고서 및 향후 5년간의 재무관리계획서를 작성하여 의회에 제출하도록 규정하고 있다.

정부업무성과 및 결과법(Government Performance Result Act)은 성과정보를 통해 사업의 효과성을 제고하고 결과에 대한 책임을 강조하기 위하여 주요 부처에 대해 통합회계보고서를 작성하도록 하고, 재무부장관이 관리예산처와 협력하여 연방정부 전체의 회계보고서를 작성하고 정부책임처장이 이를 감사하도록 규정하고 있다.

제3장 예산과정과 내용

예산과정이란 국가가 조달 가능한 재원을 누구에게(정책대상), 어떤 정책목적과 내용으로(세부사업) 얼마의 금액(화폐가치)을 배분하고 집행할 것인가를 결정하는 절차다. 예산과정은 예산안의 편성, 예산안의 심의·확정, 예산 배정 및 집행, 결산 및 검사 등의 모든 과정으로 예산안의 편성과 심의·확정은 예산집행 전년도에, 예산안 집행에 대한 결산은 예산 집행 연도 이후 연도에 행해짐을 고려한다면 예산과정은 대략 2년 내지 3년의 기간이 소요된다. 예산과정은 국가재정법과 기획재정부의 예산편성지침 등 관련 규정을 숙지하기 바란다.

예산과정은 자원의 권위적 배분으로 정치과정을 통한 정치적 합리성과 자원의 합리적 배분을 통한 경제적 합리성을 함께 고려해야 한다. 관련 법과 절차를 통한 예산과정의 이해도 필요하고 동시에 예산의 동태성과 정치성에도 주목해야 한다.

〈표 4〉 예산과정

구 분	내 용
국가재정운용계획 (국가재정법 제7조)	매년 다음 회계연도부터 5회계연도 이상의 기간에 대해 수립 예산안과 함께 국회에 제출(계획수립 방향은 상임위원회에 보고)
예비타당성 조사 (국가재정법 제38조)	기획재정부장관은 총사업비가 500억원 이상이고 국가의 재정지원 규모가 300억원 이상인 신규사업에 대한 예비타당성 조사 실시(국회 소관 상임위원회와 예산결산특별위원회에 제출)
예산안 편성지침 통보(국가재정법 제29조)	중앙행정기관의 장은 매년 1월 31일까지 당해 회계연도부터 5회계연도 이상의 중기사업계획서를 기획재정부장관에게 제출 기획재정부장관은 다음 연도의 예산안편성지침을 매년 3월 31일까지 각 중앙관서의 장에게 통보 기획재정부장관은 예산안편성지침을 국회예산결산특별위원회에 보고
예산안 편성(국가재정법 제32조)	각 중앙관서의 장은 예산요구서 작성 5월 31일까지 기획재정부장관에게 제출 기획재정부장관은 예산안 편성

예산안 심의 · 의결	정부는 예산안을 회계연도 개시 120일 전까지 국회에 제출 본회의 제안설명→소관 상임위 예비심사→예결위 심사→본회의 의결
예산의 집행	각 중앙관서의 장은 예산배정요구서를 기획재정부장관에게 제출 기획재정부 장관은 각 중앙관서의 장에게 예산 배정(감사원에 통지) 기획재정부장관은 각 중앙관서의 장에게 예산집행지침 통보
결산(국가재정법 제58조)	각 중앙관서의 장은 다음 연도 2월 말일까지 중앙관서결산보고서를 기획재정부장관에게 제출 국가결산보고서 검사(감사원)→다음 연도 5월 20일까지 기획재정부장관에게 송부 정부는 국가결산보고서를 다음 연도 5월 31일까지 국회에 제출

제1절 예산안의 편성

1. 예산안 편성의 원칙

각 중앙관서의 장이 제출한 예산요구서에 대한 검토 및 조정 작업을 예산안편성이라고 한다. 기획재정부의 예산안 편성작업은 통상 정부의 총지출범위를 정하고 그 범위 내에서 세부사업의 우선순위를 설정하게 된다.

국가재정법 제16조에서는 예산의 편성 및 집행에 있어서의 원칙을 제시하고 있다. 정부는 재정건성성 확보의 원칙, 국민부담의 최소화 원칙, 재정지출과 조세지출[36]의 성과 제고, 예산과정의 투명성과 예산과정에의 국민참여 제고 노력, 예산이 여성과 남성에게 미치는 효과를 평가하고 그 결과를 반영하기 위한 노력(성인지 반영) 등의 원칙을 준수하여야 한다.

2. 예산안 편성의 절차

국가재정운용계획의 수립(국가재정법 제7조)과 관련하여, 정부는 재정운용의 효율화와 건전화를 위해 매년 당해 회계연도부터 5회계연도 이상의 기간에 대한 국가재정운용계획을 수립하여 회계연도 개시 120일 전까지 국회에 제출하여야 한다.

36) 근로장려금(EITC)제도는 통상의 정부 재정지출과는 달리 저소득 근로자의 세금 징수 단계에서 소득을 보전해준다는 점에서 조세지출로 분류된다.

국가재정운용계획에는 재정운용의 기본방향과 목표, 중·장기 재정전망, 분야별 재원배분계획 및 투자방향, 재정규모증가율 및 그 근거, 의무지출의 증가율 및 산출내역, 재량지출의 증가율에 대한 분야별 전망과 근거 및 관리계획, 세입·세외수입·기금수입 등 재정수입의 증가율 및 그 근거, 조세부담률[37] 및 국민부담률[38] 전망, 통합재정수지[39]에 대한 전망과 근거 및 관리계획 등이 포함되어야 한다.

기획재정부장관은 국가재정운용계획을 수립하는 때에는 관계 중앙관서의 장과 협의하고, 필요한 때에는 관계 국가기관 또는 공공단체의 장에게 중·장기 대내·외 거시경제전망 및 재정전망 등에 관하여 자료의 제출을 요청하거나, 관계 국가기관 또는 공공단체의 장과 이에 관하여 협의할 수 있다.

3. 예비타당성조사(국가재정법 38조) 등 예산안 편성단계

예비타당성 조사는 대규모 신규사업에 대한 사전 타당성 검증 및 평가를 통해 예산낭비를 방지하고 재정운용의 효율성을 제고하기 위한 제도이다. 예비타당성조사는 예산안에 신규사업을 편성하기 전에 개략적인 조사로서 기획재정부장관이 사업의 경제적·정책적 타당성을 검토하려는 것이다. 이에 반해 타당성조사는 예비타당성 조사를 통과한 사업을 본격 사업추진할 때 사업을 추진하는 주무부처가 기술적인 측면을 검토하는 것이다.

예비타당성 조사의 대상이 되는 사업은 총사업비가 500억원 이상이면서 국가의 재정지원규모가 300억원 이상인 신규사업 중 건설공사가 포함된 사업, 정보화사업, 국가연구개발사업 및 중기재정지출이 500억원 이상인 사회복지, 보건, 교육, 노동, 문화 및 관광, 환경보호, 농림해양수산, 산업 및 중소기업 분야의 사업이다. 예비타당성 조

37) 조세부담률은 한 나라의 국내총생산에 대한 조세총액(국세+지방세)의 비율을 말한다. 조세부담률은 재정의 상대적 규모를 나타내는 지표이긴 하지만 조세부담의 배분상황 내지는 공평성 등 조세부담의 내용에 관한 정보를 제공하지는 못한다. 2019년 조세부담률은 20.3%다.

38) 국민부담률은 국민들이 1년 동안 낸 세금과 국민연금·의료보험료·산재보험료 등 각종 사회보장기여금을 합한 총액이 국내총생산(GDP)에서 차지하는 비중을 말한다. 국민부담률은 조세부담률과 사회보장부담률을 합한 것이다. 2019년 국민부담률은 27.8%다.

39) 통합재정수지는 일반회계·특별회계·기금을 모두 포함하는 수지로서, 회계·기금 간 내부거래 및 차입·채무상환 등 보전거래를 제외한 실질적 의미의 수입·지출의 차이를 나타내며, 통합재정 수입에서 통합재정지출 및 순융자를 뺀 금액이다. 한편 관리재정수지는 통합재정수지에서 사회보장성기금(국민연금, 사학연금, 산재보험, 고용보험) 수지를 제외한 것으로 재정건전성을 좀더 정확히 파악하기 위한 것이다. 통합재정수지에서 사회보장성기금을 제외하는 이유는(회귀분석에서 통제한다는 개념을 잘 생각해보기 바란다) 사회보장성기금이 미래의 지출을 대비하기 위해 현재 적립해두는 성격이 강하고 그 적립은 미래의 어느 시점에서는 집행이 될 것이므로 현재시점에서의 재정규모를 파악하는 데는 제외하는 편이 옳다는 것이다. 통합재정수지와 관리재정수지의 개념에 관해서는 경기순환재정수지 등 새로운 재정수지의 개념 연구가 활발히 이루어지고 있다.

사는 국가가 직접시행하는 사업, 국가대행사업, 지방자치단체보조사업, 민간투자사업 등 정부의 재정이 지원되는 모든 사업을 대상으로 하며, 총사업비의 범위에는 설계비, 보상비, 공사비 등 사업추진과 관련된 모든 경비를 포함한다.

사업기간의 정함이 없이 계속 추진되는 사업의 경우에는 5년간의 사업비 합계를 기준으로 예비타당성조사 대상여부를 판단한다.

예비타당성 조사가 요식행위(red-tape)로 운용되지 않도록 공공청사, 교정시설, 초중등 교육시설의 신·증축사업, 문화재 복원사업, 국가안보에 관련되거나 보안을 요하는 국방 관련 사업, 남북교류협력에 관계되거나 국가 간 협약·조약에 따라 추진하는 사업, 도로 유지보수, 노후 상수도 개량 등 기존 시설의 효용증진을 위한 단순개량 및 유지보수사업, 법령에 따라 추진하여야 하는 사업, 예비타당성 조사의 실익이 없는 사업 등은 예비타당성을 면제하고 있다.

예비타당성 조사의 주관부처는 기획재정부로, 기획재정부 장관이 중앙관서의 장의 신청에 따르거나 또는 직권으로 예비타당성조사 대상사업을 선정할 수 있다. 국회가 그 의결로 요구하는 사업에 대하여는 예비타당성 조사를 실시하여야 한다. 예비타당성조사의 총괄 수행기관은 한국개발연구원(KDI) 공공투자관리센터(PIMAC)에서 수행하고, 국가연구개발사업(R&D)의 경우는 한국과학기술기획평가원에서 조사를 실시할 수 있다.

예비타당성 조사는 정량적 분석 결과와 정성적 분석 결과를 통합하여 사업의 최종적인 추진여부를 결정하게 된다. 정량적 분석의 대표적인 지표는 B/C비율, 정량적 지표와 정성적 지표를 통합한 분석적 계층화법(AHP)를 적용한다. 일반적으로 AHP가 0.55 이상인 경우 사업의 타당성이 있는 것으로 검토되며, 0.45-0.55 사이일 경우 신중한 검토를 한다. 비용편익(B/C)분석의 경우 그 비율이 1 이상일 경우 경제성을 갖는다고 본다.

예비타당성 조사와 관련한 분석에서는 예비타당성 대상 사업인데도 예비타당성 조사를 받지 않고 예산안에 반영되는 사례가 종종 있다. 예비타당성조사의 합리적 이유 없는 생략은 예산 편성단계에서 예산의 합리적 사용이라는 측면에서 낭비적인 요소를 걸러내지 못할 수 있기 때문에 예산심사 및 분석 단계에서는 점검 포인트가 된다. 예비타당성 조사와 관련해서 예를 들어 농촌지역에 도로를 건설하는 경우와 도시지역에 도로를 건설하는 경우 대부분의 경우는 도시지역에 건설하는 도로의 예비타당성 점수가 높을 가능성이 높다. 그 이유는 밀집한 도시지역에서의 공공재 공급의 효과성이 높을 것이기 때문이다. 그렇다면 예비타당성 점수가 낮다고 해서 농어촌 지역에의 투자는 계속 후순위로 밀려야만 하는 지의 의문을 농어촌 지역 지역구를 둔 국회의원으로부터 문제제기가 있음을 유의해야 한다.

국가과학기술자문회의 심의와 정보화전략계획(ISP)과 관련하여, 연구개발사업은 과학기술혁신본부에서 조정 후 국가과학기술자문회의에서 심의하는 주요 국가연구개발사업(R&D)과 기획재정부에서 심의하는 일반 국가연구개발사업(R&D)으로 구분된다[40]. 과학기술정보통신부는 과학기술기본법 제12조의2에 따라 차년도 주요 국가연구개발사업(R&D)예산을 배분 · 조정하고, 국가과학기술자문회의의 심의를 거쳐 6월말까지 기획재정부에 제출한다. 기획재정부는 정부 재정규모 조정 등 특별한 경우를 제외하고는 국가과학기술자문회의의 심의 결과를 반영하여 다음 연도의 국가연구개발사업(R&D) 예산안을 편성하여야 한다. 연구개발사업의 전문성을 고려한 사전 검토를 제도화한 것으로 볼 수 있다.

일반적으로 연구개발사업의 대부분은 출연사업이다. 출연방식은 기술지향적인 국가연구 개발사업(R&D)에는 적합하나, 시장지향적인 국가연구 개발사업(R&D)에 있어서는 융자나 투자와 같은 다른 재정전달방식이 적합할 수 있으므로 목표와 추진방식에 비추어 어떠한 재정전달방식이 가장 적합한 것인지에 대한 고민이 필요하다[41].

정보화사업 예산안 편성 전 사전검토와 관련하여, 정보화란 정보를 생산 · 유통 또는 활용하여 사회 각 분야의 활동을 가능하게 하거나 그러한 활동의 효율화를 도모하는 것을 말한다(국가정보화 기본법 제3조). 정보화사업이란 예산안 편성 및 기금운용계획안 작성 세부지침에서 해당기관의 정보시스템을 기획 · 구축 · 운영하기 위한 사업, 공공 · 민간 정보화 지원 및 정보화 역기능 방지 사업, 기타 정보화 관련 법령에 따른 기본계획 및 시행계획 등에 포함된 사업 등으로 정보화 사업을 세분화하고 있다. 정보화사업의 기본방향은 국가정보화 기본법에 따라 5년 주기로 수립하는 국가정보화 기본계획에서 결정된다. 국가정보화 기본계획은 국가정보화 정책의 기본방향, 중장기 발전방향 및 공공 분야의 정보화 계획을 포함한다. 각 부처는 차년도 정보화사업 편성을 위해 매년 기본계획의 취지에 맞춘 국가정보화 시행계획을 작성하여 4월 30일까지 과학기술정보통신부장관에게 제출하고 과학기술정보통신부는 이를 점검 · 분석한 후 그 의견을 기획재정부에 제시하며, 기획재정부는 예산안 편성 시에

40) 주요 연구개발사업에는 기초원천 및 응용개발 연구 등 과학기술 국가연구개발사업(R&D), 출연연구기관·국공립연구소의 연구개발사업비·출연연구기관의 운영경비, 국방 국가연구개발사업(R&D), 연구시설·장비구축 사업 등이 포함된다. 일반 연구개발사업에는 인문사회 국가연구개발사업(R&D), 대학지원금, 국공립 연구소 운영경비, 고도보안성 국방 국가연구개발사업(R&D), 정책연구비, ODA 사업비 등이 포함된다.

41) 국회예산정책처.(2009). 중소기업 기술혁신개발사업 평가. 2009.5.

이를 참작한다(국가정보화 기본법 제6조 및 제7조 참조).

예산안 편성 및 기금운용계획안 작성 세부지침 및 국가정보화 시행계획 작성지침에서는 정보화사업 중 신규 정보시스템 구축사업의 경우에는 원칙적으로 업무재설계(BPR: Business Process Reengineering) 및 정보화전략계획(ISP: Information Strategy Planning) 수립 후 그 결과에 따라 사업을 추진하도록 하고, 정확한 수요예측을 통해 신규시스템 구축으로 활용이 감소할 것으로 예산되는 기존 시스템 정비 방안을 함께 제시함으로써 투자효과성을 확보할 것을 필수사항으로 요구하고 있다.

예산편성기준 통보(국가재정법 제29조 참조)와 관련하여, 기획재정부 장관은 국무회의의 심의를 거쳐 대통령의 승인을 얻은 다음 연도 예산안편성지침을 매년 3월 31일까지 각 중앙관서의 장에게 통보하여야 한다.

특히 국가재정법 제29조 제2항에서 기획재정부장관은 국가재정운용계획과 예산편성을 연계하기 위하여 예산안편성지침에 중앙관서별 지출한도를 포함하여 통보할 수 있도록 규정하고 있다. 중앙관서별 지출한도의 설정은 '총액배분 자율편성(top-down) 예산제도[42]의 근거조항이다. 국가재정건전성을 유지하는 범위에서 국가우선순위에 따라 재원을 배분하되, 예산 집행부처의 전문성과 자율성을 토대로 예산을 편성하기 위함이다.

예산안편성 및 기금운용계획안 작성지침은 예산안 편성방향과 예산안편성지침으로 구성되어 있다. 예산안 편성방향에서는 향후 재정운용 방향, 재정운용여건 및 예산안 편성방향 등이 포함되어 있다. 예산안편성지침에서는 세입예산안 요구서 작성지침, 세출예산안 요구서 작성지침, 기금운용계획안 작성방향 및 작성지침을 열거하고 있다. 예산안 편성 및 기금운용계획안 작성 지침과 세부지침은 예산을 편성하는 단계에서 참고해야할 준칙이다.

예산안의 작성과 관련하여, 각 중앙관서의 장은 예산안 편성지침에 따라 그 속관에 속하는 다음 연도의 세입세출예산 · 계속비 · 명시이월비 및 국고채무부담행위 요구서(합해서 예산요구서라 통칭한다)를 작성하여 매년 5월 31일까지 기획재정부장관에

---

42) 총액배분자율편성예산제도의 도입과 관련하여 재정당국(기획재정부 등)은 일선 중앙행정기관보다 편익과 비용에 대한 정보가 부족하다는데 유의해야 한다. 일종의 정보 비대칭(asymmetric informationi)현상은 예산사업의 수와 복잡성이 증가할수록 증가하는 경향이 있다. 이러한 정보비대칭 현상을 해소하기 위한 방안의 하나로 총액배분자율편성(top-down)예산제도를 도입하게 된 것으로 이해하면 된다. 즉 기획재정부 등 예산권을 행사하는 기관은 부처별로 총액을 배분하고, 일선중앙행정기관은 주어진 총액의 범위 내에서 자체적으로 우선순위로 예산을 편성하는 것이다. 총액배분자율편성예산제도가 성공하기 위한 전제조건은 기획재정부와 중앙행정기관 간의 신뢰형성이다.

게 제출[43])한다.

세입세출예산요구서는 국가재정법 제21조에 따라 구분과 국가재정법 시행령 제7조에 따라 기획재정부장관이 정하는 예산의 과목 구분에 따라 구분하여 작성하여야 한다(국가재정법 시행령 제10조제1항 참조). 세입세출예산의 구분을 살펴보면, 세입세출예산은 독립기관 및 중앙관서의 소관별로 구분한 후 소관 내에서 일반회계와 특별회계로 구분한다. 세입예산은 그 내용을 성질별로 관·항으로 구분하고, 세출예산은 그 내용을 기능별·성질별 또는 기관별로 장·관·항으로 구분한다. 세항과 각 경비의 성질에 따른 목의 구분은 기획재정부 장관이 정한다(국가재정법 제21조 참조). 국가재정법을 해석해 보면, 소위 입법과목은 장·관·항이고, 세항과 목은 기획재정부 장관이 정하도록 규정하고 있음을 알 수 있다.

참고로 2019회계연도 총지출을 기준으로 예산 사업수를 보면 16개 분야, 75개 부문, 575개 프로그램, 2,648개 단위사업, 7,306개 세부사업 등이다. 2018회계연도 총지출을 기준으로 예산 사업수를 보면 16개 분야, 69개 부문, 611개 프로그램, 2,744개 단위사업, 7,099개 세부사업 등이다. 세부사업 수가 증가한 이유는 신규사업의 증가와 일몰사업이 연장됨에 따른 것이고, 2019 회계연도의 프로그램 수가 줄어든 이유는 정부가 소관별 프로그램을 일괄 정리했기 때문이다.

각 중앙관서의 장은 기획재정부 장관에게 예산요구서를 제출하기 전에 기획조정실 주관으로 관서내의 예산요구서를 작성하게 된다. 세입예산은 세입주관부서에서 각 부서의 자료를 취합한다. 예산주관부서(통상 각 중앙관서의 기획조정실)는 각 부서의 설명을 듣고 재정상황, 사업의 효율성 등을 고려하여 각 부서의 예산요구서를 종합·조정한 예산안을 마련한다.

예산안의 국회 제출(국가재정법 제33조 참조)과 관련하여, 정부는 대통령의 승인을 얻은 예산안을 회계연도 개시 120일 전까지 국회에 제출하여야 한다. 예산안의 국회 제출 시한은 헌법에도 명시되어 있다. 헌법 제89조에서는 예산안·결산·국유재산처분의 기본계획·국가의 부담이 될 계약 기타 재정에 관한 중요사항은 국무회의의 심의를 거치도록 규정하면서, 헌법 제54조에서는 정부는 회계연도마다 예산안을 편성

43) 국가재정법에는 각 부처의 예산요구 기한을 5월 31일로 규정하고 있으나, 법정기한 내 각 부처 예산요구액보다 많은 금액이 예산안으로 편성되어 국회에 제출되는 사례가 있다. 예산의 희소성에 비추어보면 각 부처요구액보다 기획재정부가 더 많은 예산을 편성하는 사례는 선뜻 이해가 되질 않는다. 각 부처는 요구액을 많이 요구하는 경향이 있고, 예산의 희소성에 따라 재정당국(기획재정부)은 요구액을 조정하거나 삭감하는 사례가 일반적이다. 부처 요구액보다 많은 예산안이 편성되는 경우는 국가목표 달성을 위한 정책적인 필요에 따라 재정당국이 특별히 예산을 집중 투입할 경우에 나타나는 현상으로 이해하면 된다.

하여 회계연도 개시 90일 전까지 국회에 제출하고, 국회는 회계연도 개시 30일전까지 이를 의결하여야 한다고 규정하고 있다.

매년 국회의 예산안 심의가 법정처리기한(회계연도 개시 30일 전)을 준수하지 못하는 문제가 발생함에 따라 국회는 2012년 5월 25일 국회법을 개정하여 예산안의 본회의 자동부의 조항을 신설하였다. 즉 위원회는 예산안, 기금운용계획안, 임대형 민자사업 한도액안과 세입예산안 부수법안의 심사를 매년 11월 30일까지 마치도록 규정하고 이 기한 내에 심사를 마치지 아니한 때에는 그 다음 날에 위원회에서 심사를 마치고 바로 본회의에 부의된 것으로 간주하는 규정을 신설하였다. 문제는 회계연도 개시 30일 전 국회의결을 강제하는 경우 국회는 정부가 제출한 예산안 실질 심사기한이 60일에 불과하게 되었다. 미국은 약 240일, 독일은 약 120일, 일본은 약 70일 동안 의회가 정부의 예산안을 심사하는 기간을 가지는 것에 비해서도 심사기간이 단축될 우려가 제기되었다. 이에 국가재정법을 개정하여 법률상 예산안 제출시기를 회계연도 개시 120일 전까지로 규정하였다. 헌법규정과 국가재정법의 규정에서 차이를 보이는 것과 관련해서는 예산안의 국회 제출시기 및 심의기간에 관한 헌법 규정은 국회에 관한 장에 위치하고 있다는 점에서 국회의예산 심의·확정권 보장을 목적으로 한 규정으로 보이고, 헌법 규정은 국회의 예산 심의·확정권을 실질적으로 보장하기 위한 것이지 이를 제한하기 위한 목적이 아니라 할 것이므로, 국가재정법으로 국회의 예산안 심사기간을 늘리는 것은 위헌으로 보기 어렵다[44].

제2절 예산안의 내용

국가재정법 제31조는 예산의 내용을 세입세출예산·계속비·명시이월비·국고채무부담행위로 규정하고 있다. 또한 국가재정법 제67조에서 기금운용계획안은 운용총칙과 자금운용계획을 구성되고, 운용총칙에는 기금의 사업목표, 자금의 조달과 운용 및 자산취득에 관한 총괄적 사항을 규정한다. 자금운용계획은 수입계획과 지출계획으로 구분하되, 수입계획은 성질별로 구분하고 지출계획은 성질별 또는 사업별로 주요항목 및 세부항목으로 구분한다. 이 경우 주요항목의 단위는 장·관·항으로, 세부항목의 단위는 세항·목으로 각각 구분한다.

44) 국회예산정책처.(2014). 국가재정법 이해와 실제 268쪽.

1. 예산총칙

예산총칙에는 세입세출예산 · 계속비 · 명시이월비 및 국고채무부담행위에 관한 총괄적 규정을 두는 외에 국채와 차입금의 한도액, 국고금 관리법 제32조 규정에 따른 재정증권의 발행과 일시차입금의 최고액 등의 사항을 규정하여야 한다(국가재정법 제20조 참조).

예산총칙은 예산 전반에 걸쳐 적용되는 총괄적인 사항을 포함한다. 주의할 점은 국가재정법 제20조는 예산총칙의 기본구조를 정하고 있고, 그 구체적인 내용은 매년 국회의 예산안 심사를 통해 심의 · 확정된다[45]는 점이다.

〈표 5〉 2019 회계연도 예산총칙안

조문	내용
제1조	2019년도 세입 · 세출 총액
제2조	2019년도 세입 · 세출 예산 명세
제3조	2019년도 계속비
제4조	계속비 예산으로 총공사 계약 체결시 연부액 초과 집행 근거
제5조	2019년도 명시이월비
제6조	2019년도 국고채무부담행위
제7조	재해복구 국고채무부담행위 한도액
제8조	한국은행 일시차입 또는 재정증권 발행 연도 중 최고한도액
제9조	국가의 차입금 한도액 또는 국채발행한도액(액면가 기준)
제10조	예산의 이용 범위
제11조	정부기업특별회계의 수입금 마련 지출 범위
제12조	목적예비비
제13조	각종 선거 및 국민투표 경비에 따른 예비비 지출
제14조	기업특별회계 전출금
제15조	기업특별회계 전입금
제16조	원자력손해배상보상계약금 합계 한도액
제17조	재해대책비 비목 설치 · 운영
제18조	민간투자사업 토지보상비 초과집행 근거

45) 예산총칙 제10조 예산의 이용 범위에 근거해서 기획재정부장관이 입법부의 권한사항인 예산의 이용권을 행사하는 데 대한 아무런 문제의식이 없다. 국회가 예산총칙을 승인해줬기 때문에 의회가 예산의 이용권한을 유보하고 있다고 볼 수 있으나, 예산총칙 제10조에 근거해서 행정부가 예산을 이용하는 관행은 좀더 숙고할 필요가 있다고 본다.

2. 세입 · 세출예산

세입 · 세출예산은 당해 회계연도의 세입·세출의 예정액을 표기한 것으로 협의의 예산은 세입 · 세출예산을 말한다. 세입예산은 그 내용의 성질과 기능을 고려하야 장 · 관 · 항으로 구분하고, 세출예산은 그 내용을 기능별 · 성질별 또는 기관별로 주요항목 및 세부항목으로 구분하며 주요항목은 분야 · 부문 · 프로그램으로, 세부항목은 단위사업 · 세부사업 · 목으로 구분한다.

3. 계속비

국가재정법 제23조는 완성에 수년도를 요하는 공사나 제조 및 연구개발사업은 그 경비의 총액과 연부액을 정하여 미리 국회의 의결을 얻은 범위 안에서 수년도에 걸쳐서 지출할 수 있다고 규정한다. 계속비로 지출할 수 있는 연한은 그 회계연도로부터 5년 이내로 하고, 사업규모 및 국가재원 여건상 필요한 경우에는 예외적으로 10년 이내로 할 수 있도록 규정하고 있다.

계속비와 관련해서는 헌법 제54조에서 이미 예산으로 승인된 사업의 계속에 대해서는 전년도 예산에 준하여 집행할 수 있도록 규정하고 있으므로, 헌법 규정에 따라 계속비의 경우는 전년도 예산에 준하여 집행할 수 있음에 유의해야 한다.

4. 국고채무부담행위

국가는 법률에 따른 것과 세출예산금액 또는 계속비의 범위 안의 것 외에 채무를 부담하는 행위를 하는 때에는 미리 예산으로써 국회의 의결을 얻어야 한다(국가재정법 제25조). 국고채무부담행위를 예산총칙 제6조에 포함시켜 국회의 의결을 받게 되는 것이다. 국고채무부담행위는 국가가 채무를 부담하는 행위이며, 국회의 의결은 정부에게 채무를 부담할 권한만을 부여하는 것임에 유의해야 한다. 국고채무부담행위를 하고 난 후 다음 연도 등에 국고채무부담행위를 상환하는 지출행위를 하기 위해서는 다시 국회의 의결을 얻어야 한다. 국고채무부담행위는 그 필요한 이유를 명백히 하고, 그 행위를 한 연도와 채무부담의 금액, 채무의 상환연도 및 상환금액을 표시하여야 한다. 국고채무부담이 되는 행위를 하였을 때에는 그 다음 회계연도 세출예산에 계상하여야 한다.

5. 명시이월비

세출예산 중 경비의 성질상 연도 내에 지출을 끝내지 못할 것이 예측되는 때에는 그 취지를 세입세출예산에 명시하여 미리 국회의 승인을 얻은 후 다음 연도에 이월하여 사용할 수 있다(국가재정법 제24조). 회계연도 독립의 원칙의 예외라 할 수 있다. 명시이월비는 세출예산의 경비 중에서 그 성질상 연도 내에 지출을 완료하지 못할 것이 예측되는 경우에 다음 연도로 이월할 수 있다는 취지를 명백히 하여 국회의 의결을 거쳐 다음 연도로 이월하는 제도다. 이와 달리 사고이월은 예산의 집행 사후에 국회의 결산심사만을 받는 것으로 국회의 사전 승인을 받지 않고 사업 집행 과정에서 사전에 예상하지 불가피한 사유가 있을 경우에 이월하는 것을 말한다.

제3절 예산안의 심의 · 확정

국회에 예산안이 제출되면 대통령은 본회의에서 시정연설을 한다. 의장은 예산안을 각 상임위원회에 회부하고, 각 상임위원회는 예비심사를 하여 그 결과를 의장에게 보고한다. 의장은 상임위원회의 예비심사보고서를 첨부하여 이를 예산결산특별위원회에 회부하고 심사가 끝난 후 본회의에 부의한다.

▶ 예산안의 의결 및 예산안의 확정

국회예산결산특별위원회는 예산안, 기금운용계획안, 임대형 민자사업 한도액안과 의장이 국회예산정책처장의 의견을 들어 지정한 세입예산안 부수 법률안 심사를 매년 11월 30일까지 마쳐야 한다(국회법 제85조의3)

11월 30일까지 심사를 마치지 못한 때에는 그 다음 날에 위원회에서 심사를 마치고 바로 본회의에 부의된 것으로 간주함으로써 예산안 등을 회계연도 개시 30일 전까지 심의 · 확정하도록 규정하고 있다(국회법 제84조의4 및 제85조의3 참조).

제4절 예산의 집행

국회에서 심의 확정된 예산을 회계연도 내에 실행에 옮기는 과정을 예산의 집행이라 한다. 예산집행은 국회에서 심의·확정된 예산을 회계연도 개시와 더불어 수입을 조달하고 공공경비를 지출하는 재정활동으로서 예산의 배정(정기배정, 수시배정, 조기배정 등), 이체 및 이·전용, 이월, 예비비 사용 등을 포함한다. 통상적인 세출 예산의 집행 절차를 보면, 기획재징부에서 예산을 배정(지출원인행위 가능)하고, 자금을 배정(지출행위 가능)하면, 각 부처에서는 자금을 수령하여 배분하고, 자금을 실제로 집행하게 된다. 예산을 집행함에 있어서는 목적 외 사용금지의 원칙(국가재정법 제45조), 이월[46]사용제한의 원칙(국가재정법 제48조), 회계연도 독립의 원칙(국가재정법 제3조) 등을 지켜야 한다. 이중에서 예산의 목적외 사용금지의 원칙의 예외로 이체[47], 이용, 전용[48]이 있다. 이체는 조직의 개폐나 법령의 제·개정 및 폐지 등에 따라 예산을 조정하는 제도이며, 이용은 장·관·항 등 소위 입법과목 간 융통을 허용하는 제도이다. 전용은 세항과 목 등 행정과목 간 융통을 허용하는 제도를 의미한다. 이 중에서 입법과목 간의 융통을 허용하는 이용은 의회의 승인을 얻어야 하는데, 실무로는 이용과 전용이 큰 차이를 발견하기 어렵다. 왜냐하변 매년 정부가 국회에 제출하는 예산안을 보면(2020년도 예산안의 경우 예산총칙 제20조 참조) 예산총칙에서 공무원의 보수, 공공요금, 배상금, 환율변동으로 인한 원화경비 부족액, 재해대책비, 반환금, 선거관련경비, 국민기초생활보장급여 등 예산총칙에서 별도로 규정하는 경비 또는 비목에 부족이 생겼을 경우에는 당해 소관내의 타 비목으로부터 이용할 수 있도록 명시

46) 예산의 이월이란 세출예산 중 연도내 미 지출액을 당해연도를 넘겨 다음 연도에 지출하는 것으로 세출예산 중 경비의 성질상 연도내 지출을 끝내지 못할 것으로 예견 되는 경우 다음연도에 이월하여 사용할 수 있다는 취지를 명백히 하여 미리 국회의 의결을 거쳐 다음연도에 이월하는 명시이월과, 연도내에 지출원인행위(계약 등)를 하였으나, 불가피한 사유로 인하여 연도내에 지출하지 못한 경비 등을 다음연도에 이월하여 사용하는 사고이월이 있다.

47) 이체는 정부조직 등에 관한 법령의 제·개정 등으로 인하여 직무와 권한에 변동이 있을 때 예산의 세입과 세출 모두를 이체하여야 한다. 이체 받을 중앙관서의 장이 이체하여야 할 중앙관서의 장과 협의하여 이체과목과 금액을 명확히 한 서류를 이체승인자(기획재정부장관)에게 제출하여야 한다(국가재정법 시행령 제19조 참조).

48) 전용은 동일항 내에서 행정과목인 각 세항 또는 목의 금액을 상호 사용하는 것을 말한다. 전용은 기획재정부장관이 정하는 범위 내에서 자체 전용할 수 있다(동일 프로그램 내 단위사업 또는 세부사업간 재원 이동의 경우중 상이한 품목집단간의 재원이동은 기획재정부장관과의 협의가 필요한 전용이고, 동일 프로그램 내 단위사업 또는 세부사업 간 재원 이동의 경우 중 동일 품목집단내 부처에 권한이 위임된 비목 상호간의 재원이동은 부처 자체 전용이 가능하다). 주의할 점은 세세항 및 세목은 법정과목이 아니므로 전용사항도 아니므로 동일 세항 내에서는 세세항이 달라도 목이 같으면 세세항 변경으로 예산집행이 가능하며, 동일 목 내에서 세목이 다를 경우에도 세목변경으로 예산집행이 가능하다.

하고 있기 때문이다. 예산총칙 규정에 따라 예산안을 국회에서 심사·확정 받은 경우에는 예산의 이용에 관해 의회의 사전 승인을 받게 됨에 유의하자.

▶▶ 예산집행의 행위자들 : 세입의 징수와 수납

세입예산의 집행에 관련된 행위자들을 살펴보면, 수입총괄기관은 기획재정부 장관이 된다. 수입관리기관은 각 중앙관서의 장이 되며 수입 징수관은 수입징수사무(조사, 결정, 납입고지)를 위임받은 공무원이 되고, 수납기관은 수납을 실제로 수령하는 기관으로 출납공무원 또는 한국은행 등 국고출납업무를 수행하는 기관이 된다.

지출원인행위와 출납

세출예산의 집행은 출납공무원이 지급을 담당하고, 지출관은 지출원인행위의 관계서류를 송부 받아 지출을 결정하고 명령(계좌이체)하는 공무원을 말한다. 재무관은 배정된 금액의 범위 내에서 지출원인행위를 수행하는 공무원을 말한다. 행정부서의 경우 물건구입이나 건설공사 관련 계약을 체결하는 공무원은 재무관이 되고, 체결된 계약서를 근거로 지출을 결정하고 물품금액을 출납공무원에게 이체해 주는 공무원은 지출관이 되며, 각 부서에서 개산급 통장과 업무추진비 통장 등 통장에 현금을 인출해서 물품대급을 지급하는 공무원은 출납공무원이 된다. 재무관과 지출관 그리고 출납공무원의 역할을 엄격하게 구분하고 겸직을 금지하는 이유는 재무행정의 집행과정에서의 부패를 방지하고 상호 견제와 균형 장치를 두려는 것으로 이해하면 된다.

▶▶ 예산집행의 과정 : 예산의 배정과 재배정

기획재정부 장관은 예산집행의 효율성을 높이기 위하여 매년 예산집행에 관한 지침을 작성하여 각 중앙관서의 장에게 통보하여야 한다(국가재정법 제44조). 예산집행지침에는 경비유형 및 비목별 예산집행에 관한 사항, 전용 및 이용권 위임범위에 관한 사항, 그 밖에 기획재정부 장관이 필요하다고 인정하는 사항이 포함된다(국가재정법 시행령 제18조제2항).

또한 각 중앙관서의 장은 예산이 확정된 후 사업운영계획 및 이에 따른 세입세출예산·계속비와 국고채무부담행위를 포함한 예산배정요구서를 기획재정부 장관에게 제출하여야 한다(국가재정법 제42조). 예산의 집행은 예산배정으로부터 시작된다고 볼 수 있다. 기획재정부장관이 각 중앙관서의 장에게 예산을 배정한다는 것은 회계연도를 일정한 단위로 구분하여 일정한 액수를 할당하는 것이다. 각 중앙관서의 장에게 배정된 예산은 중앙관서의 산하 재무관에게 재배정되어 집행된다. 예산배정[49]에는 정기배정, 긴급배정, 조기배정, 수시배정, 배정 유보 등의 다양한 형태가 있다.

배정받은 예산을 집행한 각 중앙관서는 기획재정부에 월별 및 분기별로 회계 기록을 보고한다.

제5절 결산

결산은 재정과정의 마지막 단계로서 한 회계연도의 집행실적을 확정된 계수로 표시하고 이를 검증하는 행위이다. 국회의 결산심사·승인은 정부가 국회에서 심의·의결한 대로 예산을 집행했는지를 확인하는 사후적 재정통제수단이다.

각 중앙관서의 장은 회계연도 말(12월 31일) 세입금의 수납과 세출금의 지출과 지급을 완결한다(국가회계법 제5조). 각 중앙관서의 장은 국가회계법에서 정하는 바에 따라 회계연도마다 작성한 결산보고서[50]를 다음 연도 2월 말일까지 기획재정부장관에게 제출하여야 한다. 기획재정부장관은 국가회계법에서 정하는 바에 따라 회계연도마다 작성하여 대통령의 승인을 받은 국가결산보고서를 다음 연도 4월 10일까지 감사원에 제출하여야 한다. 감사원은 국가결산보고서를 검사[51]하고 그 보고서를 다음 연도 5월 20일까지 기획재정부장관에게 송부하여야 한다(국가재정법 제58조).

▶ 결산서의 국회제출

정부는 감사원의 검사를 거친 국가결산보고서를 다음 연도 5월 31일까지 국회에 제출하여야 한다(국가재정법 제61조). 국회에 제출된 결산보고서는 소관 상임위원회에서 예비심사를 하고 그 결과를 의장에게 보고한다. 상임위원회 예비

---

49) 예산의 배정은 배정 시기조절로 재정의 경기조절 기능과 예산을 회계체계에 따라 집행하도록 하는 내부통제기능을 수행한다. 또한 세입징수계획과 연계한 배정유보 등을 통하여 세수결함에 대비하는 기능을 가진다.

50) 국가회계법 제14조에 따라 결산보고서의 구성은 결산개요, 세입세출결산, 재무제표, 성과보고서로 구성된다.

51) 감사원은 국가재정법 제60조 및 부칙(법률 제9278호) 제2조에 따라 2011회계연도부터 기획재정부장관으로부터 제출받은 회계연도 재무제표가 「국가회계기준에 관한 규칙」 등에 따라 적정하게 작성되었는지 최종적으로 검사하고 있다. 당해 연도에 감사원의 국가재무제표 결산검사를 통하여 재무제표를 수정하고 있음에도 불구하고 차기년도에 적지 않은 규모의 전기오류수정손익이 매년 빈번하게 발생하고 있다. 2011-2017년 동안 총 153.8조원의 오류수정이 발생하였다(감사원 수정금액 88.1조원과 부처별 전기오류수정손익금액 65.76조원). 2017년 말 기준 국가재무제표 상의 총자산은 2,063조원이며, 부채총계 1,556조원을 차감한 순자산은 507조원이다.

심사는 일반안건심사와 같다. 즉, 장관의 제안설명, 전문위원의 검토보고, 대체토론 후 소위원회 심사 및 보고, 찬반토론, 의결의 순으로 이루어진다. 의장은 결산에 예비심사보고서를 첨부하여 예산결산특별위원회에 회부하고, 예산결산특별위원회는 상임위원회의 심사결과를 참고하여 결산을 종합심사하고 본회의에 상정한다. 국회는 결산에 대한 심의·의결을 정기회 개회 전까지 완료하여야 한다(국회법 제128조의2). 국회법 제128조의2 규정은 지켜지지 않는 경우가 종종 있음에 유의해야 한다.

제4장 재정의 차원

1. 재정의 상호의존성

국가재정은 중앙재정과 지방재정으로 분류할 수 있다. 중앙재정은 국가재정법을 근간으로 하고, 지방재정은 지방재정법을 따로 둔다. 지방재정법에 따른 지방재정의 회계연도는 중앙재정과 동일하고, 예산과 결산과정과 구조도 중앙재정의 모습과 비슷하다. 다만 지방재정은 중앙재정으로부터의 의존재원인 보조금에 관하여 상세하게 규정하면서[52] 지방채의 발행과 제한을 법률에 의하도록 규정하고 있다. 우리나라의 지방자치는 지방정부를 통한 자치행정과 교육에 관한 자치를 구분한다.

지방자치난체의 회계는 일반회계와 특별회계로 구분한다[53]. 일반회계[54]는 개별 지방자치단체가 일상적인 행정과 자치활동을 수행하는데 필요한 재원을 관리하기 위한 것이다. 특별회계는 지방공기업법에 따른 지방직영기업[55]이나 그 밖의 특정사업을 운영할 때 또는 특정자금이나 특정 세입·세출로서 일반세입·세출과 구분하여 회계처리할 필요가 있을 때[56]만 법률이나 조례로 설치할 수 있다. 주의할 점은 조례로 특별회계를 설치하는 경우에는 5년 이내의 범위에서 특별회계의 존속기간을 해당 조례에 명시하여야 한다. 또한 목적세[57]에 따른 세입·세출은 다른 법률에 특별한 규

52) 아래의 중앙재정인 교육부소관 예산안의 사례에서 보듯이 중앙재정과 지방재정 및 교육재정은 서로 연결되어 있음에 유의하자.

53) 지방재정법 제9조(회계의 구분) 참조.

54) 지방재정의 일반회계 세입과목으로는 지방세, 세외수입, 지방교부세, 조정교부금, 국고보조금, 시·도비 보조금, 지방채, 보전수입 등 내부거래 등이고, 세출과목으로는 일반공공행정, 공공질서 및 안전, 교육, 문화 및 관광, 환경보호, 사회복지 및 보건, 농림,해양,수산,산업, SOC, 과학기술 등 기타, 인력운영비, 기본경비 등이다. 이중에서 교부금과 국고보조금은 의존재원으로 분류하기도 한다.

55) 수도사업, 공업용수도사업, 궤도사업, 자동차운송사업, 지방도로사업(유료도로), 하수도사업, 주택사업, 토지개발사업, 주택·토지 또는 공용·공공용건축물의 관리 등의 수탁 사업을 지방자치단체가 직접 설치·경영하는 사업을 말한다(지방공기업법 제2조(적용범위) 참조).

56) 기타특별회계에는 의료보호, 도시재생, 토지구획정리, 폐기물처리시설 등이 있다.

57) 국세 목적세의 경우 교육세법, 교통에너지환경세법, 농어촌특별세법을 참고하고, 지방목적세는 지방세법을 참고하면 된다. 지방세 중 목적세는 지역자원시설세, 지방교육세 등이다.

정이 있는 경우를 제외하고는 특별회계를 설치·운용하여야 한다. 또한 지방자치단체는 행정목적을 달성하기 위한 경우나 공익상 필요한 경우에는 재산을 보유하거나 특정한 자금을 운용하기 위한 기금을 설치할 수 있다(지방자치법 제142조 참조). 이처럼 지방자치단체 기금관리기본법에 따라 지방자치단체가 특정한 행정목적을 달성하기 위하여 법률 또는 조례로 설치할 수 있으며[58], 중앙재정과 유사하게 집행상의 탄력성을 부여하고 있다. 즉 지방자치단체 기금관리기본법 제11조(기금운용계획의 변경)에 근거하여 정책사업 지출계획 금액의 20% 이하를 변경하는 경우 지방의회의 의결을 면제받는다.

지방 재정의 교육재정은 「지방교육자치에 관한 법률」에 따라 17개 광역시·도의 교육·학예에 관한 경비를 별도로 경리하기 위하여[59] 일반재정과 구분하여 교육비특별회계[60]로 운영된다.

지방재정의 통합재정은 지방자치단체가 직접 관리하는 회계로서 일반회계, 특별회계(공기업, 기타)와 기금을 포함한 전체 순수 재정활동을 의미한다. 다만, 지방재정의 교육재정(교육비특별회계)은 제외된다. 지방화시대를 주도하면서 국가재정에서 지방재정이 차치하는 비중이 증가하고 있으므로 국가재정의 전체 모습을 살펴보려는 독자들은 지방재정의 규모[61]와 역할에 관해서도 관심을 가져야 한다.

중앙재정인 교육부 소관 2020년도 예산안과 기금운용계획안을 통해 중앙재정과 지

58) 기금사업의 예로는 복지 및 문예진흥 사업관리, 중소기업육성 및 농어촌진흥 등 각종 융자사업, 재해대책, 구호, 주차시설확충 등을 위한 적립성 기금 등이 있다.

59) 지방자치단체의 교육·과학·기술·체육 그 밖의 학예에 관한 사무는 특별시·광역시 및 도의 사무로 한다(지방교육자치에 관한 법률 제2조(교육·학예 사무의 관장) 참조). 우리나라 17개 시·도교육청에 교육감을 직선제로 선출하고 있다. 교육행정을 총괄하는 중앙행정기관으로서의 교육부가 교육정책 전반을 관할하고 있으나 내부적으로 살펴보면 교육부는 대학과 평생교육을 직접 관할하고, 초·중등 교육은 교육감이 교육자치권에 따라 각급학교를 관할하는 이중적인 모습을 가지고 있다. 임명직인 교육부장관이 선출직인 교육감이 행사하는 교육자치의 영역에 세부적으로 관여하는데는 일정한 한계가 있다고 본다. 교육감은 지방교육자치에 관한 법률에 따라 교육·학예에 관한 소관 사무로 인한 소송이나 재산의 등기 등에 대하여 당해 시·도를 대표할 뿐만 아니라 조례안의 작성 및 제출, 예산안의 편성 및 제출, 결산서의 작성 및 제출, 교육규칙의 제정, 학교 등 교육기관의 설치·이전 및 폐지, 교육과정의 운영, 과학기술교육의 진흥, 평생교육, 학교체육, 학생통학구역, 교육·학예의 시설 설비 및 교구, 재산의 취득 및 처분, 특별부과금 사용료·수수료·분담금 및 가입금, 기채 차입금 또는 예산 외의 의무부담, 기금의 설치·운용, 소속 국가공무원 및 지방공무원의 인사관리에 관한 사항 등의 사무를 관장한다.

60) 교육비특별회계의 세입과목으로는 지방교육재정교부금, 중앙정부특별회계전입금(유아교육지원특별회계), 지방자치단체 일반회계 전입금, 자체수입(수업료) 등이 있고, 세출과목으로는 교육·학예에 관한 인건비, 운영비, 사업비, 시설비, 기채상환 및 이자, 예비비 등이 포함된다.

61) 중앙재정과 마찬가지로 지방재정의 규모를 파악하는데 총계와 순계 개념이 적용된다. 지방자치단체 총계 예산은 그 해당 지방자치단체의 예산을 단순히 합계한 총액 예산을 말한다. 순계예산은 총계예산액에서 회계 간 내부거래 및 회계 간 전·출입에 따른 중복재원을 공제한 것을 말한다. 특정한 하나의 지방자치단체의 예산규모를 밝힐 때는 총계예산을 주로 사용하고, 전체 지방자치단체의 예산규모 또는 여러 지방자치단체의 예산을 비교하는 경우에는 순계예산액을 기준으로 한다.

방재정(지방교육재정)이 어떤 연결고리를 가지고 있는지를 살펴보기로 하자.

교육부소관 예산안은 일반회계, 국가균형발전특별회계, 유아교육지원특별회계와 사학진흥기금, 사립학교교직원연금기금 등으로 구성되어 있다(표: 교육부소관 2020년도 예산안과 기금운용계획안 재정구조 참조). 2020년도 예산안을 기준으로 회계 · 기금 간 내부거래 현황을 살펴보면[62], 먼저 회계 간 거래는 일반회계에서 유아교육지원특별회계로 3조 6,965억 원이 전출되고, 회계 · 기금 간 거래의 경우, 일반회계에서 사학진흥기금으로 3억 원, 사립학교교직원연금기금으로 8,957억 원이 전출되고, 사립학교교직원연금기금에서 일반회계로 522억 원이 반환되며, 일반회계에서 공공자금관리기금으로 차관 원금 · 이자 7억 원이 상환된다. 다음으로 기금 간 거래의 경우, 사학진흥기금이 공공자금관리기금으로부터 예수금 1,545억 원을 받고 예수금에 대한 원금 · 이자로 각각 890억 원 · 211억 원을 상환한다. 또한, 주택도시기금으로부터 예수금 664억 원을 받고 예수금에 대한 원금 · 이자로 각각 50억 원 · 82억 원을 상환한다. 교육부소관 중앙재정의 경우만을 살펴보더라도 회계 간 그리고 회계와 기금 간 전출입으로 서로 긴밀하게 얽혀 있음을 알 수 있다. 마찬가지로 지방교육재정의 경우도 내국세의 20.46%의 교육교부금이 지방으로 이전되어 교육자치재정의 큰 비중을 차지하고 있다.

지방교육재정의 세출은 교원 인건비 등 경직적 지출의 비중이 높은 특징이 있다. 2017년 기준으로 인건비(38.4조원), 운영비(2.3조원), 상환지출(2.7조원) 등 시 · 도교육청에서 자율적으로 결정하기 어려운 경직성 경비가 세출의 상당 부분을 차지하고 있다.

중앙재정과 지방재정과의 규모에 관하여 살펴보면[63], 대략 중앙재정과 지방재정의 규모는 50대50의 비율이고, 지방재정수입의 경우 지방세와 세외수입 등 자체재원이 50퍼센트를 조금 상회하고 지방교부세와 국고보조금 등 의존재원이 50퍼센트보다 조금 낮은 비율을 차지하고 있다. 교육비특별회계는 지방교육재정교부금법에 따라 내국세(목적세 및 종합부동산세, 담배에 부과하는 개별소비세 총액의 100분의 20 및 다른 법률에 따라 특별회계의 재원으로 사용되는 세목의 해당금액은 제외된다) 총액의 20.46%와 교

62) 사례에서 구체적인 금액을 기억할 필요는 없고, 회계 간, 기금 간 전입과 전출이 상호 연결되어 있는 현상을 이해하면 된다.

63) 국가예산 대 지방예산비율을 살펴보면, 예산규모를 기준으로 중앙정부 54.5: 지방자치단체 34.8: 지방교육 10.7 이고, 총 재정사용액을 기준으로 중앙정부 38.5: 지방자치단체 46.4: 지방교육 15.1 등이다. 2019년도 금액으로 보면, 예산기준 중앙정부 361.7조원: 지방자치단체 231조원: 지방교육70.5조원이고, 재정사용액으로 보면, 중앙정부 191.3조원: 지방자치단체 230조원: 지방교육 75.4조원 등이다. 예산액과 재정사용액의 차이는 예산액에서 중앙정부는 자치단체에게 지방교부세와 국고보조금을, 중앙정부가 지방교육으로 교육교부금과 교육보조금 그리고 유아교육지원특별회계를 지원하고, 지방자치단체는 지방교육으로 전출금과 보조금을 지원하기 때문이다. 상세는 행정안정부(2019). 2019년도 지방자치단체 통합재정개요. 24-25쪽을 참고하기 바란다.

육세법에 따른 교육세 세입액 중 유아교육지원특별회계법 제5조제1항[64]에서 정하는 금액을 제외한 금액이 교부금의 재원으로 사용된다.

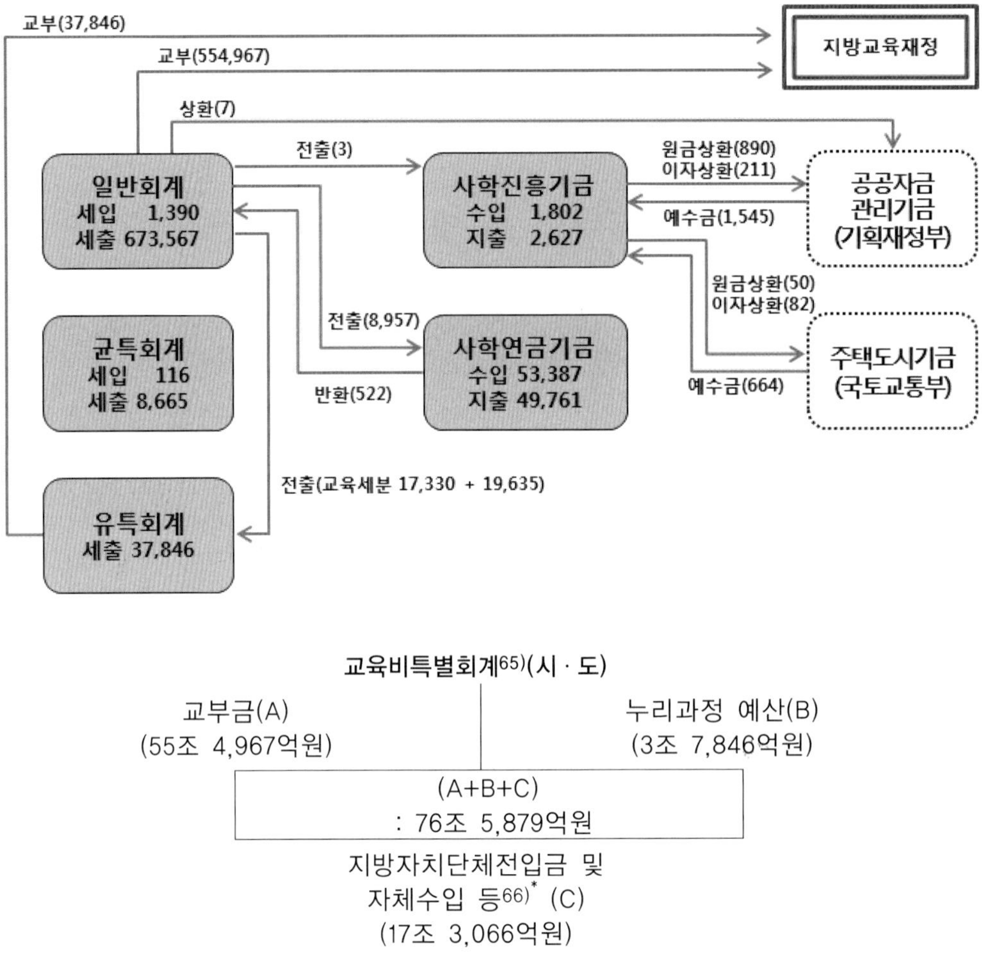

출처: 국회예산결산특별위원회, 2020년도 정부 예산안 검토보고서(2019. 11) 및 국회교육위원회, 2020 교육부소관 예산안 예비 검토보고서 재인용.

[그림 2] 교육부 소관 2020년도 예산안과 기금운용계획안 재정구조

64) 정부는 교육세법에 따른 교육세 중 해당 회계연도의 예산으로 정하는 금액을 일반회계로부터 특별회계에 전입한다(유아교육지원특별회계법 제5조 참조).

65) 시·도교육비특별회계의 세입은 크게 이전수입과 자체수입으로 구분된다. 이전수입은 중앙정부(교육부) 이전수입인 지방교육재정교부금과 국고보조금, 지방자치단체 이전수입인 지방자치단체 일반회계 전입금과 기타 이전수입으로 나눌 수 있다. 자체수입 등은 입학금 및 수업료, 지방교육채, 기타수입 등으로 구성된다.

66) 지방자치단체 일반회계전입금은 지방 교육세가 7.1조원 규모로 가장 큰 비중을 차지하고 있다. 이 외에 담배소비세 전입금, 시·도세 전입금 등이 지방자치단체 일반회계에서 전입되어 지방교육재정의 세원을 구성하고 있다. 자체수입은 대부분 학생납입금(수업료) 등이다.

주의할 점은 중앙정부가 편성한 지방이전재원(지방교부세, 국고보조금) 예산은 지자체가 편성한 예산과 차이가 존재한다는 것이다[67]. 이러한 차이는 중앙정부 예산과 지자체 예산이 각각 국회와 지방의회에서 확정되는 시기가 다르기 때문에 나타나는 현상인데 지방자치단체가 추가경정예산편성을 통해 예산을 조정해서 계수를 일치시킨다. 지방자치단체의 통합재정규모는 보건·복지 분야와 SOC분야의 지출규모가 높은 비중을 차지하고 있다. 지방자치단체의 재정자립도, 재정자주도, 예산대비 채무비율, 예산규모, 지방세규모, 부채현황 등 지방재정에 관한 상세한 정보는 행정안전부가 매년 발표하는 지방재정통합공개시스템(지방재정 365)를 참고하기 바란다.

지방자치단체 통합재정수지는 당해 연도의 일반회계, 특별회계, 기금을 모두 포괄한 수치로서 내부거래 및 차입, 채무상환 등을 제외한 순수한 재정수입에서 순수한 재정지출을 차감한 수치를 의미하는데, 2015년도-6.67%(−10.07%)[68], 2016년도-8.12%(−12.2%), 2017년도-7.61%(−11.28%)[69], 2018년도-8.89%(−12.59%), 2019년도-9.74%의 추세를 보여준다. 지방재정통합재정수지는 마이너스이지만 결산상 잉여금에서 이월재원과 보조금 집행잔액을 제외한 순수한 세계잉여금을 포함하는 경우의 통합재정수지는 흑자로 전환될 수도 있음을 주의하자.

2. 국가재정과 예산

재정은 정부 부문의 수입·지출 등 경제활동을 의미한다. 재정 즉 정부 부문의 경제활동은 시장가격이 원활하게 작동하지 못하는 공공재 재화와 서비스를 공급함으로써 자원배분의 효율성을 확보하고 저소득층지원과 누진세제로 소득배분의 불균형을 완화하는 한편, 실업문제(고용)와 물가안정 등 경기순환문제를 해결하는 기능을 한다. 이러한 재정의 활동을 화폐단위로 표현한 것이 예산이라고 할 수 있다. 이렇게 보면 재정과 예산은 동전의 앞면과 뒷면으로 밀접한 관련이 있다고 할 수 있다. 그러나 현실에서 재정과 예산의 개념을 적용할 때는 약간의 뉘앙스 차이에 주의할 필요가

67) 예를 들어 있다. 지방교부세의 경우 2017년에 중앙정부가 편성한 당초예산은 40.7조원 이지만 지자체가 편성한 예산은 33.7조원이며, 국고보조금의 경우 중앙정부가 편성한 예산은 46.0조원이나 지자체가 편성한 예산은 44.1조원이다.

68) 이하 괄호안의 수치는 지방재정통합재정수지 평균비율 최종수치이다. 괄호안의 수치가 더 낮다는 의미는 예산기준보다도 최정결산기준 통합재정수지가 더 악화되고 있음을 알 수 있다.

69) 참고로 2017년 지방재정 일반재정의 통합재정수입 (세입+융자회수)은 175.8조원, 통합재정지출(세출+융자지출)은 190.2조원으로 통합재정수지는 14.4조원 적자인 것으로 나타난다. 순세계잉여금은 전년도 세입과 세출의 차이인 세계잉여금(결산상 잉여금)에서 이월재원 (명시이월+사고이월금+계속비이월금)과 보조금 집행잔액을 제외한 순수한 세계잉여금이다. 2017년도 일반재정의 순세계잉여금은 19.2조원으로 예상되는데, 이를 포함한 통합재정수지는 4.8조원 흑자다.

있다. 예를 들면 예산민주주의란 용어보다는 재정민주주의란 용어를 사용하는가 하면, 재정 건전성이란 개념을 주로 사용하지 예산 건전성이라는 개념을 사용하지 않는다. 이러한 이유는 재정은 국가 또는 지방자치단체가 그 존립과 활동에 필요한 재원을 조달하고 관리, 사용, 수익, 처분하는 일체의 경제활동으로 인식하고 있고 최근에는 공기업, 공공기관등의 경제활동까지도 포함해서 재정의 영역에 포함하는 경향이 있는 점을 고려한다면, 이런 활동들을 화폐단위로 표현한 예산의 개념보다는 재정이 개념이 상대적으로 동태적이고 포괄범위가 넓어 일반적인 개념으로 인식되기 때문으로 보인다. 일반적으로 예산이라고 하면 기획재정부가 매년 편성해서 국회에 제출하고 국회에서 의결한 중앙정부의 예산[70]으로 예산형식으로 인식하는 경향이 있는 점에서도 재정이 예산을 포괄한 개념으로 인식하는 원인의 하나로 생각된다. 예산과 재정을 명확하게 개념화함으로써 두 개념을 구분해서 사용할 수 있어야 한다[71].

3. 지방재정

국가시스템의 관점에서 구성요소는 중앙정부와 공공기관 그리고 지방정부다. 중앙정부의 재정은 국가재정으로, 지방정부의 재정은 지방재정으로 구분하기도 한다. 국가 전체의 재정에서 중앙행정기관과 지방자치단체의 비중을 본다면 예산액을 기준으로는 54대 46(지방재정과 교육재정 포함)으로 중앙재정의 비중이 높지만, 재정사용액을 기준으로는 38대 62(지방재정과 교육재정 포함)로 역전된다. 이는 중앙정부예산은 지방정부로 지방교부세와 국고보조금 등으로 지원하기 때문에 실제 집행액은 지방단위에서 더 높다[72]. 따라서 국가 전체의 재정의 모습을 이해하기 위해서는 지방재정에 관

---

70) 정부는 예산안을 편성하여 국회에 제출한다(헌법 제54조). 예산은 예산총칙, 세입세출예산, 계속비, 명시이월비 및 국고채무부담행위를 총칭한다(국가재정법 제19조).

71) 예산과 기금을 구분하는 협의의 예산개념으로 이해하는 경우 재정은 예산과 기금을 포함한 개념인데 반해, 예산은 기금을 포함하지 않아 예산보다는 재정이 상대적으로 더 넓은 의미의 포괄적인 개념으로 이해된다.

재정(중앙정부, 지방정부)=예산(중앙정부, 지방정부)+기금

72) 지방자치단체의 재정규모는 매년 행정안전부에서 발간하는 지방자치단체 통합재정개요를 살펴보기 바란다. 지방재정규모는 일반재정(일반회계, 특별회계, 기금)과 교육재정(교육비특별회계)으로 구분해서 살펴본다. 2018년 기준으로 일반재정 통합재정지출은 약 200조원 규모이고 교육재정은 약 66조원으로 국가와 지방자치단체 통합재정사용액 555조원 대비 49.7%의 비중을 차지하고 있다. 대략 중앙과 지방이 50대 50의 비중으로 재정을 사용하고 있다고 생각하면 된다. 일반재정의 주요재원은 지방세 77.9조원, 중앙정부 이전재원 96조원(지방교부세 46조원, 국고보조금 50조원), 세외수입 22.7조원, 지방채 2조원 등이다. 교육재정의 주요재원은 중앙정부 이전재원 53.4조원(지방교육재정교부금 49.5조원, 유아교육지원특별회계 3.9조원), 일반재정 전입금 12.8조원 등이다.

해서도 공부해둘 필요가 있다.

지방정부 재정에는 지방자치단체 재정 이외에도 교육비 특별회계가 17개 교육청별로 설치, 운용되고 있다는 점에 유의해야 한다. 넓은 의미의 지방자치의 개념에는 지방자치와 교육자치가 동등한 가치로 인정되고 있다는 의미다.

(1) 지방정부의 공공서비스

갑동이는 LH가 제공하는 공공임대 주택에서 거주하고 있다. 아침에 눈을 뜨면 샤워를 한다. 아침을 먹고 전철을 타고 출근한다. 기상해서 출근할 때까지 갑동이가 이용한 공공재를 살펴보기로 한다.

갑동이의 집은 공공임대 주택이다. 민간이 제공하는 주택은 가격이 높아서 일반 시민들이 주거하기에는 주거비용이 높다고 판단한 정부는 저소득 근로자가 부담 없는 임대료로 거주하기 위한 주택을 제공하고자 하는 정책을 시행하고 이를 LH에 위탁하였다. 주거라는 생활에 필수적인 재화를 시장가격보다 낮은 가격으로 정부가 제공하는 것이다.

갑동이가 샤워하는데 사용한 수돗물을 상수도 사업본부가 취수장에서 취수한 물을 정수장에서 정수하여 각 세대에게 공급한 것이다[73], 서울에 거주하고 있는 갑동이는 수돗물을 이용한 댓가로 이에 상응하는 수돗물 값을 지불한다. 이 수돗물 값에 더해서 물이용부담금도 부과가 된다. 수돗물 값은 상수도사업본부의 수입으로 되고, 물이용부담금은 한강수계의 경우 한강수계관리기금의 수입으로 편입되어 한강 상류지역 주민의 지원사업에 사용된다.

갑동이가 이용한 전철은 서울시지하철공사에서 운용하고 있다. 갑동이는 전철을 이용한 대가(반대급부)로 전철요금을 지불했지만 그 요금은 실제 갑동이가 이용하는데 드는 비용보다는 훨씬 낮은 금액이다. 그 차액은 서울시지하철공사의 손실로 남게 되고 그 손실은 재정으로 보전한다.

갑동이가 이용한 공공재는 이것 이외에도 국방, 치안, 소방 등이 있다. 잠자는 동안에도 전쟁의 위험으로부터 국민을 보호하기 위해 국가는 국방서비스를 제공하고 있다. 내부의 질서유지를 위해 경찰조직이 항상 움직이고 있으며, 화재 위험에 대비하기 위해 소방서비스도 제공하고 있다.

이제 독자들이 생각해볼 단계다. 국방이나 치안 서비스를 제공 받으면서 특별한 서비스제공에 대한 대가를 지불하지 않는 것처럼 보인다. 전철이나 수돗물을 이용하는 경우에는 그에 상응하는 이용요금을 지불하고 있다. 엄밀하게 보면 국방이나 치안 서비스를 제공받는데 따른 대가는 소득세, 소비세 등 각종 세금으로 지불하고 있는 것이다. 정부가 공공기관이 제공하는 서비스 중에서 어떤 서비스들은 이용요금을 지불하는지 그 기준은 무엇인지 각자 생각해 보기 바란다.

73) 갑동이가 서울시와 수도권 지역에 거주하고 있다면, 상수도는 광역상수도를 이용하게 된다. 광역상수도업무는 한국수자원공사에서 관할하고 있다. 상수도는 광역상수도, 지방상수도, 간이상수도의 개념을 통해 상수도 시스템을 이해할 수 있다.

국방부는 국방서비스를 제공하고, 경찰청은 질서유지 서비스를 제공한다. 기획재정부는 물가관리 등 자원의 효율적 배분과 소득배분의 공정성, 경제안정과 성장이라는 목표를 달성하기 위한 각종 정책들을 만들고 집행한다. 환경부는 폐기물 관리, 수자원관리 등 각종 환경정책을 집행한다. 이처럼 각각의 중앙행정기관은 공공재(재화와 서비스)를 제공하고 있다. 중앙행정기관은 정책을 만들고 집행에 필요한 경우 지방청 조직을 활용하여 중앙행정기관이 수립한 정책을 지방에서 일관성 있게 추진하기도 한다. 예를 들면 환경부의 경우는 환경부 본부는 세종특별자치시에 위치하면서 한강유역환경청, 금강유역환경청, 낙동강유역환경청, 영산강유역환경청 등 지방청 조직을 둔다.

중앙행정기관이 지방에 지방청 조직을 두고 국가정책을 집행하는 경우의 장점과 단점은 무엇인가를 독자는 생각해 보기 바란다. 지방청 조직을 두고 집행하는 경우는 중앙의 정책이 모든 지방에 통일적이고 일관되게 집행가능하다. 만약 지역마다 환경과 지역적 특색으로 인한 차이가 커서 지역별로 정책을 달리 집행해야 하는 상황이라면 지방청조직이 비효율적일 수도 있다. 집권과 분권의 주제와 관련하여 생각해볼 문제다.

국가업무를 중앙행정기관의 일선 지방청이 지역단위에서, 또는 지방자치단체가 위임받아 집행하는 위의 사례와는 다른 차원에서 지역의 문제를 지역주민 스스로 해결하려는 지방자치의 관점에서 지방재정을 살펴보자. 서울시와 같은 대규모 밀집 도시에서 필요한 공공서비스와 어촌이나 농촌지역에서 필요한 공공서비스는 달라야 한다. 중앙행정기관을 통한 행정서비스의 이해는 종합적이고 통일적으로 파악이 가능한 반면, 지역단위에서 필요한 다양한 정책 환경에 적합한 정책 수단들을 개발하고 집행하는데 한계가 있다. 다양성과 정책실험을 통한 정책성공을 통한 공공서비스가 주민의 삶의 질 향상에 직접 기여하기 위해서 지방자치는 성공해야 한다.

광의의 정부 행정조직은 중앙행정조직, 중앙행정조직의 계층제하에 있는 지방청 조직, 지방자치단체, 그리고 지방자치단체가 포함하고 있는 행정기관들로 구성되어 있다. 예를 들면 해양수산부는 중앙행정기관이고 그 지방청 조직은 지방해양수산청을 주요 항만지역에 둔다. 특별시, 광역시, 특별자치시, 도, 특별자치도 등 광역지방자치단체 17곳과 자치구, 시, 군 등 기초지방자치단체 226곳 그리고 읍면동은 지방자치단체에 소속된 행정기관이다.

〈표 6〉 지방자치단체의 종류

광역 17	특별시 1	광역시 6	특별자치시 1	도 8	특별자치도 1
기초 226	자치구 25	자치군 44 군 5		시 75 군 77	

(2) 지방재정 수입과 지출(공공서비스)

지방재정은 모든 지방자치단체 예산의 총괄적인 모습이다. 지방재정의 모습은 중앙행정기관의 재정의 모습과 매우 유사하다. 차이점은 지방교부세와 국고보조금 및 지방교육재정교부금이 중앙재정에서 지방재정으로 이전된다는 점이다. 독자는 생각해 보기 바란다. 왜 교부세와 보조금 및 교부금을 중앙에서 지방으로 이전해 주는 것인지에 대한 답을 찾기 바란다[74].

지방자치단체는 지방세[75], 세외수입(사용료, 수수료, 분담금 등), 중앙정부로부터의 이진수입(교부세, 보조금, 교부금) 등을 재원으로 지역의 공공서비스를 제공한다.

생각하기

국가사무와 지방사무를 구분하는 기준은 무엇일까? 공공재의 속성 중에 spill-over effect와 관련해서 생각해보자. 고속도로를 건설하는 경우에는 지역별로 구분해서 건설하기 보다는 전국단위에서 건설하는 방안이 더 효율적일 것이다. KTX 정차역 설정에서 보듯이 지역의 의견을 반영하는 것과 전국적인 통일적인 관점에서 선택하는 것과는 선호의 차이가 존재할 수 있다. 화폐의 경우도 전국단위로 통용될 것이므로 지방에서 지방화폐를 발행하지는 않는다.

국가사무와 지방사무의 구분이 상대적인 개념으로 시대와 환경의 변화에 따라 그 기준이 달라진다는데 주목할 필요가 있다. 대통령소속 자치분권위원회에서는 지방이양일괄법[76]으로 중앙행정기관의 기능과 사무를 대폭 이양하는 노력을 진행하고 있

74) 지방자치는 지역의 공공의 문제를 지역민 스스로가 해결하고자 하는 시스템으로 이해할 수 있다. 스스로라는 단어가 의미하듯이 자율성이 지방자치의 핵심가치다. 지역의 주민에게 꼭 필요한 공공서비스를 제공하는 지방자치단체는 조직, 인사, 재무 등 행정활동에서도 자율성과 독립성이 요구된다. 현실에서 자율성과 독립성이 어느 정도라고 생각하는가 만약 독립성과 자율성 점수가 낮다고 생각한다면 그 이유는 무엇이며 자율성 점수를 높이기 위한 방안들로는 어떤 것들이 있는지를 생각해보기 바란다.

75) 조세법률주의에 따라 지방세는 지방세법을 참고한다. 지방세법은 지방자치단체가 과세하는 지방세 각 세목의 과세요건 및 부과징수 등에 관한 사항을 규정하고 있다. 지방세법이 규정하고 있는 대표적인 지방세로는 취득세, 등록면허세, 레저세, 담배소비세, 지방소비세, 주민세, 지방소득세, 재산세, 자동차세, 지역자원시설세, 지방교육세 등이다. 지방세와 관련하여 지방세법, 지방세기본법, 지방세징수법을 참고하기 바란다.

76) 내일신문. 지방이양일괄법 또 처리 무산: 15년째 제자리 맴돌아 다음 임시회 처리 기대. http://

다. 과거에는 중앙행정기관의 장이 가지고 있는 기능과 사무를 지방자치단체에 이양함으로써 지역에서 권한과 책임을 가지고 행정을 할 수 있도록 행정환경을 만드는 과정으로 이해해야 한다.

(3) 지방재정[77)]의 모습

지방자치법과 지방재정법[78)]은 지방자치단체의 회계를 일반회계와 특별회계로 구분하도록 하고, 필요한 경우 기금을 설치할 수 있도록 규정하고 있다. 일반회계, 특별회계, 기금이라는 모습은 중앙행정기관의 회계구분과 같다. 특별회계와 기금의 세부적인 모습에는 차이가 있다[79)]. 지방자치단체가 특별회계를 설치하려면 5년 이내의 범위에서 특별회계의 존속기한을 해당 조례에 명시하도록 규정함으로써, 법률로 설치되는 특별회계와는 달리 조례로 설치되는 특별회계의 경우에는 일몰법을 적용하면서 특별회계의 설치와 존치를 제약하려는 의도를 엿볼 수 있다.

---

www.naeil.com/news_view/?id_art=334682. 인터넷검색일 2019.12.12.

77) 지방재정을 공부하는 학생은 지방자치법, 지방재정법, 행정안전부에서 발간하는 지방자치단체 통합재정개요 등을 숙지하기 바란다. 지방재정법과 국가재정법을 비교해보기를 권한다.

78) 지방재정법 제9조(회계의 구분) ① 지방자치단체의 회계는 일반회계와 특별회계로 구분한다.

② 특별회계는 「지방공기업법」에 따른 지방직영기업이나 그 밖의 특정사업을 운영할 때 또는 특정자금이나 특정세입·세출로서 일반세입·세출과 구분하여 회계처리할 필요가 있을 때에만 법률이나 조례로 설치할 수 있다. 다만, 목적세에 따른 세입 · 세출은 다른 법률에 특별한 규정이 있는 경우를 제외하고는 특별회계를 설치·운용하여야 한다. <개정 2014. 5. 28.>

③ 지방자치단체가 특별회계를 설치하려면 5년 이내의 범위에서 특별회계의 존속기한을 해당 조례에 명시하여야 한다. 다만, 법률에 따라 의무적으로 설치 · 운용되는 특별회계는 그러하지 아니하다. <신설 2014. 5. 28.>

④ 지방자치단체의 장은 특별회계를 신설하거나 그 존속기한을 연장하려면 해당 조례안을 입법예고하기 전에 제33조제9항에 따른 지방재정계획심의위원회의 심의를 거쳐야 한다. 다만, 법률에 따라 의무적으로 설치 · 운용되는 특별회계는 그러하지 아니하다. <신설 2014. 5. 28.>

제10조(교육·과학 및 체육 등에 관한 사항의 적용) 이 법(제59조는 제외한다)에서 교육·과학 및 체육에 관한 사항 또는 교육비 특별회계에 관하여는 "지방자치단체의 장"이나 "시·도지사"는 "교육감"으로, "행정안전부장관"은 "교육부장관"으로, "행정안전부"는 "교육부"로, "지방재정"은 "지방교육재정"으로, "행정안전부령"은 "교육부령"으로 각각 본다. <개정 2013. 3. 23., 2014. 5. 28., 2014. 11. 19., 2017. 7. 26.>

79) 지방자치단체의 재정은 일반회계와 공기업특별회계, 기타특별회계, 기금으로, 교육자치단체의 재정(교육재정)은 교육비 특별회계(17개 광역단위별)로 구성된다.

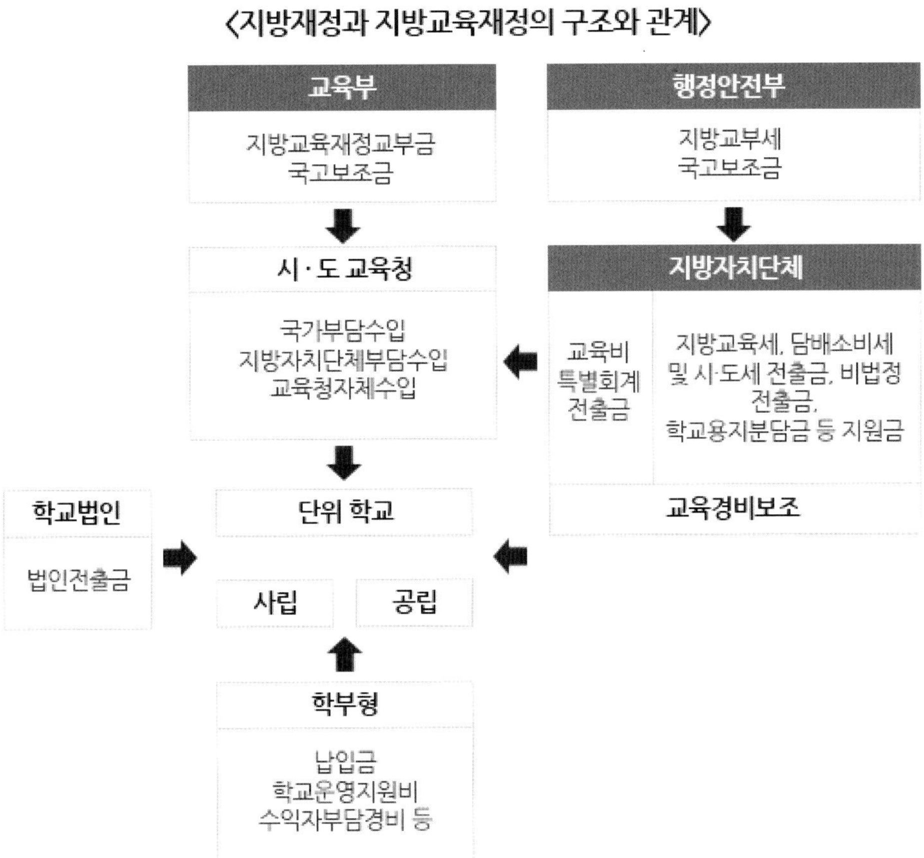

출처: 행정안전부. 지방행정 365

[그림 3] 지방재정과 지방교육재정의 구조와 관계

지방재정의 통합재정과 국가재정과 지방재정의 재정사용액이라는 개념을 살펴보자.

(4) 지방재정의 통합재정

지방통합재정은 2005년부터 작성되어 2013년부터 발표되고 있다. 지방통합재정의 범위는 IMF 기준에 따라 지방자치단체가 직접 관리하는 일반회계, 기타특별회계 및 기금과 지방공기업의 공기업특별회계를 포함한 전체 재정활동을 의미한다. 주의할 점은 지방교육재정(교육비특별회계)은 지방통합재정의 범위에서는 제외된다.

지방통합재정의 수입은 지방세, 세외수입, 이전수입(지방교부세, 보조금, 조정교부금), 자본수입, 융자회수(융자, 출자금 회수)이고, 통합재정지출은 경상지출(인건비, 물건비, 이자지급, 기타경상이전지출), 자본지출(고정자산취득, 자본이전 등) 및 융자지출(융자, 출자금 지출)로 구성된다. 통합재정지출은 지방자치단체가 지역 주민들에게 제공하는 공공서비스를 생산하고 제공하는데 필요한 금액으로 이해하면 된다.

지방통합재정은 지방교육재정과 지방자치단체가 출연 또는 출자한 기관의 재정이 제외된다. 행정안전부는 2015회계연도 결산부터 지방자치단체, 지방공공기관, 지방교육재정을 모두 포함하는 지역통합재정을 작성하고 있다[80]. 지방통합재정과 지역통합재정의 개념을 구분해서 이해해 두기로 하자. 특히 지방교육재정이 포함되는지의 여부에 주의해야 한다[81].

국가재정에서 교부금과 교부세가 지방교육청과 지방자치단체로 이전됨에 따라서 국가재정과 지방재정의 예산서상의 지출액과 실제 사용액 간에는 차이가 발생한다. 예를 들면 지방교부세는 국가재정에서는 행정안전부 소관 일반회계 세출예산에 편성되지만, 실제 사용주체는 지방자치단체이다[82]. 내국세의 19.27% 즉 대략 약 50조원의 중앙정부재정이 지방자치단체로 지방교부세 명목으로 이전되어 지방자치단체가 지출하게 되는데, 이 금액은 중앙정부의 예산 지출항목에 표기되어 지방자치단체로 이전해 주고, 지방자치단체는 지방통합재정 수입으로 편입한 후에 지방자치단체가 제공하는 공공서비스 제공에 필요한 재원으로 사용, 지출한다. 실제 사용액을 기준으로 하는 통합재정사용액의 개념에서는 지방교부세는 중앙의 지출항목에서는 공제하고, 지방자치단체의 지출항목에 포함시켜서 계산함으로써 국가전체의 통합재정사용액의 규모가 실제 사용액의 범주에서 파악한다.

〈표 7〉 국가예산 대 지방예산 비율[83](201년 기준)

(단위: 조원)

구분	중앙정부	자치단체재정	교육재정
예산규모기준	361.7(54.4%)	230.0(34.8%)	70.4(10.7%)
재정사용액 기준	191.3(38.5%)	230.6(46.4%)	75.4(15.1%)

전국 평균 통합재정자립도는 2015년도 51.7%, 2016년도 53.1%, 2017년도 54.2%, 2018년도 53.4%, 2019년도 51.3% 등이다.

80) 매년 행정안전부에서 발행하는 지방자치단체 통합재정을 참고하기 바란다.
81) 지방통합재정에는 지방교육재정이 포함되지 않고, 지역통합재정에는 지방교육재정이 포함된다.
82) 통합재정수지의 개념을 공부할 때 회계 간, 기금 간 내부거래와 금융성 기금을 제외한 이유를 잘 생각해 보기 바란다. 통합재정 수입과 지출을 계산할 때는 중복되는 금액은 공제해줌으로써 재정의 규모가 과도하게 크게 보이는 착시현상을 없애준다.
83) 2019년도 기준 국세 대 지방세 비율은 78.3대 21.7로 국세 294.7조 원, 지방세 81.8조 원 등이다.

통합재정자립도는 지방자치단체의 통합재정수입 중 자체수입의 비중을 나타내는 지표이다.

통합재정자립도= [경상수입+자본수입+융자회수/ 통합재정수입]×100

통합재정자주도는 지방자치단체의 통합재정수입 중 자체수입과 이전수입(보조금 제외)을 합한 것으로 실질적인 자주재원의 비중을 나타내는 지표다.

통합재정자주도=[경상수입+자본수입+융자회수+이전수입(보조금 제외)/통합재정수입]×100

또한 재정자립도와 재정자주도의 개념을 구분할 수 있어야 한다. 두 개념의 차이는 중앙에서 지방으로 이전해 주는 교부세와 교부금 및 보조금을 바라보는 관점에 있다. 교부세와 교부금은 지방자치단체의 입장에서는 중앙으로부터 의존하는 재원임에는 틀림없지만 법률에 의해서 그 이전 금액이 확정되어 있어 지방자치단체의 입장에서는 매년 안정적인 수입의 범주에 포함된다고 볼 수 있음에 유의해야 한다.

재정자립도 산정공식

재정자립도(일반회계)= 지방세+세외수입/ 지방자치단체 예산규모(일반회계)
재정자립도(일반회계, 특별회계, 기금)= 지방세+세외수입/ 통합재정수입

재정자주도 산정공식

재정자주도(일반회계) = 자체수입(지방세+세외수입)+자주재원(지방교부세+조정교부금)/ 자치단체 예산규모(일반회계)

재정자주도(일반회계,특별회계, 기금) = 자체수입(지방세+세외수입)+자주재원(지방교부세+조정교부금)/ 통합재정수입

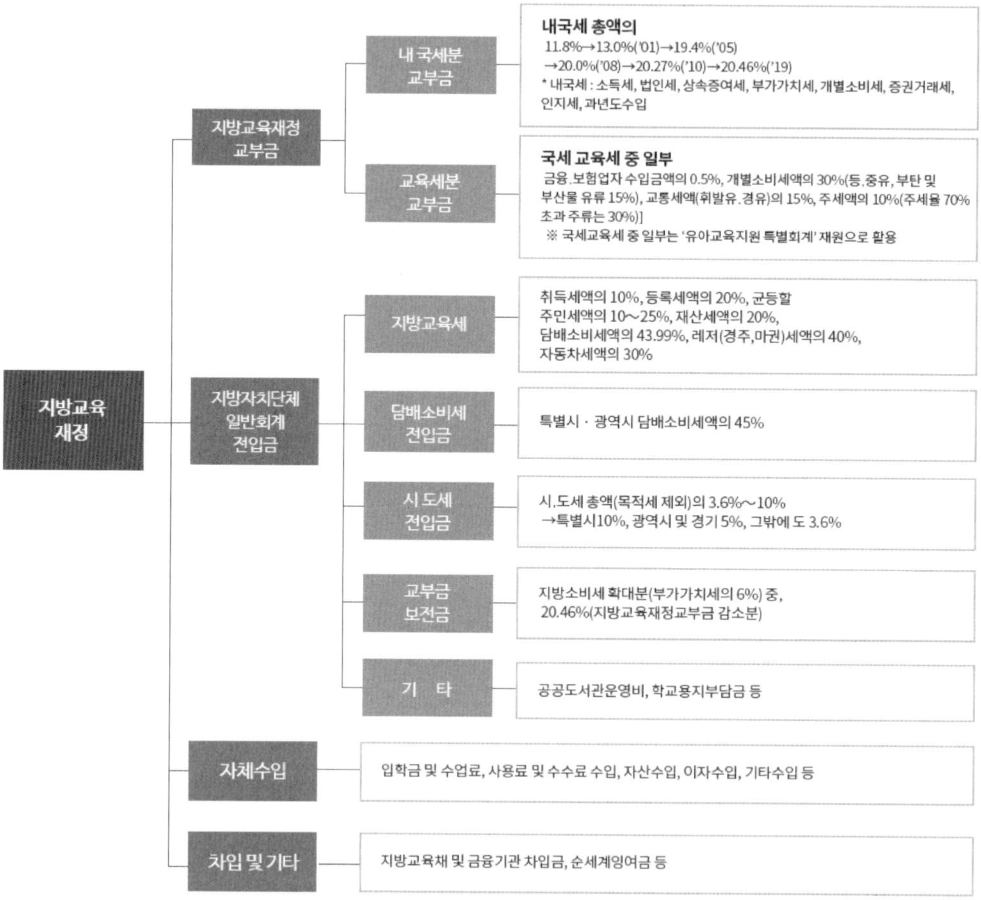

출처: 지방교육재정알리미, https://eduinfo.go.kr/portal/theme/forOrdinaryMain.do?pageUrl=forOrdiRbudg (인터넷검색일 2019년 12월 9일)

[그림 4] 지방교육재정 세입재원구조(2017년)

4. 지역재정과 교육재정[84)]

(1) 지방행정과 지방교육행정

지방자치법 제121조 제1항은 지방자치단체의 교육·과학 및 체육에 관한 사무를 분장하기 위하여 별도의 기관을 두도록 하고, 제2항은 제1항에 따른 기관의 조직과 운영에 관하여 필요한 사항을 따로 법률로 정하도록 규정하고 있다. 지방교육행정사무를 분장하기 위한 별도의 기관은 교육 자치에 관한 법률로 규정하고 있는데 지방교육자치를 시·도의 사무로 하면서도 시·도와는 별도의 시·도교육감에게 그 권한

84) 지방교육재정에 관한 상세한 정보는 지방교육재정알리미(www.eduinfo.go.kr)를 참고하기 바란다.

을 부여하고 있다. 결국 우리나라 지방교육행정체계는 중앙정부인 교육부, 시ㆍ도 교육청, 시군구의 교육지원청 및 학교로 구성된다[85]. 지방교육체계는 중앙정부-시도-시군구 등으로 계층화되어 있는 지방행정체계와는 다른 구조를 채택하고 있다. 그럼에도 불구하고 재정적인 측면에서는 상호 긴밀하게 연결되어 있다. 즉 시ㆍ도는 그 재정 중 일부를 시ㆍ도교육청이 관할하는 시ㆍ도교육비특별회계로 전출하도록 규정하고 있다. 시ㆍ도는 지방교육재정교부금법 상의 시도세의 일부, 담배소비세의 일부, 지방교육세의 전부, 학교용지 부담금 등을 시ㆍ도교육청이 관할하는 시ㆍ도교육비 특별회계에 법정 전출하도록 하고, 시ㆍ도는 관할 지역의 교육ㆍ학예의 진흥을 위하여 별도의 비법정 전출금을 시ㆍ도교육청의 교육비특별회계로 전출할 수 있고(지방교육재정교부금법[86] 제11조 참조), 각급 단위 학교 교육경비를 보조할 수 있다. 이 경우 지

85) 일반행정과 교육행정의 이원적 체계는 양자 간의 상당히 복잡한 문제를 야기하고 있다. 지방교육행정이 지방행정과 연계되어 있는 상황에서 시·도지사와 시·도 교육감의 협력관계는 지방행정의 조화 및 생산성 향상에 크게 영향을 미치는 요인이 된다. 특히 지방재정과 지방교육재정의 상호 긴밀한 연계의 증가는 시·도지사와 시·도교육감의 권한 간의 협력의 필요성을 더 높이는 요인으로 작용하고 있다.

86) 제11조(지방자치단체의 부담) ① 시·도의 교육·학예에 드는 경비는 해당 지방자치단체의 교육비특별회계에서 부담하되, 의무교육에 관련되는 경비는 교육비특별회계의 재원 중 교부금과 제2항에 따른 일반회계로부터의 전입금으로 충당하고, 의무교육 외의 교육에 관련되는 경비는 교육비특별회계의 재원 중 교부금, 제2항에 따른 일반회계로부터의 전입금, 수업료 및 입학금 등으로 충당한다.

② 공립학교의 설치·운영 및 교육환경 개선을 위하여 시·도는 다음 각 호의 금액을 각각 매 회계연도 일반회계예산에 계상하여 교육비특별회계로 전출하여야 한다. 추가경정예산에 따라 증감되는 경우에도 또한 같다.

1. 「지방세법」 제151조에 따른 지방교육세에 해당하는 금액
2. 담배소비세의 100분의 45[도(道)는 제외한다]
3. 서울특별시의 경우 특별시세 총액(「지방세기본법」 제8조제1항제1호에 따른 보통세 중 주민세 재산분 및 종업원분, 같은 항 제2호에 따른 목적세 및 같은 법 제9조에 따른 특별시분 재산세에 해당하는 금액은 제외한다)의 100분의 10, 광역시 및 경기도의 경우 광역시세 또는 도세 총액(「지방세기본법」 제8조제2항제2호에 따른 목적세에 해당하는 금액은 제외한다)의 100분의 5, 그 밖의 도 및 특별자치도의 경우 도세 또는 특별자치도세 총액(「지방세기본법」 제8조제2항제2호에 따른 목적세에 해당하는 금액은 제외한다)의 1천분의 36

③ 특별시장·광역시장·특별자치시장·도지사 및 특별자치도지사(이하 "시·도지사"라 한다)는 제2항 각 호에 따른 세목의 월별 징수내역을 다음 달 말일까지 해당 시·도의 교육행정기관의 장에게 통보하여야 한다.

④ 시·도는 제2항 각 호에 따른 세목의 월별 징수액 중 같은 항에 따라 교육비특별회계로 전출하여야 하는 금액의 100분의 90 이상을 다음 달 말일까지 교육비특별회계로 전출하되, 전출하여야 하는 금액과 전출한 금액의 차액을 분기별로 정산하여 분기의 다음 달 말일(마지막 분기는 분기의 말일로 한다)까지 전출하여야 한다.

⑤ 예산액과 결산액의 차액으로 인한 전출금(轉出金)의 차액은 늦어도 다음다음 회계연도의 예산에 계상하여 정산하여야 한다.

⑥ 시·도의 교육행정기관의 장은 제2항부터 제5항까지에 따른 일반회계로부터의 전입금으로 충당되는 세출예산을 편성할 때에는 미리 해당 시·도지사와 협의하여야 한다.

⑦ 시·도교육위원회는 제6항에 따라 편성된 세출예산을 감액하려면 미리 해당 교육행정기관의 장 및 시·도지사와 협의하여야 한다.

⑧ 시·도 및 시·군·자치구는 대통령령으로 정하는 바에 따라 관할구역에 있는 고등학교 이하 각급학교

방자치단체의 교육경비보조에 관한 규정 제2조에 따라 보조의 대상은 학교의 급식시설 · 설비사업, 학교의 교육정보화사업, 학교의 교육시설 개선사업 및 환경개선사업, 학교교육과정 운영의 지원에 관한 사업, 지역주민을 위한 교육과정 개발 및 운영에 관한 사업, 학교교육과 연계하여 학교에 설치되는 지역주민 및 청소년이 활용할 수 있는 체육 · 문화공간 설치사업, 기타 지방자치단체의 장이 필요하다고 인정하는 학교교육여건 개선사업에 한정된다[87].

법률상 지방자치단체의 장의 권한과 교육기관의 장의 권한을 구분해서 규정하고 있다고 하더라도 현실의 예를 들면 주택가에 입지한 학교 운동장 시설을 주차장으로 활용함으로써 지역의 주차문제를 해결하고자 한다면, 지방자치단체 장과 교육감과의 협력이 선행되어야 할 것이다. 이처럼 지역의 문제와 그 해결을 위한 정책대안이 지방자치단체 장과 교육기관의 장의 권한과 책임이 겹치는 경우가 발생하는 경우가 많다. 실제로 여러 시 · 도에 평생교육국 등 교육 관련 행정을 수행하는 기관을 설치하고 시 · 도의 교육행정을 위한 예산도 반영하고 있음에 유의해야 한다. 결국 시 · 도지사와 시 · 도교육감 간의 갈등상황이 발생할 우려도 있음을 유의해야 한다.

(2) 교육재정의 복잡 · 다양성

교육재정은 중앙정부의 교육재정과 지방교육재정으로 구분할 수 있다. 교육대상에 따라 고등교육, 초중등교육, 유아교육 등으로 교육재정을 구분해 보면 중앙정부의 교육재정 대상은 주로 고등교육재정(교육부-대학)이며, 초중등교육과 유아교육[88] 등은 시 · 도 교육감의 시 · 도교육비특별회계[89]에서 집행이 된다는 점에서 지방교육재정(교

의 교육에 드는 경비를 보조할 수 있다.

⑨ 시·도는 관할구역의 교육·학예 진흥을 위하여 제2항 각 호 외에 별도의 경비를 교육비특별회계로 전출할 수 있다.

⑩ 시·도지사는 제2항부터 제5항까지에 따른 교육비특별회계로의 회계연도별·월별 전출 결과를 매년 2월 28일까지 교육부장관에게 제출하고, 교육부장관은 매년 3월 31일까지 국회 소관 상임위원회에 보고하여야 한다.

87) 제2조(보조사업의 범위) 특별시·광역시·도·특별자치도 및 시·군·구(이하 "지방자치단체"라 한다)가 관할구역안에 있는 고등학교이하 각급학교의 교육에 소요되는 경비중 보조할 수 있는 사업(이하 "보조사업"이라 한다)은 다음 각호와 같다. <개정 1998. 9. 17., 2000. 12. 27., 2007. 12. 28.>

1. 학교의 급식시설·설비사업
2. 학교의 교육정보화사업

2의2. 학교의 교육시설개선사업 및 환경개선사업

3. 학교교육과정 운영의 지원에 관한 사업
4. 지역주민을 위한 교육과정 개발 및 운영에 관한 사업
5. 학교교육과 연계하여 학교에 설치되는 지역주민 및 청소년이 활용할 수 있는 체육·문화공간 설치사업
6. 기타 지방자치단체의 장이 필요하다고 인정하는 학교교육여건 개선사업

88) 유아교육지원특별회계의 경우 중앙재정의 성격을 띤다.

89) 우리나라의 경우 중앙정부 수준의 특별회계는 교도작업, 국가균형발전, 우편사업, 우체국예금, 양곡관리, 조달, 농어촌구조개선, 등기, 우체국보험, 국방군사시설이전, 환경개선, 혁신도시건설, 교통시설,

육부-시 · 도교육감-초중등유치원학교)으로 분류할 수 있다.

고등교육재원의 편성과 확보는 교육부를 통한 고등교육재원 확보와 개별대학의 재원확보로 구분되고, 개별대학의 경우 국 · 공립대학은 대학회계, 산학협력단 회계, 발전기금 회계 등으로, 사립대학은 교비회계, 산학협력단회계, 법인회계 등으로 교육재원을 확보한다.

반면 지방교육재원은 교육의 특수성을 감안하여 시 · 도의 교육 · 학예에 관한 경비를 별도로 경리하기 위하여 지방자치단체에 설치된 예산으로서 지방교육재정교부금법, 교육세법, 유아교육지원특별회계법, 학교용지확보 등에 관한 특례법, 지방세법, 지방자치단체의 교육경비보조에 관한 규정 등을 근거로 한다. 이 중에서 교육지방교육재정교부금, 유아교육지원특별회계, 교육세 등은 국가가 확보하는 지방교육재원이다. 즉 시 · 도 교육청에 설치 · 운영되고 있는 시 · 도 교육비 특별회계에는 국가지원금(지방교육재정 교부금, 유아교육지원특별회계 지원금, 국고보조금), 지방자치단체 일반회계 전입금(지방교육세 전입금, 담배소비세 전입금, 시 · 도세 전입금, 교부금 감소 보전금, 학교용지 구입비 부담금, 교육급여 보조금 전입금, 지원금 · 보전금을 포함한 기타 전입금), 자체수입 등을 수입재원으로 한다.

각급 학교가 확보하는 교육재원은 이전수입과 자체수입으로 구분된다. 이중 이전수입은 지방자치단체가 학교에 지원하는 교육경비보조금(비법정 전출금이라 한다), 교육비특별회계에서의 이전수입(학교기본운영비 전입금, 목적사업비 전입금), 사학법인 이전수입(사립학교 법인전입금), 학교회계 간 이전수입(학교발전기금 전입금, 학교기업회계 전입금), 기타이전수입(민간기부금) 등이다. 학교 자체수입은 수업료, 학교운영지원비 등 기본적 교육수입, 기숙사 및 급식, 단체활동에 관한 수입, 사용료 및 수수료, 이자수입, 잡수입, 자산수입 등이다.

예산에는 일반회계예산과 특별회계예산의 두 가지가 있는데, 일반회계 예산은 국가 또는 지방자치단체의 일반적인 활동을 지원하는 데 필요한 경비와 이를 조달하기 위한 세입을 기초로 편성되는 예산으로 정부예산이 그 대표적인 예이다. 특별회계예산은 특정한 세입으로 특정한 세출에 충당함으로써 일반의 세입세출과 구분하여 경리하는 예산으로 지방교육자치에 관한 법률에 의하여 설치된 지방교육비 특별회계가 그 예이다.

유아교육지원 특별회계 등 총 19개 특별회계가 설치(2019년 기준)되어 있다. 1990년까지는 지방교육비 특별회계에 시·도교육비 특별회계와 시·군 교육비 특별회계가 있었으나, 1991년부터 기초단위 지방교육자치를 실시하지 않고 광역단위 즉 시·도 단위 교육자치 만을 실시하고 있기 때문에 지방교육비 특별회계란 시·도교육비 특별회계를 가리킨다. 지방교육비 특별회계의 세입은 크게 국고부담과 지방부담, 자체수입 및 기타로 나눌 수 있다.

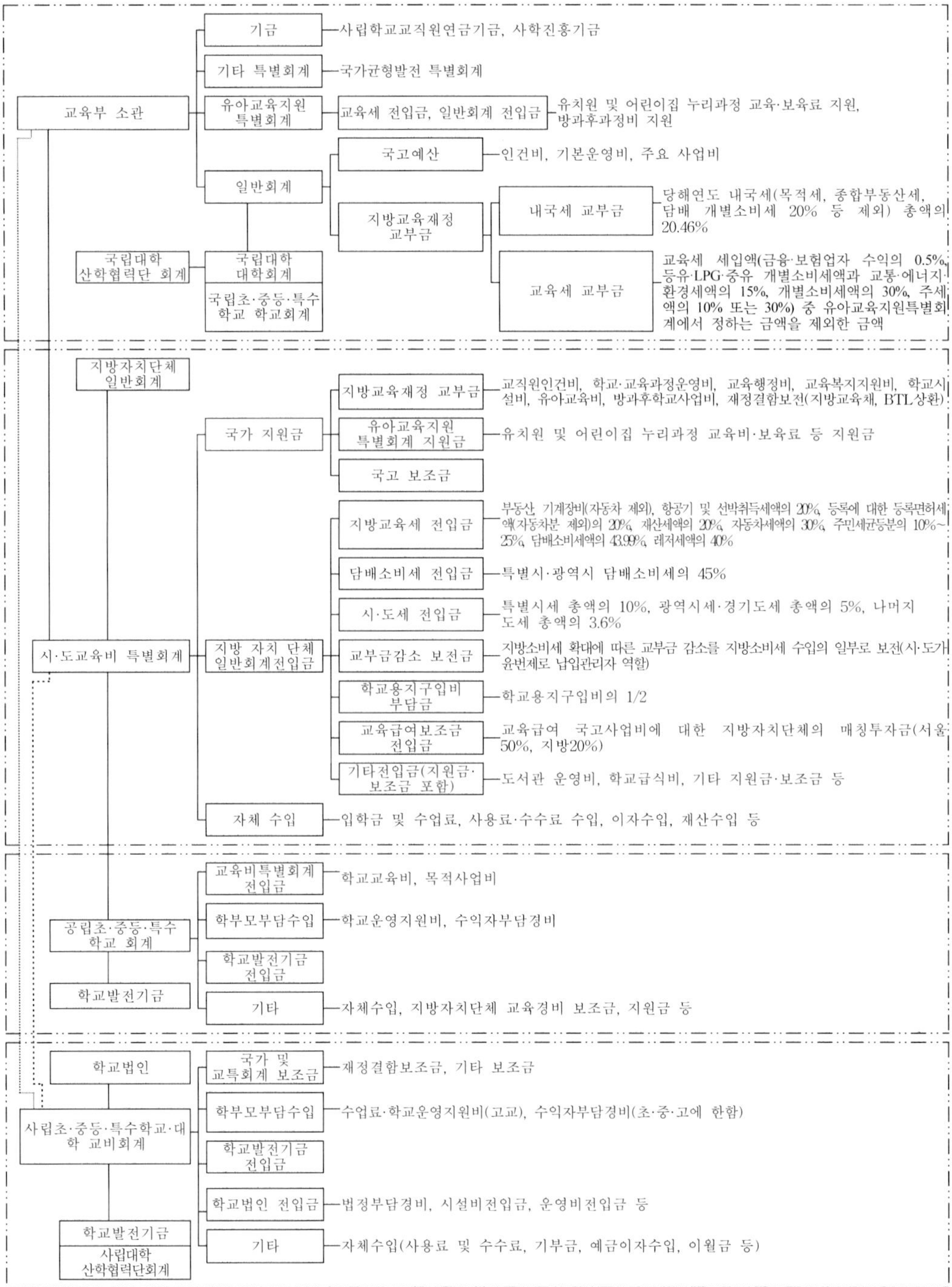

자료: 윤정일 외(2015), 교육행정학원론(6판), p.380 그림을 일부 수정 보완

[그림 5] 교육재정의 세입 구조

(3) 교육세

교육세는 교육의 질적 향상을 도모하기 위하여 필요한 교육재정의 확충에 드는 재원을 확보함을 목적으로 한다(교육세법 제1조 참조). 조세법률주의의 원칙에 따라 교육세를 납부할 의무를 지는 자는 교육세법 제3조에서 규정하고 있다. 교육세 납세의무자는 금융·보험업자[90], 개별소비세법에 따른 개별소비세[91]의 납세의무자, 교통·에너지·환경세법에 따른 교통·에너지·환경세의 납세의무자, 주세법에 따른 주세(주정, 탁주, 약주에 대한 것은 제외한다)의 납세의무자가 된다. 또한 금융·보험업자가 하는 공신탁의 신탁재산에서 발생하는 수익금액에 대하여는 교육세를 부과하지 아니한다(교육세법 제4조 참조). 교육세법 제5조에서 정하고 있는 교육세의 과세표준과 세율은 다음 표와 같다.

〈표 8〉 교육세 과세표준과 세율

호별	과세표준	세율
1	금융·보험업자의 수익금액	1천분의 5
2	「개별소비세법」에 따라 납부하여야 할 개별소비세액	100분의 30. 다만, 「개별소비세법」 제1조제2항제4호다목·라목·바목 및 아목의 물품인 경우에는 100분의 15로 한다.
3	「교통·에너지·환경세법」에 따라 납부하여야 할 교통·에너지·환경세액	100분의 15
4	「주세법」에 따라 납부하여야 할 주세액	100분의 10. 다만, 주세의 세율이 100분의 70을 초과하는 주류에 대하여는 100분의 30으로 한다.

지방교육세는 지방교육의 질적 향상에 필요한 지방교육재정의 확충에 소요되는 재원을 확보하기 위한 것인데(지방세법 제12장 지방교육세를 참고하기 바란다), 지방교육세

---

90) 「은행법」에 따라 인가를 받아 설립된 은행, 「한국산업은행법」에 따라 설립된 한국산업은행, 「중소기업은행법」에 따라 설립된 중소기업은행, 「자본시장과 금융투자업에 관한 법률」에 따른 종합금융회사, 「상호저축은행법」에 따른 상호저축은행, 「보험업법」에 따른 보험회사(대통령령이 정하는 외국보험회사를 포함한다), 「농업협동조합법」에 따른 농협은행, 「수산업협동조합법」에 따른 수협은행, 「자본시장과 금융투자업에 관한 법률」에 따른 집합투자업자와 신탁업자와 투자매매업자 및 투자중개업자, 「외국환거래법」에 따른 환전영업자, 「여신전문금융업법」에 따른 여신전문금융회사, 「한국수출입은행법」에 따른 한국수출입은행, 「대부업 등의 등록 및 금융이용자 보호에 관한 법률」 제2조에 따른 대부업자 또는 대부중개업자(같은 법 제9조의4에 따른 미등록대부업자 또는 미등록대부중개업자를 포함).

91) 「개별소비세법」 제1조제2항제4호가목·나목·마목·사목·자목 및 같은 항 제6호의 물품에 대한 것은 제외한다. 즉 휘발유 및 이와 유사한 대체유류(代替油類)·경유 및 이와 유사한 대체유류·석유가스[액화(液化)한 것을 포함한다] 중 프로판(프로판과 부탄을 혼합한 것으로서 대통령령으로 정하는 것을 포함한다)·천연가스(액화한 것을 포함한다)·유연탄 및 담배에 대한 것은 제외한다.

의 납세의무자는 다음과 같다. 부동산, 기계장비(제124조에 해당하는 자동차는 제외한다), 항공기 및 선박의 취득에 대한 취득세의 납세의무자, 등록에 대한 등록면허세(제124조에 해당하는 자동차에 대한 등록면허세는 제외한다)의 납세의무자, 레저세의 납세의무자, 담배소비세의 납세의무자, 주민세 균등분의 납세의무자, 재산세(제112조제1항제2호 및 같은 조 제2항에 따른 재산세액은 제외한다)의 납세의무자, 제127조제1항제1호 및 제3호의 비영업용 승용자동차에 대한 자동차세[국가, 지방자치단체 및 「초·중등교육법」에 따라 학교를 경영하는 학교법인(목적사업에 직접 사용하는 자동차에 한정한다)을 제외한다]의 납세의무자 등이다. 지방세법 제151조에서 규정하고 있는 지방교육세의 과세표준과 세율을 정리한 표는 다음과 같다[92].

〈표 9〉 지방교육세의 과세표준 및 세율

지방교육세	「지방세법」의 규정에 의하여 납부하여야 할 등록에 대한 등록면허세액	100분의 20	자동차의 등록에 대한 등록면허세 제외
	「지방세법」의 규정에 의하여 납부해야 할 부동산, 기계장비(자동차 제외), 항공기 및 선박의 취득에 대한 취득세액	100분의 20	
	「지방세법」의 규정에 의하여 납부하여야 할 레저세액	100분의 40	
	「지방세법」의 규정에 의하여 납부하여야 할 주민세균등분의 세액	100분의 10	인구 50만이상의 시는 100분의 25
	「지방세법」의 규정에 의하여 납부하여야 할 재산세액	100분의 20	
	「지방세법」의 규정에 의하여 납부하여야 할 자동차세액	100분의 30	비영업용 승용자동차(비영업용 기타 승용자동차 포함)에 대한 자동차세(국가, 지방자치단체 및 학교법인<목적사업에 직접 사용하는 자동차에 한정> 제외)
	「지방세법」의 규정에 의하여 납부하여야 할 담배소비세액	10,000분의 4,399	2018년 12월 31일까지 적용

92) 대강의 내용을 정리한 것이다. 정확한 과세표준과 세율은 지방세법을 반드시 참고해서 확인하기 바란다. 예를 들면 지방교육세의 과세표준과 세율 중에서 주민세 균등분 세액의 100분의 10으로 표에서 정리하였으나, 지방세법 제151조 제1항 제5호에서 인구 50만 이상의 시의 경우에는 100분의 25로 규정하고 있다.

5. 공공기관 재정[93]

국가 전체의 재정 규모를 파악하기 위해서는 중앙정부, 지방정부(교육재정 포함[94]) 뿐만 아니라 공공기관의 재정을 함께 통합적으로 봐야 한다[95]. 공공기관[96]은 공공기관운영에 관한 법률에 따라 매년 기획재정부장관이 지정한다. 2019년도 공공기관은 총 339개로 공기업36개(시장형 16개, 준시장형 20개), 준정부기관 93개(기금관리형 14개, 위탁집행형 79개), 기타공공기관 210개 기관이 지정되어 있다.

공공기관은 자율경영과 책임경영체제의 확립으로 국민에 대한 서비스 증가에 기여하기 위한 목적으로 매년 기획재정부장관이 지정한다. 공공기관에 속하는 공기업은 국가나 지방자치단체와는 달리 국민에게 재화나 서비스를 제공하고 그 반대급부로 수수료 등을 받아 운영하는 경영조직이다. 주인-대리인 이론의 시각에서 본다면 중앙정부의 공공기관은 중앙부처의 정책을 집행하는 대리인의 지위를 가진다. 2020년도 정부지원 예산안을 기준으로 전체 339개 공공기관 중 290개 기관이 총 88조원의 예산 또는 기금을 지원 받는 것으로 나타났다.

자산규모가 2조원 이상이고 총수입액 중 자체수입액이 85% 이상인 공기업인 시장형공기업[97]의 경우 정부지원 예산안의 규모는 매우 적고 대부분은 출자금이나 보조금의 형태로 지원된다. 한국조폐공사, 한국방송광고진흥공사, 한국토지주택공사, 한국도로공사, 한국철도공사 등 준시장형 공기업에 대하여는 출자금의 형태로 지원하는

---

93) 공기업의 경우 사업에 필요한 대부분의 예산을 자체 자금으로 조달하고 있기 때문에 국가의 재정사업에 부가되는 통제장치에서 벗어나기 쉽다. 일반적으로 공공기관의 운영에 관한 근거법인 공공기관의 운영에 관한 법률에서는 공공기관의 자율과 책임을 강조하고 있으며, 공공기관은 공익성뿐만 아니라 기업성이라는 특성을 갖고 있는 점을 감안할 때 이사회의 의결을 거쳐 예산을 자율적으로 편성하고 있다.

94) 우리나라는 2005회계연도부터 중앙정부와 지방정부를 모두 포괄하여 통합재정을 발표하고 있다. 중앙정부 부문(2017년 기준)에는 일반회계, 14개 기타특별회계, 5개의 기업특별회계, 58개의 기금 및 세입세출외 등이 포함되는데 외국환평형기금과 금융성기금은 재정활동보다는 금융활동에 가까우므로 통합재정 포괄 범위에서 제외한다. 지방정부 부문(2017년 기준)에는 243개 일반회계, 1,832개 기타특별회계, 248개 직영공기업특별회계, 2,372개 기금, 17개 교육비특별회계가 포함된다(기획재정부, 2017 회계연도 한국통합재정수지 참조) Government Finance Statistics Manual 2001에 근거하여 작성된 2016 회계연도 통합재정의 포괄범위는 중앙정부의 일반회계(1개), 특별회계(18개), 기금(65개), 비영리공공기관(214개)과 지방정부의 일반회계 (243개), 특별회계(2,174개), 기금(2,384개), 비영리공공기관(93개)이다. 「GFSM 2001」은 「GFSM 1986」과 달리 중앙정부의 금융성기금과 외국환평형기금, 중앙정부 및 지방정부의 비영리공공기관을 포함한다는데 주의하자. 「GFSM 2001」과 「GFSM 1986」에서 숫자는 매뉴얼 발표 연도를 의미한다.

95) 한국은행은 「2008 SNA」에 따른 국민소득계정 개편작업을 하면서 일반정부(중앙정부, 지방정부, 사회보장기금, 공공 비영리단체) 뿐 아니라, 공기업(비금융공기업 및 금융공기업)을 포괄하는 공공부문 총수입·총지출·수지를 신규로 작성 하였다. 금융공기업에는 한국은행, 산업은행, 수출입은행, 금융감독원 등 16개 기관이 포함된다.

96) 공공기관의 현황에 관한 자료는 알리오(www.alio.go.kr)사이트를 활용하면 된다.

97) 한국전력공사, 한국가스공사 등 규모가 상대적으로 큰 공기업이 해당된다.

경우가 많다. 국민연금공단, 국민체육진흥공단, 공무원연금공단, 사립학교교직원연금공단, 근로복지공단, 중소벤처기업진흥공단 등 기금관리형 준정부기관에 대한 예산지원은 이전수입의 형태가 많다. 한국철도시설공단, 한국국제협력단, 정보통신산업진흥원, 한국장학재단 등 위탁집행형 준정부기관에는 출연금과 보조금의 형태로 예산을 지원한다. 기타공공기관의 경우 기관의 성격에 따라 지원 형태를 달리한다. 기초과학연구원, 국방기술품질원 등의 기관에는 출연금의 형식으로, 대한체육회, 문화예술교육진흥원 등의 기관에는 보조금의 형식으로, 한국산업은행, 중소기업은행, 한국수출입은행, 새만금개발공사 등의 기관에는 출자금[98]의 형태로 지원한다. 대부분의 공기업은 자체사업수입으로 대부분의 사업을 수행하므로 정부 재원의 의존 비중이 매우 낮은 반면에 위탁집행형 준정부기관의 경우는 지출의 25%를 정부재원에 의존하고 있다[99)100)].

공공기관의 지정과 관련하여 중앙행정기관이 직접 정책을 집행하지 아니하고 공공기관을 통해 정책집행을 하는 경향에 유념해야 한다. 정책문제가 복잡하고 전문화의 수준이 높아짐에 따라 전문적인 정책집행조직인 공공기관 설립의 필요성은 인정된다고 본다. 그러나 공공기관이 정책집행을 넘어서 사실상 정책결정과정에도 깊이 영향력을 행사하는 현상이 나타나고 있고, 중앙행정기관의 공무원은 예산을 획득해서 내려주고, 의회에서 만들어진 법률이나 제도를 전달하는 기능에 그치는 경우 주인-대리인 이론에서 걱정하는 현상이 나타날 우려가 있다. 즉, 대리인이라고 할 수 있는 공공기관이 많은 정보를 가지고 주인(사례에서는 중앙행정기관이 이에 해당한다.)의 관리나 통제로부터 자유로운 영역을 구축할 수 있다는 것이다[101)].

▶▶ 공공기관의 출자 · 출연 · 보조

행정기관이 공공의 업무를 수행하는 단체나 법인 등 소속기관들이 그 업무를 수행하는데 필요한 재원을 배분하는 방법으로는 출자, 출연, 보조 등의 방법이 있다.

출자는 정부가 출자 대상이 되는 기관의 주식을 구매함으로써 출자 받는 기

98) 부록의 세입세출 예산 과목표 460목을 참고하기 바란다.

99) 상세한 내용은 알리오 사이트를 활용하기 바란다.

100) 공공기관의 총수입 총지출 분석의 의미와 관련하여 정부 · 지방자치단체 · 공공기관 등 공공부문의 주체가 공공기관 이외의 주체로부터 재원을 수입으로 확보하고, 이를 재원으로 각종 정책사업을 추진해서 공공기관 이외의 주체들에게 제공하는 시스템 투입 산출을 생각해보자. 공공기관 내에서의 내부거래나 순수금융성기금을 총수입과 총지출 순계에서 제외하는 이유는 즉 재화나 용역의 실제적인 지출행위는 아니기 때문이다.

101) 위탁집행형준정부기관인 과기부의 공공기관인 한국연구재단의 경우도 업무수행의 공정성을 확보하기 위하여 중앙부처(과기부 등)에서도 그 집행과정에의 개입을 최소화하고 주의하는 현상이 나타난다.

관을 지원하고 추후 그 기관의 이익금의 일부를 배당받는 것을 말한다. 출자는 다양한 형태로 이루어진다. 공공기관 출자에 따른 배당수입을 살펴보면, 배당은 기업이 일정기간 동안 영업을 해서 발생한 이익 중 일부를 주주들에게 나눠주는 것을 말한다. 정부출자기업으로부터의 배당은 예산안 중 정부출자수입으로 반영된다.[102)]

국유재산법 제65조의2 및 동법 시행령 제67조의2는 정부가 배당을 받을 대상기업을 지정하고 있다. 정부가 배당을 받는 대상기업은 한국가스공사 등 38개 기관을 지정하고 있는데, 이중 31개 기관은 공공기관의 운영에 관한 법률의 적용을 받는 공공기관[103)]이며, 한국방송공사, 한국교육방송공사, 서울신문사 등은 공공기관이 아니다.

〈표 10〉 정부출자기관 현황[104)]

		일반회계	특별회계, 기금
공기업	시장형공기업	**한국가스공사, 한국공항공사,** 한국전력공사, 부산항반공사, 인천항만공사	**한국석유공사,** 인천국제공항공사
	준시장형공기업	한국방송광고진흥공사, 한국감정원, 한국수자원공사, 한국조폐공사, **한국철도공사, 여수광양항만공사, 울산항만공사**	**한국광물자원공사, 한국도로공사,** 대한석탄공사, 주택도시보증공사, 한국지역난방공사, **한국토지주택공사**
준정부기관	기금관리형 준정부기관	한국자산관리공사, **한국주택금융공사**	
	위탁집행형 준정부기관	한국농수산식품유통공사, 대한무역투자진흥공사, 한국농어촌공사, 한국관광공사	
기타공공기관	기타공공기관	중소기업은행, **한국수출입은행, 한국산업은행**, **한국해양진흥공사**	88관광개발주식회사, 한국투자공사, 새만금개발공사

주: 굵게 표시한 기관은 일반회계, 특별회계, 기금 모두에서 출자를 받은 기관으로 비중이 많은 항목에 표기함. 국유재산법 시행령 참조.

102) 2019년도 출자지분을 보유하고 있는 일반회계, 특별회계, 기금에서 1조 6660억 원의 정부출자수입 예산안을 편성함.

103) 공공기관은 매년 기획재정부 장관이 지정한다.

104) 아래 표를 보면, 정부출자기관들의 재원이 일반회계, 특별회계, 기금 등 다양하고, 각각의 재원을 출자받은 기관의 속성의 유사성을 발견하기 어렵다. 결국 정부가 필요에 따라 정부출자기관을 설립하면서 필요한 재원을-선험적으로 결정되어진 원칙에 따르기 보다는- 현실적인 필요에 따라 출자재원을 마련한 것으로 보인다.

정부가 출자한 자회사의 배당수입을 재원으로 사용하는 수지차 보전기관의 예를 살펴보자.

수지차보전방식으로 예산을 지원받는 공공기관의 예산안은 총지출예산에서 자체수입예산을 차감한 금액만큼 정부가 재정지원을 하고 있다. 수지차보전방식 예산지원기관 중에서 일부 기관은 기관이 보유하고 있는 출자주식으로부터 발생하는 배당금 수입이 자체수입을 구성하고 있다.

한국광해관리공단은 강원랜드의 지분을 36.7% 보유하고 있고, 한국에너지공단은 한국지역난방공사의 지분을 10.53% 보유하고 있다. 이들 공단이 강원랜드와 한국지역난방공사의 지분을 각각 보유하고 있다는 의미는 주식출자를 통해 지분을 가지고 있어서 강원랜드와 한국지역난방공사의 수익금에 대한 배당을 받을 수 있음을 의미한다. 따라서 주식출자에 따른 지분을 보유하고 있는 기관들은 배당수익을 받게 되고 이 수익은 그 기관의 자체수입으로 편성하게 된다.

출연·보조의 경우 출연금은 재원의 용도를 지정하지 않고 자금을 지원하는 것을 말하고, 보조는 자금의 용도를 지정해서 내려주는 것을 말한다.

예산안 편성시 일부 수입 또는 지출의 항목의 편성이 누락되어 예산총계주의를 위반하여 수입과 지출 예산이 과소편성되는 사례가 있다. 매년 기획재정부는 수지차보전기관으로 지정된 기관들에 대하여 그 기관의 수입과 지출의 차이를 출연 또는 보조를 통해 지원하고 있다. 이를 통해 공공의 업무를 수행하는 기관이 공공성을 확보할 수 있도록 하려는 것이다. 다만 수치차 보전기관으로 지정되게 되면 그 기관은 기획재정부의 엄격한 수치차 관리를 통제 받게 된다. 한편으로 수치차 보전기관으로의 지정을 희망하는 기관도 종종 발견된다. 이유는 수치차 보전기관으로 지정을 받게 되면 정부의 통제를 받는 불편함은 있으나 수치차 보전을 받게 되는 잇점이 있기 때문이다.

출연과 보조를 분석함에 있어서는 수치차 보전기관에 관한 개념을 알고 있으면 도움이 된다.

제5장 재정수입과 지출

제1절 총계와 총수입 · 총지출의 개념

1. 총수입 개념

총수입은 총지출[105]에 대응하는 개념으로, 수입 측면의 중앙정부 재정규모를 나타내는 지표이다. 총수입은 일반회계의 총계, 특별회계의 총계, 기금(금융성기금과 계정성기금 중 외국환평형기금 제외)의 총계를 모두 더한 뒤, 회계 간 내부거래수입, 기금 간 내부거래수입, 회계와 기금 간 내부거래수입, 각 회계와 기금의 보전거래수입을 차감하여 산출한다.[106]

총수입 = 일반회계수입 + 특별회계수입 + 기금수입 – 내부거래수입 – 보전거래수입

내부거래수입은 어느 회계나 기금이 다른 회계나 기금으로부터 넘겨받은 수입으로 차입, 전입금 또는 전입금 등이 이에 해당된다. 차입이나 예수금은 빌려서 이자와 원금을 상환해야 하는 경우를 말하고, 전입금은 무상[107]으로 받는다. 일반회계, 특별회계, 기금 수입을 단순 합계하는 경우 정부 내부거래를 중복 계상하여 실제 수입을 과다 계상하게 되므로 총수입 산출 시에는 내부거래를 제외한다.

보전수입은 회계나 기금이 자체수입이나 내부거래수입으로 조달하지 못하는 경우 민간으로부터 빌리거나(국채발행 또는 차입) 또는 남는 돈을 –정부가 아닌– 민간에

105) 총지출과 통합재정지출의 개념을 구분해보자. 총지출과 통합재정지출의 범위는 동일하다. 규모가 차이가 나는 이유는 통합재정지출은 경상지출 및 자본지출에 순융자(융자지출-융자회수)만을 합산하는데 반해 총지출은 융자지출을 모두 포함한다(융자회수 분을 고려하지 않는다는 의미). 국가의 공기업활동에 속하는 기업특별회계(정부기업예산법 참조)의 경우 통합재정지출은 영업수지가 적자인 경우 그 적자분만을 계상하는데 반해 총지출은 영업비용을 모두 계상하는 차이가 있다.

106) 총계에서 내부거래수입 보전수입 등을 차감한 것을 순계라고 한다.

107) 무상의 의미는 상환의무가 없음이다.

빌려주었다가 회수(여유자금 회수)하는 경우를 말한다. 이는 정부의 수입과 지출의 차이(재정수지)를 보전해주는 역할을 하는 것으로 실질적인 정부수입으로 보기 힘들기 때문에 총수입 산출 시 제외한다.

이렇게 산출한 수입 규모는 일반회계의 자체수입, 특별회계의 자체수입, 기금의 자체수입을 모두 더한 값과 같다.

2. 총계와 총지출 개념

재정규모를 나타내는 지표로서 총계는 일반지출, 내부거래지출, 보전지출을 모두 합한 것이다. 일반지출이란 국민경제에 직접 영향을 미치는 경상지출, 자본지출, 융자지출, 이전지출을 의미하며, 내부거래지출은 한 회계나 기금이 다른 회계나 기금으로 넘겨주는 지출을 의미한다. 보전지출이란 한 회계나 기금이 민간에서 차입한 자금을 상환하거나, 일반지출이나 내부 거래지출로 사용하고 남은 자금을 금융기관에 예치하는 것을 의미한다.

예산총계 = 일반지출 + 내부거래지출 + 보전지출

2018년 중앙정부의 일반회계·특별회계 및 기금의 총계 규모는 회계·기금 간 내부거래를 포함하고 있어 실제 재정 규모를 과다하게 나타내고 있다.

한편 중앙정부의 총지출 규모는 2005년부터 중앙정부가 활용하고 있는 재정통계로서, 국민 경제에 미치는 정부의 실질적인 재정활동을 파악하기 위한 개념이다. 총지출은 예산과 기금 (금융성기금과 계정성기금 중 외국환평형기금 제외) 총계에서 회계·기금 간 내부거래뿐 아니라 재정수지를 보전해 주는 역할을 수행하는 국채발행이나 차입 등 보전거래를 제외하여 산출한다.

총지출 = 총계(일반회계 + 특별회계 + 기금) − 내부거래 − 보전지출

제2절 정부수입

1. 총수입

예산에서의 총수입은 각 부처별로 세입을 모두 합한 금액이다. 환경개선 부담금 등 부담금, 과징금, 벌금 등 부처별로 다양한 세입원들이 있다. 세입 중에서 가장 큰

비중을 차지하고 중요한 검토 대상이 국세(지방세 포함)수입이 된다. 아래에서는 세입 항목들 중에서 주요하게 관심을 가지고 분석할 필요가 있는 부분을 집중적으로 살펴보기로 한다.

먼저 총수입의 개념을 설정하기 위해 총 생산량 함수를 생각해보자. 총 생산량 함수(총생산량=f(자본, 노동))는 자본과 노동을 투입요소로 하여 기업이 산출하는 생산량의 관계를 보여준다. 논의를 단순하게 전개해보면, 자본수익은 자본가 계층의 수입이 되고, 노동 투입으로 발생하는 가치는 노동수입으로 근로자의 몫이 된다. 자본소득과 노동소득은 가계 또는 기업의 수입을 구성하는 요소가 된다. 그렇다면 경제주체의 하나인 정부의 수입은 무엇으로 구성되는가를 규명해볼 필요가 있다. 왜냐하면 예산 또는 재정사업을 분석하는데 그 사업들의 재원이 무엇인가를 알고 각각의 재원이 어떻게 예산사업 또는 재정사업에 사용되어지는가를 살펴봄으로써 정부 재정의 전반적인 모습을 이해할 수 있기 때문이다.

정부(국가)는 권력이라는 강제력을 독점적으로 행사한다. 국가권력의 원천과 그 정당성 그리고 국가의 존재 이유에 관한 담론은 시대에 따라 변화하여 왔지만 그 속성은 크게 변화하지 않았다. 예산의 측면에서 국가의 기능을 살펴본다면, 예산은 총계주의 원칙에 따라 한 회계연도의 일체의 수입을 세입으로 하고 일체의 지출을 세출로 하여 편성·운용된다. 수입을 편성한 세입예산은 크게 국세수입과 세외수입으로 분류[108]된다. 세입예산은 정부수입의 성질에 따라 관, 항, 목으로 구분하여 관리한다(기획재정부, 세입과목 구분, 예산안 편성 및 기금운용계획안 작성 세부지침 및 부록 참조).

매년 기획재정부가 각 부처에 알려주는 '예산안 편성 및 기금운용계획안 작성 세부지침'에는 정부의 모든 회계 및 기금의 세입과목을 구분하여 제시하고 있다. 각각의 과목별 세부내용은 이 책의 별첨자료를 참고해 주기 바란다. 세입과목을 분류하고 쉽게 이해하기 위한 몇 가지 기준들이 기존에 제시된 관점들을 중심으로 소개하기로 한다.

앞서 소개한 대로 세입예산을 국세수입과 세외수입으로 분류하는 방법이 있다. 국세수입에는 소득세, 법인세, 상속세, 부가가치세, 개별소비세 등의 내국세와 관세 및 특정 목적에 용도가 한정된 교통·에너지·환경세, 주세, 농어촌특별세로 구성된다. 조세의 종목과 세율은 법률로 정하도록 한 조세법률주의(헌법 제59조)에 따라 2018년 기준으로 14개의 국세 세목과 11개의 지방세 세목이 있다. 국세는 소득세, 소비세,

108) 국세 등 세금은 국가나 지방자치단체의 재화나 용역(서비스) 등 반대급부 없이 강제적으로 징수하는 재원이라는데 세외수입과 다르다. 또한 세외수입은 국가 및 지방자치단체의 조세와 공채를 제외한 수입을 말한다. 따라서 세외수입을 국세외수입과 동일한 개념으로 오해하지 않도록 주의한다.

재산세 등을 주목해서 비교·분석해보면 흥미로운 발견을 할 수도 있다. 정부의 세입 중에서 소득세, 소비세, 재산세의 비중을 비교해보면 시대에 따라 그 비중이 조금씩 다르게 변화함을 알 수 있고 이에 따른 시사점을 발견할 수 있을 것이다[109]. 지방세는 소득세와 취득세를 중심으로 분석해볼 필요가 있다.

소득세, 소비세와 더불어 법인세율도 정치적 입장에 따른 논쟁의 한 축을 차지하고 있다[110].

세외수입은 국세 이외의 수입을 말하는데 정부출자수입, 벌금 등의 경상세외수입과 공기업 주식매각 수입 및 전년도 이월금 등이다. 국세수입과 세외수입은 국가의 주요 수입원이라는 데는 공통점이 있으나 국세수입은 정부의 재화나 서비스 제공에 따른 반대급부 없이 일방적으로 부과 및 징수한다는 점에서 정부의 재화와 서비스 제공에 대한 대가로 정부가 이용자로부터 받는 수수료, 이용료 등 세외수입과 다른 차이점이 있다. 국세는 국세청이 주무부서로 지방세는 지방자치단체가 과세의 주체가 된다. 세외수입은 수수료, 이용료 등을 생각할 수 있으나 환경부의 물이용부담금, 환경개선부담금[111] 등 환경보전 업무를 소관으로 하는 환경부의 사례처럼 부처마다 특징적인 세입원이 있음을 유의할 필요가 있다. 한편으로는 각 부처별로 특이한 세입원들을 주목한다면 그 부처의 업무 성격이나 사업내용과 방향에 관해서도 숙지할 수 있는 잇점이 있다. 앞서 환경부의 사례에서 보듯이 물이용부담금과 환경개선부담금은 환경부의 주된 세입원이기도 하면서 그 세입원들을 일반 정부 사업에 필요한 재원으로 사용하지 않고 환경개선에만 사용하도록 예산 칸막이를 설치하고 환경개선특별회계라 명칭하고 있다. 환경개선특별회계는 환경부가 운용하는 특별한 국가예산서로 이해하면 된다. 가계에서 별도의 가계부를 만들어서 운용하는 것과 같은 맥락

109) 우리나라 국세수입에서 소득세제(근로·종합·이자 등 소득세+법인세) 비중이 소비세제(부가가치세+개별소비세 등) 비중을 앞지른 것으로 나타났다. 국회 예산정책처가 지난 20일 발간한 '조세정책의 주요 변화와 영향분석' 보고에 따르면 2016년 국세수입에서 소득세제 세수 비중이 처음으로 소비세수 비중을 역전했다. 그동안 우리나라 국세수입 추이는 소비세제가 소득세제보다 컸다. 2016년부터 이 구조가 바뀐 것이다. 보고서에 따르면 2017년 징수기준으로 조정된 국세수입은 276조원이었다. 이 중 소득세수는 120조9000억원(43.8%), 소비세수는 109조1000억원(39.5%)에 달했다. 양도소득세, 상속증여세 등이 포함된 재산세수는 29조원(10.5%) 규모였다. 10년 전인 2007년 징수 기준에선 소비세수가 국세수입 전체의 44%, 소득세수가 39%를 차지했다. 국회예산정책처는 소비세수 비중이 소득세수보다 상대적으로 줄어든 것은 경기영향을 잘 받는 속성 때문이라고 분석했다. 출처: 머니투데이.(2018). 국회예산정책처. "지난해 국세수입 276조원…소득세제>소비세제", 2018년 9월 24일자.

110) 중앙일보, 31조 번 삼성전자 법인세 8조8000억, 32조 번 애플은 4조5000억. 2018년 9월 28일.

111) 부담금의 경제학적 의미는 부담금의 부과로 수요량과 생산량을 조절함으로써 자원배분의 효율성을 기하려는 목적이 있다. 부차적으로 부담금 징수를 통한 공공사업수행을 위한 재원마련의 목적을 가지고 있으나, 현실은 각 중앙행정기관별로 재원을 마련하기 위한 수단으로 활용되고, 부담금에 대한 일반 소비자의 낮은 인식으로 결과적으로 합리적인 소비자의 선택 변화를 유도하는데 한계를 가지는 사례가 많다.

이다. 세외수입의 상세는 별첨한 예산 및 기금운용계획 집행지침에서 제시하고 있는 세입예산과목을 참고하기 바란다.

예산과 기금은 구분되는 개념이다. 국가재정법 제1조에 따르면 “이 법은 국가의 예산 · 기금 · 결산 · 성과관리 및 국가채무 등 재정에 관한 사항을 정함으로써 효율적이고 성과 지향적이며 투명한 재정운용과 건전재정의 기틀을 확립하는 것을 목적으로 한다.”라고 규정하여 예산과 기금을 구분하고 있다. 예산은 일반회계와 특별회계만 포함한다. 그러나 기금도 국회의 심의, 의결 및 결산심사를 받는다는 점에서 기금을 포함하여 광의의 예산에 포함하기도 한다. 기금은 국가가 특정한 목적을 위하여 특정한 자금을 신축적으로 운용할 필요가 있을 때 법률에 근거하여 설치할 수 있다. 일반적으로 기금은 그 성질에 따라 사회보험성기금(국민연금 등 4개 연금, 고용 및 산재보험), 계정성 기금(공공자금관리기금, 외국환평형기금, 공적자금상환기금, 양곡증권정리기금, 복권기금), 금융성 기금(신용보증기금, 기술보증기금, 농림수산업자신용보증기금, 예금보험기금상환기금 등 8개), 사업성 기금(대외경제협력기금, 남북협력기금, 국민건강증진기금, 국민체육진흥기금 등 48개)이 해당된다[112]. 기금제도는 1991년 기금관리기본법이 제정된 이후 2002년에는 공공기금과 기금구분이 폐지되고 금융성 기금을 제외한 모든 기금이 예산과 마찬가지로 국회의 심의 · 의결을 받게 되었으며, 기금운용 부처의 자율적 운용계획변경 범위를 주요 항목 지출금액의 50%에서 30%로 축소하였다. 2004년부터는 금융성 기금을 포함한 모든 기금이 국회의 심의와 의결을 받게 되었고 기금운용계획의 자율 변경 범위는 금융성 기금의 경우 주요 항목 지출 금액의 50%, 비금융성 기금의 경우는 30% 이하로 규정하였다. 2007년부터는 기금관리기본법이 폐지되고 국가재정법에서 기금 제도를 규정하였고, 기금운용계획의 자율변경범위를 금융성 기금의 경우 주요 항목 지출금액의 30%, 비금융성 기금의 경우는 20% 이하로 축소하였다.

앞에서 살펴본 국세와 세외수입은 일반회계, 특별회계, 세입세출외, 기금의 세입이 된다.

---

112) 금융성 기금은 특정사업을 직접 수행하는 것이 아니라 보증·보험 등을 제공함으로써 순수재정활동이라기보다는 금융활동에 가까운 역할을 하는 기금으로 앞으로 소개하는 통합재정수지에는 금융성 기금은 제외된다는데 유념하여야 한다. 통합재정수지에는 내부거래와 보전거래도 제외된 순계로 계산한다는 점을 기억하기 바란다.

〈표 11〉 예산과 기금 비교표

	예 산		기 금
	일반회계	특별회계	
설치사유	• 국가고유의 일반적 재정활동	• 특정사업 운영 • 특정자금 운용 • 특정세입을 특정세출에 충당	• 특정목적을 위해 특정자금을 운용
운용형태	• 공권력에 의한 조세수입과 무상급부 원칙	• 일반회계와 기금의 운용형태 혼재	• 출연금 · 부담금 등 다양한 재원으로 다양한 목적사업 수행
수입 · 지출연계	• 특정수입과 지출의 연계배제	• 특정수입과 지출의 연계	• 특정수입과 지출의 연계
확정절차	• 부처의 예산 요구 • 기획재정부의 정부예산안 편성 • 국회의 심의 · 의결로 확정		• 기금관리주체의 기금운용계획안 수립 • 기획재정부 장관과 운용주체간의 협의 · 조정 • 국회의 심의 · 의결로 확정
집행절차	• 합법성에 입각하여 엄격히 통제 • 목적외 사용금지		• 합목적성 차원에서 상대적으로 자율성과 탄력성 보장
계획변경	• 추경예산 편성 • 이용 · 전용 · 이체		• 주요항목 지출금액의 20%초과 변경시 국회의결 필요 (금융성기금의 경우 30%)
결 산	국회결산 심의 · 의결		

자료: 기획재정부

▶▶ 세금이야기

대표적인 국가세금으로는 소득세, 재산세, 법인세, 소비세 등이 있다. 세금은 언제 어떻게 부과되고 징수되는지를 보면 우리의 일상생활이 행정과 밀접하게 연결되어 있음을 알 수 있다. 독자의 일상생활에서 세금은 부과되고 있다고 보면 크게 틀리지 않다. 아침으로 햄버거를 사서 드셨다면 햄버거 가격에 부가세가 포함되어 있을 것이다. 소비와 생산활동[113]에 관련한 각종 경제활동의 각각의 단계에서 세금은 부과되고 있다. 경제주체의 소득에 대하여 소득세를 부과하고, 경제주체가 가진 재산에 대하여 재산세를 부과하며, 경제주체들의 경제활동 단계마다 부가세를 부과 · 징수한다. 행정국가 시대를 살아가는 시민들은 국세와 지방세의 굴레에서 벗어나기 어렵다고 할 것이다[114].

세금은 모든 사람들에게 공평하게 부과되어야 한다. 정부가 면세계층을 줄이고 가능한 많은 계층의 사람들이 세금을 부담하도록 하려는 것은 민주주의 이

113) 전통적으로 부가가치의 증가를 생산활동으로 이해한다. 앞으로 4차 산업혁명이 심화되면 전통적 의미의 생산활동은 인공지능(AI)이 대행하게 될 것이다.

114) 예를 들어 주식을 팔 때에는 증권거래세와 팔 때 발생한 양도차익에 부과되는 양도소득세, 주식을 보유 중일 때에는 배당금에 부과되는 배당소득세가 부과된다. 이처럼 재산을 보유할 때는 보유세를, 거래할 때는 거래세를 납부해야한다. 경제를 공부할 때 조세이슈를 제외할 수 없는 이유도 바로 여기에 있다.

념과 연결해서 생각해볼 수 있다. 대표 없이 과세 없다는 격언에서 알 수 있듯이 민주주의의 자율성과 자치성은 공공서비스 제공에 필요한 재원을 자주적으로 분담하고, 그 재원의 사용과 공공재의 공급 및 이용에 다수 시민의 의사가 반영되도록 운영하는 사회시스템이 민주사회의 이념에 부합한다는 것이다.

환경과 시장실패

시징실패의 대표직인 사레로 환경문제를 든다. 깨끗한 공기, 맑은 물과 같은 소위 공공재로 인식되는 재화의 특징은 나의 소비가 남의 소비를 방해하지 않고, 재화의 소비에 있어서 칸막이를 설치하는 것이 불가능하거나 비효율적이라는데 있다. 예를 들어 산에 있는 맑은 공기를 내가 마신다고 해서, 타인이 맑은 공기를 마시는데 효용을 떨어뜨리지 않고, 맑은 공기를 구획을 설정해서 나만 배타적으로 맑은 공기를 이용하게 하는 것은 불가능하고 비효율적이다.

그렇다면 맑고 깨끗한 환경은 언제나 순수공공재로서 자유재로 인식되는 것일까 그렇지는 않다는데 독자들은 유의해야 한다. 맑은 공기도 오염이 될 수 있고, 맑은 강물도 배출오염물질 등으로 오염이 될 수 있다. 환경은 자정능력이 있어서 환경이 감내할 수준 내에서라면 자정작용을 통해 오염이 되지 않지만, 환경오염이 환경의 정화능력을 벗어나는 임계치(critical point)를 넘어서면 환경이 오염되고 오염된 환경은 다시 복원하는데 많은 시간과 노력과 비용이 두입되어야 한다. 대부분 오염된 환경을 복원하는 것은 거의 불가능에 가깝다.

사정이 이러한데, 자동차 운전자라면 자동차 촉매장치를 알고 있을 것이다. 자동차 촉매장치는 자동차 배기가스의 유해물질을 걸러줘서 자동차로 인한 대기오염을 최소화하려는 장치다. 문제는 이 촉매장치가 고장이 나더라도 자동차의 운행에는 아무런 지장을 느끼지 못하는 운전자들이 촉매장치를 수리하지 않고 방치하는 경우가 많다는 것이다. 촉매장치의 수리에 드는 비용을 운전자가 부담하지 않고 방치함으로써 자동차 배출가스로 인한 대기오염이 심화되고, 오염된 공기를 마시는 다수의 시민들은 건강권과 환경권을 침해받게 되는 것이다. 시장에서 자원이 효율적으로 배분되지 못하는 시장실패의 전형적인 사례라고 하겠다. 이러한 시장실패 현상을 방지하기 위해서 환경오염에 따른 정화비용을 내부화(internalization)하려는 정책수단들이 개발되고 있으나 -주인 대리인 이론이 시사하듯이-촉매장치가 고장이 났다는 사실을 아는 운전자들이 정보를 더 많이 가지고 고장사실을 은폐하는 등의 행위를 하고, 감독기관은 정보의 제약으로 정확하게 그 사실을 인지하지 못함에 따라 결과적으로 오염원인행위를 방지하지 못해 시장실패 현상이 반복될 수 있다.

총수입예산에서는 조세지출[115]의 개념을 알고 있어야 한다. 조세특례제한법에 따

115) 정부가 편성한 예산안을 국회에 제출하는 경우에 조세지출예산서(별도의 책자)도 함께 제출한다. 조세지출예산제도란 재원배분의 효율성 및 재정운영의 투명성을 제고하기 위하여 정부가 국회에 다

르면 조세지출을 조세감면 · 비과세 · 소득공제 · 세액공제 · 우대세율 적용 또는 과세이연[116] 등 조세특례에 따른 재정지원으로 규정하고 있다(조세특례제한법 제142조의2 참조). OECD는 조세지출의 개념을 조세체계상 일반적인 원칙인 기준조세체계(benchmark tax system)[117]을 벗어난 것으로 정의한다. 결국 조세지출이란 조세의 일반적인 조세체계에서 벗어난 조세특례에 의하여 납세자에 대한 재정지원을 목적으로 발생하는 국가 세입의 감소를 의미한다. 조세지출은 특정성[118], 대체가능성[119], 폐지가능성[120] 등의 특징을 가진다[121].

조세지출은 영구적으로 세부담을 경감하는 직접감면과 일정기간 과세를 연기하는 간접간면으로 구분할 수 있다. 직접감면에는 비과세(특정소득을 과세대상이 되는 소득에서 제외함), 소득공제(과세소득에서 일정금액을 차감함), 저율과세(일반세율 보다 낮은 세율을 적용함), 세액감면(산출세액의 일정 비율을 납부할 세액에서 제외함), 세액공제(투자금액 등의 일정 비율을 납부할 세액에서 차감함), 기타감면(근로장려금, 자녀장려금, 부가가치세 영세율 등 다른 감면 유형에 속하지 않는 직접감면) 등이 있다. 간접감면으로는 준비금(기업이 특정한 목적을 위하여 준비금을 사내 적립하는 경우 그 사내적립금을 일정기한 손비로 인정하여 과세를 연기), 과세이연(자산을 대체 취득하는 경우 새로 취득한 자산의 처분시점까지 과세를 연기해줌), 이월과세(개인이 사업용 고정자산을 현물출자 등으로 법인에 양도하는 경우 개인에 대해서는 양도소득세를 과세하지 않고 법인이 그 출자 받은 자산을 처분할 때까지 과세를 연기해줌) 등이 있다.

정부는 면세비율을 관리하고 있는데, 면세비율에 영향을 미치는 정부정책의 하나로 조세지출의 개념이 있다. 조세지출의 개념에는 근로장려금(EITC)와 자녀장려금(CTC) 등 일정 소득 이하의 저소득층의 소득보전을 위해 정부가 세금을 현금으로 소득보전해주는 정책이다. 조세지출은 중복수혜의 문제를 파악하고 개선하기 어렵다는 한계를 가지고 있음에도 유의해야 한다.

만약 독자가 개인택시 운전자라면 개인택시용 차량을 구입할 때 부가가치세를 면

음 연도 예산안을 제출할 때 직전연도, 해당연도, 다음연도의 3개 연도의 조세지출 실적과 전망을 집계·분석한 조세지출예산서를 함께 제출한다(조세특례제한법 제142조의2(조세지출예산서의 작성), 국가재정법 제9조(재정정보의 공표) 및 제34조(예산안의 첨부서류) 참조).

116) 세금납부를 연기해 주는 제도.

117) 기준조세체계에는 세목별 과세대상, 세율구조, 과세구간, 과세단위, 과세기간, 국제조세규약 등이 포함된다.

118) 조세지출은 특정산업 및 경제활동에 혜택을 제공하여야 한다.

119) 조세지출은 조세제도의 효율적 운영과는 상관없는 특정 정책목표를 위해 사용되어야 하며 이러한 정책목표는 조세가 아닌 다른 정책수단으로도 성취할 수 있는 것으로 쉽게 입증될 수 있어야 한다.

120) 특정 조세지출을 없애는 것이 행정적으로 실행 가능하여야 한다.

121) 출처: OECD. (1996). Tax Expenditures Recent Experience.

제받는다. 개인택시사업자는 부가가치세 납부의무를 면제받고 간이과세의 혜택을 누린다. 그리고 택시 연료에 대한 개별소비세를 감면받게 된다. 이에 더해서 개인택시사업자 중에서 소득수준이 낮은 경우에는 근로장려금제도를 통해 연 약 100만원의 소득지원을 받는 현실이다. 정부의 조세정책이 효율적이고, 형평에 맞고, 공평해야 한다는 과제목적을 달성하기 위해서 현금성지출을 통한 지원이 바람직한지 아니면 상품권이나 바우처를 통한 지원이 더 나은지에 관한 논의와 검증이 필요하다[122].

국가재정법은 국세감면율을 법정한도 이하가 되도록 노력할 것을 권고[123]하고 있으나, 연도별 조세지출현황을 살펴보면 2018년도 국세감면액은 44조원으로 2017년 39.7조원 대비 4조원이 증가하였으며, 2019년과 2020년은 전년 대비 각각 6조원 1.8조원이 증가한 50.1조원 및 51.9조원으로 전망된다. 국세감면율은 2018년도 실적은 13.0%로 217년과 같은 수준이나 2019년은 14.5%, 2020년은 15.1%로 각각 증가할 것으로 전망된다. 특히 지방재정 분권 강화를 위한 부가가치세의 지방소비세 배정 비율의 확대로 국세수입이 감소되어 국세감면율이 더욱 높아지는 현상이 나타나고 있다.

▶▶ 세입세출예산의 구조

총수입예산

예산은 총계주의 원칙에 따라 한 회계연도의 모든 수입을 세입으로 하고 모든 지출을 세출로 편성하여 운용된다. 대표적인 예산총계주의 원칙에 대한 예외로는 수입대체경비가 있다. 세입과 세출을 연결지어서 운용하는 사례다.

총수입예산은 크게 국세수입과 세외수입으로 구분할 수 있다.

국세수입은 소득세, 법인세[124], 상속세, 부가가치세, 특별소비세 등의 내국세

122) 경제학자들은 일반적으로 현금지원이 쿠폰(상품권)지원보다 후생을 증가시킨다고 한다. 저소득층에 대한 현금지원은 저소득층의 선택지를 넓혀 효용을 증대시키는 점은 있으나, 일부 지방자치단체를 중심으로 쿠폰이나 상품권으로 지급함으로써 지역의 소비활동을 진작시키려는 정책목적을 가진 정책수단을 개발하는 경우도 있음을 알아 두자.

123) 국가재정법의 권고규정을 보면, 국세감면율 법정한도는 직전 3년 국세감면율 평균+0.5%p 수준이다.

124) 법인세는 법인(기업)의 이익에 대하여 부과하는 세금이다. 법인(기업)이 물건을 판매할 때 물건에 부과하는 세금과 법인세는 구분하여 이해해야 한다. 또한, 기업환경이 세계화함에 따라 우리나라 기업이 해외에 진출하기도 하고 반대로 해외 기업이 우리나라에 진출하기도 한다. 이 경우 세금을 어느 나라에 납부해야 하는지를 정확하게 아는 것은 기업(법인)의 입장에서 대단히 중요하다. 가끔 서로 다른 나라들로부터 세금을 납부하는 사례도 발생하기도 한다. 이에 따라 OECD를 중심으로 국제기구를 통해 회원국들 간에 세금부과에 관한 협정과 협력을 강화해나가는 추세이다. 기업이 납부해야 하는 납세국가를 확인하는데 드는 기업의 정보비용을 줄이는 노력으로 이해할 수 있다.

와 관세, 교통세 및 주세와 농특세로 구분된다.

세입예산은 정부수입의 성질에 따라 과목구조가 관, 항, 목으로 구분하여 관리한다.

〈표 12〉 세입예산 과목 구조[125)]

관	항	목
01 내국세 11 재산수입	11소득세 51관유물대여료	111신고분 112원천분 511토지대여료 512건물대여료 513기타관유물대여료

조세법률주의 세금정책

세금을 부과·징수함은 국민의 재산권을 침해하는 행정행위다. 국민의 기본권을 제한하는 때에는 반드시 법률의 근거를 필요로 한다. 민주주의 이념 상 국민의 대표자가 만든 법률에 의해서만 국민의 기본권을 제한한다는 것으로 자율성·자기결정성·자기책임성을 내용으로 하는 민주주의 이념에 부합하는 장치다. 따라서 세금의 종류와 세금부과의 대상, 내용, 부과금액, 부과절차 등 중요한 사항들은 모두 법률에 규정하고 있다. 세법이라고 통칭하는 소위 세금 부과와 징수에 관련한 법률들이 매년 예산안 심사 시에 함께 심사되는 이유도 세입예산안의 규모와 세법의 개정내용은 동전의 양면과 같기 때문이다. 매년 40 내지 50건의 세입부수법률안이 예산안 통과와 함께 심사·처리된다[126)].

세입세출예산안에서 세입예산안에 대한 일반인 또는 연구자의 관심은 세출예산안에 비해서 상대적으로 낮은 편이다. 세출예산안은 정부의 재정지출로 그 지출의 수혜자와 지출에 따른 공공서비스의 제공과 이용이라는 측면에서 더 매력적으로 느낀다. 반면 세입예산안은 세법에 근거한 기계적이고 기술적인 측면이 강하기 때문에 일반인이 쉽게 이해하기 어렵다는 고정관념이 형성된 측면이 있다고 본다. 그렇지만 앞에서 살펴본 바와 같이 국세수입은 경제생활을 하는

125) 상세는 별첨자료인 세입세출 예산 과목표를 반드시 일독하길 권한다.

126) 예를 들어 영세자영업자의 소득기준을 완화해 주기 위해 영세자영업자의 부가가치세 납부를 면제시켜주는 기준을 설정한다거나, 청년우대형 주택청약저축 이자소득 비과세를 신설한다거나, 종합부동산세 과표 및 세율을 조정한다거나, 신용카드 소득공제 일몰을 연장하는 등의 각종 조세정책들은 법률에 근거를 두게 된다. 법률의 개정으로 조세정책의 기준과 대상이 변화하게 되고 결과적으로 세입예산액의 변동을 초래한다. 세입예산액과 세입부수법률안을 연동해서 심사하는 이유이기도 하다.

가계와 기업의 입장에서는 무시할 수 없는 경제활동을 제약하는 중요한 요인 중의 하나다. 물이용부담금을 납부하는 수돗물 이용자들이 수돗물 가격으로 인식하듯이, 물건가격에 포함된 부가세를 물건가격 그자체로 인식하듯이, 세금을 물건가격에 포함된 것으로 인식하는 습관은 세금의 중요성과 경제에 미치는 영향에 관한 합리적인 의사결정을 하는데 제약요소가 된다. 실생활에서 분석하고 쪼개어서 합리적으로 계산하는 습관이 세입예산안을 분석하고 합리화하는데도 도움이 될 것으로 본다. 물건 값과 부가세 또는 부담금 등의 각종 항목들을 정확히 구분하는 습관을 가져야 한다.

2. 세입의 실제

중앙행정기관의 각 부처에는 재무관과 지출관이 있다. 재무관은 지출원인행위(계약)를 하고, 지출관은 지출행위를 한다. 재무관과 지출관을 겸임하지 못하도록 함으로써 조직 내에서 서로 보완과 교차체크를 통한 예산집행의 불합리와 낭비를 방지하기 위한 제도적 장치를 마련하고 있다. 국가가 재정에 필요한 자원을 획득하는 가장 원초적인 방식은 공권력에 기반하여 강제로 국가 구성원들로부터 금전이나 물건을 반대급부 없이 조달하는 조세부과의 방식이다. 세금은 국가의 수입에 귀속되는 국세와 지방자치단체의 수입에 귀속되는 지방세가 있다. 세입과목별로 보면, 내국세, 관세, 방위세, 교통 · 에너지 · 환경세, 양여세, 교육세, 사회보장기여금, 농어촌특별세, 종합부동산세, 기업특별회계영업수입, 재산수입, 경상이전수입, 재화 및 용역판매수입, 수입대체경비수입, 관유물매각대, 융자 및 전대차관 원금회수, 차입금 및 여유자금회수, 차관수입, 전년도이월금, 세계잉여금, 정부내부수입 및 기타 등의 세목으로 구성되어 있다. 각각의 중앙행정기관은 주거래은행(농협 등)을 통해 세입액을 관할 세무서에 납부하고, 관할 세무서에서 한국은행 국고 세입계좌로 납입하게 된다. 한국은행의 세입계좌는 세목별로 계좌를 구분하고 있다.

▶▶ 생각해보기: 조세수입의 근거

대부분의 국가에서 행정부가 매년 세금을 부과 및 징수할 수 있는 영구적인 권한을 세법으로 규정하고 있다. 프랑스의 경우는 연간 예산법률의 채택과정에서 의회가 조세관련 권한을 매년 갱신해 주고 있으며, 영국의 경우 소득세만은 연간 예산 법률의 채택 과정에서 조세징수 권한을 매년 갱신하고 있다[127].

세금을 국가에서 징수하는 근거는 입법부에서 제정한 법률에 의한다. 조세법

127) 김종면·박노욱.(2006).재정지출 의사결정체계 연구·분석. 한국조세연구원·OECD. pp.39-40.

률주의를 채택하는 이유는 정치적으로는 자기지배의 원칙을 실현하는 의미를 가진다. 공동체를 유지하고 관리하는데 필요한 재원을 세금으로 충당하는 이론적 근거에 관해 생각해보자.

▶▶ DUTY FREE

면세를 영어로 DUTY FREE라고 한다. 세금을 면제해 주는 것은 의무를 면제받는 것과 같다는 의미다. 면세점에서 판매하는 물건에 세금을 면제해주는 이유는 무엇일까? 쉽게 생각하면 잠시 그 나라를 경유하거나 짧게 체류하는 사람의 경우는 공동체를 영위하는데 필요한 자원을 제공할 의무를 면제 받도록 함으로써 공동체 구성과 운영에 크게 관여하거나 개입되어 있지 않음을 인정하는 것으로 이해하면 된다.

제3절 정부지출

1. 품목별(비목별)[128] 예산제도

중앙정부의 재정지출은 인건비, 물건비, 이전지출, 자산취득, 상환지출, 전출금등, 예비비 및 기타 등 7개의 성질별로 구분된다. 기획재정부는 이 기준에 따라 세출과목을 100목(인건비), 200목(물건비), 300목(이전지출), 400목(자산취득), 500목(상환지출), 600목(전출금등) 및 700목(예비비 및 기타)으로 나누고 이를 다시 하위 세목으로 구분하고 있다[129].

국가는 특정한 공익목적을 달성하기 위하여 필요한 경우 지방자치단체, 공공기관, 민간사업자, 그리고 각 회계와 기금 등에 보조, 융자, 출연, 출자, 전출 · 전입, 예탁 · 예수 등 다양한 방식으로 지출하고 있다.

128) 주요 관리대상 비목에 대하여 총액한도를 설정함으로써 예산의 낭비를 방지하려는 노력을 한다. 예를 들면, 통상 각 부처의 여비, 특수활동비, 업무추진비, 특정업무경비 및 출연 또는 보조기관의 인건비와 경상비에 대하여는 총액한도를 설정하고 예산을 편성한다.

129) 상세는 별첨자료 세입세출 예산 과목표 참조.

〈표 13〉 주요 재정지출 비교

	이전지출			자산취득			전출
	보조	교부	출연	융자	출자	예탁	
개념	국가나 지방 자치단체가 특정 사업의 추진을 위해 지원하는 사업비	지방 재정 교부금 및 지방교육 재정교부금	법률에 의한 정부 출연금	정책목표의 달성을 위해 공공자금을 특정 대상에게 융자	공익사업을 수행하는 법인의 주식 또는 출자 증권을 취득 하기 위해 지급하는 자금	각 회계와 기금이 다른 회계와 기금에 유상으로 빌려 주는 자금	각 회계와 기금이 다른 회계와 기금에 무상으로 주는 자금
개별법 근거	불필요	필요	필요	불필요	필요	불필요	불필요
지급 대상	사업자·사업자단체, 지방 자치단체 등	지방자치단체 및 지방 교육 자치단체	법률에 따라 설치된 정부 출연기관	개인, 법인 등	공익사업 수행 법인	회계, 기금	회계, 기금
구체적 용도 지정여부	지정	비지정	비지정	지정	비지정	비지정	비지정
2018년 예산 (억원)	669,415	994,139	326,627	312,801	54,282	848,538	519,386

출처: 국회예산정책처.(2019), 2019 대한민국재정. 재인용.

210 일반수용비

일반 수용비(210-01 목)는 통상적인 조직 운영에 필요한 기본적인 행정사무비로써 사무용품 구입비, 인쇄비, 소모성 물품 구입비, 비품 수선비, 업무수행과정에서 소규모적으로 발생되는 물품의 구입 및 용역제공에 대한 대가, 업무위탁대가 및 사례금, 공고료, 광고료, 수수료, 사용료 등이 포함된다.

공공요금 및 제세(210-02 목)는 우편요금, 전화요금 등 공공요금과 법령에 의하여 지불하는 각종 세금(자동차세 포함) 및 국내부담금, 협회비 기타 계약에 의하여 부담하는 각종 부담금이 포함된다.

310목 보전금

보상금(310-01목)은 국가가 사업을 적법하게 수행함에 있어 또는 국가의 공무원이 적법하게 그 직무를 수행함에 있어서 타인에게 손해나 손실을 가했을 경우 각종 법률에 따라 지급하는 경비를 말한다. 배상금(310-02목)은 국가가 사업을 수행하거나 국가 공무원이 직무를 집행함에 있어서 고의 또는 과실로 법령을 위반하여 타인에게 손해를 가했을 경우 국가배상법이나 기타 법률에 근거하여 지급하는 경비를 말한다. 포상금 등(310-03목)은 법령에 의하여 반대급부 또는 채권채무의 원인행위 없이 일방적으로 공무원 또는 기관에 대하여 급여하는 포상금, 상여금 및 상금을 말한다.

320목 민간이전, 320-01 민간경상보조

보조금은 정부가 특정 공익사업을 지원하기 위하여 반대급부 없이 금전을 교부하는 것이다. 「보조금 관리에 관한 법률」 제2조는 보조금[130)]을 "국가 외의 자가 행하는 사무 또는 사업에 대하여 국가가 이를 조성하거나 재정상의 원조를 위하여 교부하는 보조금·부담금 기타 상당한 반대급부를 받지 아니하고 교부하는 급부금으로서 대통령령으로 정하는 것"으로 규정하고 있다[131)].

국고보조금은 일반적으로 대상사업과 용도를 구체적으로 지정하여 교부되나, 규모가 영세한 여러 세부사업들을 통합하여 교부하거나 특정 용도를 지정하지 않는 포괄보조금(지역발전특별회계 생활기반계정) 형태로 교부하기도 한다[132)].

민간단체 보조(민간단체가 행하는 사무 또는 사업에 대하여 교부하는 보조금)와 관련하여 민간보조사업은 정부업무를 위탁하거나 보조에 관한 법적 근거가 명확한 경우, 국제협약 등에 의해 지원이 불가피한 경우, 국가정책상 지원이 불가피하게 요구되는 사업에 한정하여 반영하여야 하고, 관계부처 간 협의에 의하여 지원을 중단하기로 결정한 사업, WTO협정 등에 따라 금지보조금으로 분류된

---

130) 보조금 관리에 관한 법률에 의한 보조금 중 민간에 대한 경상적 지원으로 다음을 포함한다. 민간이 행하는 사무 또는 사업에 대하여 국가가 이를 조성하거나 재정상의 원조를 하기 위하여 교부하는 것으로 자본적 경비를 제외한 보조금, 국가조성사업 또는 보호사업 중 물가안정 또는 기타 정책목적에 의하여 원가 이하로 판매함으로써 야기되는 차액보상을 위한 일반적인 생산 장려금 또는 보조금. 보조금 관리에 관한 법률에 의한 보조금 중 지방자치단체에 대한 경상적 지원은 자치단체 경상보조라고 하고, 지방자치단체에 자본형성 또는 경제개발을 위하여 지급하는 보조금을 자치단체 자본보조라고 한다.

131) 경제학의 관점에서 생산자 또는 소비자에게 보조금을 지급하는 행위는 수요곡선과 공급곡선을 우측으로 이동시킴으로써 가격을 낮추고 생산량 또는 소비량을 증가하는 결과를 초래한다.

132) 보조금과 출연금은 국가외의 자에 대한 이전지출이라는 점에서는 같으나, 개념, 법적근거, 집행잔액 처리방식에서 차이가 있다. 보조금의 개념은 보조금 관리에 관한 법률 제2조에서 규정하고 있으나 출연금은 법률에 의하여 특정기관에 대하여 일반재원으로 지원하는 정부출연금으로 별도의 법적 개념정의 규정은 없다. 보조금은 보조금 관리에 관한 법률에 따르고 개별 법률에 지원 근거를 규정하고 있을 필요는 없으나, 출연금은 반드시 개별 법령에 지급 근거가 있어야 한다(국가재정법 제12조 참조). 또한 출연금은 대부분 기관에 대한 지원금으로 사용용도를 지정하지 않고 통상 지출 소요액 대비 자체세입의 차액을 출연금을 지원하고 집행잔액은 출연을 받은 기관의 자체수입이 된다는 점에서 보조금과는 차이가 있다.

사업, 성격상 소관부처의 기금지원으로 수행이 가능한 사업의 경우에는 보조금을 반영할 수 없음에 유의해야 한다.

330목 자치단체이전, 330-02 자치단체교부금

교부금은 「지방교부세법」에 따른 지방교부세 및 「지방교육재정교부금법」에 따른 지방교육재정교부금을 말한다. 교부금은 보조금과 달리 사전에 지출 목적이 정해지지 않고 일반재원으로 사용되나, 유아교육지원특별회계 교부금의 경우에는 유아교육비 보육료 지원사업에만 지출하도록 용도가 지정되어 있다.

지방교부세 중 법정교부금은 내국세의 19.24%에 해당하는 금액(보통·특별교부세)과 종합 부동산세 총액(부동산교부세), 담배에 부과하는 개별소비세의 20%(소방안전교부세)를 재원으로 한다. 지방교육재정교부금은 내국세의 20.46%에 해당하는 금액과 교육세 중 일부[133]가 재원이다. 유아교육지원특별회계 교부금은 교육세 중 일부와 일반회계 전입금 등이 재원이다. 유아교육지원 특별회계 교부금은 2017년부터 2019년까지 한시적으로 시행되는 제도[134]이다.

350목 일반출연금, 360목 연구개발출연금

출연금은 정부가 법률에 의하여 설치된 연구기관·기금·공단 등 정부출연기관에 특정목적을 위하여 지원하는 금전적 급부를 말한다. 기관운영출연금은 법령에 의한 출연금으로서, 기관운영에 기본적으로 소요되는 인건비 및 경비를 말한다. 사업출연금은 법령에 의한 정부출연금으로서, 출연기관 고유목적 사업수행을 위해 소용되는 비용을 말한다.

450목 융자금

융자금은 국가가 정책목표의 달성을 위해 공공자금을 특정 대상에게 빌려주는 자금을 말한다. 융자금에는 비금융공기업융자금, 통화금융기관 융자금, 비통화금융기관 융자금, 기타 민간융자금, 지방자치단체 융자금으로 구분할 수 있다. 비중으로 보면 민간융자금이 대부분을 차지한다. 금융시장으로부터 필요한 자금을 공급받는 데에 어려움이 있는 부문에 자금을 공급함으로써 해당 부문의 자금부족을 완화하는 기능을 수행한다.

---

133) 교육세 수입 중 유아교육지원특별회계로 전출하고 남은 금액.

134) 유아교육지원특별회계법은 2022년 12월 31일까지로 연장하였다(제371회국회(정기회)제10차 국회본회의, 2019년 10월 31일).

460목 출자금

출자금은 일반출자금과 통화금융기관 출자금으로 구분할 수 있다. 일반출자금은 예금은행을 제외한 국유재산법에 따른 정부출자 기업체, 민간 등에 대한 정부출자금을 말한다. 통화금융기관 출자금은 예금은행에 대한 정부출자금을 말한다. 정부가 공기업 등 기관의 사업에 필요한 자본을 확충하기 위하여 해당 법인의 지분을 취득하면서 반대급부로 지급하는 금전을 말한다. 출자는 현금 외에 현물로도 이루어지는데 현행 「국가재정법」은 현물출자의 경우 세입세출예산 외로 처리할 수 있도록 규정[135]하고 있어 국회 심의 없이 정부가 재량적으로 출자할 수 있다.

480목 예탁금

예탁금은 회계 또는 기금이 다른 회계 또는 기금에 유상으로 빌려주는 자금을 말한다. 예탁금은 일반회계 예탁금, 특별회계예탁금, 기금 예탁금, 계정 간 예탁금으로 구분된다. 일반회계 예탁금은 특별회계나 기금이 일반회계에 유상으로 빌려주는 자금을 말한다. 마찬가지로 특별회계 예탁금은 특별회계에 유상으로 빌려주는 자금을 말하고, 기금 예탁금은 기금에 유상으로 빌려주는 자금을 말한다. 이처럼 예탁금을 지급받는 회계 또는 기금에서는 이를 수입항목 중 예수금으로 계상하게 된다. 예탁금은 유상으로 빌려주는 자금이므로 차후 원금 및 이자를 상환해야 한다.

대표적인 예탁금으로는 공공자금관리기금의 예탁을 들 수 있는데, 공공자금관리기금은 자금에 여유가 있는 다른 기금 및 특별회계로부터 예수 받은 자금과 국고채 발행을 통하여 조달 한 자금[136]을 일반회계나 외국환평형기금 등 다른 회계 또는 기금에 예탁하는 기능을 수행한다. 예탁금은 유상[137]이라는 점에서 전출금과 구분되며, 내부거래라는 점에서 융자금, 예치금, 차입금과 구분된다. 예치금은 회계 또는 기금이 여유자금 운용 등의 목적으로 한국은행, 통화금융기관 등에 예치하는 자금으로 예치한 기관으로부터 이자를 받을 수 있으며, 차입금은 정부 외부의 통화금융기관, 비통화금융기관 등 민간과 해외로부터 유상으로 빌려오는 자금으로 이자를 지급하여야 한다.

---

135) 「국가재정법」 제53조(예산총계주의 원칙의 예외) ② 국가가 현물로 출자하는 경우와 외국차관을 도입하여 전대(轉貸)하는 경우에는 이를 세입세출예산외로 처리할 수 있다.

136) 국고채 발행을 통하여 조달한 자금을 공공자금관리기금에서 일반회계나 다른 기금으로 예탁한다는 점을 기억해두기 바란다.

137) 유상이므로 원금과 이자를 상환해야 한다.

600목 전출금

전출금은 회계 또는 기금이 다른 회계 또는 기금에 무상으로 주는 자금을 의미한다. 일반회계 전출금, 특별회계 전출금, 기금 전출금, 계정 간 전출금, 기타 전출금 등으로 구분된다. 일반회계 전출금은 특별회계 및 기금이 일반회계에 무상으로 주는 자금을 말하고, 특별회계 전출금은 특별회계에 무상으로 주는 자금을, 기금 전출금은 기금에 무상으로 주는 자금과 공무원연금법 및 사립학교교원연금법에 의한 국가부담금을 말한다. 계정 간 전출금은 회계 또는 기금 내 다른 계정으로 무상 지원하는 자금을 말하고, 기타전출금은 국자개정법 제95조[138]에 따라 국가가 특별히 보유하는 자금으로의 전출금을 말한다. 전출금을 지원받는 회계 또는 기금에서는 수입항목 중 전입금으로 계상한다. 전출금은 무상으로 주는 자금이므로 전입금이 있는 회계 또는 기금은 이를 상환하거나 이자를 지급할 필요가 없다는 점에서 유상으로 빌려주는 예탁금과 구분된다. 이러한 전출·전입금은 회계·기금 간 내부 거래로 총지출 산출에서 제외한다.

2. 정부지출과 정책

전통적으로 민간부문은 이윤을 극대화한다고 가정한다. 총수입에서 총비용을 공제하고 난 이윤을 극대화하는 행동전략을 선택할 때 그 기업은 합리적이라고 한다. 이윤극대화 전략에 대하여는 판매량극대화 등 새로운 패러다임이 제기 되고 있음에 유의해야 한다.

공공재인 국방을 예를 들어보자. 국방서비스를 제공함에 있어서 이윤을 극대화한다는 논리는 설명하기가 궁색하다. 이윤을 극대화한다기 보다는 국가안보라는 목표를 달성하는데 현재의 국방시스템과 사업들이 얼마나 효과적인지 아니면 효율적인지 또는 생산적인지를 살펴볼 수는 있다. 즉, 공공재의 특성상 계량화하기가 쉽지 않고 이윤이라는 가치보다는 정책목표를 달성하기 위한 수단적 성격으로서의 공공재(또는 공공사업, 프로그램사업)를 제공하고, 그 공공재를 제공하는데 투입되는 사람과 물건 그리고 정보 등의 자원들을 투입하게 된다. 공공재에 투입되는 자원들을 통제하는 예산제도를 품목별예산[139]이라고 할 수 있고, 이러한 자원들의 조합을 프로그램(재정

138) 국가재정법 제95조(자금의 보유) 국가는 법률로 정하는 경우에 한하여 특별한 자금을 보유할 수 있다.

139) 품목별예산제도는 첨부자료(세출과목 구분)를 참고하기 바란다. 인건비, 물품비, 여비 등 각각의 품목별로 예산을 할당하고 통제하는 시스템이므로 각각의 품목들이 어떤 목적을 위한 활동인지를 알 수 없다는 단점이 있다. 실무적으로는 예산의 낭비를 막을 수 있는 통제장치로서의 기능을 하기에 프로그램 예산제도하에서도 그 근간에는 품목별 예산제도가 자리잡고 있음을 유의해야 한다. 각 부

사업)이라 한다. 사업별 예산제도란 이러한 재정사업에 관해 분석하고 연구하는데 중점을 두고 정책목표와 연계된 수단적 성격으로서의 사업을 바라보는 것을 말한다. 예를 들어 국민의 건강과 안전이라는 목적을 달성하기 위하여 복지부는 의료시스템에 관련한 사업들을, 국토교통부는 도로교통 안전 시스템과 관련한 사업들을, 환경부는 오염저감 정책 사업들을 수립 · 시행한다.

그렇다면 이들 각각의 사업들의 우선순위는 어떻게 정하면 좋을까? 예산실무적으로는 기획재정부가 예산을 편성하는 단계에서 각 부처 정책사업들의 우선순위를 정한다고 보면 된다. 예산편성권을 정부(기획재정부)가 가진다는데 유념해야 한다. 입법부인 국회에서도 예산을 심사하는 단계에서 주요 정책사업의 예산을 삭감하거나 정부의 동의를 얻어 증액하는 등의 방법으로 정책사업 들의 우선순위를 조정할 수는 있다. 국회의 예산 심사권은 편성된 예산을 조정한다는데 그친다. 정부는 예산안을 최초로 편성하는 단계에서 편성지침 등을 통해 편성의 기준과 달성하고자 하는 정책목표를 제시하는 등의 적극적인 조치를 취한다.

각 부처의 또는 부처 내의 재정사업들의 우선순위는 어떤 기준으로 정하는가를 살펴보자. 정책사업의 목표를 비교 · 고찰해 볼 필요가 있다. 예를 들어 국가안보와 국내치안을 유지하는 정책목표를 설정했다고 가정한다. 국방부는 국가안보를 위한 정책사업을, 경찰청은 국내치안에 관련한 정책사업을 추진한다고 가정하자. 만약 두 정책목표 간에 목표－수단의 연계 고리[140]가 있다면 목표 가치를 지향하는 사업에 자원을 더 많이 투입하는데 정당성을 획득하기 용이할 것이다. 위의 사례에서 대외적인 안전이 국내치안보다 앞선 가치로 달성해야할 목표라고 구성원들이 합의한다면 국방예산이 경찰예산보다 우선순위를 가지게 될 것이다. 다음은 동일한 목표 가치를 달성하는데 서로 다른 대안이 존재하는 경우를 생각해보자. 환경오염방지 또는 강의 수질을 1ppm 개선하기 위해서 하수종말시설 등 환경기초시설을 설치하는 방안, 오염물을 배출하는 시설의 입지를 금지하는 방안(zone 설정), 상류에 댐을 건설하여 수량을 조절하는 방안 등의 대안이 제시되었다고 가정한다. 오염물질 배출시설의 설치를 금지하는 경우 경제 및 사회활동을 금지하게 됨으로써 불편함과 경제활동이 불가함에 따른 생활상, 영업상의 기회상실 비용 등 사회적 비용이 발생하게 된다. 이론적으

처의 활동들이 서로 상충되는 경우도 발생한다. 사업별 예산제도를 도입하는 경우 각 부처의 재정사업들을 살펴보기 때문에 사업들 간의 상충성(trade-off)을 살펴볼 수 있으나 품목별 예산제도만을 고집하는 경우에는 이런 문제들을 볼 수 없게 된다. 예를 들면 성장정책을 위해 도로확충과 자동차 증대에 정책의 우선순위를 두는 경우 환경오염이라는 부작용을 가져올 수 있다.

140) 목표-수단의 연계고리는 국가재정법의 경우에서도 쉽게 찾을 수 있다. 재정의 목적(제1조) 달성을 위해 예산의 원칙(제16조)을 규정하고 있는데 제1조와 제16조의 관계를 목표-수단의 관계로 볼 수 있다.

로는 제반 사회적 비용과 환경기초시설의 설치 및 댐건설 등에 필요한 비용과 편익을 비교해보고 최소의 비용으로 최대의 편익을 얻게 되는 정책 대안을 재정사업으로 추진하게 될 것이다.

비용편익분석으로 두 정책사업 들이 비교가능하기 위한 조건으로는 정책사업 들에 투입되는 비용을 환산(계량화)할 수 있어야 하고, 또한 두 정책사업 들이 주는 만족의 정도를 계량화할 수 있어서 서로 비교할 수 있어야 한다. 미시경제학에서 배운 가격선과 무차별곡선을 생각해보기 바란다. 재정사업 A를 횡단면에, 재정사업 B(A를 제외한 모든 자원들)를 종단면에 두고 가격선과 무차별곡선을 도출해낼 수 있다고 한다면 가격선과 무차별곡선이 만나는 지점에서의 재정사업 A와 재정사업 B의 량을 결정하면 된다.

예를 들어 고속도로를 확장하는 재정사업을 예산으로 추진한다고 가정해보자. 고속도로를 확장하게 되면 교통통행에 따른 평균비용이 떨어질 것이다. 평균비용을 구성하는 요소에 해당하는 자동차 연료비, 자동차 수리비, 감가상각비, 그리고 도로 통행에 투입되는 시간비용이 줄어들게 될 것이다. 그래프로 표현하면 우하향하는 수요곡선이 도출되는 이유이기도 하다. 고속도로 확장 전과 후를 비교해서 평균비용이 감소한다는 의미는 편익이 증가한다는 의미를 내포한다. 자동차 통행 속도의 증가, 교통체증 해소에 따른 연료비의 감소 등은 편익에 해당하고, 도로를 확장하는데 투입되는 자원들과 시설비용은 비용에 해당한다. 도로를 확충하는 공사를 시행하는 과정에서 도로를 사용하지 못하고 우회도로를 만든다든지, 도로 확충으로 교통량이 증가하여 환경오염물질이 더 많이 배출되는 문제 등은 외부비경제 요인으로 비용항목으로 포함할 수 있다. 이처럼 먼저 정책사업의 편익과 비용의 항목들을 꼼꼼하게 확인하는 것도 중요하지만, 항목들을 숫자로 계량화하는 단계에서도 주의를 해야 한다. 공공재의 특성에서 살펴본 바와 같이, 재정사업의 편익과 비용을 계량화하기란 쉽지 않다. 왜냐하면 공공재와 공공서비스의 질적인 측면을 숫자로 표현하기가 어렵기 때문이다. 사유재와 유사한 재정사업의 경우 그 서비스나 재화의 경우 민간재[141]의 시장가격을 추정해서 공공재의 가격을 산출하는 경우도 있다. 예를 들면 지역 치안 유지의 경우 민간의 경비업체의 시장가격을 참고해서 경찰치안의 가격을 추정하는데 사용할 수도 있다.

순수공공재의 공급(재정사업)에 있어서 비용편익분석이 가능하다고 가정하더라도

141) 민간재의 수요곡선은 개별 수요자의 수요량을 합한 량이 그 민간재의 시장수요량이 되는데 반해 순수공공재의 경우 공공재 공급량을 이용자가 배타성 없이 사용할 수 있으므로 순수공공재를 이용하는 개개인의 한계편익(marginal benefit)의 수직의 합이 수요곡선(선호의 합)이 된다. 즉 민간재의 수요곡선은 횡적으로 합한 것이라고 한다면, 순수공공재의 선호곡선은 개인의 한계편익을 종적으로 합한 것이다.

비용편익만을 기준으로 재정사업을 시행하지 못하는 경우가 있다. 경제적 합리성을 기준으로 한다면 비용편익분석에서 편익이 높고 비용이 적은 재정사업수단을 선택하는 것이 옳다. 경제적으로 효율성이 낮은 정책조합이더라도 그 재정사업이 사회적으로 보호받아야할 약자에게는 더 큰 혜택을 주는 방안이라고 한다면 정치적 합리성을 기준으로 경제적으로는 덜 효율적인 재정사업을 추진하는 경우도 있다. 정부의 재정사업을 효율성의 가치만을 기준으로 할 수 없는 이유이기도 하다. 재정사업과 공공정책은 공무원과 이익집단 그리고 정치인들 간의 상호작용의 산물이다. 가치의 권위적 배분인 정치과정에서는 조직화된 이익집단들의 이익투입행위가 재정사업의 선택에 영향력을 행사한다.

국민소득순환모형에서 생각해본다면, 지출국민소득은 소비지출과 투자지출 그리고 정부지출을 합계한 금액이다. 폐쇄경제체제를 가정한다면 소비지출은 주로 가계에서, 투자지출은 주로 기업이, 그리고 정부지출은 국가와 지방자치단체의 소비와 투자지출을 포함한다. 정부지출은 세금 등을 재원으로 정부가 그 조직을 관리하거나 국가정책목표를 달성하기 위한 개별사업을 추진하는데 필요한 재정지출을 의미한다.

정부가 정부지출을 통해 달성하고자 하는 정책 목표는 국가의 존립과 안보 그리고 국민의 삶의 질 향상 등 헌법이 추구하는 기본적 가치들을 수호하고 확장시키는 것으로 이해해도 좋다. 만약 경제적인 측면에서 살펴본다면 자원배분의 효율성과 소득배분의 공정성 그리고 경제성장 및 안정 등을 꼽을 수 있을 것이다. 이 경우는 결국 재정의 기능과 맥락을 같이 한다. 눈치 빠른 독자들은 알겠지만 국가의 목표는 상위목표와 하위목표(수단)의 연계 고리로 설명할 수 있다. 예를 들면, 국민의 건강한 삶의 질 보장이라는 목표를 달성하기 위해서는 보건복지부와 환경부 등 여러 부처의 다양한 사업들이 상위 목표를 달성하기 위한 수단이 된다. 마찬가지로 다양한 하위사업들 간에도 상위가치와 수단 가치들로 구분할 수 있고 이 경우에는 상위가치가 목표가 되고 수단 가치는 그 목표를 달성하기 위한 수단가치가 되는 이치다. 아래 표의 사례를 참고해 보기 바란다.

아래 표를 보면 산림자원 및 산림육성(프로그램) –산림자원 육성·관리, 미세먼지 저감 대응 기반구축, 산림휴양녹색공간조성(단위사업)– 숲가꾸기, 미세먼지 저감 도시 숲, 산림휴양녹색공간조성(세부사업)으로 프로그램이 최상위 목표로, 단위사업은 프로그램 목표를 달성하기 위한 수단이면서 세부사업의 입장에서는 목표가치가 되는 방식이다. 하나의 상위가치를 달성하기 위한 수단 가치는 다수가 존재하며, 수단 가치를 달성하기 위한 더 낮은 단계에서의 수단 가치(sub-sub system) 역시 다수가 존재한다. 표에서 제시한 산림자원 및 산림육성이라는 프로그램 역시 국민의 생활 질 향상이라는 더 높은 상위 가치를 위한 수단가치가 될 수 있다는데 유의해야 한다.

아래 표에서의 프로그램–단위사업–세부사업의 개념은 각 부처가 작성하는 각목명세서를 사례를 소개한 것이다. 정부가 예산을 편성하여 국회에 제출하는 예산서의 형식은 장–관–항–세항–세세항–목의 형식을 취하고 있다. 재무행정을 공부한 학생이라면 예산제도의 변화를 배우면서 품목별예산, PPBS, MBO 등 예산제도들이 시대에 따라 변화하고 발전해 왔음을 알 것이다.

정부는 각 부처별로 작성한 각목명세서를 국회에 제출하여 예산심의를 받는다. 각목명세서는 재정지출 계획을 화폐로 표현한 책자라고 이해하면 된다. 예를 들어 환경부의 환경개선특별회계 각목 명세서 중 세출 예산 현황 총괄표를 보면, 070 환경(분야)- 071 상하수도수질(부문)- 1100상하수 및 토양지하수 관리(프로그램)- 1131 식수원 개발 관리(단위사업)- 302 중소도시지방상수도개발(세부사업)- 450 융자금(목)-450-05 지방자치단체융자금(세목) 등으로 예산사업을 분류하고 있다. 분야는 최상위목표가 되고 부문은 분야의 수단이 되고, 프로그램은 부문의 수단이 되면서 단위사업의 목표가 되는 방식이다. 시스템이론에서 전체와 부분의 개념을 이해하면서 예산서를 읽으면 도움이 될 것으로 생각된다.

〈표 14〉 미세먼지 대응 관련 사업의 회계 · 단위사업 등 편성(안)

구분	미세먼지 저감 등 공익 숲가꾸기	미세먼지 저감 도시숲 조성관리			지자체도시숲 조성
		국유지도시숲 조성 · 관리	미세먼지 차단숲 조성	미세먼지 저감 바람길숲 조성	
회계	농어촌구조개선 특별회계	에너지 및 자원 사업특별회계	에너지 및 자원 사업특별회계	에너지및자원사업특별회계	국가균형발전 특별회계
프로그램	산림자원 및 산업육성	산림이용 및 복지증진	산림이용 및 복지증진	산림이용 및 복지증진	산림이용 및 복지증진
단위사업	산림자원 육성 · 관리	미세먼지 저감 대응 기반구축	미세먼지 저감 대응 기반구축	미세먼지 저감 대응 기반구축	산림휴양녹색 공간조성
세부사업	숲가꾸기	미세먼지 저감 도시숲 조성관리	미세먼지 저감 도시숲 조성관리	미세먼지 저감 도시숲 조성관리	산림휴양녹색 공간조성
사업수행 주체	직접수행 및 지자체 (자본보조)	직접수행	지자체 (자본보조)	지자체 (자본보조)	지자체 (자본보조)
사업목적 및 수행방식	미세먼지 대응 · 저감을 위하여 사업수행인력을 통해 숲의 가지치기, 솎아베기, 수목식재 등을 수행				

자료: 산림청 자료를 바탕으로 국회예산정책처 작성 재인용.

2020년도 교육부 지출 예산 중에서 폐교대학 지원을 위한 사업비가 포함되어 있다. 학령인구의 감소로 대학이 문을 닫는 현상이 발생하고 있는데, 폐교대학의 경우 해산과 청산과정에 많은 시간이 소요되고 청산과정이 지지부진한 현상이 나타나므로 교육부가 적극 개입하여 폐교대학의 교직원의 밀린 임금을 지불하는 등 청산을 지원하는데 필요한 사업비를 반영한 것이다. 관련 법과 예산은 국회 교육위원회를 통과하였지만 많은 진통과 논의를 거쳤다. 논의의 주된 내용은 사기업의 경우 폐업한다고 해서 국가 세금이 투입되지는 않고, 교육부의 사학진흥재단이 청산업무를 대행하는 경우 사학진흥이라는 목적과는 전혀 다른 사학폐지의 업무를 담당하는 것이 법리상 타당한가의 논의가 있었다. 폐교대학의 기능이 교육기능으로 공공재적 성격이 강하다는 것과 폐교대학의 청산업무를 컨설팅 지원 업무만을 교육부가 제공하는 선에서 합의해서 통과되긴 했지만 국가 예산의 지원 또는 국가의 개입의 한계를 고민해야 할 필요성을 보여준 사례다.

▶▶ 예산의 우선순위

각각의 중앙행정기관에서 기획재정부에 예산 요구를 하고, 기획재정부가 예산을 편성함에 있어서 소관주의로 조직을 운영하고 있는 결과로 전체 국가예산의 틀에서 각 부처의 정책사업의 우선순위들을 결정하는데 합리성의 제약이 따른다. 왜냐하면 기획재정부 내에서 각 부처의 예산을 심사하는 부서들은 과 단위로 분절되어 있기 때문이다. 물론 예산총괄심의관, 예산실장 등 전체예산규모에 따라 사업의 우선순위를 점검하는 시스템이 존재하므로 개별 사업의 우선순위들을 점검할 수 있는 기회는 존재한다.

이론적으로 정부지출 사업의 우선순위는 비용편익분석과 정부지출사업의 재정지출승수의 크기에 따라 결정된다.

정부지출과 재정승수와의 관계에 관하여, 같은 조건이라면 재정사업의 시행으로 국민소득이 얼마만큼 증가하는가를 보여주는 재정승수가 큰 정책사업을 선택하는 것이 경제에도 도움이 될 것이다. 통상적으로 SOC 사업의 경우가 고용확대 및 국민소득에 미치는 영향이 상대적으로 큰 것으로 알려져 있다. 경제침체기에 경제활성화 전략을 선택할 필요가 있는 경우에 SOC 사업 비중을 높인다.

기본소득의 도입과 관련하여, 자본주의가 포화 상태로 접어들면서 성장의 한계에 직면하는 현상이 나타나고 있다. 저출산·고령화현상이 심화되면서 고용이 더 이상 증가하지 않고 성장이 멈춰버리는 경제상황이 일상화되고 있다. 스테크플레이션 현상이 나타나고 있다. 경제가 순환되지 않고, 침체기가 장기화되는 불황국면이 일상화되면 경제주체가 소비할 수 있는 가처분소득이 줄어들어 경제의 규모가 수축하는 현상이 나타난다. 기본소득제도[142]는 가계에 소득을 높여줌으로써 소비를 진작하고 경제를 활성화시키려는 전략의 하나다. 과거 뉴딜정책이 대규모 공공시설투자를 통해 공공부문의 고용 증대 및 개인의 소득 창출로 이어져 경제를 활성화시킨 전략이었다면, 기본소득정책은 국민소득순환모형에서 소비지출의 비중을 높여줌으로써 경제를 성장시키려는 전략이라고 이해하면 된다. 기본소득제도와 관련하여 노인 기초연금, 국민연금, 사학연금, 공무원연금, 군인연금 등 각종 연금제도를 함께 살펴볼 필요가 있다.

Y=f(L,K) 모델에서 알 수 있듯이, 자본과 노동의 투입으로 생산물을 만들고 노동과 자본의 부가가치를 고려하여 가계와 기업이 소득으로 배분하는 자본주의 경제체제 구조하에서 노동과 자본의 가치는 생산물의 부가가치의 증대와 관련된다. 현대사회에서 정보화의 시대에 기계의 자동화가 가속화됨에 따라 생산과정에서 노동의 생산물에 대한 부가가치는 그 비중이 점점 감소하고 있는 실정이다. 단순 생산과정에서 로봇이나 기계에 의한 자동화시스템은 인간의 일자리를 구축하고 있다. 고부가가치의 일에서 밀려난 많은 단순 근로자들의 일자리가 줄어든다는 의미는 이들 근로자의 소득이 감소하고, 근로자의 소비지출이 줄어들게 되어 전통적 의미의 경제순환모형에서 국민소득의 감소로 귀결되어 경기 침체의 원인이 되기도 한다. 최근 정부가 추진하고 있는 각종 일자리 재정사업을 추진하게 된 배경도 이러한 맥락에서 이해할 수 있다. 민간에서 제공하지 못하는 일자리를 일시적이나마 공공부문 일자리 창출을 통해 일자리를 제공하려는 것이다[143]. 일자리 창출 재정사업 이외에 8대 사회보험 예산 사업을

---

142) 기본소득제도는 자본주의의 성숙 현상과 함께 생각해볼 필요가 있다. 4차 산업혁명이 심화되어 인공지능에 의한 법률서비스제공, 의료서비스 제공, 교육 서비스 제공 등 각종 사회 서비스의 제공을 인간에서 인공지능이 대체하는 현상이 가속화될 경우 인간은 경제활동에서 제외되어 소득을 창출할 수 없는 근로자들이 양산될 수 있다는 것이다. 이러한 사회 시스템의 변화는 사회 전반의 변화를 요구한다. 인공지능이 인간을 대체하는 이유는 인공지능이 감정 중립적으로 업무를 처리함으로써 업무처리에서 인간이 가진 온정주의 또는 실수를 줄일 수 있다는 장점 때문이다. 예를 들어 법률서비스에서 인공지능이 제공하는 서비스와 인간이 제공하는 서비스 간에 선택은 이용자인 사람이 결정하게 된다. 비용이 적게 투입되면서도 일관되고 정확한 서비스를 제공하는 서비스를 이용자들은 선택하게 될 것이다. 전반적인 사회의 변화는 기존의 교육방식에도 변화를 가져올 것으로 보인다. 토론과 문제해결 및 상상력을 키우는 교육시스템으로의 변화가 필요할 것이다. 이러한 사회적인 배경을 기초로 기본소득제도는 인간이 그 삶을 영위할 수 있는 최소한의 소득보장수준을 결정하고 그만큼 사회 공동체가 함께 부담하면서 공동체를 유지해야 한다는 인식에 근거한다. 기본소득제도의 도입은 경제와 사회를 바라보는 기존의 패러다임의 변화라는 맥락에서 살펴볼 필요가 있다.

143) 2020년 재정지원 일자리 사업 예산안은 25.8조원으로 전년 대비 4.5조원(21.3%)증가한 규모이다. 실업소득 유지 및 지원이 전년 대비 24조원 증가(30.9%)하여 가장 크게 증가하였으며, 직업일자리

살펴보자. 사회보험은 국민에게 발생하는 사회적 위험을 보험의 방식으로 대처함으로써 국민의 건강과 소득을 보장하는 제도를 말한다. 우리나라에서 시행되고 있는 사회보험은 국민연금. 공무원연금, 군인연금, 사학연금, 고용보험, 산재보험, 건강보험, 노인장기요양보험 등이 있다. 이 중에서 국민연금, 공무원연금, 군인염금, 사학연금, 고용보험, 산재보험은 국가재정법에 따른 기금으로 운용되고 있다. 건강보험과 노인장기요양보험은 국민건강보험공단 회계로 운영되고 있으므로 정부재정에 포함되고 있지 않다.[144] 주의할 점은 건강보험과 노인장기요양보험에도 정부의 재정지원금이 지원되고 있음을 유의해야 한다. 따라서 전체적인 국가재정의 모습을 이해하려는 독자들은 건강보험과 노인장기요양보험의 규모 추이에 관해서도 관심을 가지고 있어야 한다.

사회보험에 대한 정부의 지원금을 살펴볼 필요가 있다. 군인연금과 공무원연금의 정부지원금은 각각 매년 1조원을 넘는 규모로 편성되고 있는데 연금수지 적자에 대한 국고보전액이다. 건강보험과 노인장기요양보험에 대한 정부지원금은 재정수지 적자를 보전하기 위한 목적으로 가입자 보험료의 일부를 지원하는 것이다. 건강보험은 2022년부터, 노인장기요양보험의 경우는 2024년부터 적립금이 바닥을 보일 것으로 전망되고 있다. 한시적이긴 하지만 국민연금법에 따라 농·어업인의 국민연금 보험료 국고지원이 되고 있다. 사학연금은 학령인구의 감소로 폐교가 증가하는 경우 사학연금기금의 수지악화를 초래할 수 있음에 유의해야 한다. 연금고갈 뻔한데 30대가 사학연금 받는 나라 제목의 매일경제(2019년 12월 5일자)보도에 따르면 1996년부터 2009년 임용된 사립학교 교직원은 10년 이상 재직 중 폐교될 경우에 바로 사학연금을 받게 된다. 사학연금도 2028년부터 적자로 전환하고 폐교 도미노 현상이 나타난다고 가정하면 실제 적자 전환 시기는 더 빨라질 것이라는 전망이다. 사학연금기금이 부족할 경우 국가가 그 부족액을 보전할 수 있도록 법에 규정되어 있으므로 군인연금과 공무원연금과 마찬가지로 사학연금기금에 대해서도 정부의 재정지원이 현실화될 수 있다. 공무원연금과 군인연금의 부족액에 대하여 정부가 지원을 하는 일반적인

(8,462억원, 40.7%), 고용장령금(8,283억원, 14.3%)순으로 증가율을 보인다. 적극적 노동시장 정책이라 할 수 있는 고용장려금, 직접일자리의 비중이 높으며, 직업훈련과 창업지원의 비중은 낮아지고 있는 추세에 있다. 문제는 직접일자리, 고용장려금은 고용지표 개선에는 긍정적일 수 있으나 지속적인 재정부담의 우려가 있다. 정부가 민간 일자리를 창출하는데 지원하는 방향으로 재정사업투입의 우선 순위를 둘 필요가 있다.

144) 정부재정에 포함되는 연금의 경우에는 국회의 예산 및 결산 심사를 받는다. 반면, 정부재정에 포함되지 않는 건강보험과 노인장기요양보험의 경우는 예산과 결산심사를 보건복지부장관의 승인을 받음에 그친다. 다만 두 보험의 정부지원금은 국가재정으로 편성되므로 국회의 심의를 받는다. 따라서 정부지원금의 적정성을 분석하기 위해서는 두 기금의 전체모습을 볼 수 있어야 한다.

근거는 무엇인가를 생각해보고 연기금에 국가재정이 어느 정도 보전하는 것이 적정한가에 대한 논의가 필요해 보인다.

기초연금법에 근거한 노인 기초연금은 2020년부터는 소득 하위 40%이하 노인에게 월 30만원씩을 지급하게 될 전망이다. 이렇게 법률에 기초한 정부의 재정사업들을 의무지출로 표현하기도 한다. 재량지출과는 달리 의무지출성격의 재정사업예산은 한 번 도입이 되거나, 증액되면 이후에 계속 증가하는 속성이 있어 재정건정성 측면에서 부담으로 작용한다. 2020년 기준으로 약 20조원에 달하는 노인 기초연금은 2028년이면 30조원으로 증가할 것으로 전망된다. 7세 미만의 아동을 대상으로 월 10만원씩을 지급하고 있는 아동수당의 경우도 의무지출 항목으로 포함된다. 저출산·고령화 현상을 해결하기 위한 정부의 각종 재정정책사업들이 기초소득제도와 의무지출성격을 가지고 추진되고 있음을 알 수 있다.

기본소득제도와 관련하여 일부 지방자치단체에서는 지역화폐 내지는 상품권으로 지원하기도 한다. 현금으로 지원하는 것과 상품권으로 지원하는 경우의 장·단점은 생각해보기로 하자. 경제이론으로는 현금으로 지원하는 경우 지원받는 사람의 선택의 폭을 넓힐 뿐 아니라 가처분소득의 증가로 소비지출이 상대적으로 더 증가하게 되어 소비자의 후생이 증가하는 것으로 알려져 있다. 그럼에도 불구하고 상품권을 지급하는 경우는 특정한 상품이나 시장을 활성화시키기 위한 정부의 정책과 관련되어 이해할 필요가 있다.

3. 의무지출과 재량지출

정부의 재정지출 중 법률에 따라 지출의무가 발생하고 법령에 따라 지출규모가 결정되는 법정지출 및 이자지출을 의무지출[145]이라고 한다(국가재정법 제7조 참조). 법률에 따라 지출의무가 발생하고, 법령에 따라 그 규모가 결정된다는데 주의해야 한다. 케인즈이론에서의 재정지출은 재정정책을 수행하는 재량지출을 의미한다.

현대복지국가는 국민의 인간다운 삶을 보장하기 위한 정책을 추진하면서 최소한의 삶의 질을 보장하기 위한 정부지출 즉 의무지출의 비중이 증가하고 있는 실정이다. 우리나라는 정부의 재정지출 규모의 절반정도는 의무지출이고 의무지출의 속성상 그

145) 미국의회의 단년도 예산편성(세출입법)은 재량지출만 대상으로 한다. 의무지출은 그 권한을 위임받은 상임위원회에서 입법을 통해 결정하는데, 의무지출제도를 입법하는 경우 지출권한을 부여하고 단년도 예산편성과정에서는 제외됨을 유의해야 한다. 즉 의무지출은 편성대상이 아니라 추계에 불과하며 미국 예산서류에서 의무지출을 포함한 총지출의 모습을 전체적으로 보려면 의회의 예산결의안을 참고해야 한다. 또한 미국예산제도하에서 대통령 예산은 공식 예산이 아님을 유의해야 한다.

비중이 계속 증가할 가능성이 매우 높으므로 재정정책을 수행하기 위한 수단으로서의 재량적 재정정책이 위축될 우려가 있다.

4. 소관별 · 분야별 재정지출

정부지출을 파악하는데 있어서 가장 기본이 되는 분석단위는 소관별 분석단위다. 중앙행정기관 별로 작성한 각목명세서를 참고하면 각 부처의 정책사업을 파악하는데 도움이 된다. 주의할 점은 각목명세서는 부처의 사업계획서를 화폐적 단위로 표현한 자료임에도 불구하고, 기획재정부의 예산편성과정에서 각 부처의 예산을 획득하기 위한 수단으로서의 성격도 가지므로 업데이트가 되지 않는 경우가 많다는 점이다. 예를 들면 각각의 내역사업의 산출근거를 살펴보면 과거의 자료를 그대로 답습하는 경우가 많아 각목명세서가 현실을 제대로 반영하지 못하는 경우가 빈번함에 유의해야 한다.

기획재정부는 정부재정을 보여주는 방식으로 12대 분야별 또는 16대 분야별 예산내역을 공개한다. 12대 분야별 재원배분 현황은 국가재정운용계획상 주요 분야별 재원배분 방향을 보여주기 위한 것인데, 보건 · 복지 · 고용, 교육, 문화체육관광, 연구개발(R&D), 산업중소기업에너지, SOC, 농림수산식품, 환경, 국방, 외교통일, 공공질서 · 안전, 일반지방행정 등이다. 16대 분야는 프로그램예산체계가 도입됨에 따라 분야-부문-프로그램으로 전환된 예산체계로서 정부의 디지털예산회계시스템에서는 16대 분야별로 예산을 분류하고 있다. 16대 분야는 일반지방행정, 공공질서 및 안전, 통일외교, 국방, 교육, 문화 및 관광, 환경, 사회복지, 보건, 농림수산, 산업중소기업 및 에너지, 교통 및 물류, 통신, 국토 및 지역개발, 과학기술, 예비비 등이다. 분야별로 예산재원배분 현황을 살펴보는 의미는 연도별로 분야별 예산투입의 비중의 변화를 살펴봄으로써 국가정책의 방향을 가늠해볼 수 있다는 점, 분야별 예산의 속성을 살펴봄으로써 재정이 국민경제에 미치는 영향력의 크기를 예측해 볼 수 있다는 점에 의의가 있다. 예를 들어 SOC에 해당하는 국토분야의 예산비중이 증가한다는 의미는 정부가 경기진작을 위해 고용의 파급효과를 고려한 경제성장정책으로 방향을 잡고 있다고 해석할 수 있다.

제4절 재정수지와 국가채무

1. 재정수지의 의미

재정수지는 한 회계연도의 재정수입에서 재정지출을 뺀 수치다. 재정수지가 흑자인지 또는 적자인지를 살펴보는 것은 국가재정의 건전성을 파악하는데 참고자료가 된다.

재정지출이 재정수입보다 큰 경우에는 재정수지가 적자가 되고 적자를 메우기 위한 자금 차입이나 국채발행, 공공의 자산매각 등을 통한 보전이 필요하게 되므로 국가채무의 증가 또는 국가자산이 감소하게 된다[146]. 반대로 재정수입이 재정지출보다 더 크게 나타나[147] 재정수지 흑자가 발생하면 국채상환이나 예치금의 증가 또는 공공자산의 구매 등에 사용하게 되므로 국가채무가 감소하거나 국가자산이 증가하게 된다.

2. 통합재정수지와 관리재정수지

통합재정수지는 일반회세·득별회계 및 기금을 모두 포괄하는 수지로서, 회계·기금간 내부거래 및 차입·채무상환 등 보전거래를 제외한 순계의미의 수입·지출의 차이를 말한다. '통합재정수입'에서 '통합재정지출 및 순융자'를 차감하여 계산한다.

「국가재정법」은 정부로 하여금 국가재정운용계획에 통합재정수지에 대한 전망과 근거 및 관리계획을 포함하도록 하고(제7조제2항제6호), 매년 1회 이상 통합재정수지를 공표하도록 하고 있으며(제9조제1항), 「국가회계법」은 국가결산보고서의 세입세출결산에 통합재정수지 표를 첨부하도록 하고 있다(제15조의2제3항제1호 참조).

관리재정수지는 통합재정수지에서 사회보장성 기금 수지를 제외한 재정수지로서, 재정건전성을 보다 정확히 판단하기 위한 지표로 사용된다.

---

146) 대차대조표의 차변과 대변을 생각하기 바란다. 자산, 부채, 자본이 대차대조표의 차변과 대변에 어떻게 기록되는가를 살펴보면 재정수지의 적자와 흑자의 개념을 이해하는데 도움이 될 것으로 본다. 자산의 증가는 차변에, 부채와 자본의 증가는 대변에 각각 기록한다. 즉 자산=부채+자본 항등식이 성립한다.

147) 문화일보, 재정적자 45조5,000억 원 올 목표달성 사실상 실패, 2019년 12월 10일 1면 참조. 주의할 점은 2018년도의 경우 초과세수가 약 25조원 발생한 바 있다. 초과세수가 발생하는 경우 재정수지에서 수입부문의 증액이 실현되긴 하지만, 초과세수가 발생한다는 것이 반드시 재정수지의 흑자로 귀결되는 것은 아니라는 점에 유의해야 한다. 초과세수의 발생은 예산편성당시에 세수를 보수적으로 추계하는 경향이 있기 때문이다. 예산편성기관에서는 세수를 보수적으로 추계함으로써 지출을 절약하려는 경향이 있는데, 이 경우 세수의 정확한 추계를 요구하는 견해와 종종 대립하기도 한다.

현재 국민연금을 비롯한 사회보장성 기금은 아직 연금수급자가 본격적으로 발생하지 않고 있어 보험료 수입이 계속 누적되는 관계로 큰 폭의 흑자가 발생하고 있는데, 이는 통합재정수지를 양호하게 하는 요인으로 작용하고 있다[148]. 사회보장성 기금의 장기적인 재정불안정을 고려하면 이러한 사회보장성 기금의 흑자를 통합재정수지에서 제외하는 관리재정수지가 재정건전성을 측정하는 유용한 재정지표라고 할 수 있다.

참고로 우리나라 국민 한 사람이 평생 11억 원의 돈을 벌어서 16억 원을 사용한다고 한다[149]. 5억 원은 부모로부터의 상속이나 증여 또는 국가지원금이 차지한다는 것이다. 결국 우리나라 국민은 평균적으로 수지 적자 인생을 살아가고 있다는 것이다.

경제순환기 특히 경제침체기에는 정부의 재량적 재정지출 확대를 통해 경제를 활성화시키는 전략이 채택된다. 이 경우 과감한 재정정책 수행에 필요한 재원을 마련하기 위하여 국가는 국채를 발행하게 된다[150]. 정부가 국채를 발행해서 정부지출 재원을 마련하는 행위는 시장의 유통 통화량과 유효수요를 줄여 국민소득을 감소시키는데 기여할 수도 있다. 국채발행을 통한 국민소득 마이너스 효과를 상쇄[151]할 만큼 정부의 재정지출 승수가 크다고 판단되는 경우에는 과감한 국채발행을 통한 재원 마련과 그 재원으로 정부지출을 증가하는 선택이 정당성을 가진다고 할 것이다.

우리나라의 관리재정수지는 적자를 기록하고 있고 그 폭이 증가하고 있는 추세에 있다. 이는 경제 활성화를 위한 정부지출 증가 정책과 무관하지 않다고 본다.

생각하기 정부보다 국회의 재정전망지수가 낮은 이유

정부가 예산을 편성할 때는 다음 연도의 실질경제 성장률을 예측한 수치를 기반으로 한다. 즉 예산년도의 경제성장률에 따라 예산 편성의 큰 방향을 결정한다는 의미다. 정부의 실질경제 성장률 예측치는 종종 국회의 전망치를 상회하는 경우가 대부분이다. 정부가 의회보다 낙관적인 경제전망을 한다는 의미일까? 경제전망치를 높게 잡는다는 의미는 세수나 세출을 높이 잡는다는 의미와 상통하고 그만큼 재정확장적인 기조를 유지하는 근거가 된다. 반면, 의회는 정부보다는 보수적인 경제전망

148) 만약 연금의 적자가 일반적인 현상이 된다면 통합재정수지에서 사회보장성 기금 수치를 제외한 관리재정수지가 통합재정수지보다 더 건전하게 보이는 착시현상이 나타날 수 있다. 연기금이 적자로 돌아서는 국가재정환경 하에서 새로운 재정수지의 개념이 모색되고 있는 이유도 바로 여기에 있다.

149) 이데일리.(2019). 일평생 11억 벌고 16억 쓴다…적자인생 한국인. 인터넷검색일 2019년 12월 10일.

150) 경제활성화를 진작하기 위하여 정부가 추진하는 금융정책 즉 지급준비율이나 이자율의 변화를 통해 화폐금융정책도 있으나, 여기서는 국채발행을 통한 정부의 재량적 재정정책을 중심으로 논의하기로 한다.

151) 경제학에서는 구축효과라고 한다.

치를 제시하는 경우가 많은데 이 경우는 예산의 수입과 지출의 규모가 정부 편성 예산안보다는 적어질 개연성을 염두에 두고 있다는 의미다. 그만큼 재정의 낭비를 막고 국민의 세금 부담이 되는 재정 지출을 꼼꼼히 살펴서 불요불급한 예산을 삭감하겠다는 의지의 표현이 숨어 있다는 것이다. 물론 경제전망치가 낮다는 의미는 (케인즈의) 확장적 재정정책을 통한 경기부양으로 경제성장을 재정이 견인해야 한다는 점에서는 과감한 적자재정이 정당화되는 근거가 되기도 한다. 결론적으로는 의회는 정부가 편성한 예산안에서 우선순위가 낮은 사업들은 삭감을 하고 재정을 통한 경기 부양에 도움이 되는-시장실패 영역에 개입하는 재정사업들-사업들에 대해서는 그 규모를 늘리는 노력을 통해 정부의 편성 예산안을 심사하고 수정하는 역할을 수행한다.

실무적으로는 국회예산정책처의 예산분석보고서 등 국회 입법지원기관들의 분석 보고서는 삭감사업을 주로 분석하는 경향이 강하다. 재정지출의 증액이 필요한 사업들을 분석하는 경우에는 증액의 필요성과 타당성 및 적정성에 관한 논증이 필요한데 이를 입증하는 데는 많은 노력이 필요할 뿐만 아니라 미래를 예측하고 증액논의를 정당화하는데 따르는 위험이 크기 때문에 증액이 필요한 사업에 관한 분석은 기피한다고 본다. 또한 예산의 증액을 위해서는 정부의 동의를 받아야 하는 제도적인 이유도 그 원인의 하나로 추정된다. 상대적으로 상임위원회 전문위원 검토보고서에서는 증액사업에 관한 의견도 종종 눈에 띄는데, 상임위원회는 정부부처와 상대적으로 밀접한 관계를 유지하고 있고(과거 상임위원회는 부처의 출장소라는 예전의 잘못된 풍문도 있었던 실정) 이에 따라 정보교류가 좀 더 원활하고 깊기 때문일 것이다. 이 경우의 증액사업 분석도 부처의 의견이 반영된 결과일 가능성이 높다.

결론적으로 국회 입법지원조직은 기존의 예산 삭감 위주의 분석에 더해서 필요한 증액사업에 관해서도 적극적으로 분석함으로써 의회의 실질적인 정부통제 역할을 수행해야 할 것이다. 이를 위해서는 입법 지원기구의 역량, 즉 미래예측모형을 발굴하고 개별 사업이 어느 정도의 확산효과(spill-over effect)를 가지는지 등에 관한 영향평가모델을 개발하는 노력이 필요할 것이다.

3. 국가채무

국가채무[152]는 국가의 재정수지 상의 세입부족액을 보전하고 수지균형을 도모하기 위해 국가가 발행하는 채권이다. 국제(국제통화기구: IMF) 기준에 따르면 정부가 직접적인 상환의무를 부담하는 확정채무를 의미한다[153]. 국채는 「국채법」 제4조[154]에 따

152) 국가채무와 국가부채의 개념을 구분할 수 있어야 한다. 부채는 대차대조표에서 자산, 부채, 자본의 관계에서 사용되는 개념으로서 발생주의와 복식부기의 관점이 내포되어 있다. 채무는 현금소요액 기준으로 현금주의의 관점이 포함된 개념이다. 즉 회계학적으로만 본다면 부채개념이 채무보다 더 포괄적인 개념이다.

153) 국가보증채무란 정부가 주 채무자의 채무이행을 보증한 채무를 말하는 것으로 정부가 채무를 보증하기 위해서는 「대한민국헌법」 제58조와 「국가재정법」 제92조에 따라 국회의 의결을 먼저 거쳐야 한다. 보증 채무는 원채무자가 원리금 상환의무를 다하지 못할 경우에 한하여 국가채무로 전환되는 미확정채무로 확정채무인 국가채무에는 해당하지 않는다. 마찬가지로 4대연금의 잠재부채(책임준비금 부족분)는 연금개혁 등 정책 환경 변화에 따라 가변적인 미확정채무로서 확정채무인 국가채무에

라 공공자금관리기금의 부담으로 기획재정부장관이 발행한다. 다만, 다른 법률에 특별한 규정이 있는 경우에는 그 법률에 따라 회계·다른 기금 또는 특별계정의 부담으로 기획재정부장관이 이를 발행한다. 국채 규모는 2018회계연도 결산 기준 중앙정부 채무 680.5조 원의 95.2%인 648.4조 원에 이르고 있다[155].

현재 발행되고 있는 국채는 세 종류로서 국고채권, 국민주택채권(제1종), 외화표시외국환 평형채권 등으로 구분된다. 이외 제2종·제3종 국민주택채권과 출자재정증권은 제도상 발행은 가능하나 발행되지 않고 잔액만 남아 있는 상태이다.

국가채무는 크게 중앙정부채무와 지방정부순채무로 구성되며, 이 가운데 중앙정부채무는 국채, 차입금, 국고채무부담행위로 구분된다. 국가재정법상 국가채무는 지방정부채무를 제외한 중앙정부채무만을 의미하나, 국제비교 등을 위하여 중앙정부채무외 지방정부채무를 포함한 국가채무(일반정부채무: D1[156])를 매년 발표하고 있다.

차입금은 정부가 한국은행, 민간기금 또는 국제기구 등으로부터 법정 유가증권의 발행 없이 직접 차입한 금액을 의미한다. 차입대상에 따라 정부가 한국은행 등 국내금융기관, 민간기금 등으로부터 차입하는 국내차입금과 국제부흥개발은행(IBRD), 아시아개발은행(ADB) 등 국제기구와 외국정부 등으로부터 차입하는 해외차입금으로 구분된다.

국고채무부담행위는 「국가재정법」 제25조에 따라 국가가 법률에 따른 것과 세출예산금액 또는 계속비 총액의 범위 안의 것 외에 채무를 부담하는 행위로서 사전에 국회의 의결을 받은 범위 내에서 이루어진다.

지방정부 순채무는 지방정부의 지방채 및 지방교육채 잔액에서 중앙정부에 대한 채무잔액을 차감한 것으로 정의된다.

해당하지 않는다. 공기업부채는 시장성을 갖추고 있는 공기업이 정부와 독립적인 경영활동을 하는 과정에서 발생한 부채로서 국가채무에 포함되지 않는다. 통화안정증권은 통화정책 수행과정에서 발행하는 한국은행 부채로서 국가채무에 포함되지 않는다.

154) 제4조(국채의 종류 등) ① 국채의 종류는 다음 각 호와 같이 구분한다.
1. 「공공자금관리기금법」 제2조에 따른 공공자금관리기금의 부담으로 발행하는 국채(이하 "국고채권"이라 한다)
2. 다른 법률에 특별한 규정이 있는 경우 그 법률에 따라 회계, 다른 기금 또는 특별 계정의 부담으로 발행하는 국채
② 국고채권의 종목은 재정 수요와 국채시장의 상황 등을 고려하여 국고채권의 상환기한별 또는 종류별로 기획재정부장관이 정한다.

155) e-나라지표. http://www.index.go.kr/potal/main/EachDtlPageDetail.do?idx_cd=1106(인터넷검색일 2019년 12월 13일).

156) 중앙정부와 지방정부의 회계와 기금에서 채무를 합산한 것. 비영리공공기관의 채무는 포함하지 않는다. D1은 국가채무(국가부채가 아님에 주의)이므로 국가재정법에 따라 현금주의로 하며 국가재정운용계획에 활용한다. D1에 비영리공공기관(민법 제32조에 따른 법인)부채를 포함하는 경우 D2가 되고, D2에 비금융공기업(공공기관+지방공기업)부채를 포함하면 D3가 된다.

〈표 15〉 국가채무 추이

[단위: 조원]

연 도		2016	2017	2018	2019	2020	2021
국가채무(1+2)		626.9	660.2	680.5	741	790.8	843
(GDP대비, %)		36	36	35.9	39.4	40.2	40.9
중앙정부	계(1)	591.9	627.4	651.8	711.3	761.4	813.8
	국채	587.5	623.3	648.4	707.9	758.2	810.7
	차입금	3.9	3.8	3.2	3.3	3.2	3.1
	국고채무부담행위	0.5	0.2	0.2	0.1	0	0
지방정부 순채무	계(2)	35	32.8	28.7	29.7	29.4	29.2
적자성 채무	계(1)	359.9	374.8	379.2	426.8	468.1	519.1
	일반회계 적자보전	271.3	289.6	300.4	348.2	394.7	451.3
	공적자금 국채전환 등	88.6	85.1	78.8	78.6	73.4	67.8
금융성 채무	계(2)	267	285.4	301.3	314.2	322.7	323.9
	외환시장 안정용	209.8	222.3	234.9	247.3	260.4	273.1
	서민주거 안정용 등	57.2	63.1	66.4	66.9	62.3	50.8

자료: e-나라지표. http://www.index.go.kr/potal/main/EachDtlPageDetail.do?idx_cd=1106

우리나라의 국가채무[157] 통계는 IMF의 「정부재정통계 1986(A Manual on Government Finance Statistics; GFSM 1986)」을 기준으로 작성되고 있다. 그러나 현금주의를 따르는 동 방식은 상환시기와 금액이 확정된 채무(debt)만을 인식하여 포괄범위 및 작성방식이 다른 국가들과의 국제비교를 어렵게 하였으며, 특히 국가 간 비교에 가장 널리 활용되는 OECD의 일반정부 부채 통계[158]와의 차이를 야기하였다. 「GFSM 1986」에 의한 국가채무 통계는 중앙정부와 지방정부 및 비영리공공기관을 포함하는 일반정부[159] 기준으로 산출해야 하지만, 기존 국가채무는 「국가재정법」에 따라 일반 회계·특별회계 및 중앙관서의 장이 관리하는 기금의 확정채무[160]만 포함하고 있어 포괄범위가 지나치게 협소하다는 지적이 계속되어 왔다.

이에 정부는 재정통계의 투명성 및 신뢰성을 제고하기 위하여 발생주의·복식부기

157) 여기서 말하는 국가채무는 D1을 의미한다. 국가부채는 아님에 유의하자.

158) UN의 국민계정체계(SNA: System of National Accounts)에 기초하여 발생주의 기준으로 한국은행이 작성한다.

159) IMF 기준(1986년)에 의할 경우 일반정부는 정부 기능을 수행하는 모든 단위(Units)로 규정되어 있다.

160) IMF 기준(1986년)에 의할 경우, 보증채무는 이행청구를 받기 전까지는 국가채무에 포함되지 않으며, 사회보장제도의 암묵적 채무(준비금 부족액) 또한 국가채무에서 제외된다. 그러나 보증채무와 사회보장제도의 암묵적 부채는 정부가 그 규모를 인식하는 일이 매우 중요하기 때문에 부기사항으로 기록하도록 하고 있다.

국가회계제도 도입과 함께 IMF의 「GFSM 2001(Government Finance Statistics Manual)」을 기본적인 기준[161]으로 하는 "발생주의 일반정부 부채" 통계를 2012년 말에 마련하여 2011회계연도부터 적용하였다.

발생주의 일반정부 부채 통계[162]는 회계기준을 현금주의에서 발생주의로 전환하여 미지급금, 예수금 등의 발생주의 부채 항목도 포함하며, 정부 기능을 수행하는 비영리 공공기관의 부채도 함께 포함한다. 아울러 지방 재정도 비영리공공기관을 포함하는 등 중앙정부와 동일한 기준으로 개편되었다.

정부는 「GFSM 2001」을 기본적인 기준으로 하는 발생주의 일반정부 부채 통계와 함께 기존의 「GFSM 1986」에 따른 현금주의 국가채무 (「국가재정법」 제91조) 통계도 계속하여 작성하여 「국가재정운용계획」, 「국가채무관리계획」등에 활용하고 있으며, 결산 시 작성되는 재무제표상 부채 (「국가회계법」 제14조)는 적극적인 재정위험관리 판단지표로 활용하고 있다[163].

〈표 16〉 2016년 국가채무, 일반정부 부채, 공공부문 부채 비교

구 분		국가채무(D1)	일반정부 부채(D2)	공공부문 부채(D3)
산출근거		국가재정법(제91조) ('86 GFS)	국제기준('01 GFS, PSDS)	국제기준 (PSDS)
회계기준		현금주의	발생주의	발생주의
포괄범위	중앙정부	· 일반회계 · 특별회계 · 정부 관리기금	· 일반회계 · 특별회계 · 정부 관리기금 · 공공기관 관리기금 · 비영리공공기관	· 일반회계 · 특별회계 · 정부 관리기금 · 공공기관 관리기금 · 비영리공공기관
	지방 · 교육 자치단체	· 일반회계 · 특별회계 · 기금 · 교육비특별회계	· 일반회계 · 특별회계 · 기금 · 교육비특별회계 · 비영리공공기관	· 일반회계 · 특별회계 · 기금 · 교육비특별회계 · 비영리공공기관
	비금융공기업	제외	제외	포함

161) 이와 함께 UN의 1993·2008 SNA(System of National Accounts), EU의 1995 ESA(European System of Accounts) 기준 및 주요국들의 사례 등을 보조기준으로 활용하고 있다.

162) 앞에서 살펴본 국가채무가 아니라 국가부채에 관하여 설명하고 있다.

163) 국가부채에 관한 주된 설명은 국회예산정책처.(2019). 2019 대한민국재정. 105쪽-114쪽까지 참고하고 인용했음을 밝혀둔다.

부채항목	국 채	포함	포함	포함
	차입금	포함	포함	포함
	공 채	제외	포함	포함
	충당부채 (공무원 군인 연금 등)	제외	제외 (별도 부기)	제외 (별도 부기)
	기타발생주의 부채항목	제외	포함	포함
	연기금이 보유한 국공채	포함	제외	제외

주: 1. 기타 발생주의 부채항목에는 예수금, 미지급비용, 미지급금 등이 포함

자료: 기획재정부

한 나라의 국가채무 또는 국가부채의 규모의 적정성을 살펴보는 지표로 주로 그 나라의 GDP 규모와 비교하기도 한다.

주의할 점은 2019년도 5월 한국은행이 국민 계정의 기준연도를 개편하면서 2018년도 명목 국내총생산이 111조원 늘어난 것으로 집계되었고(국내총생산규모: 조정 전 1,782조원에서 조정 후 1,893조원: 6.2%증가[164]), 결과적으로 새로 발표된 GDP기준으로 우리나라의 GDP 대비 국가채무의 비율을 계산해보면 그 비율이 38.2%에서 35.9%로 떨어지게 된다는 점이다.

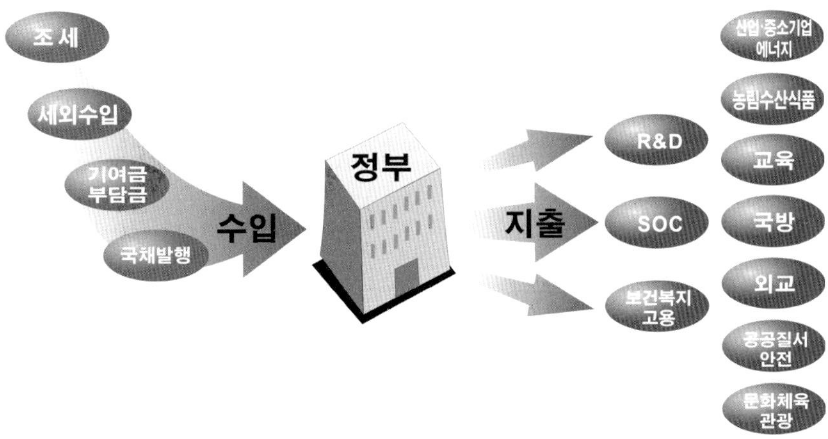

[그림 6] 정부의 재정수입과 지출활동

164) 한국은행이 GDP 기준연도를 2015년으로 개편하면서 2015년의 경제 규모를 다시 측정하면서 통계조사 실적 자료를 반영하고 추계방법도 변경함에 따른 것이다. 즉 실적자료가 반영되면서 그동안 잡히지 않았던 신상품이나 신산업이 새로 편입하게 되고 통계조사에 행정자료 반영이 늘면서 새로 포착된 변수들이 늘었기 때문이라는 한국은행 측의 설명이다.
(참고: 매일경제.https://www.mk.co.kr/news/economy/view/2019/06/385058/2019년 6월 5일자. 인터넷검색일 2019년 12월 15일)

보론 통계패키지를 활용한 재정데이터 분석 예시

제2편에서 정부재정의 수입과 지출 그리고 국가채무 등 재정을 이해하는데 필요한 변수들을 살펴보고, 이러한 변수들이 국민경제모형에 어떤 영향을 미치는지에 관해서도 생각해 보았다. 잠시 생각을 멈추고 이들 주요 변수들은 어떤 관계에 있는지를 계량분석을 통해 살펴보기로 하자. 재정에 관한 데이터는 통계청 홈페이지 또는 국회예산정책처의 재정경제통계시스템에서도 쉽게 다운받을 수 있다. 여기서는 독자들에게 계량분석이 어렵지 않다는 점을 보여주기 위하여 아주 간단한 모형을 제시하고 E-views 통계패키지를 활용한 회귀분석 결과를 보여주고자 한다.

분석에 필요한 변수들은 국민소득과 정부수입 및 지출, 그리고 국가채무 등으로 선정하였다. 먼저 이들 세 변수들과의 관계를 살펴보고 변수들과의 관계에 따른 가설과 모형을 구상해보자. 세 변수들 간의 관계를 다양한 측면에서 살펴볼 수 있으나 여기서는 국민소득과 정부수입, 국민소득과 정부지출, 그리고 국민소득과 국가채무와의 관계만을 살펴보기로 한다.

정부 수입의 주된 항목은 조세수입이 될 것이다. 조세수입이 증가하는 경우 국민소득은 감소하게 될 것이다. 왜냐하면 조세수입만큼 민간의 가처분소득이 줄어들어서 국민소득계정에서 소비지출 부문이 줄어들기 때문이다. 조세수입과 국민소득이 부(−)의 관계를 보일 것이다. 한편 국민소득이 증가한다면 조세수입은 증가하게 될 것이다. 왜냐하면 국민소득의 증가는 경제활동을 활성화시켜서 소득세, 법인세, 부가가치세 등 동일세율을 유지한다고 가정하더라도 경제활동의 결과 부과되는 세금액이 증가할 것이기 때문이다. 이 경우 국민소득과 조세수입은 정(+)의 상관관계를 보일 것이다. 그렇다면 조세수입과 국민소득은 부(−)의 관계와 정(+)의 관계가 함께 작용하게 되는데 그 상대적인 크기에 따라 양(+)의 관계 또는 음(−)의 관계로 귀결될 것이다.

국민소득과 정부지출과의 관계를 살펴보자. 정부지출은 재량지출과 의무지출로 구분할 수 있는데, 정부지출은 국민소득과 크게 관련이 없다고 가정하자. 정부지출은 정부의 재정정책의 일환으로 재량으로 결정된다고 가정해보자. 그렇다면 국민소득과 정부지출은 어떠한 관련성도 없다고 본다. 현실적으로 국민소득이 증가(경제성장)하는 경우 정부지출 규모도 그에 상응하여 증가할 개연성이 매우 높다고 본다. 현실적으로 국민소득과 정부지출은 정(+)의 상관관계를 보일 것으로 생각된다.

마지막으로 국민소득과 국가채무와의 상관성에 관해 살펴보자. 국민소득이 증가한다면 그 국가의 경제 파이가 커지기 때문에 국가채무는 줄어들 수 있다. 늘어난 경제파이로 국가채무를 상환하는 전략을 선택하는 경우 국가채무의 비중이 줄어들 것이기 때문이다. 이 경우 국민소득과 국가채무는 부(−)의 상관성을 보일 것이다. 반면 국가채무를 레버리지(수익증대를 위해 부채를 끌어다가 자산매입에 나서는 투자전략)로 사용하는 경우 국민소득이 증가하더라도 국가채무가 감소하지 않고 동일한 비율을 유지하거나 아니면 더 증가할 수도 있다. 경제침체기에 정부가 재량지출의 증가로 경제 활성화 전략을 선택한다면, 정부 조세수입 등 수입의 증가가 따라오지 않는 상황에서 국가 채무 규모가 더 증가할 수도 있다. 이 경우에는 정(+)의 상관성을 보이게 될 것이다. 극심한 경제 침체기(경제불황)인 경우에 국민소득은 감소하는 상황에서 정부가 대규모 정부지출을 국채발행을 통해 추진한다면 국민소득과 국가채무는 부(−)의 상관성을 보이게 될 것이다.

간략하게 관심 있는 변수들 간의 관계를 살펴보았다. 변수들 간의 관계를 검토한 내용을 바탕으로 가설을 설정해 보기 바란다. 가설에는 귀무가설과 대립가설로 나누어진다. 귀무가설은 통계분석을 통해 거부될 가성성이 매우 높은 가설로 영가설이라고도 한다. 가설을 만들었다면 모형을 설정하고 데이터를 수집·분석한 후 가설을 기각여부를 결정하면 된다.

각각의 데이터는 통계청 사이트에서 다운받을 수 있다. 예시에서는 독자에게 통계분석의 편의성을 보여주기 위한 목적이므로 아주 쉬운 모형 즉 국민소득을 종속변수로 두고 정부 수입과 지출, 그리고 국가채무를 독립변수로 하는 모형을 설정하고, 회귀분석을 하였다. 그 결과는 다음과 같다.

회귀분석 결과 R-squre 값이 0.98로 매우 높게 나타났다. 모형의 설명력이 매우 높다는 것을 의미하지만, 유의수준 0.05에서 각각의 변수들이 통계적으로 의미를 가지지 못하고 있으므로 모형은 다르게 설정해보기로 하였다.

데이터는 2000년부터 2018년도까지의 국민총생산(억 원), 결산상 일반회계 세입(억 원), 결산상 정부지출액(억 원), 그리고 국가채무(D1, 조 원) 등이다. 간단하게 회귀분석한 결과를 살펴보면 유의수준 0.05에서 독립변수인 결산상 일반회계 세입 변수는 국민총생산액의 변수를 통계적으로 유의한 설명을 해주지 못하고 있다. 정부지출 변수의 경우도 유의수준 0.05에서는 통계적으로 유의미한 설명을 해주지 못하지만, 유의수준 0.1에서는 통계적으로 다른 모든 조건이 일정하다면[165](통제된다면) 결산상 정부지출액이 1단위 증가하는 경우 약 5.7을 곱한 만큼의 국민총생산의 증가가 있을 것이라고 통계적으로 10% 유의수준에서 말할 수 있다. 국가채무의 경우는 0.0071로 유의수준 0.05에서 통계적으로 유의미한 것으로 나타났다. 추정계수가 마이너스(−)이므로 국가채무 규모와 국민총생산량이 서로 반대방향으로 움직임을 알 수 있다. 아래의 최소자승법 회귀분석 결과는 데이터 마이닝을 거치지 않았고, 변수들 간의 관계도 깊이 있게 고려하지 않았으므로, 모형과 그 결과는 단지 데이터를 입력해서 양적 분석을 하는 가장 쉽고 기초적인 방법을 제시함으로써 이 책의 독자들이 재정관련 변수들과 숫자들의 관계와 의미에 관해서 다양한 측면에서 분석해 보기를 권하기 위한 목적임을 다시 한 번 이해해 주기 바란다.

〈표 17〉 회귀분석 결과

```
Estimation Command:
=========================
LS GDP TAX EXPENDITURE DEBT

Estimation Equation:
=========================
GDP = C(1)*TAX + C(2)*EXPENDITURE + C(3)*DEBT

Substituted Coefficients:
=========================
GDP = 2.10411759699*TAX + 5.77746533299*EXPENDITURE - 645.183869941*DEBT
```

Dependent Variable: GDP
Method: Least Squares
Date: 12/15/19   Time: 18:51
Sample: 2000 2018
Included observations: 19

Variable	Coefficient	Std. Error	t-Statistic	Prob.
TAX	2.104118	3.067583	0.685920	0.5026
EXPENDITURE	5.777465	3.138488	1.840844	0.0843
DEBT	-645.1839	209.0700	-3.085971	0.0071

165) Other things are being equal.

R-squared	0.982933	Mean dependent var	1244467.
Adjusted R-squared	0.980800	S.D. dependent var	389009.2
S.E. of regression	53903.25	Akaike info criterion	24.77171
Sum squared resid	4.65E+10	Schwarz criterion	24.92083
Log likelihood	-232.3312	Hannan-Quinn criter.	24.79695
Durbin-Watson stat	1.396770		

가설을 설정하기 전 변수들 간의 관계를 생각해보는 단계에서도 국민소득과 정부수입과의 관계는 정(+)의 상관성과 부(−)의 상관성이 함께 작용함을 알 수 있다. 위의 모형에서 다른 모든 조건이 일정하다고 가정하면 정부수입의 한 단위의 증가가 국민소득의 증가할 것이라는(국민소득이 종속변수가 되고 정부수입이 독립변수가 될 것이라는) 가정은 일면의 타당성만을 가진다고 할 것이다. 왜냐하면 국민소득의 증가가 정부수입을 증가시키는 힘으로 작용할 것이기 때문이다. 즉 국민소득이 독립변수가 되고 정부수입이 종속변수가 됨이 타당하기 때문이다. 이러한 이유로 상기 모형에서 정부수입 변수를 제외하고 회귀 분석한 결과는 다음과 같다. 분석결과를 살펴보면 R-square 값은 정부수입이 포함된 모형과 큰 차이가 없으며(일반적으로 독립변수의 수를 증가하면 R-square 값이 증가한다), 정부수입 변수를 제외하고 국민소득을 종속변수로, 정부지출과 국가채무를 독립변수로 설정한 모형에서는 정부지출변수와 국가채무변수 각각이 유의수준 0.05에서(또는 0.01) 귀무가설을 기각하고, 각각의 변수의 계수값이 통계적으로 유의미하게 나타났다. 즉 분석모형을 국민소득=정부수입+정부지출+국가채무+잔차 모형보다는 국민소득=정부지출+국가채무+잔차 모형으로 분석함이 상대적으로 더 타당하다는 것을 보여 준다[166].

166) 다시 강조하지만, Eviews를 통한 재정데이터의 간단한 분석결과를 보여주는 이유는, 엑셀 분석 정도의 기본 지식과 관심만 있다면 충분히 통계계량분석을 시도할 수 있다는 점을 보여주기 위한 것이므로, 예시 모형의 적합성과 그 결과의 통계적 의미를 두지 않기를 희망한다.

〈표 18〉 회귀분석 결과

```
Estimation Command:
=========================
LS GDP EXPENDITURE DEBT

Estimation Equation:
=========================
GDP = C(1)*EXPENDITURE + C(2)*DEBT

Substituted Coefficients:
=========================
GDP = 7.9086898196*EXPENDITURE - 626.398108412*DEBT
```

Dependent Variable: GDP
Method: Least Squares
Date: 12/16/19 Time: 09:02
Sample: 2000 2018
Included observations: 19

Variable	Coefficient	Std. Error	t-Statistic	Prob.
EXPENDITURE	7.908690	0.435792	18.14787	0.0000
DEBT	-626.3981	204.0148	-3.070356	0.0069

R-squared	0.982431	Mean dependent var	1244467.
Adjusted R-squared	0.981398	S.D. dependent var	389009.2
S.E. of regression	53057.12	Akaike info criterion	24.69543
Sum squared resid	4.79E+10	Schwarz criterion	24.79484
Log likelihood	-232.6066	Hannan-Quinn criter.	24.71225
Durbin-Watson stat	1.519911		

조직생활의 팁 2 : 감정이입과 태도

상대방의 입장에서 자신을 바라보는 것 감정이입(empathy). 저자가 제시하는 감정이입의 개념은 공감(sympathy)과는 개념차이가 있다. 공감이란 상대방을 진심으로 이해하고 소통을 통해 마음(감정)까지도 함께 한다는 의미라면, 감정이입은 상대방의 입장에 서서 상대방의 대상을 바라보는 관점이다. 젊은 베르테르의 슬픔에서 사람의 머리에 있는 지식은 모든 사람이 알 수도 있지만 이 마음만은 그 누구도 알 수 없다고 했다. 갑동이가 머리에 가지고 있는 지식은 세상에서 배울 수 있다면 갑동이의 마음상태나 감정 상태는 알기 어렵다는 것이다. 그만큼 한 사람이 처해있는 실존적인 어려움을 진심으로 알고 이해하기는 어렵다는 의미다.

중용에 도가 있다고 했다. 무엇이든 너무 지나치면 모자람만 못하다는 의미다. 감정이입으로 공감능력을 키웠을 때의 장점이 있으나, 감정이입이 너무 극단에 치우치는 경우 자신의 감정을 돌보지 못해 오히려 관계의 불편함과 개인의 불편함이 가중될 수도 있다. 극단은 극단으로 통한다고 한다. 너무 감정이입을 심하게 함으로써 공감에 회의를 가지고 마음의 문을 닫아버리는 우를 범하지 않길 바란다.

예전부터 내려오는 이야기 중에 가는 말이 거칠어야 오는 말이 곱다는 구절이 있다. 행정부 공무원을 주로 상대하는 국회 공무원의 경험을 통해 보면, 단기적으로는 상대방을 거칠게 대할 때 상대로부터 대우를 받기 수월하다는데 동의한다. 그렇지만 장기적으로 볼 때는 가는 말이 고와야 오는 말이 예쁘다는 것이다. 오랜 관계를 유지하고 친구로 관계가 발전하기 위해서는 최대한 그 자리에서 베풀 수 있는 것들은 베풀면서 상대를 배려해줄 필요가 있다. 마음과 감정을 가진 인간은 그 대함을 결코 잊지 않기 때문이다.

제 3 편

체계편 : 재정조직과 제도

전 세계 인구 중에서 완전하게 나와 같은 사람은 없다. 다른 사람이 나와 다름을 인정하자.
자신에게 하는 말들이 상대방에게는 전혀 다른 의미로 해석될 수 있음도 받아들이는 열린 태도로 바라본다.

제1장 재정조직과 정책

1. 조직과 역할 전문성 그리고 사람(조직인)

조직이론은 전통 행정학에서 가장 중요하게 다루어지는 분야이다. 행정조직에 관한 공부는 베버(M. Weber)의 관료제이론부터 시작해도 좋다. 조직연구가의 관심분야가 다양한 만큼 문제의 스펙트럼도 상대적으로 넓다는데 유의하자.

전통적으로 조직의 탄생의 원인으로 노동의 분업에서 찾는다. 특정한 분야의 업무만을 반복적으로 오랜 시간 수행하다보면 기능이 축적되어－숙련되어－ 생산성이 높아진다는 것이다. 생산성이 높아진다는 의미는 동일한 노력과 시간을 투입하고도 산출되는 양이 많아진다는 의미[1]이다. 노동분업, 전문화, 생산성, 규모의 경제, 인간의 합리성 가정, 과학적 관리(테일러주의), 포드주의(테일리즘에 생산과정을 포함한 것) 등의 개념들이 고전적 조직이론의 범주에 포함된다. 고전적 조직이론에서의 인간관은 피동적이고 수동적이다. 조직설계자는 개인을 조직의 부품으로 인식하고 각 개인이 해야 하는 일들을 명확하게 정해주면 개인은 그 일을 정확하게 수행할 것이라고 가정했다.

신고전적 조직이론은 사람은 자신의 일에 대해서 자율성을 가지고 동료들과 인간적인 유대관계를 형성할 때 생산성이 더 높아진다는데 주목했다. 인간관계는 규칙으로 설정할 수 없는 분야가 많다. 예를 들어서 동창모임이나 같은 취미를 가진 사람들의 모임은 고전적 조직 설계자들이 고려하지 못한 분야였다. 월급 －월급만 많이 주면 일을 많이 할 것이라고 가정하는 것은 고전적 조직이론이다.－ 이외에도 인정받고자 하는 사람들의 욕구, 편안하게 자발적으로 결정된 조직(비공식적 조직이라고 한다)에 참여해서 인간적인 유대관계를 맺고 싶어 하는 인간적인 요구들이 충족된다면 조직의 생산성이 더 높아진다는 주목하게 된다.

고전적 조직이론과 신고전적 조직이론은 조직의 생산성을 높이기 위해서 조직 인

1) 노동의 분업화를 통한 전문성 제고가 생산성 향상의 중요한 요인이라고 본다.

을 어떻게 동기 부여하는 것이 효과적인가에 관심을 두고, 조직과 외부환경과의 관계에는 관심을 두지 않고 있다는 점에서 전통적 조직이론으로 분류할 수 있겠다.

현대적 조직이론은 복잡성이 그 특징이다. 조직은 진공상태에 있는 것이 아니다. 환경에 적응도 해야 하고, 필요하다면 환경을 변화시켜야 하는 존재이다. 급변하는 환경에 조직이 대응하면서 조직의 구조도 과거의 계층형이 완화되고 팀제, 사업부재, 메트릭스, 네트워크 등의 다양한 형태의 조직이 탄생하게 된다. 새로 탄생하는 조직의 유형을 연구하는 만큼 현대조직의 외연은 넓어지고 복잡해지는 것이다.

현대적 조직이론이 복잡하게 된 이유 중의 하나는 경제학자들이 조직연구에 관심을 두기 시작했다는 것이다. 과거 경제학은 완전정보, 완전경쟁, 합리적 인간, 파레토 최적의 자원배분 등을 설명한다. 기업조직은 이윤극대화를 목표로 한다고 가정한다. 조직내부의 역할, 구조, 기능 등은 사회학자들의 몫으로 보았다. 그러나 경제학에서 전제로 하는 이러한 가정들이 충족되지 않는 경제현상을 설명하기 시작하면서 조직에 관심을 가지게 된다. 이상적으로 가격기구가 100% 작동하는 시장에서는 조직이 발생하지 않는다. 거래만 존재할 것이다. 가격기구가 효율적으로 작동한다면 분업도 혼자서 한 후 다른 사람과 교환과 거래(물론 거래비용도 '영'일 것이다)만 하면 된다. 만약 가격기구가 100% 작동하지 않는다면 어떻게 될까? 그 사회는 전체주의 사회－거대한 조직사회－일 것이다. 가격파라미터보다는 계약(경제학자)과 관습, 상징 또는 사회규범(사회학자)과 통제와 협력을 통해 일정한 목적을 달성하려는 조직이 시장을 대체하게 될 것이다.

〈표 1〉 시장과 조직화의 스펙트럼 표

완전경쟁 시장	'현실' 시장	장기계약	하이브리드형 조직	프랜차이즈	분권화된 조직	중앙집권적 조직
⇐ 시장						조직화 ⇒

예를 들면, 원유 수입, 수입 후 정제, 유통 및 판매 한다고 가정하자. 수입하는 사람, 원유를 정제하는 사람, 정제유를 판매하는 사람은 모두 시장에서 사고, 팔기를 통해서 자원배분을 할 수도 있다. 만약 수입하는 사람, 정제하는 사람, 판매하는 사람들이 합리적인 인간이 아니고, 정보도 비대칭적으로 보유하고 있다면- 이는 완전경

쟁시장의 요건을 충족하지 못하다는 의미이다- 거래에 따르는 비용이 발생하게 된다. 현실에서 거래비용을 줄이는 방법은 수입과 정제 및 판매를 하나의 조직체에서 담당하는 방법 또는 수입, 정제, 판매업자 간에 신뢰(사회자본)를 축적하는 방법이 있다. 물론 하나의 조직에서 모든 활동을 담당하더라도 조직 내에서 거래비용은 발생할 수 있다.

조직이론에서는 조직과 관련한 계약, 협동, 재량, 주인-대리인, 동기부여, 권력, 권한, 영향력, 권위(권력+정당성), 분권화, 정보와 지식, 숨겨진 정보, 참여, 신뢰, 사회자본, 문화 등의 개념과 연결된다.

알아두기 : 행위와 행동

사회학자들은 행위와 행동을 구분하기도 한다. 인간행위(behavior)가 어떤 의도된 목적과 연관된 경우에 행동(action)이라고 정의한다. 행위는 가치중립적인 개념이라면 행동은 가치가 내포된 개념으로 이해하면 된다.

조직의 개념을 살펴보기 전에, 시스템 개념을 소개한다. 시스템이란 일정한 목적을 달성하기 위한 구성요소들의 집합이다. 조직의 개념은 생물학에서 먼저 나왔다. 생물학에서의 조직(tissue)이란 생물체를 구성하는 단위로서, 일정한 형태와 기능을 가진 세포의 모임을 말한다. 행정학에서의 조직의 개념은 일정한 목적을 달성하기 위해서 일정한 형태와 기능을 가진 단위들의 모임(집합)이다. 조직을 구성하는 단위들(sub-system)은 관계로 서로 연결된다. 단위들 간 관계의 모습을 구조라고 이해하자. 조직을 구성하는 요소들(사람, 일, 돈, 규칙 등)이 관계 짓는 모습을 조직구조라고 한다.

조직은 문제해결을 위한 도구(수단)다. 조직이 해결해야 할 문제의 종류와 성격, 양과 질에 따라 조직구조의 모습은 달라진다.

가장 전형적인 조직구조는 M. Weber의 관료제다. 관료제하면 떠올라야 하는 속성들은 전통적 조직, 기계적, 공식화 조직, 집중화 조직이다. 주목할 점은 관료제 조직은 문서로써 부서의 기능과 구조들을 기술하기 때문에 조직의 모습은 매우 복잡하다. 그러나 관료조직이 해결하려는 문제들이 복잡하다고 오해해서는 안 된다. 정보통신기술과 교통의 발달, 그리고 시민들이 선호 다양화로 조직이 해결해야 할 문제가 복잡하고 다양할수록 털 관료화된 조직으로 변화하는 현상이 나타난다. 조직이 해결해야 할 문제의 양이 많은 경우에 전문화(분업)와 조정을 통해 조직효율성을 높일 수 있다고 본 것이다. 반면, 조직이 해결해야 할 문제(목표-현실)의 성격이 –양에서의 질로의 관심전환– 복잡하고 유동적(예측불가능)인 경우에는 조직의 구조가 느슨해진다.

매트릭스 구조는 기능별(행정, 전산, 예산, 구매, 인사, 기획 등) 구조와 사업부문별(제품별, 서비스별, 고객별, 지역별) 구조를 합한 것이다. 매트릭스 구조에서는 한 직원이 두 상관과 관계를 가진다.

네트워크 구조[2]는 일종의 매칭메이킹(opportunity network)으로 동일한 목적을 두고 일시적인 집단 연합의 형태의 조직이다. 예로는 영화제작을 위해 다른 시장에 속한 다양한 집단들이 제휴하거나, 단일 조직이 내 · 외부 판매 가능한 sub-unit을 독립시키고 거래하는 등 시장 내 · 외부 요인과의 네트워크 형성을 중시한다. 수직적 시장 네트워크(vertical market network)은 핵심조직이 한 process 속에 다양한 조직과 함께 한다. 예를 들면 원료구매, 생산, 판매까지 공식화한다는 것이다.

프로세스 조직구조는 정보화가 진전됨에 따라 산업화시대의 대량생산, 대량소비의 형식에서 탈피하여 차별화된 고객의 선호에 맞춤형으로 대응하기 위한 새로운 경영패러다임의 변화가 요구되면서, 업무프로세스를 간결화하고 고객의 요구를 신속히 처리할 수 있도록 고객전담 프로세스 팀을 구축하면서 나타나게 된 조직 구조다. 즉 고객을 지향하는 핵심과정으로 이해하면 된다. 고객중심 조직구조는 시장지향적인 조직단위일 뿐만 아니라(market-facing unit(front)) 생산이나 공급의 연결고리를 효율적으로 관리하는 단위(supply chain management unit(back))다[3].

독자는 정보통신 기술의 발전이 사회조직을 얼마나 변화시킬 것이라고 생각하는가? 기술결정론자들은 기술이 사회의 형태를 바꾸는 중요한 요소라고 본다. 많은 연구들은 기술은 새로운 제도와 관행을 근원적으로 바꾸지는 못하고 조금 첨가하는 수준(an ‘add-on'fashion)에 그친다고 본다[4].

반면, Snow 등은 1970년대 이후 등장하고 있는 네트워크의 단계에 따라 다음과 같이 구분한다. 내부형 네트워크(Internal Networks)는 가장 보수적인 형태의 네트워크이다. 한 공장에서 제조와 공급, 포장, 배분, 마켓팅 등 일련의 활동을 수행하는 형태이다. 이러한 내부형 네트워크 조직은 수요가 예측가능하고, 생산범위가 한정되어 있으며, 생산은 안정적이고 정해진 순서에 따라 이루어진다. 안정적인 네트워크(Stable Network)는 부분적인 아웃소싱(outsourcing)이 이루어지는 형태이다. 몇 개의 회사가 연

---

2) 정보화의 진전으로 기업조직 간 정보와 자원 교류가 원할해지면서 사업수행에 필요한 기능을 내부화(interanlization)하지 않고, 기능을 보유한 외부 조직과의 협력체계를 구축함으로써 시장실패 현상에 대응하면서 조직실패 현상을 주의하려는 일련의 경향으로 네트워크 조직의 모습이 나타나게 되었다.

3) Snow, C., R.E. Miles and H. Coleman.(1993). 'Managing 21th Century Network Organisatioin'. in C. Mabey and B. Mayon-White, Managing Change 2nd ed Paul Chapman Publishing.

4) Gibson, R. and Ward, S.(eds).(2000). Reinvigorating Democracy? British Politics and the Internet, Ashgate: Aldershot.

합해서 이루어지는 비즈니스 형태이다. 중심이 되는 회사(core firm)가 생산과 판매를 주관하지만, 회사들과의 관계는 계약의 형태로 이루어진다. 동태적 네트워크(Dynamic Networks)는 비영속적이고 경쟁적인 환경에 처한 기업은 브로커처럼 활동(acting like a chief broker)하게 된다. 수요자들의 변화무쌍한 요구에 능동적으로 적응해야 하기 때문에 시장은 신축성을 띠게 된다.

Campbell(1999)의 웹조직(web organization)은 조정의 구심점 역할을 하는 핵심부서를 찾기 어렵고, 계층은 소멸되며, 조직의 경계가 모호해 지며, 기업과 소비자 간의 구분도 불확실하게 된다고 한다. 이러한 환경에서의 조직문화와 조직인과의 관계는 조지원의 파트너쉽 또는 팀이 중요한 조직 운영 요인이고, 지식의 교환이 중요한 조직 구성원의 관계를 연결시켜주는 통로라는 것이다[5].

주목할 점은 Campell은 기술만으로는 웹 네트워크 형성에 충분하지 않다고 한다. 기술보다는 사람들이 다른 사람과 정보를 교환하고자 하는 사람들의 인식과 조직인 간의 신뢰(a significant degree of trust)가 중요한 요소라는 것이다. 웹이 제대로 작동하기 위해서는 조직 구성원들에게 웹에 접근(access)할 수 있도록 해야 한다. 흥미로운 점은 조직 외부 환경 또는 조직 내부의 입무환경이 매우 경쟁적인 상황 하에서 서로 협조하는 형태로 조직을 만들어야(engineering) 한다는 것이다. 어떻든 사람의 인식이 조직과 사회형성에 중요힌 요소라는 시사를 준다.

(the presence of a technological infrastructure in itself, will not change an organizatioin's existing behaviour, attitude and action towards information sharing. New technology may only reinforce those attitudes that already exist. It is wrong 새 assume that, providing the technology to share and exchange information is present, information sharing behaviour will follow automatically. As information becomes the key organizational currency, it becomes too valuable to be simply given away).

조직을 이해하기 위하여 집권과 분권의 개념을 살펴볼 필요가 있다. 의사결정의 권한의 소재가 어디에 있는가에 관심을 두고 봐야 한다. 군대조직은 대표적인 집권 조직으로 본다.

결정사항의 중요도가 높을 경우 계장은 과장에게, 과장은 국장에게, 국장은 실장에게, 실장은 장관에게 각각 결정을 미루는 경향이 나타날 것이다. 자신이 결정한 결과에 대하여 자신이 감당할 수 없다고 생각되는 경우에는 자신이 결정하기 보다는 결

---

5) Campell, A.(1999). 'Knowledge Management in the Web Enterprise, in P. Jackson (ed), Virtual Working: Social and Organisational Dynamics, Routledge: London, pp.21-32.

재과정을 통해서 상관에게 결정을 미룰 것이기 때문이다.[6)]

사장과 소수의 직원이 존재하는 회사에서 사장이 직접 결정하더라도 큰 문제가 없을 것이다. 그러나 조직이 글로벌화 되어 세계 각지에 지사를 두고 있는 경우 모든 결정을 회사의 경영자에게 미룬다면 그 회사의 의사결정은 매우 더디게 되어 회사 환경변화에 효과적으로 대응하지 못하게 될 것이다. 따라서 대체적으로 조직의 규모가 커지면 권한을 이양하는 경향이 나타난다.

2. 재정조직의 실제

국가 재정과 관련한 조직은 국가(행정부, 국회)와 지방자치단체, 공공기관 그리고 민간단체도 포함될 수 있다. 민간단체도 국가의 보조금을 지원 받는 경우가 있기 때문이다. 이 중에서 국가 재정의 중요 역할을 하는 행정기관으로는 예산편성권을 가진 기획재정부를 들 수 있다. 기획재정부는 세제실 조세총괄정책관, 소득법인세정책관, 재산소비세정책관, 관세정책관 등 조세정책을 수립하고 있다. 재정의 정부지출과 관련하여 예산실이 있다. 예산실에는 예산총괄심의관, 사회예산심의관, 경제예산심의관, 복지안전예산심의관, 행정국방예산심의관이 있다. 국고국에서 국유재산을 관리하고 있고, 국제금융국과 대외경제국 및 개발금융국에서 해외경제부문의 정책을 총괄하고 있다. 재정의 중요한 축인 조세정책과 정부지출정책을 총괄하는 부서는 기획재정부임을 알 수 있다.

기획재정부를 예산 총괄기관이라고 한다면, 각 중앙행정기관에도 기획재정부의 카운터파트가 되는 기관이 있다[7)]. 각 부처의 기획조정실 내의 기획예산담당관과 운영지원과에서 예산을 편성하고 집행하는 역할을 수행하고 있다. 공공기관의 경우에도 기획예산실을 두고 공공기관의 예산편성업무를 총괄·지원하고 있다. 예산편성권을 행사하는 기획재정부와 예산을 신청하는 중앙행정기관들은 정책사업의 편익과 비용에 관하여 서로 다른 입장을 가지는 경우가 많다. 이러한 견해의 차이는 예산편성과정에서 갈등을 유발하기도 하고 심한 경우에는 예산의 효율성을 저해하기도 한다. 한편 정책사업의 편익과 비용에 관한 견해의 차이는 정보비대칭현상에 기인하기도

---

6) 정치와 행정의 관계에 관한 중요한 시사점을 얻을 수 있다. 과거 국회는 통법부라는 오명(당시에는 정부입법이 의원입법을 능가하던 시기였다.)을 받은 적도 있으나, 이제는 의원입법이 활성화되고 국회가 정책의제를 주도하는 현상이 나타났다.

7) 재정정책과 관련한 국가조직으로는 행정부의 경우 국무회의(정책방향 설정), 기획재정부(예산안의 작어, 조세정책 및 징수업무, 정부자산 및 부채관리, 결산보고서 작성), 일선중앙행정기관(예산요구 및 예산집행), 국회(예산안의 심의, 의결), 감사원(회계검사 및 직무감찰), 한국은행(국고금계정 관리) 등이 있다.

한다. 기획재정부와 중앙행정기관 간의 정보비대칭현상을 해소하기 위한 제도적인 장치로 총액배분자율편성예산제도를 도입하였다.

한편 우리나라는 헌법상 예산안 편성권은 행정부가 가진다. 예산편성권을 행정부가 행사한다는데 주의해야 한다. 편성된 예산을 국회가 정부의 동의 없이 증액하거나 새로운 비목을 설치할 수 없도록 제도화하고 있다[8]. 예산의 편성권을 행정부에 전속시키는 이유를 생각해보기로 하자. 정부의 예산사업을 통한 재정지출로 이익과 편익을 받는 집단이 존재하는 반면에 재정지출에 필요한 재원은 일반 국민이 부담하는 조세를 주된 재원으로 한다는 특징을 가진다. 즉 예산을 집행하는 공무원과 예산의 권위적 배분을 결정하는 정치인들은 재정지출에 관한 비용부담보다는 편익에 주목하면서 예산의 규모를 확장하려는 유인이 존재한다. 소위 예산에서의 공유재의 비극(tragedy of commons)이 발생할 위험이 상존한다. 재정의 건전성과 지속가능성을 유지하기 위해 예산권을 가지고 있는 기획재정부의 예산실의 역할이 매우 중요하다. 예산집행 단계에서는 기획재정부의 국고국에서 현금의 흐름을 철저하게 통제하고, 감사원은 회계검사 및 직무감찰 권한을 행사함으로써 예산의 낭비를 막아야 한다. 정치적 민주화의 성숙으로 예산심사과정에서의 국회의 역할과 중요성도 부각되고 있다. 국회와 정부가 예산을 둘러싼 각자의 역할에 충실함으로써 예산의 민주성과 효율성을 조화시키는 방향으로 재정제도를 운영해야 한다.

3. 미국의 예산조직

미국 의회에서의 예산관련 조직을 살펴보자. 미국 의회의 위원회는 상임위원회와 특별위원회로 나뉘며 예산과 관련된 업무는 상임위원회에서 처리하고 있다. 상임위원회 중 예산위원회(Budget Committee)[9]는 정부로부터 제출된 예산안을 바탕으로 예산한도 및 채무규모 등을 정하는 예산결의안을 제출하는 역할을 수행하고 있다. 예산위원회의 권한은 상원과 하원의 각 예산위원회는 매년 1개의 예산한도결의안을 작성·의결하여 본회의에 제출하며, 신규 예산권한이나 지출을 각 위원회에 배분하고, 기존의 사업이나 새로운 사업이 전체 세출규모에 미치는 영향을 분석하고 의회예산

8) 헌법 제54조 제1항 국회는 국가의 예산안을 심의·확정한다. 제2항 정부는 회계연도마다 예산안을 편성하여 회계연도 개시 90일전까지 국회에 제출하고, 국회는 회계연도 개시 30일전까지 이를 의결하여야 한다. 헌법 제57조 국회는 정부의 동의없이 정부가 제출한 지출예산 각항의 금액을 증가하거나 새 비목을 설치할 수 없다.

9) 1974년 의회예산법(the Congressional Budget and Impoundment Control Act of 1974)에 의해 설치되었다. 위원들은 세출위원회, 세입위원회, 규칙위원회에서 각각 임명되고, 위원 수는 각 당의 의원 수 비율에 따라 배정된다.

처의 운영을 감독하며, 의회예산처로부터 자료를 제공 받아 연방 세출에 대한 독립적인 분석을 의회에 제공한다. 한편 세출위원회(Appropriations Committee)는 재량지출 등 세출위원회 소관 예산법안을 심의하는 역할을 수행한다. 1865년에 설치된 세출위원회의 권한은 재량지출인 세출법안을 담당하고, 예산위원회에 전체 지출 규모에 대한 검토 및 추계 보고서를 제출하며, 세출법안에 수반되는 보고서에 세출지침 및 방향을 제시한다. 예산결의안의 지출한도액을 소위원회에 중복되지 않도록 배분하고 소위원회는 기존의 수권법에서 제안하는 자금을 모두 반영할 것인지를 결정한다.

세입을 관장하는 기구로 하원의 세입위원회(Ways and Means Committee)와 상원의 재정위원회(Finance Committee)가 있다. 세입위원회는 의회 설립 당시부터 특별위원회로 존재하였다가 1802년에 상임위원회로 전환되었다. 세출위원회와 마찬가지로 예산위원회에 관할 사항에 대한 검토 및 추계보고서를 제출한다.

수권위원회(Authorizing Committee)는 수권입법 및 직접지출 입법을 담당하는데 수권위원회 소관 세출법안인 직접지출 입법을 담당하면서 예산위원회에 관할 사항에 대한 검토 및 추계보고서를 제출한다.

의회예산처(Congressional Budget Office)는 1974년 의회예산법의 제정에 따라 의회에 경제 및 예산관련 정보를 제공하기 위하여 설립된 기관이다. 대한민국의 국회예산정책처도 미국의 의회예산처와 유사한 성격의 기관이다. 의회예산처는 대통령 예산서에 대한 분석과 비용추계 및 장기 예산전망 등의 업무를 수행하는 등 의회와 의원의 요구사항을 지원한다. 업무지원의 우선순위는 예산위원회의 요구사항, 세출위원회 및 세입위원회의 요구사항, 기타 위원회의 요구사항, 개별 의원의 요구사항 순이다.

정부책임처(Government Accountability Office)는 1921년 예산회계법(the Budget and Accounting Act of 1921)에 의해 설립된 회계검사원이 2004년 정부책임처로 명칭이 변경되었다. 정부책임처의 소속기관은 의회의 산하 기관이라는데 유의해야 한다. 의회예산처장은 상원과 하원의 예산위원회의 후보자 추천을 받아 상원과 하원의 의장이 공동으로 임명하는데 반해서 정부책임처장은 상원의 자문과 동의를 얻어 대통령이 임명한다. 정부책임처의 주요업무는 각 연방기관의 지출이나 계약이 법률에 위반되는지를 검사하고, 공공자금이 경제적이고 효율적으로 사용되었는지의 여부를 검사하며, 횡령 및 직권남용 등에 대한 조사를 실시한다. 대한민국의 감사원과 유사한 기능을 수행한다. 의회소속기관이면서 처장은 대통령이 임명한다는 점이 특이하다. 관리예산처(Office of Management and Budget: OMB)에 대하여 살펴보자. 1921년에 설립된 예산국이 1939년 대통령실 소속 기관으로 되었으며, 1970년 관리예산처로 명칭을 변경하였다. 행정부 전체 집행부서에 대한 재정관리정책을 수행하며 집행기관에 적용되는 일반관리정책을 수행한다. 대통령 예산서를 작성하는 등 예산편성 및 심의관련 업무와 예산집행관련 업무 및 규제검토 및 개혁업무를 수행하고 있다. 재무부(Department of Treasury)는 회계 및 조세의 부과와 징수, 그리고 대통령의 예산안 편성 시 세입을 추계하는 기능을 수행한다.

참고로 미국의 예산과정을 표로 정리하면 다음과 같다.[10)]

〈표 2〉 미국의 예산과정

시기	예산활동
2월 첫 번째 월요일	대통령의 예산서 제출
2월 15일	CBO는 예산위원회에 보고서 제출
2월-3월	예산위원회는 청문회를 개최하여 OMB 처장, 재무장관, CBO처장 등의 증언 청취
예산서 제출 후 6주 이내	각 위원회는 검토 및 추계 보고서를 예산위원회에 제출
4월 1일까지	상원예산위원회가 양원합동예산결의안을 본회의에 보고
4월 15일까지	의회는 양원합동예산결의안을 의결
5월 15일까지	하원에서 세출법안 심의
6월 10일까지	하원세출위원회는 최종 세출법안을 본회의에 보고
6월 15일까지	의회는 예산결의안에 맞추어 조정입법 심의 완료
6월 30일까지	하원세출법안 심의완료
9월 30일까지	상원 세출법안 심의 완료 및 양원합동위원회 조정
10월 1일	회계연도 시작

4. 재정이념[11)]

경영과 행정을 종종 비교한다. 민간시장부문의 대표는 경영이고, 공공부문의 대표는 행정이라고 이해하자. 민간부문의 경영이념은 무엇일까? 시장경제에서의 기업 활

10) 출처. 국회예산정책처.(2012). 주요국의 예산제도. 2012.5. 41쪽.

11) 국가재정법은 그 목적조항에서 재정운영의 효율성, 성과지향성, 투명성 및 건전성의 가치를 제시하고 있다. 이들 목표는 헌법상의 인간의 존엄성과 가치 및 행복추구권 실현을 위한 수단적 가치가 된다.

동 가정은 '이윤극대화'다. 기업에 따라서는 판매량(시장점유율)의 극대화 또는 기업의 사회적 책임 등에 역점을 두기도 하지만 기업은 '이윤극대화'를 추구한다고 본다. 그렇다면 공공부문의 재정(행정)이 지향해야 할 가치는 어떤 것들이 있는지 살펴보자.

앞에서 경영 이념을 이윤극대화라고 정의한데서 알 수 있듯이 행정이념(public administration이란 행정이 지향하는 최고 가치를 의미하는 것이다. 이윤극대화를 사익(private interests))라고 정의한다면 공공부문의 행정이 추구해야 하는 가치는 공익(public interests)이라고 본다. 공익이란 무엇인가? 사회 구성원들 개개인의 선호를 합한 것이 공익이라고 보는 견해(방법론적 개인주의), 사회 전체의 공동 선(common good)은 환원할 수 없는 고유한 값을 가진다고 보는 견해가 있다. 전자의 견해는 경제학적인 접근방법을 행정학분야에 적용하는 학자들이 선호하는 데 반해, 후자의 견해는 정치행정 접근방법을 따르는 학자들이 주로 선호한다. 정의(justice), 적법절차(due process), 사회적 형평(social equity) 등 연구자 마다 공익을 바라보는 관점이 다양하다(공익의 정의는 다르지만 공익의 실체를 인정한다는 점에서는 공통점을 가진다. 실체설이라고 한다). 공익의 실체적인 접근 내지는 정의가 가진 방법론적인 한계를 인식하면서 공익에 관한 적극적인 정의를 포기하고 단지 절차적인 정당성을 공익달성의 준거로 삼는 견해가 있다(공익의 절차설이라고 한다). 린더블럼(Charles E. Lindblom)은 사회정의와 같은 비시장적 가치들은 효율적이지 못하다고 지적하면서 시장기구(Market System)가 지금까지 고안된 제도 중에서 부와 혁신을 창조하는데 가장 훌륭한 기구라고 지적한다. 결국 공익을 적극적으로 정의하기 보다는 과정과 절차의 합리성을 통해 공익에 접근할 수 있다는 것이다.

가치란 연구자의 관심과 이론 및 국가의 정치형태 등 시대적 상황에 따라 변화하는 속성을 가진다. 독자는 앞 장에서 배운 재정제도와 이론을 음미하면서 제도와 이론들이 주장하는 재정가치들을 발견할 수 있을 것이다.

▶▶ 합법성

행정은 의회가 만든 법률에 적합해야 한다는 원칙이다.[12] 행정법학자는 법률우위 및 법률유보로 설명한다. 정치행정이원론의 시각에서 보면, 의회는 가치의 권위적 배분을 결정하는 정치의 영역으로 간주하고 행정은 의회에의 결정을 충실하게 집행하는 것으로 본다. 한편 막스 베버의 관료제 이론은 행정은 법률 및 규칙, 내부규정 등을 준수해야 한다. 일반적이고 추상적인 규율을 의미하는 법률 또는 행정입법은 공무원의 자의(arbitrary)를 방지하고, 관료제가 고객을 공

12) 대표적인 재정법률은 국가재정법이다.

정하게 대우하는 전제조건으로 보았다.

생각하기 준법투쟁, 형식주의(formalism)

대의민주주의 하에서 국민의 대표기관인 의회가 결정한 국가의사를 행정이 효율적으로 집행하는 것은 국민의 자기지배와 민주주의 국가 형성의 원리이다. 그러면 국가의사를 결정하는데 있어서 의회가 만든 법률이 가지는 정당성은 무엇인가? 의회에서 다수결의 원리에 따라 만들어진 법률이 잘못된 정책목표를 담고 있는 경우 행정은 잘못된 정책목표를 효율적으로 달성하는데 기여하게 되는 모순이 발생하게 된다. 이러한 문제를 제도적으로 방지하기 위해 위헌법률심사제도를 마련하고 있다. 헌법에 적합한 법률이 정당성을 확보하게 하기 위한 것이다. 관점을 바꾸어서 생각해 보자. 법률은 일반적이고 추상적인 규율을 내용으로 한다고 소개했다. 개별적이고 구체적인 행정행위를 처분이라고 정의 한다. 예를 들어 환경관련 법률에 배출시설을 설치하려는 자는 환경부령이 정하는 바에 따라 환경부장관의 허가 또는 신고를 받아야 한다고 규정한다면, 배출시설을 설치하려는 자는 여성, 남성, 성인, 노인, 한정치산자 등등 그 법률을 적용하는 시점(또는 단계)에서 구체적인 사람의 모습은 다양할 수밖에 없다. 이처럼 법률은 원칙적으로 특정지역이나 사안이 아닌 일반지역이나 일반적인 사항을 개별사건들을 적시하기 보다는 개별사건들의 공통적인 속성을 추상적으로 규정함으로써 미래의 다양한 인간 활동들을 규율하려는 것이다.

법률이 가진 일반성 및 추상성이라는 속성은 이처럼 다양한 개별 사안들을 포섭하고, 규율할 수 있다는 점에서 시간의 변화와 미래 시점에서도 적용한 상점을 가진다. 그렇지만 법률이 가진 이러한 융통성도 미래사회의 변화를 완벽하게 예측하여 반영하지는 못한다. 예를 들어 정보통신기술의 발달로 인해 새로운 산업과 직업군이 탄생함에도 불구하고 법률은 아무런 대답을 주지 못하는 현상이 발생할 수 있다. 시대의 변화에 따라 사회의 모습과는 유리된 법률이 존재하기도 한다. IPTV의 기술발전과 이의 상용화가 가능함에도 불구하고 관련 법률이 마련되지 않아 혼선을 가져온 경우도 있다. 개발도상국에서 선진국의 법률과 제도를 모방하여 도입하였으나 사회 현실은 후진성을 면치 못하는 경우 발생하는 현상도 또 다른 예가 된다. 형식주의(formalism)은 규칙이 사회현상을 제대로 반영하지 못하는 현상을 말한다. 베버의 관료제 비판의 하나인 형식주의는 관료가 규칙의 준수에만 관심을 기울이면서 구체적인 타당성 있는 정책집행에 실패하는 현상을 의미한다. 공무원이 규칙을 기계적으로 집행하는 경우 규정을 통한 책임회피가 가능하겠지만, 서비스를 받는 주민의 입장에서는 융통성이 없고 소극적인 관료의 모습으로 보이게 된다.

합법성과 관련하여서는 정책시차(policy time lag)도 함께 생각해 보자. 민주주의 국가에서는 의회가 법률을 만들 당시의 상황인식과 법률을 집행하는 시점과는 시차가 있다. 법률을 만드는데도 상당한 시간이 걸리지만, 만들어진 법률을 집행하기 위해 관계 부처 협의 등을 통한 행정입법을 만드는데도 상당한 시간이 소요된다. 문제를 인식하고 문제를 입법적으로 해결하려는 시도와 그 집행까지의 시차는 최소한 약 1년은 걸린다. 1년이면 시간의 경과로 문제가 자연적으로 해결될 수도 있고, 당초의 문제의 속성이 변화하는 경우도 있을 것이다. 경기순환론자들은 정부의 개입을 비판하는 근거로 정책시차 문제를 제기한다. 불경기에 의회가 제정한 경기부양관련 법률이 집행되는 시점에서, 경제가 자율적으로 회복국면에 진입했다고 한다면 그 법률은 인플레이션을 오히려 가중시키는 문제를 야기할 것이기 때문이다. 이처럼 민간부문의 자율성을 믿는 학자들은 정부의 개입은 시장실패를 교정하기 보다는 정부실패의 원인이 된다고 비판한다.

능률성

행정의 투입(input)에 대한 산출(output)의 비율을 능률성(국가재정법에는 효율성이라 표현한다.)이라 한다. 경영의 경우는 투입과 산출이 계량화가 가능하지만, 공공부문의 특성상 행정이 제공하는 서비스에 대한 시장가격 책정이 어렵다는 점에서 상대적으로 계량화가 용이하지 않다. 예를 들어 도로 1km 건설(output)을 위해서는 작업인부 및 관리자, 레미콘 등 물품 및 장비 등(input)이 필요하고, 국회에서 법률(output)을 만들어 정부로 이송하는데 회의장의 감가상각비, 회의자료 인쇄 및 배포, 공무원들의 지원 및 회의진행(input)이 필요하다. 행정학에서는 산출(output)과 효과(outcome)을 구분하기도 한다. 산출은 행정활동의 직접적인 결과로 눈에 보이는 것이라고 생각하면 된다. 완성된 도로, 통과된 법률 등이 산출의 범주에 포함된다. 효과는 정책산출이 초래하는 눈에 보이지 않는 결과라고 생각하면 된다. 도로건설로 빠른 물류이동은 민간사업자의 시간비용을 줄여 수출 등 국가 경쟁력 강화에 기여(outcome)할 것이다. 법률(output)의 통과와 법률에 의한 행정은 행정의 민주성과 투명성 및 공정성에 기여(outcome)할 것이다. 이처럼 투입과 효과의 비율을 능률성으로 보는 견해도 있다.

경제학의 생산함수를 보면, 생산량은 자본, 노동 및 기술의 함수로 가정한다. 생산량을 산출로 자본, 노동 및 기술을 투입으로 보면 된다. 생산활동이 효율적이기 위해서는 자본과 노동 그리고 기술이 조화되어야 한다. 단기적으로 기술과 자본이 일정하다고 가정한다면 노동의 전문화와 숙련도의 심화가 효율성 향상에 중요한 요인이 될 것이다. 동작연구, 시간연구 등 과학적 관리론의 영향을 받은 고전적 조직이론은 효율성의 개념을 투입 대비 산출의 비율로 보았다. 이를 기계적 능률관이라고 표현한다. 반면, 1930년대 이후 인간관계론의 등장으로 행정활동의 합목적성과 직무확장과 직무심화를 통한 조직구성원의 만족도를 높이는 것이 조직의 효율적인 목표달성에 기여할 것이라고 보는 사회적 능률관의 시각이 대두된다. 사회적 능률관은 기계적이고 금전적인 능률관보다 확장된 능률의 개념을 정립하였으나, 조직인을 목표달성을 위한 수단으로 인식한다는 점에서는 기계적 능률관과 사회적 능률관은 맥락을 같이 한다(즉, 기계적 능률관은 조직인의 시간연구와 동작연구를 통해 -시간연구와 동작연구는 산업사회의 원리인 분업화, 전문화와 연관해서 생각하기 바란다 - 효율성을 높이려고 한 반면, 사회적 능률관은 - 기계적 능률관이 업무단위를 쪼개서 하나의 업무를 한 사람이 반복수행하면서 효율성을 높이려는 전략을 구사했다면, 사회적 능률관은 근로자의 만족, 조직내에서의 인정 등이 업무효율을 높이는데 기여한다고 본 것이다. 근로자의 작업단위를 세부적으로 쪼개기 보다는 근로자가 긍지를 느낄 수 있도록 업무단위를 확대하거나(job enlargement) 난이도 있는 업무를 할당(job enrichment)함으로써 업무수행과정 또는 업무완료 후에 근로자의 만족감을 높여 업무효율성을 높일 수 있다고 본 것이다 -조직인의 직무 만족도를 높이는 것이 효율성을 높이는데 기여한다고 지적하다).

민주성

민주주의란 다의적 개념이다. 민주주의는 자기 지배(self-regulation)를 의미한다. 개인적 차원에서의 민주주의는 개인이 자기 활동의 자유영역에서 결정하고 그 결정에 대한 책임을 지는 것이다. 정치체제로서의 민주주의는 직접민주주의와 간접민주주의로 구분할 수 있으며 국민에 의한 국가조직들이 국민을 위하여 기능할 것을 요구한다. 입법, 행정, 사법 등 3권을 분립시킴으로써 독재를 방지하고 국민의 자유를 제도적으로 보장하려는 것이다. 행정조직이 민주성에 봉사해야 하다는 의미는 행정 서비스를 제공받는 주민의 요구에 충실하게 부응해야 한다는 의미이다. 대의민주주의의 체제에서는 국민의 대표기관인 의회의 결정을 효율적으로 집행함으로써 민주성에 기여할 수 있다. 정책결정과정에서의 주민참여, 정책집행결과 불이익을 받은 주민들의 행정심판 또는 행정소송제도 등 국민권익을 보장하기 위한 제도적 장치, 행정조직에 대한 옴브즈만 등 행정통제제도는 행정의 민주성을 담보하기 위한 것이다. 이러한 제도들이 국민을 위한 행정조직을 담보하기 위한 제도적 장치들이라면 국민에 의한 행정조직을 어떻게 담보되는가? 대의민주주의 체제에서는 대통령과 의회를 국민이 선거를 통해 선출함으로써 국민으로부터 정당성을 확보한 대통령과 의회가 정부를 조직함으로써 이념적으로는 국민에 의한 행정조직이 가능하게 된다. 이 경우에도 장차관등 정무직 공무원은 정치적인 책임을 지지만 신분이 보장되는 직업공무원들은 정치적 책임 또는 통제로부터 상대적으로 자유롭다. 이념적으로는 직업공무원들도 정무직 공무원의 지휘, 통제를 받음으로써 국민에게 봉사하게 되지만, 한계를 가진다고 본다. 이러한 한계를 극복하기 위한 대안으로 제시된 이론이 대표관료제다. 사회경제적 지위가 다른 계층의 이익을 국가정책에 반영하기 위해서는 계층별로 직업공무원을 다양하게 선발하는 것이 국민들의 다양한 의사가 행정과정에 반영될 수 있다는 것이다. 그러면 분업화된 업무를 명령과 조정을 받으면서 수행하는 기존의 관료조직은 효율적인 조직이기는 하지만 민주적 조직으로 보기는 어렵다. 관료조직이 효율성(수단)을 통해 민주성(목적)을 달성한다고 한다면 목적달성을 위해서 수단은 희생되어도 좋다는 의미인가? 앞으로 행정조직의 민주성 확보를 위한 다양한 대안들을 주목하기 바란다.

생각하기 관료제와 민주제

민주주의를 자기 지배라는 단어로 함축적으로 표현하였지만, 민주주의의 그릇에는 약자보호, 삼권분립, 대화와 토론, 다수결의 원칙, 직접민주주의, 간접민주주의, of the people, by the people, for the people, 통제와 책임 등 많은 단어들을 포함한다. 선진국에 파견되어 근무할 때 불꽃놀이를 구경한 경험이 있다. 불꽃놀이를 구경하기 위해 많은 사람들이 광장 잔디에 앉아서 행사가 시작되기만을 기다리고 있었다. 드디어 행사가 시작되었다. 필자는 그 광경에 매료되어 본능적으로 일어서려고 했다. 그러나 행사가 끝날 때까지 계속 앉아 있었다. 모두가 앉아 있었고 앉아서 관람하는 것이 보이지 않는 구성원들의 약속이었던 것을 알아챘기 때문이다. 모두가 앉아 있었기에 어린이나 노약자들도 불꽃행사를 쉽게 즐길 수 있고 행사에 참가한 모든 사람들이 만족할 수 있었다. 거기에는 어떠한 규정이나 공권력이 없었다. 보이지 않는 구성원들의 약속 또는 문화적인 힘이 작용함을 느꼈다. 사회구성원들 상호간 존중과 이해 그리고 약자에 대한 배려들이 생활습관이 될 때 편안한 민주주의가 정착하는 것 같았다.

▶▶ 효과성

목표달성의 정도를 효과성이라고 정의한다. 목적은 바람직한 미래의 방향을 목표는 바람직한 미래 일정시점에서의 상태를 의미한다. 경제학의 유량(flow)와 저량(stock)의 개념을 유추해 보기 바란다. 행정조직의 능률적인 업무수행에서 능률성이 추구하는 이유와 근거인 행정목표에 주목하면서 대두된 이념이다. 개발도상국가에서 행정조직이 발전을 주도하던 시기 -1960년대 대두된 발전행정론을 상기해 보라- 에는 행정조직이 설정한 목표의 달성여부에 관심을 갖기 시작한 것이다. 경제발전이 중시되던 시기에 수출목표 몇 %달성이 정부조직의 초미의 관심이 되던 시기가 있었다. 그렇다면 누가 어떤 정당성을 가지고 행정목표를 설정하는가? [13]

Wolf 교수는 시장과 정부(market and government)라는 그의 저서에서 미시적 분리와 거시적 분리라는 개념을 소개하고 있다. 가격기구를 채택하고 있는 민간부

13) 자본주의가 심화되고 제4차 산업혁명이 진행되면서 개인이 선호하는 사회적 가치가 복잡하고 다양화하고 있다. 전통적 의미의 사회적 형평성(social equity), 공정, 공익에 관한 개념정의와 속성들이 변화하고 있음에 주목할 필요가 있다.

문에서는 상품구매자가 그에 상응하는 비용을 지불한다. 편익을 향유하는 자와 비용을 지불하는 자가 일치한다. 그러나 공공부문에서는 공공재에 대한 무임승차자(free-rider)가 나타나는데서 알 수 있듯이 공공재의 공급에 필요한 비용납부자와 편익을 향유하는 사람이 반드시 일치하지 않는 현상이 나타날 수 있다. 미시적 분리란 정부정책으로 인한 편익(행정수요)은 특정집단이 향유하지만 그에 필요한 비용은 납세자 등 일반국민 등 다수의 사람이 부담하는 현상을 말한다. 반면에 다수의 집단이 행정편익을 향유하면서 그 비용은 소수의 집단이 부담하는 현상을 거시적 분리라 한다. 이처럼 편익과 비용부담의 분리 현상에 착안하는 경우 이익실현을 위한 집단형성과 이익집단정치의 모습을 그려볼 수 있다.

지금까지의 이론적 설명을 바탕으로, 상수원 수질 보전을 위한 정부규제정책(이러한 규제정책에서는 하류지역 주민들로부터 징수한 물이용부담금을 기금으로 한 상류지역주민에 대한 지원정책도 포함한다)이 만들어지고 집행되는 단계에서의 상류지역 주민과 하류지역 주민의 편익과 비용지불의 관점에서 생각해 보기 바란다.

생각하기 정의

What is the right thing to do? 이란 정의론이 독자들의 관심을 휩쓸었다. 공익 또는 정의에 관한 지배적인 의견은 벤담의 최대다수의 최대행복이라는데 독자들은 동의할 것이다. 일반적이고 추상적인 규범들을 개별적이고 구체적인 처분을 효율적으로 집행해야 하는 행정조직의 입장에서는 객관적이고 공정한 기준에 따라 국민(고객)을 대해야 한다. 그렇다면 대의민주주의 체제에서 다수결의 원리에 따라 결정된 국가목표들을 효율적으로 달성해야 하는 행정조직은 다수의 선호 또는 이익을 효율적으로 충족시키는 기능을 수행하게 된다. 경제적 약자, 다문화가정에 대한 배려, 장애인 등 사회적으로 보호받을 권리가 있는 계층의 이익은 충돌하는 것인가? 아니면 조화될 수 있는 것인가? 두 가치가 조화될 수 있다면 어떤 경로를 통해 가능한지 각자 생각해 보기 바란다.

생각하기 서울경제(인터넷) 권대경기자. 2010년 8월 11일

정운찬 국무총리가 11일 정책집행과정의 정당성을 강조하는 이임사를 남기고 공식 퇴임했다. 정 총리는 이날 세종로 정부중앙청사에서 이임식을 갖고, “정책 효과를 조기에 구현하려는 의욕이 앞서 자칫 정책 집행의 절차적 정당성을 망각하기 쉽다”며 “국정철학을 구현하는 정책의 절차적 정당성을 결코 소홀히 해서는 안 된다”고 지적했다. 그러면서 정 총리는 “아무리 좋은 철학을 구현하는 정책이라도 추진 방식이 잘못되면 국민적인 호응을 얻기 어렵고 당초 기대했던 정책효과도 거두기 힘들다는 사실을 늘 상기하기 바란다”고 당부했다. 아울러 정 총리는 “공직자는 언젠가 국가권력의 전횡을 염려하고 만에 하나라도 국민의 존엄성과 기본권이 훼손되지 않도록 세심한 관심을 기울려야 한다”고 말했다.

참고하기

문제가 포괄하는 범위가 넓고, 사회적 파급도가 커서 사회적으로 중요하다고 인식하는 경우 정책의제로 채택될 가능성이 높을 것이다. 문제의 성격이 추상적인 경우 일반적으로 정책의제로 채택될 가능성이 높을 것이다. 만약 문제의 성격이 기술적으로 복잡하고 지나치게 구체적이어서 다른 집단이나 일반인의 문제인식형성에 지장을 초래한다면 정책의제선정이 쉽지 않을 것이다. 이런 경우에는 정책의제화를 도와주기 위해서 그 문제를 추상화·일반화시켜서 일반인들의 문제인식을 쉽게 하려는 전략이 필요하다.

정책의제란 문제－엄밀하게 말하면 문제(목표와 현실간의 차이)들 중에서 개인이나 집단에 의해서 문제라고 제기된 이슈들－들 중에서 권한 있는 정책담당자(조직 또는 사람)가 정책문제로 공식적으로 다루기로 선택되어진 정책이슈를 말한다.

참고하기

문제란 목표와 현실과의 차이(gap)다. 목표란 주체(조직이나 개인)가 희망하는 바람직한 상태(state)를 말한다. 정책이란 가치의 권위적 배분으로 볼 수도 있다. 돈, 권력, 명예 등 사람들이 소유하려고 하는 물질적·비물질적 자원들이 가치이다. 권위적이란 정당성을 가진 권력을 말하는데, 가치를 배분하는데 구성원들이 묵시적이나 명시적으로 동의해서 정당하다고 인정하는 경우를 말한다. 가치의 배분에 있어서 정치학자는 권력이, 경제학자는 가격기구(시장)이, 사회학자는 관습과 규범(문화)가 중요한 역할을 한다고 가정한다.

정책과정 관점에서 행정을 바라보면, 국가목적을 정치가 제시하면, 정치 또는 행정은 행정이 달성하고자 하는 행정목표(국가목표)를 설정하게 된다. 정치와 행정을 어떻게 이해하는 가에 따라서 행정이 목표를 설정할 수 있는가와 없는가를 정의한다. 목표달성을 위한 다양한 정책수단들에 대한 분석과 정책수단(대안)을 선택하게 된다. 이를 정책결정으로 표현한다. 정책결정과정을 통해 선택된 정책수단의 구체화는 정책집행과정을 통해 이루어진다. 정책집행을 위해서는 조직, 돈(예산), 사람(인사), 규칙과 절차(SOP) 등의 수단들이 동원된다. 정책집행의 결과물인 정책산출을 확인(평가)하고, 이러한 결과를 피드백(환류)시켜 조직목표와 비교하는 과정을 거치게 된다.

정책의제라는 것은 정책이슈들 중에서 정책결정권한을 가진 사람이 정식으로 다루기로 한 공식의제(formal agenda)이다. 문제는 개인이나 집단 또는 공공기관이 인식한다. 사람들이 가진 목표와 현실 인식이 다양한 만큼 사회문제도 다양하게 노출된다. 사회문제들 중에서 정책담당자가 특별히 정책결정대상으로 삼고 싶은 문제들이 정책의제가 된다. 시스템이론의 관점에서 본다면 정책의제선정과정은 시스템(정책결정기관)이 필터링(filtering)하는 단계라고 이해하면 된다.

개인이나 집단은 인식된 문제를 정책의 장으로 넣어서 정부로 하여금 문제해결을 독려하고자 하다. 정책결정자가 문제를 정책문제로 인식하게 만드는 지름길은 여러 사람이 문제가 중요하다고 인식하게 만드는 것이다. 여러 사람이나 집단이 문제라고 인식하고 있는 경우 우리는 공공의제(public agenda)라고 부른다. 공공의제는 문제인식이 대중으로 확산된 것이므로 정책의제(또는 공식의제)가 될 확률이 높을 것이다(혹시 국회방송을 보면, 의장 또는 위원장이 의사일정 제0항 ... 을 상정합니다. 하는 멘트를 볼 수 있다. 이 경우 의사일정 제0항의 안건이 국회본회의나 상임위원회에서 다루는 공식의제라고 생각하면 된다).

사회문제가 공식의제로 전환하는 과정을 보면, initiation, specification, expansion, entrance 등의 과정을 거친다. 즉 개인이나 집단이 문제제기를 하고, 문제가 무엇인가를 일반인이 인식하기 쉽도록 특징화·구체화하며, 문제를 다른 개인이나 집단이 문제로 인식하도록 널리 알리며, 이러한 과정을 통해 정책의제(공식의제)로 채택되게 된다는 것이다. 지금 설명한 것처럼 정책결정권한을 가지고 있지 않은 외부의 개인이나 집단이 사회문제들을 이슈화, 공중의제로 전환시킨 후 정책결정자가 공식의제로 채택하게 만드는 과정을 설명하는 모형을 외부주도형 의제설정모형이라고 표현한다. 반대로 정책결정기관이 공식의제(foraml agenda)를 선정한 후, 이 의제가 공식적인 정책의제라는 것을 국민(대중)에게 알려서 국민들이 의제라고 인식(공중의제, public agenda)하게 만든 후 정책결정을 하는 모형을 동원형 의제설정모형이라고 한다.

마지막으로 내부접근모형이란 행정기관 -또는 정치결정자 또는 정치권력과 긴밀하게 연계되어 있는 집단- 이 비밀주의에 입각해서 정책의제를 설정을 하고, 정책의제 내용을 국민에게 공표하지 않고 -그러니까 정책의제가 공중의제로 전환하지 않는다는 점에서 동원형과 다르다-, 정책결정과정도 비공개로 이루어지는 경우를 말한다. 내부접근모형을 음모형이라고 표현하기도 하는데, 정책의제선정이 비공개로 이루어짐을 강조하는 것이다. 내부접근모형은 국가가 개발정책을 주도하는 경우 또는 설명하기 어려운 기술적인 요인이나 안보적인 요인 등 제한적으로만 적용가능할 것이다.

의사결정방식의 종류와 특징을 이해해야 한다. 델파이 기법이란 전문가들이 직접 모이지 않고 우편이나 이메일을 통한 통신수단으로 의견을 수렴하여, 의견 조정 작업을 거쳐 합의를 도출하는 방식이다. 전문가들 사이에 발생할 수 있는 연구커넥션이 문제해결방식 제안에 영향을 줄 수 있으므로, 해결방식 제안을 우편이나 이메일 방식으로 받아 전문가의 독립성을 보장하려는 것이다. 브레인스토밍은 실무에서는 제안제도 운영 시에 주로 적용하는 기법이다. 명목집단법은 대체로 행정학에서 명목(nominal)은 내용과는 관련 없는 이름을 붙인다는 의미로 사용된다. 예를 들면 명목변수라는 것은 여성변수에는 0, 남성변수에는 1을 부여하는 경우 0과 1을 명목변수라고 한다. 조직 연찬회 참석 후 전체 회의장에서 분임토의 결과(조직의 발전방안에 관한)를 요약 발표할 때 적용하는 방식이다.

의사결정방식을 도입할 때 고려해야 하는 변수는 조직의 문화라고 본다. 조직의 문화가 상명하복의 문화인 경우에는 각자의 생각을 자유롭게 표현하고, 토론하기가 쉽지 않다. 다양한 의견이 개진되더라도 상관의 의사결정에 종속될 가능성이 크기 때문이다. 우리나라의 경우 의사결정방식에 관한 이해와 도입이 필요한 이유이기도 하다. 그렇지만, 실무적으로 보면 대부분의 경우 관리자는 주로 많은 경험과 지식을 가지고 있으면서 주위 환경으로부터의 요구(input)에 노출되어 있어 다양한 변수들을 고려하는 경향이 있다. 이러한 맥락에서 보면, 해결하고자 하는 문제의 성격에 따라 의사결정방식을 적용할 필요가 있을 것이다.

전문가들의 의견만으로 의사결정을 하더라도 큰 문제가 없는 경우에 델파이 기법을 적용할 수 있을 것이다.

정책의제(공식의제, formal agenda)로 선정되면 의제가 포함하고 있는 문제를 해결하기 위한 노력이 전개된다. 본격적인 정책결정과정이 시작되는 것이다. 정책결정방식 역시도 관심에 따라 다양하게 분류할 수 있다. 1사람이 독재자가 결정하는 방법, 다수결로 결정하는 방법, 합의로 결정하는 방법으로 구분할 수도 있다.

정책결정과정이란 문제를 해결하기 위한 다양한 대안들을 고안하고 그 중에서 하나의 대안을 선택하는 과정이다. 관념적으로 구분해 본다면, 정책의제가 담고 있는 문제가 무엇인가를 확인하고 −문제의 범위를 설정하는 단계라고 이해하면 된다. 문제는 현실과 목표이 차이라고 정의했으므로 목표(선호)가 달라짐에 따라 문제인식도 달라진다는 점을 유념하기 바란다. 또한 현실인식이 다른 경우에도 마찬가지의 현상이 나타날 것이다−, 문제에 관련된 자료들을 수집 · 정리 · 분석을 통해 문제를 분석한 후, 문제해결에 필요한 대안들을 발굴·검토하는 단계를 거친다. 이 과정에서는 창의적인 접근방법이 요구된다. 브레인스토밍, 델파이기법 등 미래예측 기법들이 적용 가능한 영역이다. 대안들이 마련되면 대안들 중에서 최적이라고 생각되는 문제해결방안을 선택하고 그 방안을 기획(planning)한다. 대안을 마련하고 선택하는 과정에서 정책결정자의 만족수준을 기준으로 하는 모형이 만족모형이고, 과거의 선택과 경험을 기준으로 하는 모형이 점증모형이며, 모든 가능한 대안들을 검토한 후 대안들을 비용-편익분석을 통해서 가장 합리적인 대안을 기준으로 하는 모형이 합리모형이다. 합리모형과 유사한 모형으로는 혼합모형(mixed scanned model)이 있다. 혼합모형도 대안의 선택에 있어서 합리성을 기준으로 한다는 점에서 합리모형과 유사하다.

의사결정모형으로 사이버네틱스모형이 있다. 사이버네틱의 개념은 미사일이 발사되어 목표물을 명중시키는 과정을 이해하면 된다. 발사된 미사일은 목표물과 직선으로 신행하는 것처럼 생각하기 쉬우나 그렇지 않다. 목표물의 위치변화에 따라서 미사일도 그 방향을 조금씩 수정하는 것이다. 상대방(목표물 또는 환경)을 통제할 수 없는 상황－목표물은 미사일의 의도와는 달리 위치를 변경 한다－에서 조직이 환경의 변화에 적응, 생존하는 방식이다.

의사결정의 합리모형이 인과적(원인－결과) 학습을 강조한다면, 사이버네틱스 모형은 도구적 학습을 강조한다. 미사일이 목표물(비행기)을 명중할 때의 과정을 생각하면서 사이버네틱스 모형을 정의하기 바란다. 합리모형과는 달리 미사일의 목표물은 이동하기 때문에 미사일은 최초 발사 때와는 다른 위치정보 값에 직면하게 된다. 미사일(조직)은 환경의 변화에 대해 표준운영절차(SOP)에 근거해서 조직의 업무를 처리한다－규칙에 근거한 의사결정은 의사결정조직에서 고려해야 할 많은 변수들을 줄여주는 순기능을 하기도 한다는 점을 생각하기 바란다. 우리가 선입견으로 사람을 평가할 때 그 사람에 관한 많은 정보를 읽고 해석하지 않는 것과 마찬가지로－. 그러나 표준운영절차나 규칙으로 해결하기 못하는 환경의 변화에 대해서는 기존의 방식－SOP 또는 규칙에 근거한－이 아닌 새로운 방식－SOP 또는 규칙－을 찾는다는 것이다.

제한된 합리성(limited rationality)

노벨상 수상자인 Herbert A. SIMON은 의사결정모형으로 만족모형(satisfying model)을 주장했다. 인간의 합리성과 완전정보를 가정하는 경제적인 합리모형은 실험가능하지도 않을 뿐만 아니라 적정하지 않다는 것이다.

subgoal identification

공식적인 조직목표 보다 조직 내 의사결정자의 지식, 경험, 조직환경, 개인의 이기심, 권력욕구 등이 조직의사결정의 중요한 고려요인이 되는 현상을 지칭한다.

유인-기여 이론

버나드(C. I. Bernard)는 조직행동을 연구하면서 조직에서 제공하는 유인과 조직의 구성원이 조직에 제공하는 기여에 관심을 가진 학자이다. 유인과 기여라는 측면에서 조직행동을 연구하는 경우 조직 내에서의 기회주의(opportunity)적 행동을 분석할 수 있다.

조직의 느슨함, 조직의 낭비적인 요인(organizational slack)

Cyert- March 이론, Leibenstein의 X 이론 등은 조직이 100% 완전한 효율성을 달성하지 못하는 현실을 지적하는 이론들이다. 즉 고전주의 경제학자들이 주장하는 완전합리성, 완전정보 등에 대한 가정들이 현실적이지 않음을 지적하는 것이다.

정책집행을 행정의 고유영역이라고 보는 견해(조직이론 편에서 재정조직(행정)을 바라보는 다양한 관점이 있다는 점을 알고 있을 것이다)도 있다. 정책집행은 결정된 정책을 집행하는 것이다. 그렇지만, 정책집행과정에서도 다양한 형태의 정책결정이 이루어짐을 유의해야 한다. 왜 그럴까? 정책결정자들이 정책결정을 하는 경우에도 구체적으로 모든 경우(상황)을 고려한 정책대안을 제시하지는 못한다. 설사 그것이 가능하다고 하더라도, 시간이 흐르면서 정책결정 당시의 환경과 정책집행 시점에서의 환경(또는 기술의 변화)이 같을 수는 없기 때문이다. 정책집행 지역이 도시인지 농촌인지 또는 정책수혜 주민의 나이, 경제적인 수준 등에 따라 정책집행 방식이 달라질 수 있다.

정책집행에 영향을 미치는 변수는 정책의 성격 및 종류(규제정책, 조성정책, 분배정책), 정책집행자의 수준 및 능력, 정책 환경(안정적, 유동적, 기술발달정도), 자원과 정보 등이다. 예를 들면, 인터넷이 발달한 현대사회에서의 재정정책집행방식과 교통통신수단이 발전하지 못했던(사회적 기반시설이 취약했던) 사회에서의 재정정책집행방식이 같을 수는 없을 것이다.

생각하기

필자가 CERN[14]이라는 연구소를 방문했을 때, 물질과 반물질의 개념을 접할 기회를 가졌다. 물질과 반물질이 만나면(충돌하면) 에너지만 남고 두 물질은 사라진다는 것이다. 반물질을 만드는데 투입되는 에너지의 양이 충돌 시에 발생하는 에너지의

14) 스위스와 프랑스에 걸쳐 있는 곳에 위치한 유럽원자핵공동연구소.

> 양보다 더 크기 때문에-기술적으로는 가능하지만, 경제성이 없다는 것임- 상용화되지 않고 있다고 한다. 기술의 발전으로 반물질을 만드는데 투입하는 에너지의 양이 적게 된다면 반물질을 만드는 활동이 지금보다는 더 활발할 것이다. 기술적 · 경제적으로 가능하다는 것과 윤리적으로 그것이 과연 바람직한가에 관한 질문과 대답이 요구되는 시점이 멀지 않은 것 같다. 자, 독자 여러분도 가능성과 필요성(바람직한지의 문제)의 차원으로 재정문제를 분석해 보자.

본론으로 돌아와서, 사회현상에는 좋은 것(goods)와 나쁜 것(bads)가 공존하는 경우가 많다. 화석연료를 사용하고 있는 자동차는 인류로 하여금 시간과 공간의 제약을 벗어나는데 도움을 주었으나 대기오염을 초래하는 원인이 되기도 한다. 정부규제도 마찬가지다. 규제의 편익과 비용이 발생한다. 윌슨의 기업가 정치모형에 해당하는 환경오염규제정책을 예로 들어서 설명해 보자. 공장굴뚝에서 배출하는 대기오염물질을 규제하는 경우의 규제비용은 얼마나 될까? 규제를 위해서는 의회에서 법률을 만들어야 한다. 규제담당부서 공무원이 법률안 초안을 만들어서 관련부서 협의와 국무회의, 대통령의 승인을 받아 의회에 제출하거나, 국회의원이 법률안을 발의하여 의회에 제출한다. 의회에 제출된 법률안은 의장(의안과)이 상임위원회에 회부하고, 상임위원회의 심사를 거쳐 법사위원회 심사 후 본회의에 회부된다. 본회의를 통과한 법률안은 정부로 이송되어 관보에 게재한다. 규제 법률이 탄생하기까지의 시간과 노력들을 화폐가치로 환산하면 얼마나 될까? 법률이 만들어지면 정부에서는 시행령, 시행규칙을 만들어서 규제집행을 구체화한다. 이 과정에서도 비용이 투입된다. 관련부서 협의에 투입되는 시간과 금전적인 비용들이다. 공무원이 매달, 매주, 또는 매일 공장굴뚝을 점검한다면 그 비용도 계산해야 한다. 규제의 내용에는 공장주도 실시간으로 오염물질배출량을 기록하는 의무를 부과하고 있을 것이다. 그렇다면 공장주도 규제에 따르는 비용을 지불하고 있는 셈이다. 규제에 따르는 비용을 어느 범위로 정하는가에 따라 규제비용의 금액도 달라질 것이다. 규제비용산출이 쉽지 않음을 직관적으로 알 수 있을 것이다.

그러면 규제에 따르는 이익은 얼마나 될까? 이 경우의 규제이익은 공장의 대기오염물질배출을 규제함으로써 이웃 주민들과 공장 근로자의 건강을 보호하고, 주변 생태계의 오염으로 자연환경이 회복불가능한 상태가 되어 미래세대의 환경권 침해를 방지한 것이다. 규제를 하지 않고 방치한 상태에서 지불해야 하는 사회적인 비용(주민과 근로자의 의료비, 환경회복에 투입되어야 하는 시간과 비용들)이 규제편익이 된다. 이 편익을 화폐적 가치로 환산한다고 가정하자.

그러면 구체적으로 결정되고 집행되어지는 규제수준은 −경제적인 관점에서 볼 때

– 규제에 따르는 한계비용과 한계수익이 일치하는 점에서 결정된다. 가치의 권위적인 배분을 내용으로 하는 정치·행정적인 관점에서 볼 때 –기업가, 환경운동가, 정부– 집단의 이익과 입장이 다르므로 규제수준과 내용에 합의를 도출하기 쉽지 않다는데 주목해야 한다(경제학자, 정치학자 등 전공과 관심분야에 따라 규제정책에 관한 접근방법 또한 달라질 것임을 시사한다).

〈표 3〉 규제와 정치형태

	규제편익집중	규제편익분산
규제비용집중	이익집단정치	기업가 정치
규제비용분산	고객정치	대중정치

Wolf의 미시적 분리와 거시적 분리의 개념에 관해 공부해 보자. 울프(Wolf)는 비시장실패(정부실패)의 개념을 설정하는데 크게 기여한 학자이다. 울프는 정부가 제공하는 재화와 용역이 효율적으로 배분되지 못하는(정부실패가 발생하는) 주된 이유를 정부활동(상품)에 대한 수요와 공급의 특징에서 찾고 있다. 울프가 제시하는 비시장수요의 특징으로는 첫째, 시장실패에 대한 일반인의 인식고조 둘째, 정치적 조직화와 정치적 권익 신장 셋째, 정치적 보상구조의 왜곡(정부시정조치의 필요성이 정치적 과정 속에 용해되는 과정에서 그 보상은 책임을 지지 않는 정치인들에게 돌아가므로 정치인들은 무책임하게 정부활동을 확대하려는 경향이 있음) 넷째, 정치행위자의 높은 시장할인율(정치인은 선출직이므로 짧은 임기 때문에 미래에 생기는 편익보다는 현재 또는 가까운 장래에 생기는 편익과 비용은 지나치게 과장되는 경향이 있음) 마지막으로, 편익과 부담의 분리를 들고 있다. 편익을 누리는 집단과 비용을 부담하는 집단이 서로 상이할 경우에는 정치적 조직화와 로비를 통해서 잠재적 수혜자 집단이 수요를 창출하려고 할 것이므로 비효율적이라는 것이다. 편익과 비용의 분리는 미시적 분리와 거시적 분리로 구분할 수 있는데 미시적 분리(윌슨의 고객정치모형과 유사)란 정부사업의 편익은 특정집단에 집중되나 그 비용은 납세자나 일반대중에게 널리 퍼져있는 경우를 말하고, 거시적 분리(윌슨의 기업가정치모형과 유사)는 복지사업과 같이 정부사업에 대한 수요는 다수이지만 그 재원은 소수가 부담하는 경우를 말한다.

다음, 비시장 공급의 특징으로는 비시장산출물의 정의와 측정이 곤란하여 그것의 산출에 사용되는 투입물의 가치로써 표현하는 경우가 많다는 점, 독점적 공급으로 경쟁이 어려워 산출물의 질에 대한 평가가 어렵다는 점, 생산기관(정부)이 사용하는 생산기술이 불확실하고 애매모호하다는 점, 종결메카니즘이 결여되어 있어 산출물이

성공적이지 못할 때 그것을 종결시키기가 어렵다고 지적한다.

생각하기

울프의 미시적 분리와 거시적 분리, 윌슨의 고객정치모형과 기업가정치모형 등의 시사점은 무엇일까? 수혜집단, 정부, 비용부담집단 세 그룹으로 구분하여 생각해 보자. 독자 여러분은 수돗물이용에 부과되고 있는 '물이용부담금'이라는 제도를 알고 있는가? 수돗물 이용량에 따라 수도요금이외에 부과되고 있는 부담금이다. 수돗물 요금에 통합되어서 부과되고 있어서 대부분의 가정에서는 수돗물 요금이라고 생각하고 납부하고 있는 현실이다. 하류지역 주민들이 납부한 물이용부담금으로 조성된 기금으로 (규제를 받는) 상류지역 주민지원사업에 사용한다. 한강수계의 경우 약 2천만 명의 하류지역 주민이 부담금을 납부한다. 기금조성의 부담이 다수의 주민들에게 분산되어 있어 물이용부담금제도를 도입하는데 2천만 명의 주민들이 연합에서 이익을 표출하기란 쉽지 않다는데 주목할 필요가 있다(2천만 명의 주민들이 조직을 결성한다면 그 조직결성비용(거래비용)이 만만찮을 것이기 때문이다). 거래비용의 관점에서 볼 때, 정책결정권한을 가지고 있는 정부의 입장에서는 소수의 집단화된 상류지역주민의 이익을 경청하는 것이 쉽고 정책결정이 수월할 것이라고 생각할 것이다. 이 경우에는-부담금 납부와 사용이라는 관점에서 한정해서 볼 때- 상류지역주민에게 유리한 정책이 만들어질 가능성이 높다는 것이다. 따라서 이런 상황에는 이익결집이나 집단화가 쉽지 않은 다수의 주민들의 이익을 정부가 고려할 수 있도록 언론이나 시민단체의 역할이 중요하다는 것을-미래의 정책담당자인- 독자 여러분이 알고 있어야 한다.

시장실패란 가격기구가 제대로 작동하지 못해 효율적인 자원배분에 실패하는 현상을 말한다. 경제학자들은 제한된 자원의 효율적 배분을 -파레토 최적인 상태- 시장 또는 가격기구의 보이지 않는 손에 의해 가능하다고 본다. 물론 합리적인 인간, 완전정보, 완전경쟁시장(거래비용이 영) 등의 가정을 전제로 한다. 현실은 이러한 가정들을 충족시키지 못하는 경우가 많다. 치안, 국방, 도로 등 공공재는 그 재화를 이용하는 사람이 다른 사람의 이용을 배제할 수 없는 경우(배제하더라도 많은 배제비용이 든다) 비용을 지불하지 않고 그 재화를 이용하는 무임승차자(free-rider)가 존재한다. 따라서 가격기구가 제대로 작동하지 못하게 되는 것이다. 예전의 철도사업은 초기 건설에 투자되는 비용이 엄청나므로 국가가 건설하고 운영하는 경우가 많았다. 초기에 대규모 투자비용이 소요되는 사업은 민간회사에서 추진하기가 쉽지 않다. 민간회사에서 추진하더라도 자본력이 좋은 대기업만이 그 사업에 진출할 수 있을 것이다. 결국 공급자가 1인이 되는 독점형태(자연독점)가 되는 것이다. 즉, 완전경쟁시장이라는 조건을 위반하게 된다. 외부성(externaliy)는 정원에 꽃을 심어두는 경우에 정원의 집주인 이외에도 주변 사람들에게도 좋은 느낌(utility)을 준다. 물론 꽃을 보며 즐거워하는 이웃은 어떠한 비용도 지불하지 않는다. 이 경우 외부경제라 한다. 반대로 오염물질을 배출하는 기업은 －오염물질 정화에 필요한 사회적 비용을 지불하지 않는다면－ 이웃에게 불편을 주면서도 아무런 비용을 지불하지 않는다는 점에서 외부비경제라 한다. 외부경제는 좋은 것이므로 이를 촉진하기 위해서 정부가 보조금을 주는 정책을, 외부비경제는 오염물질 정화에 필요한 비용을 세금의 형태로 환수하는 정책을 주로 사용한다.

내부성(internalization)은 외부성을 내부화하는 것이라고 이해하면 되겠다. 담배를 피워서 외부비경제-시장실패-를 야기하는 사람들로 인해서 일반 사람들이 받는 피해를 줄이기 위해서 흡연구역을 지정하는 것이다. 그 구역(zoning) 내에서만 흡연을 하도록 하면(예를 들면, 플라스틱 박스 실) 흡연자들만 담배 냄새를 맡게 될 것이다.

파생적(derived) 외부효과(externality)란 시장실패를 치유하기 위한 정부의 개입이 오히려 시장실패를 심화시킬 수도 있다는 견해이다. 경제학에서의 경기순환론이 있다. 경기가 침체기라고 정부가 인식하고 －정부가 경기가 침체기라고 인식하는 순간은 이미 경기가 최악의 침체기일 것이다－ 경기부양책을 발표 한다(여기서 중요한 사실은 경기침체의 인식과 정부 부양책 발표 사이에는 시차(time lag)이 존재한다는 것이다. 정부의 정책이 발표되기 위해서는 많은 부처 협의와 의회의 승인 등 상당한 시간이 필요하다). 이러한 시차 때문에 이미 경제상황은 침체기를 벗어나서 이제 회복기로 접어들고 있을 것이라는 것이다. 경기가 회복기에 드는데, 정부가 발표한 경기부양책은 과잉경기진작이 되어 인플레이션을 야기하게 된다는 것이다. 마찬가지로 경기가 인플레이션일 때 정부의 경기 안정책은 과잉경기침체를 야기할 수 있다는 지적이다. 이러한 이론을 제기하는 학자들은 민간경제의 자율적인 치유능력(보이지 않는 손)이 있다는 점을 정부는 간과해서는 안 된다고 주장한다.

생각하기

조직은 살아있는 유기체(living system)이다. 때문에 조직의 탄생과 소멸은 자연스러운 현상이다. 또한 조직은 환경과 상호작용하는 개방형시스템이다. 글로벌 환경에서의 조직경영은 어떤 모습으로 변화하고 있는지 생각해 보기 바란다. 한국에 본사를 둔 대기업이 여러 나라에 지사를 두고 있다. 독자 여러분이 대기업 회장이라고 가정하고 언어와 문화가 다른 곳에서 설치 · 운용되고 있는 지사의 영업활동에 대하여－기업의 이익을 극대화하기 위해서는－ 어느 정도의 자율성을 부여하는 것이 좋은지, 아니면 본사의 영업방침과 기준을 따르도록 하는 것이 좋은지 고민해 보기 바란다.

고객중심적이란 개념에 대해 좀 더 자세하게 알아 둘 필요가 있다.

고객중심적 행정(소위 기업가적 신관리주의)이란 행정기관이 제공하는 재화(주로 공공재)와 용역(서비스)을 공급받는 고객의 만족도를 높이기 위해서 고객의 요구와 만족도를 측정하는데 연구의 초점을 둔다. 고객중심적 행정이 경영학의 고객만족의 개념을 행정에 도입하려는 시도였다면, 덴하르트(J.Denhardt and R.Denhardt)는 한걸음 더 나아가 －경영학보다는 정치적 가치에, 생산성보다는 인간가치에 무게중심을 두면서 － 시민중심적 행정의 개념을 도입할 것(소위 신공공서비스론)을 주장한다. 행정기관이 제공하는 서비스는 공공재적 성격을 지니므로 서비스를 직접 제공받는 고객들뿐 아니라 고객이외의 시민들도 행정기관의 정책에 영향을 받을 것이라는데 착안한 모델이다.

개 밥그릇 가설[15)]

사람의 실적을 평가한다는 것, 특히 사람의 잠재능력을 측정하거나, 비교하거나 평가한다는 것은 여간 어려운 일이 아니다. 판단이 혼란스러울 때 우리가 흔히 적용하는 방식이 그 사람의 경력을 참고로 판단하는 것이다. 이런 방식이 합리적인 의사결정방식이라고 보기 어렵다는 것은 독자 여러분도 이해할 것이다.

사람이 어떤 사람을 만나는가에 따라 가끔씩은 그 사람의 운명이 바뀌기도 한다. 누군가 필사에게 발해준 소위 '개 밥그릇 가설[16)]'은 지금도 기억에 남아있다. 설렁탕 그릇에 개밥이 있는 경우와 개밥그릇에 설렁탕이 있는 경우 대부분의 사람은 전자를 선택한다는 것이다. 내용물이 비슷하거나 내용물에 관한 정보가 명확하지 않은 경우에 의사결정모습을 비유적으로 표현한 것이다. 그만큼 자격증을 획득한 사람과 아닌 사람과는 처우에서도 차별을 받을 것이라는 지적이었다.

생각하기

평가(evaluation)는 어떤 성과를 측정하고, 측정치를 가치(기준, 목표)와 비교하는 의미를 가진다. 근무성적 평정이란 일정기간(6개월 또는 1년) 동안 공무원이 행한 업적(근무태도, 능력 등을 포함하는 경우도 있다)을 평가하는 것이다. 근무성적 평정의 시작은 공무원 자신이 행한 업적을 기술(description)하는 것이다. 자신이 행한 업무실

15) 필자가 임의로 표현한 것이다.

16) 정보의 비대칭에 따른 역선택의 역설을 시사한다. 대표적으로 중고차매매시장의 사례를 든다. 빛좋은 개살구처럼 중고차를 구매하려는 사람은 그 중고차를 판매하려는 사람이 가진 정보보다는 훨씬 적은 정보를 가지고 구매여부를 판단하게 된다. 불완전한 정보 때문에 중고차 매매시장에서 역선택 현상이 나타나게 된다. 즉 관리가 잘 된 중고차는 시세가 상대적으로 낮다고 판단한 매도자가 중고차 매매시장에 매물로 판매하기를 주저하게 되고, 관리가 좋지 않은 중고차 소유자는 상대적으로 높은 중고매매시장가격에 매도의사를 표현하게 된다. 결국 구매자는 시장가치보다 낮은 품질의 중고차를 매입하게 될 가능성이 많은데 이를 중고차시장에서의 역선택 현상이라 부른다. 외양과 내면의 정보가 일치하도록 여러 가지 제도를 만들어가는 노력이 필요하다. 정보화의 진전은 정보비대칭 현상을 극복하는데 기여할 것으로 기대한다.

적을 구조화하기란 쉽지 않다. 대부분의 경우 자유기술방식(open sheet)을 채택한다. 그 결과 공무원의 실적을 표현하는 방식이 다양한 것이 현실이다. 피평정자 A는 건별로 자세하게 기술하기도 하고, 피평정자 B는 업무들을 묶어서 하나의 단위로 표현하기도 한다. 평정자(1차 평정자는 주로 직속상관이 된다. 2차 평정자는 1차 평정결과를 가지고 순위를 확정하게 되는데 주로 1차 평정자 보다 높은 직급에서 담당한다)는 피평정자가 기록한 업무내용과 피평정자의 경력 등을 고려하여 평정하게 된다. 평정과정에서 평정자가 관대하게 평가하는 경향, 엄격하게 평가하는 경향 등 평정자의 주관에 따라 평정결과가 달라지는 문제- 기획실 부서원에 대한 평정은 기획실장이, 예산실 부서원에 대한 평정은 예산실장이 하는 경우 기획실장과 예산실장의 성향에 따라 기획실 부서원과 예산실 부서원의 평정결과가 영향을 받을 것이다- 를 예방하기 위해 인사부서에서는 통일된 잣대를 만들어서 제공한다(물론 예산실과 기획실에 평가과정과 결과 및 집행을 모두 위임하는 경우는 인사부서에서 최소한의 기준만 설정하면 될 것이다. 인사부서가 최소한의 기준만을 설정하고 각 부서에서 인사평정을 주도적으로 행하는 현상이 민간기업체를 중심으로 나타나고 있다. 예를 들면 일부 민간기업의 경우 글로벌 경영을 도입하면서 각 지사별로 또는 팀별로 성과금의 총액을 배당하고 구체적인 평가와 배분방식은 각 지사장 또는 팀장에게 맡긴다).

근무성적평정을 공부하면서 필자가 강조하고 싶은 것은 평정단계에서의 평가결과 공개 여부이다. 관대화경향이나 엄격화경향 등을 예방하기 위해서 인사부서에서 척도들을 개발하더라도 한계가 있기 마련이다. 평정의 오류를 예방하기 위한 가장 중요한 장치가 평정결과의 공개라고 생각한다. 최종 평가결과가 아니라 1차 평정자가 평정하는 단계에서의 평정점수를 당사자에게 공개하고, 피평정자에게는 이의신청 권한을 줘서 평정자와 피평정자 간의 대화와 학습 기회를 제공할 필요가 있다. 물론 평정자와 피평정자 간 인간관계를 중시하는 한국의 행정문화를 고려할 때 평정결과를 공개하는 경우 집중화(중간 점수를 주는 경향)의 경향을 나타낼 것이라는 우려가 없지 않다. 옳은 지적이다. 조직의 문화를 고려해야 한다. 우리나라의 행정문화도 실적중심주의로 옮겨 가고 있는 추세임을 고려한다면, 평정단계에서의 평정점 공개와 토론을 활성화할 필요가 있다. 남이 바라보는 자신의 모습이 어떤지를 알아보고 자신의 장단점을 파악할 수 있는 중요한 기회가 될 것이기 때문이다.

제2장 국가재정법

1. 국가재정법[1] 제정의 의미

국가재정법은 예산회계법을 전면 개편하여 제정된 법률[2]이다. 일반회계예산은 1961년 459억 원에서 2006년 147조 원으로 45년 간 3,200배 증가하였으나, 예산운용의 근거법에는 큰 변화가 없었는데[3] 2007년 예산회계법과 기금관리기본법을 통합한 국가재정법을 제정함으로써 새로운 재정운용방식을 법제도로 뒷받침하게 되었다.

국가재정법은 참여정부가 재정여건 변화에 대응하기 위해 추진하였던 국가재정운용계획, Top-down 방식의 예산운용, 성과관리제도, 디지털예산회계시스템의 4대 재정혁신을 법세화했다.

국가재정법의 내용을 주요 조문별로 살펴보자.

먼저 국가재정법에서 재정의 범주에 국가의 예산 · 기금 · 결산 · 성과관리 및 국가채무를 포함하면서, 재정의 효율성과 성과지향성 및 재정건정성을 목표로 제시하고 있다.

회계연도는 매년 1월 1일부터 시작하여 12월 31일에 종료한다.

국가의 재정은 크게 예산과 기금으로 구분하고, 예산은 일반회계와 특별회계로 구분한다.

국가재정운용계획을 수립하여 단년도 예산편성의 기본틀로 활용한다. 매년 5회계연도 이상의 기간에 대한 국가재정운용계획을 수립하고 이를 예산안과 함께 국회에 제출한다. 국가재정운용계획에는 재정운용의 기본방향과 목표, 중장기 재정전망, 분

---

1) 국가재정의 형식과 내용을 담고 있는 국가재정법의 이해는 꼭 필요하다. 국가 재정법에 관한 다음의 해설서를 참고하기 바란다. 성승제.(2016). 국가재정법 해설서 발간, 한국법제연구원. 기획재정부 연구용역 최종보고서. 2016.12.

2) 2006년 10월 4일 법률 제8050호로 제정되어 2007년 1월 1일부터 시행되었고, 2019년 12월 31일까지 8차례에 걸쳐 개정되었다(타법 개정으로 국가재정법이 개정된 경우를 포함하면 총 53 차례 개정됨).

3) 재정규모의 증대와 IMF 외환위기를 겪으면서 재정건전성이 크게 악화된 상황도 국가재정 전반에 대한 개혁의 요구를 높이는 촉발요인이 되었다.

야별 재원배분계획, 조세부담률과 국민부담률 전망 등을 포함한다.

회계와 기금 간 여유재원의 신축적인 운용을 위해 회계와 기금 간 여유재원의 상호 전·출입이 가능하도록 규정하고 있다. 다만 연금성 및 보험성 기금 등은 전·출입 대상에서 제외하고 있음에 유의해야 한다. 보험성 기금에는 국민연금, 공무원연금, 사립학교교직원연금기금, 군인연금, 고용보험, 산재보험, 임금채권보장기금 등이 있다.

재정운용에 대한 부처의 자율권 확대에 상응하여 재정사업의 성과관리를 강화하고 있다. 각 부처는 재정사업 추진으로 기대되는 성과와 이의 측정 방법 등을 담은 보고서인 성과계획서를 작성하여[4] 예산요구서와 함께 기획재정부에 제출하고 기획재정부는 각 부처의 성과계획서를 취합하여 예산안의 첨부서류로 국회에 제출한다.

예비타당성 조사 및 타당성 재검증 제도를 강화하였는데 대규모 투자사업 관리제도의 대상을 확대하고 법적 근거를 보다 명확히 하였고 행정부가 선정한 사업 이외에 국회가 요구한 사업에 대해서도 예비타당성 조사를 실시한다.

재정의 투명성 제고를 위해 재정정보를 공개한다. 중앙정부와 지방정부의 제정에 관한 정보를 매년 1회 이상 인터넷 또는 인쇄물 등으로 국민에게 공표한다. 또한 재정집행에 대한 국민감시제도를 도입하여 예산 또는 기금의 불법지출에 대해 일반국민 누구나 해당부처 장관에게 시정을 요구하는 것이 가능하다. 국가재정법을 제정하면서 예산이나 기금의 지출행위에 대한 외부통제 장치가 충분하지 못해 재정건전성 확보를 위한 외부통제의 필요성이 있었다. 국민 누구라도 예산과 기금의 불법지출에 대한 증거를 제출하고 시정요구할 수 있고, 시정요구를 받은 중앙관서의 장 또는 지금관리주체는 그 처리결과를 시정요구한 자에게 통보하도록 하여 국가의 재정운용에 관한 국민통제권을 명문화하였다(국가재정법 제100조 참조).

건전재정성[5] 유지를 위해 추경편성의 요건을 강화하였다. 이전의 예산회계법은 '예산 성립 후 생긴 사유로 예산을 변경할 필요가 있을 때' 추경편성이 가능하도록 포괄적으로 규정하였으나 국가재정법에서는 편성요건을 구체적으로 명시하고 있는데, 추경편성요건에는 전쟁이나 대규모 자연재해 발생, 경기침체 또는 대량실업 등 대내외 여건의 중대한 변화 발생, 법령에 의해 국가가 지급해야 하는 지출의 발생 또는 증가 등이다.

세계잉여금[6]을 국가채무 상환에 우선 사용하도록 하고, 조세감면을 엄격하게 관리

---

4) 각 부처에서 자율적으로 전체 재정사업을 매년 30%씩 자율평가하는 재정사업자율평가제도는 재정운영의 효율성을 향상하고, 동일한 지출로 효과성을 향상하며, 재정지출을 절감하면서도 효과성을 유지하는 등을 기대된다. 특히 재정사업자율평가결과와 예산의 연계를 통해 예산편성에 있어서의 점증수의 현상을 덜피하고 효과성이 떨어지는 재정사업을 구조조정하는 계기가 된다.

5) 재정의 안정성(단기), 재정의 지속가능성(장기). 출처: 유럽중앙은행 ECB.(2007). Asseing Fiscal Soundness Occasional Paper Series.

하도록 하였다. 즉 세계잉여금의 정산원칙은 국가재정법 제90조에서 규정하고 있는데, 지방교부세 및 지방교육재정교부금 정산, 공적자금 상환, 국채 및 차입금 상환, 추경재원활용 및 차년도 세입 이입의 순서로 정산·처리한다.

2. 국가재정법의 주요내용

이제 국가재정법의 세부내용[7]을 소개한다.

먼저 제1장 총칙부분에서는 목적, 회계연도[8], 회계연도 독립의 원칙[9], 회계구분, 기금의 설치, 국가재정운용계획의 수립 등을 규정하고 있다. 특히 국가재정법의 규정대상은 이전의 예산과 기금 이외에 성과관리와 국가채무를 추가하면서 재정의 투명성, 성과지향 및 건전재정이라는 재정운영의 목적을 명확하게 표현하고 있다는 특징에 유의하자. 정부는 재정운용의 효율화와 건전화를 위하여 매년 당해 회계연도부터 5회계연도 이상의 기간에 대한 재정운용계획을 수립하여 회계연도 개시 120일 전까지 국회에 제출하도록 의무화하고 있다.

또한, 법 제7조제2항 각호에 재정운용의 기본방향과 목표, 중·장기 재정전망, 분야별 재원배분계획 및 투자방향, 재정규모증가율, 조세부담률 및 국민부담률 전망, 통합재정수지 및 국가채무전망, 전년도에 수립한 국가재정운용계획에 대한 평가를 넣을 것을 명시하였다.

법 제8조에서 성과중심의 재정운용을 규정하고 있는데, 각 중앙관서의 장과 법률에 따라 기금을 관리·운용하는 자는 재정활동의 성과관리체계를 구축하도록 의무화하였다. 각 중앙관서의 장과 기금관리주체는 국가회계법에서 정하는 바에 따라 예산 및 기금의 성과보고서를 작성하도록 하였다.

---

6) 세계잉여금=결산상잉여금-차년도 이월액이다. 결산상잉여금은 총계기준 수납액-집행액(세입세출의 채무상환분 포함)이다.

7) 국가재정법의 제정으로 달라진 부분을 중심으로 소개하고자 한다. 독자는 국가재정법에서 어떤 조항 또는 내용이 국가재정법 이전과 달라졌는지를 비교할 수 있는 안목을 가지게 될 것이다. 특히 수차례에 있었던 국가재정법의 개정내용을 살펴보면 예산에 관한 국회의 역할비중이 커지고 있음을 알 수 있다. 대표적인 사례로 2009년 3월 18일(제18차 개정) 내용을 소개한다.
예산이 이용·전용·이체시 분기별로 국회 소관 상임위원회와 예산결산특별위원회에 제출, 총사업비 관리대상 사업중 대통령령이 정하는 요건에 해당하는 사업 및 감사원의 감사결과에 따라 감사원장이 요청하는 사업에 대한 타당성재조사 실시 및 결과의 국회보고, 국회 의결에 따른 타당성재조사 실시 및 결과의 국회보고, 기금운용계획 변경시 분기별로 그 내역을 국회 소관상임위원회와 예산결산특별위원회에 제출 등이다.

8) 단년도 회계주의를 채택하고 있는 이유는 수입과 지출의 예측성을 확보하고, 그 집행을 국민이 감시할 수 있도록 함으로써 재정의 민주적 통제를 위한 것이다.

9) 해당 연도의 수입으로 경비를 충당하라는 의미로, 각 예산의결을 매 회계연도마다 새로이 하여야 한다는 단년도 예산원칙과는 구분해야 한다.

법 제9조는 재정정보의 공표에 관하여 규정한다. 공표 대상을 예산, 전년도 결산, 국채, 차입금, 국유재산의 현재액 등 중앙정부의 재정정보에 더하여 지방정부 재정정보도 함께 공표하도록 의무화하였다.

법 제10조에서 재정운용에 대한 의견수렴을 규정하면서 기획재정부장관은 재정운용에 대한 의견수렵을 위하여 각 중앙관서와 지방자치단체의 공무원 및 민간 전문가 등으로 구성된 재정정책자문회의를 운영하도록 하였다. 과거에 훈령에 근거하여 활동하던 자문회의를 법률로 그 설치근거를 두고 운용하도록 제도화하였다.

법 제12조 출연금에 대한 근거 규정을 입법화하고 있다. 법률에 근거가 있는 경우에 국가연구개발사업을 수행하는 기관 또는 공공목적을 수행하는 기관의 운영 등 특정한 목적을 달성하기 위해 출연할 수 있도록 하였다.

법 제13조에서 회계 및 기금 간 여유재원의 전출입에 관한 내용을 담고 있다. 정부는 국가재정의 효율적 운용을 위하여 필요한 경우에는 다른 법률의 규정에 불구하고 회계 및 기금의 목적 수행에 지장을 초래하지 아니하는 범위 안에서 회계와 기금 간 또는 회계 및 기금 상호 간에 여유재원을 전입 또는 전출하여 통합적으로 활용할 수 있도록 규정하고 있다[10]. 기획재정부장관은 회계, 기금 간 여유재원의 전입 및 전출 시에 관계 중앙행정기관의 장 및 기금관리주체와 협의한 후 그 내용을 예산안 또는 기금운용계획안에 반영하도록 규정하고 있다.

법 제4조에서 회계구분을 규정하면서 국가의 회계는 일반회계와 특별회계로 구분[11]한다고 규정한다. 법 제4조 제2항에서 일반회계의 개념을 정의하면서 '조세수입 등을 주요 세입으로 하여 국가의 일반적인 세출에 충당하기 위하여 설치'함을 명시하고 있다.

법 제14조에서 특별회계 및 기금의 신설에 관한 심사 조항을 살펴보면, 특별회계를 신설하는 경우에도 기금을 신설하는 경우와 마찬가지로 기획재정부장관이 신설의 타당성 심사를 하도록 규정하고 있다. 과거의 기금관리기본법에 따라 기금이 과다하게 신설되는 것을 방지하기 위하여 기금설치를 제도로 하는 사전심사제도를 두고 있었다. 기금을 신설하는 경우에는 부담금 등 기금의 재원이 목적사업과 긴밀하게 연

10) 법 제13조 제1항 단서에서 여유재원의 전출입을 통합적으로 활용할 수 없는 특별회계와 기금을 적시하고 있음에 유의해야 한다. 그 회계는 다음과 같다. 우체국보험특별회계, 국민연금기금, 공무원연금기금, 사립학교교직원연금기금, 군인연금기금, 고용보험기금, 산업재해보상보험및예방기금, 임금채권보장기금, 방사성폐기물관리기금, 그 밖에 대통령령이 정하는 특별회계와 기금 등이다.

11) 특별회계와 기금은 특정 사업이나 목적에 운용하는 것이기 때문에 각 고유재원을 다른 회계나 기금으로 이전하지 않는 것이 원칙이다. 회계나 기금 상호 간 여유재원을 전입 또는 전출하는 경우 국가재정법 제13조제2항에 따라 예산안 및 기금 운용계획안에 반영하도록 함으로써 국회의 심의·의결을 받도록 하고 있다.

계되어 있는지, 사업의 특성으로 인하여 신축적인 사업추진이 필요한 것인지, 중·장기적으로 안정적인 재원조달과 사업추진이 가능할 것인지, 일반회계나 기존의 특별회계·기금보다 새로운 특별회계나 기금으로 사업을 수행하는 것이 더 효과적인지를 심사하도록 규정하고 있다. 또한 특별회계의 경우는 일반회계나 기존의 특별회계·기금보다 새로운 특별회계나 기금으로 사업을 수행하는 것이 더 효과적인지, 특정한 사업을 운영하거나 특정한 세입으로 특정한 세출에 충당함으로써 일반회계와 구분하여 회계 처리할 필요가 있는지 등을 심사하도록 하였다. 주의할 점은 법 제4조 제3항의 항목 중 과거의 재정융자특별회계와 같이 특정한 자금을 보유하여 운용하고자 하는 경우인지 여부는 심사 기준에서 제외되어 있다는 점이다. 입법 당시 재정융자특별회계법이 존재하여 법에 이러한 내용을 넣었으나 향후에는 이런 경우 기금으로 신설하도록 하고 특별회계로 신설하는 것을 금지하였음을 유의할 필요가 있다.

법 제4조 제3항에서 특별회계를 신설하는 경우 국가재정법 별표에 반드시 포함하도록 규정하고 있다. 과거에는 구 기금관리기본법에 기금 신설의 경우에 대한 규정만 존재했었으나, 특별회계 신설의 경우 특별회계의 신설을 위해서는 특별회계 근거법률이 제·개정과 국가재정법 별표 부분의 개정이 모두 필요하게 되었다. 따라서 특별회계 근거법률에 대한 부처 간 협의가 있는 경우 국가재정법의 별표 부분의 개정여부를 검토해야 한다.

다음은 예산서의 예산 총칙[12)]에 관련한 내용들을 살펴보기로 하자.

국가재정법의 시행으로 예산서 체계에 미세한 변동이 있었다. 일반, 특별회계 구분 후 독립기관 및 중앙관서의 소관을 구분했던 것을 소관을 먼저 구분하고 소관 내에서 회계를 구분하는 방식으로 변경하였다.

법 제22조 예비비에 관한 내용이다. 일반예비비 계상 한도의 경우 일반회계 예산 총액의 1% 이내로 하되, 목적예비비는 동 한도와 관계없이 계상 가능한 것으로 하는 조항을 신설하였으며, 봉급조정예비비 편성 제한규정을 신설하였고, 공무원 보수인상을 위한 인건비 충당을 위해 예비비의 사용목적을 지정하는 것은 불가하도록 명시하였다. 성인지 예산서의 작성 및 국회제출 규정을 신설하여 2010년 예산안부터 작성하고 제출하도록 규정하였으며, 조세지출예산서의 작성 및 국회제출 규정을 신설하

12) 예산은 예산총칙·세입세출예산·계속비·명시이월비 및 국고채무부담행위를 총칭(법 제19조 참조)하고, 예산총칙에는 세입세출예산·계속비·명시이월비 및 국고채무부담행위에 관한 총괄적 규정을 두는 외에 다음 각 호의 사항을 규정하여야 한다(법 제20조 참조) 각 호로 정하고 있는 사항은 다음과 같다. 국채와 차입금의 한도액, 국고금관리법 제32조의 규정에 따른 재정증권의 발행과 일시차입금의 최고액, 그 밖에 예산집행에 관하여 필요한 사항 등이다. 주의할 점은 정부는 기존 국채를 새로운 국채로 대체하기 위하여 필요한 경우에는 법 제210조 제1항제1호의 한도액을 초과하여 국채를 발행할 수 있으나 미리 국회에 이를 보고하여야 한다.

여 2011년 예산안부터 작성하고 제출하도록 규정하였다.

법 제2장 제2절은 예산안의 편성에 관하여 규정하고 있다. 과거에는 각 중앙관서의 장이 다음연도 신규 및 주요계속사업에 대한 사업계획서를 2월말까지 기획예산처 장관에게 제출하도록 한 것을, 당해 회계연도부터 5회계연도 이상의 기간 동안의 신규 및 주요계속사업에 대한 중기사업계획서를 1월말까지 기획재정부장관에게 제출하는 것으로 변경하였다. 예산안편성지침의 경우 기획재정부장관이 각 중앙관서의 장에게 매년 3월 31일까지 통보하도록 하였고, 국가재정법 제30조를 신설하여 기획재정부장관이 각 중앙관서의 장에게 통보한 예산안 편성지침을 국회 예산결산특별위원회에 보고하도록 하였다.

다음으로 예산 총액배분 자율편성 제도 실시근거가 신설하였고, 예산안편성지침에 지출한도를 포함하여 통보가 가능하다는 규정이 포함되었다. 예산요구서의 제출시기는 5월말이고, 예산안 첨부서류에 있어서는 예산안편성지침과 국채, 차입금 현재액 추정 및 상환연차표에 관한 명세서가 삭제되었고, 세입세출예산 총계표 및 순계표, 계속비 지출예정액, 진행상황 명세서, 국고채무부담행위 설명서, 국고채무부담행위 지출예정액 등 명세서, 예산정원표 및 예산안편성 기준단가, 국유재산 현재액 추정 명세서는 유지되었다(국가재정법 제34조 참조). 또한 세입세출예산 사항별 설명서는 사항별이 사업별로 변경되었고, 독립기관 예산 삭감 이유 및 독립기관의 장의 의견은 독립기관이 독립기관 및 감사원으로, 예산 삭감 이유가 예산감액규모 및 이유로 변경되었으며 그 밖에 예산안의 내용을 명백히 할 수 있는 서류에는 '회계와 기금간, 회계 상호간 여유재원의 전출입명세서'라는 내용이 앞부분에 추가되었다. 여기에 더해 국가채무관리계획, 성과계획서, 성인지 예산서, 조세지출예산서가 신설되었다. 이때, 성과계획서는 2009년 예산안부터, 성인지 예산서는 2010년 예산안부터, 조세지출예산서는 2011년 예산안부터 적용이 되었다.

법 제37조 총액계상사업을 규정하고 있는데, 기획재정부장관은 대통령령이 정하는 사업으로서 세부내용을 미리 확정하기 곤란한 사업의 경우에는 이를 총액으로 계상할 수 있도록 규정하고 있다. 총액계상사업의 총 규모는 매 회계연도 예산의 순계를 기준으로 대통령령이 정하는 비율을 초과할 수 없도록 규정하고 있다. 대통령령으로 정하는 비율은 매 회계연도 예산순계 기준 100분의 3이고, 총액계상사업의 유형은 도로보수사업, 도로안전 및 환경개선사업, 항만시설 유지보수 사업, 수리시설 개보수사업, 수리부속지원 사업, 문화재 보수정비사업, 대규모 투자 또는 보조사업 등이다.

국가재정법 제38조는 예비타당성 조사를 규정하고 있다. 과거에는 예비타당성조사 대상사업이 건설공사가 포함된 사업 하나만 규정되어 있었으나, 여기에 정보화 사업,

국가연구개발사업, 그리고 사회복지, 보건, 교육, 노동, 문화 및 관광, 환경보호, 농림해양수산, 산업 · 중소기업 분야의 사업 등이 추가되었다.

다만, 공공청사, 교정시설, 초 · 중등 교육시설의 신·증축사업, 문화재 복원 사업, 국가안보에 관계되거나 보안을 요하는 국방관련 사업, 남북교류협력 관련 사업, 그 밖에 재해복구 지원 등 사업추진이 시급하거나 법령에 의해 설치가 의무화된 필수시설에 해당하는 경우 등과 같이 예비타당성 조사 실익이 없는 사업은 예비타당성 조사대상사업에서 제외된다. 국회요구사업에 대한 예비타당성 실시의 근거 규정은 구 예산회계법에는 없었으나 근거규정이 신설되었다.

독립기관의 예산 편성에 대한 내용으로, 이에 대한 규정은 없었으나 정부는 독립기관의 예산편성 시 독립기관의 장의 의견을 최대한 존중하여야 하며 국가재정 등에 따라 조정이 필요한 경우에는 당해 독립기관의 장의 미리 협의하여야 한다는 내용이 추가되었다. 정부가 독립기관의 예산을 감액할 때에는 국무회의에서 독립 기관의 장의 의견을 구하여야 한다는 내용은 유지되었고, 독립기관의 예산요구액 감액 시 그 이유, 당해 독립기관의 장의 의견을 국회에 제출하여야 한다는 내용은 그 이유가 그 규모 및 이유로 변경되었다.

예산항목에서 예산안의 편성과 관련된 내용을 살펴보자.

수시배정 근거에 대해서는 규정이 없었으나 근거가 신설되었다. 예산집행지침의 경우 통보 근거가 신설되었다. 자체이용 근거의 경우 규정이 없었으나 자체전용 외에 자체이용도 가능하도록 규정하였으며, 전용 시 고려사항에 대한 규정이 없었으나 사업 간의 유사성이 있는지, 재해대책 재원 등으로 사용할 시급한 필요가 있는지, 기관운영을 위한 경비의 충당을 위한 것인지 여부 등을 고려해야 한다는 규정이 추가되었다.

이월[13]에 있어서는 이월예산의 타 용도 사용 금지와 사고이월의 재 이월 금지에 대한 규정이 신설되었다. 타당성 재조사의 경우 실시근거에 대한 규정이 없었으나 신설되었고, 대상사업의 경우에도 규정이 없었으나 예비타당성조사 대상 규모에 미달하여 예비타당성조사를 실시하지 않았으나 사업추진과정에서 총사업비가 예비타당성조사 대상 규모로 증가한 사업, 예비타당성 대상사업 중 예비타당성조사를 거치지 않고 예산에 반영되어 추진 중인 사업, 물가인상분 및 지가인상분을 제외한 총사업비가 기획예산처장관과 협의를 거쳐 확정된 총사업비 대비 20% 이상 증가한 사업, 사업여건의 변동 등으로 당해 사업의 수요예측치가 30% 이상 감소한 사업, 그 밖에 중복투자 등으로 예산낭비 소지가 있는 등 타당성을 재조사할 필요가 있는 사업이라

13) 회계연도 독립의 원칙의 예외로 세출예산 이월, 계속비, 결산상 잉여금의 다음연도 이입 등이 있다.

는 규정이 신설되었다. 특히 이중에서도 사업의 상당부분이 이미 시공되어 매몰비용이 차지하는 비중이 큰 경우, 총사업비 증가의 주요 원인이 법정경비 반영 및 상위계획의 변경 등에 해당되는 경우, 지역균형발전 목적으로 추진되는 사업 등의 경우에는 타당성 재조사의 면제사유가 되도록 규정하였다. 국회요구사업에 대한 타당성 재조사 실시에 대한 규정도 없었으나 실시근거가 신설되었다. 예비비의 사용에 관해서 예비비사용명세서의 국회 제출시기는 다음연도 9월 2일이었으나 다음연도 5월말로 변경되었고 이는 결산제출시기와 동일하다.

예산총계주의 원칙[14]의 예외로 수입대체경비 초과지출과 현물출자, 전대차관[15] 도입, 차관물자대 초과지출은 그대로 유지되면서 여기에 전대차관 초과지출항목이 추가되었다. 예산총계주의 원칙의 예외로 하되, 수입 및 지출 내역을 부처가 예결위에 보고하도록 규정하였다(국가재정법 제53조 참조). 참고로 예산총계주의는 국가재정법과 국고금관리법에 근거하고 있고, 예산총계주의의 예외는 국가재정법 및 개별 법률에 따라 인정되고 있다. 개별법에 따라 예산총계주의의 예외가 인정되는 사례로는 국고금관리법 제34조(국고금의 운용), 자동차손해배상보상법 제37조(자동차사고 피해지원사업 분담금), 정부기업예산법 제13조(회전자금의 보유 및 운용) 등이 있다. 또한 지자체 보조금 집행 실적의 제출에 대해서도 규정이 없었으나 제출의무 조항을 신설하였고, 각 중앙관서의 장이 기획재정부장관, 국회 소관 상임위 및 예결위에 제출하도록 하였으며, 제출 시기는 다음연도 5월 말로 하였다. 구분 작성 단위는 '광역'지자체 단위로 구분하여 작성하도록 하였다.

다음으로 기금 항목을 살펴보자. 먼저 기금의 주요항목 지출금액 자율변경 요건을 살펴보면 비금융성 기금은 주요항목 지출금액의 30% 이내 변경이었던 것이 20% 이내 변경으로, 금융성 기금은 50% 이내 변경이었던 것이 30% 이내 변경할 수 있도록 하였다. 또한 기금의 관리 및 운영에 소요되는 경상비에 해당하는 주요항목 지출금액에 대하여는 20% 이내 변경으로 하는 규정으로 변경하였다. 또한 다른 법률의 규정에 따른 의무적 지출금액의 변경 요건이 신설되었고, 여유자금 운용으로 계상된 지출금액의 변경과 예산의 수입대체경비에 해당하는 지출금액의 변경 항목은 유지되었다.

기금운용계획 집행지침의 경우에는 통보 근거에 대한 규정은 유지되었고 통보 시

---

14) 국가재정법 제17조 및 국고금관리법 제7조(수입의 직접사용 금지 등) 및 제20조(지출원인행위의 준칙) 참조.

15) 전대차관(Tide Loan) 전대차관이란 상품을 수입하려는 수입자에게 대출할 것을 조건으로 수입국의 금융기관에 빌려주는 차관을 말한다. 즉 정부가 외국금융기관 등에게 돈을 빌려서 우리나라 산업은행 등에 돈을 빌려주는 것을 말한다.

기는 1월말까지라는 규정이 신설되었다. 집행지침에 포함되는 내용에 대한 규정은 없었으나 경비유형 및 비목별 기금 집행에 관한 사항, 세부항목 지출금액의 자율변경 시 기획예산처장관과 협의하여야 하는 지출항목, 기타 기획재정부장관이 필요하다고 인정하는 사항을 규정으로 신설하였다.

다음으로 제5장 재정건전화[16] 항목을 살펴보자. 재정부담을 수반하는 법령의 제·개정의 경우 이에 대한 법령상 규정이 없고 대통령령인 법제업무운영규정에 관련내용이 규정되어 있었던 것이 각 중앙관서의 장은 법령입안 시 재정추계자료 및 재원조달방안을 작성하여 입법예고 전 기획재정부장관과 협의할 것을 신설하였다. 추계기간은 법령안 시행일부터 5년이며 추계자료 포함 사항에는 법령안명 및 관련조문, 재정소요추계의 내역, 작성자가 있다. 이때, 재정소요추계의 내역에는 재정부담 수반의 요인, 추계의 전제, 추계의 결과, 추계의 상세내역이 포함된다. 재원조달방안 명시 사항에는 기존 예산이나 기금의 항목 간 조정, 조세수입, 세외수입, 국채발행, 차입, 일반회계·특별회계·기금으로부터의 전입 등이 포함된다. 국세감면율 한도에 대한 규정은 없었으나 과거 3년간 국세감면율의 평균에 0.5%p를 가산한다는 규정이 신설되었다. 추경편성 요건의 경우 예산성립 후 생긴 사유로 인하여 예산 변경이 필요한 때에서 전쟁이나 대규모 자연재해 발생, 경기침체 또는 대량실업 등 대내외 여건의 중대한 변화 발생, 법령에 의한 지출소요 빌생으로 변경되었다.

세계잉여금의 경우 개념이 세입세출의 결산상 잉여금에서 '결산상 잉여금 - 이월재원'으로 변경되었다. 종전의 개념과 비교해보면 순세계잉여금이 세계잉여금으로 바뀌었음을 알 수 있다. 사용 순서의 경우 교부금 정산, 추경 편성, 국채·차입금 등 상환, 세입 이입이었던 것에서 국채·차입금 등 상환과 세입 이입 사이에 추경 편성이 포함되었다. 또한 세계잉여금 사용에 있어서 교부금 정산과 추경 편성에 대한 사용액은 소요 금액으로 되어있었는데 공적자금 상환의 경우 잔액의 30% 이상을 사용하여야 하는 것으로 변경되었다. 국채, 차입금 등 상환의 경우 세계잉여금 잔액의 30% 이상을 상환하는 것으로 변경되었다. 사용가능시기의 경우 규정이 없었으나 결산에 대한 대통령의 승인 이후에 사용이 가능하다는 규정이 신설되었다. 사용절차의 경우 채무상환을 위한 사용의 경우 추경 없이 사용 가능으로 되어있던 것에서 채무상환이 채무상환, 교부금 정산을 위한 사용의 경우 추경 없이 사용 가능으로 변경되었다.

국가채무관리 계획의 수립 및 국회제출의 경우 규정이 없던 것이 기획재정부장관은 매년 국가채무관리계획을 수립하여 예산안 첨부서류로 국회에 제출하여야 한다는

16) 재정건전성은 재정수지와 국가채무지표로 평가되기도 한다.

규정이 신설되었다. 국가채무 범위에 대해서도 규정이 없었으나 국가의 회계 또는 기금이 발행한 채권, 국가의 회계 또는 기금의 차입금, 국가의 회계 또는 기금의 국고채무부담행위, 국가보증채무 중 정부의 대지급 이행이 확정된 채무가 포함이 되나 재정증권 및 한은일시차입금, 국가의 회계 또는 기금이 발행한 채권 중 국가의 타 회계 또는 기금이 인수 또는 매입한 채권, 국가의 회계 또는 기금의 차입금 중 국가의 타 회계 또는 기금으로부터 차입금은 제외되는 것으로 규정이 신설되었다. 국가채무관리 계획에 포함되는 내용에 대해서는 규정이 없었으나 전전년도 및 전년도 국채 또는 차입금의 발행 및 상환실적, 당해연도 국채 발행 또는 차입금 추정액, 다음연도부터 3회계연도 이상의 기간에 대한 국채 또는 차입금의 상환계획, 채무의 증감에 대한 전망, 국고채무부담행위 현황, 그 밖에 기획재경부장관이 필요하다고 인정하는 사항에 대한 내용을 포함한다는 규정이 신설되었다.

그 밖의 기타 사항으로 불법 재정지출에 대한 국민감시제 역시 규정이 없었으나 국민 누구나 중앙관서의 장 또는 기금관리주체에게 불법 재정지출에 대한 시정요구가 가능하며 중앙관서의 장 또는 기금관리주체는 시정요구를 받은 날로부터 30일 이내 처리결과를 통지하여야 한다는 규정이 신설되었다. 예산낭비신고센터의 설치근거에 대한 규정이 없었으나 설치근거가 신설되었고, 그 기능에 대한 규정 또한 없었으나 불법 재정지출에 대한 시정요구 접수·처리, 예산낭비신고 접수·처리, 예산절감과 관련된 제안 접수·처리를 하는 것으로 규정이 신설되었다.

3. 국가재정법과 재정용어

국가재정법을 해석하는데 알아두면 좋은 주요 재정의 개념[17)]을 소개하면 다음과 같다.

국가재정법 제4조는 회계를 일반회계와 특별회계로 구분한다.

일반회계는 일반적인 국가활동에 관한 세입·세출을 포괄하는 회계를 말한다.

특별회계는 국가가 특정한 사업을 추진하거나 특정한 자금을 운용하고자 할 때, 또는 특정한 세입으로 특정한 세출에 충당함으로써 일반회계와 구분하여 회계 처리할 필요가 있을 때 법률에 근거하여 설치하는 회계를 말한다. 주의할 점은 국가재정법의 별표 1에 규정된 법률에 의하지 아니하고는 특별회계를 설치할 수 없다는 것이다. 예를 들어 교육관련 개별 법률에 특별회계를 설치하는 근거조항을 만들더라도 국가재정법의 별표에 포함시키지 않는 이상 국가재정법이 인정하는 특별회계가 될

17) 검색기능이 발달한 현대사회에서 재정의 세부개념들을 책에 소개하는 의미는 크지 않다고 본다. 재정과 관련한 주요 개념들로 어떠한 것들이 있는지를 살펴보는데 도움을 주기 위함이다.

수 없다는 것이다. 이는 각 부처의 필요에 따라 무분별한 특별회계가 설치되는 현상을 방지하기 위한 측면이 있음을 이해해야 한다.

특별회계는 기업특별회계와 기타특별회계로 구분하기도 한다. 기업특별회계는 기업형태로 운영되는 정부사업 관련 특별회계를 말하는데 정부기업예산법 제3조(특별회계의 설치)[18]에 따라 설치된 우편사업특별회계, 우체국예금특별회계, 양곡관리특별회계[19], 조달특별회계와 책임운영기관의 설치 · 운영에 관한 법률에 따라 설치된 책임운영기관[20]특별회계로 구성된다. 책임운영기관 특별회계는 계정별로 중앙행정기관의 장이 운용하고, 기획재정부장관이 통합하여 관리한다. 특히 책임운영기관특별회계기관의 사업은 정부기업예산법상의 정부기업으로 본다고 규정하고 있고 책임운영기관 특별회계의 예산 및 회계에 관하여 책임운영기관의 설치 · 운영에 관한 법률에 규정된 것 이외에는 정부기업예산법을 적용하도록 규정하고 있으므로(책임운영기관의 설치 · 운영에 관한 법률 제30조 참조)기업특별회계의 범주에 포함됨을 유의하자.

기타특별회계[21]는 국가재정법 별표 1에 적시된 특별회계설치 근거법률에 따라 설치된 특별회계를 말한다. 각주에서 주의 깊게 살펴볼 내용은 제21호 유아교육특별회계의 경우 한시적으로 설치 · 운용되고 있음을 일 수 있다. 유아교육특별회계의 경우 그 존속기간을 3년 연장(2022년 말까지)하였음은 주지의 사실이다.

국가재정법 제5조 기금의 설치 규정에서는 기금의 개념을 소개하고 있다. 기금은

---

18) 정부기업예산업 제3조(특별회계의 설치)정부기업을 운영하기 위하여 다음 각 호의 특별회계를 설치하고 그 세입으로써 그 세출에 충당한다. 1. 우편사업특별회계 2. 우체국예금특별회계 3. 양곡관리특별회계 4. 조달특별회계

19) 양곡관리특별회계는 양곡의 매입자금과 양곡관리를 위한 관리비를 대통령령으로 정하는 대행기관에 선지급할 수 있도록 규정하는 등 기업특별회계에 관해서는 국가재정법상의 특별회계보다는 신축적인 운용이 가능하도록 하고 있다. 한편 기업특별회계도 정부기업예산법에서 정한 내용을 제외하고는 국가재정법을 적용하도록 하고 있음을 유의해야 한다.

20) 책임운영기관이란 정부가 수행하는 사무 중 공공성을 유지하면서도 경쟁원리에 따라 운영하는 것이 바람직하거나 전문성이 있어 성과관리를 강화할 필요가 있는 사무에 대하여 책임운영기관의 장에게 행정 및 재정상의 자율성을 부여하고 그 운영 성과에 대하여 책임을 지도록 하는 행정기관을 말한다. 책임운영기관은 중앙행정기관의 소속기관으로서 대통령령으로 설치되는 기관과 정부조직법에 따른 청으로서 대통령령으로 설치된 기관으로 대별한다. 책임운영기관은 사무성격에 따라서 조사연구형, 교육훈련형, 문화형, 의료형, 시설관리형 등으로 구분한다.

21) 특별회계설치 근거법률(제4조제3항 관련)

1. 교도작업의 운영 및 특별회계에 관한 법률 2. 국가균형발전 특별법 3. 국립의료원특별회계법 4. 삭제 <2006.12.30> 5. 정부기업예산법 6. 농어촌구조개선특별회계법 7. 농어촌특별세관리특별회계법 8. 등기특별회계법 9. 신행정수도 후속대책을 위한 연기·공주지역 행정중심복합도시 건설을 위한 특별법 10. 아시아문화중심도시 조성에 관한 특별법 11. 에너지및자원사업특별회계법 12. 우체국보험특별회계법 13. 삭제 <2006.12.30> 14. 주한미군기지 이전에 따른 평택시 등의 지원 등에 관한 특별법 15. 책임운영기관의 설치·운영에 관한 법률 16. 특허관리특별회계법 17. 「환경정책기본법」 18. 국방·군사시설이전특별회계법 19. 공공기관 지방이전에 따른 혁신도시건설 및 지원에 관한 특별법 20. 교통시설특별회계법 21. 유아교육지원특별회계법

국가가 특정한 목적을 달성하기 위하여 특정한 자금을 신축적으로 운용할 필요가 있을 때 법률에 근거하여 설치하되, 정부의 출연금 또는 법률에 따른 민간부담금을 재원으로 하는 기금은 국가재정법 별표 2[22]에 규정된 법률에 의하지 아니하고는 이를 설치할 수 없도록 규정하면서 기금은 세입세출예산에 의하지 아니하고 운용할 수 있도록 했다. 기금의 신축적 운용이라 함은 국가재정법에서 금융성기금의 경우 주요항목지출금액의 30%, 기타 기금의 경우에는 20% 이내의 범위에서 국회의 의결 없이 계획변경을 할 수 있도록 재량을 부여하고 있기 때문에 사업부서에서는 상황의 변화에 맞춰 계획변경을 할 수 있다는 의미다. 실무적으로는 주요항목지출금액의 범위를

---

22) 기금설치 근거법률(제5조제1항 관련)

1. 고용보험법 2. 공공자금관리기금법 3. 공무원연금법 4. 공적자금상환기금법 5. 과학기술기본법 6. 관광진흥개발기금법 7. 국민건강증진법 8. 국민연금법 9. 국민체육진흥법 10. 군인복지기금법 11. 군인연금법 12. 근로복지기본법 13. 금강수계 물관리 및 주민지원 등에 관한 법률 14. 금융회사부실자산 등의 효율적 처리 및 한국자산관리공사의 설립에 관한 법률 15. 기술보증기금법 16. 낙동강수계 물관리 및 주민지원 등에 관한 법률 17. 남북협력기금법 18. 농림수산업자 신용보증법 19. 농수산물유통 및 가격안정에 관한 법률 20. 농어가 목돈마련저축에 관한 법률 21. 「농어업재해보험법」 22. 대외경제협력기금법 23. 문화예술진흥법 24. 「방송통신발전 기본법」 25. 보훈기금법 26. 복권 및 복권기금법 27. 사립학교교직원 연금법 28. 사회기반시설에 대한 민간투자법 29. 산업재해보상보험법 30. 「무역보험법」 31. 「신문 등의 진흥에 관한 법률」 32. 신용보증기금법 33. 「농업소득의 보전에 관한 법률」 34. 「양곡관리법」 35. 「수산업·어촌 발전 기본법」 36. 「양성평등기본법」 37. 영산강·섬진강수계 물관리 및 주민지원 등에 관한 법률 38. 예금자보호법(예금보험기금채권상환기금에 한한다) 39. 「산업기술혁신 촉진법」 40. 외국환거래법 41. 「원자력 진흥법」 42. 응급의료에 관한 법률 43. 임금채권보장법 44. 자유무역협정 체결에 따른 농어업인 등의 지원에 관한 특별법 45. 장애인고용촉진 및 직업재활법 46. 전기사업법 47. 「정보통신산업 진흥법」 48. 「주택도시기금법」 49. 「중소기업진흥에 관한 법률」 50. 지역신문발전지원 특별법 51. 청소년기본법 52. 축산법 53. 삭제 <2010.12.27> 54. 한강수계 상수원수질개선 및 주민지원 등에 관한 법률 55. 한국국제교류재단법 56. 한국농촌공사 및 농지관리기금법 57. 한국사학진흥재단법 58. 한국주택금융공사법 59. 「영화 및 비디오물의 진흥에 관한 법률」 60. 독립유공자예우에 관한 법률 61. 삭제 <2009.3.5> 62. 「방사성폐기물 관리법」 63. 「문화재보호기금법」 64. 「석면피해구제법」 65. 「범죄피해자보호기금법」 66. 「국유재산법」 67. 「소기업 및 소상공인 지원을 위한 특별조치법」 68. 「공탁법」 69. 자동차손해배상 보장법 70. 국제질병퇴치기금법

금융성 기금(제70조제3항 관련)

1. 「금융회사부실자산 등의 효율적 처리 및 한국자산관리공사의 설립에 관한 법률」에 따른 부실채권정리기금 및 구조조정기금
2. 「기술보증기금법」에 따른 기술보증기금
3. 「농림수산업자 신용보증법」에 따른 농림수산업자신용보증기금
4. 「농어가 목돈마련저축에 관한 법률」에 따른 농어가목돈마련저축장려기금
5. 「사회기반시설에 대한 민간투자법」에 따른 산업기반신용보증기금
6. 「무역보험법」에 따른 무역보험기금
7. 「신용보증기금법」에 따른 신용보증기금
8. 「예금자보호법」에 따른 예금보험기금채권상환기금
9. 「한국장학재단 설립 등에 관한 법률」에 따른 국가장학기금
10. 「한국주택금융공사법」에 따른 주택금융신용보증기금

놓고 국회와 행정부가 서로 다른 의견을 보이는 경우가 있다.

기금은 사업성기금, 사회보험성기금, 금융성기금, 계정성기금, 외국환평형기금 등으로 구분한다. 사업성기금은 특정한 재정사업을 수행하는데 필요한 자금을 관리·운영하는 기금을 말한다. 통상의 우리가 알고 있는 대부분의 기금은 사업성기금에 속한다고 보면 된다. 국민주택기금, 남북협력기금 등 우리에게 익숙한 기금들이다.

금융성기금은 보증·보험 등을 제공하는 금융사업에 가까운 역할을 하는 기금을 말한다. 금융성기금은 국가재정법 별표 3에 적시되어 있다.

사회보험성기금은 연기금으로 보면 된다. 국민연금기금, 사립학교교직원연금기금, 공무원연금기금, 군인연금기금, 고용보험기금, 산업재해보상보험및예방기금 등이 있다. 직역 간 구분된 연기금을 통합하자는 논의도 일부 있음을 유의해야 하고 다른 연기금과는 달리 산재보험의 경우는 향후에 흑자규모가 계속 누적될 것으로 전망되고 있음도 관심 있게 살펴볼 필요가 있다.

계정성기금은 공공자금관리기금처럼 자금을 모아 사업을 집행하는 주체에게 전달하는 역할을 하는 기금들이다. 일종의 통장이라고 보면 이해하기가 쉽다. 일반회계 또는 다른 특별회계나 기금으로부터 전입을 받아 모인 돈을 사업주체에게 보내주기 위해서 계정을 하나 만들고(은행통장을 하나 만들고) 그 계정을 경유하여 돈이 입출된다고 이해하면 된다.

마지막으로 외국환평형기금이 있다. 자국통화의 안정을 유지하고 투기적인 외화의 유출입에 따른 악영향을 피하기 위하여 정부가 직접 혹은 간접으로 외환시장에 개입하여 외환의 매매조작을 실시하기 위하여 보유·운용하는 자금이다.

국가재정법의 시행으로 국회에서 예산심사의 입장에서 보면 과거와 달리 예산과 기금의 차이가 그리 크지 않음을 알 수 있다. 기금과 예산의 차이는 계획변경에 신축성을 기금이 조금 더 가지고 있다는 정도로 이해하면 된다.

재정수지와 기금과의 관계에 관하여 간략하게 알아보자. 정부가 집행하는 모든 수입과 지출을 합한 재정의 규모를 통합재정이라고 하며 그 수입과 지출의 차이를 통합재정수지라고 한다. 통합재정수지[23]에는 일반회계, 특별회계, 기금의 수입과 지출을 모두 포함한다. 정부의 모든 수입의 개념에는 국세수입, 세외수입, 기금수입 등을 포함하는데 통합재정수지에는 금융성기금과 외국환평형기금 및 지방재정이 제외됨을 유의해야 한다. 금융성기금은 정부가 직접 재정지출을 하거나 금융활동을 수행하는 기금이 아니라 특정한 사업을 수행하는데 필요한 보증·보험의 역할을 수행하는 기

23) 통합재정수지=통합재정수입－(통합재정지출＋순융자)
관리재정수지=통합재정수지－사회보험성기금의 흑자분

금이므로 통합재정의 수입과 지출의 범주에 포함되지 않기 때문이다. 통합재정수지와 함께 자주 사용하는 재정수지로 관리재정수지가 있다. 관리재정수지는 통합재정수지에서 국민연금, 사학연금, 고용보험, 산재보험 등 4대 사회보장성 기금을 제외한 것을 말한다. 4대 사회보장성 기금을 제외하고 재정의 수입과 지출을 살펴보는 이유는 연기금의 경우 미래시점에서 집행하기 위해 현재시점에서 저축해두는 의미가 있으므로 순수한 현재 시점에서의 재정상태를 살펴보기 위해서 그 부분만을 빼고 살펴보는데 의미가 있기 때문이다. 통상적으로는 현재시점에서 많이 적립해두고 미래에 연금을 제공하려는 기금이므로 연기금이 흑자인 상태에서는 재정이 과잉으로 좋게 보이는 것을 방지하기 위해 관리재정수지를 보는 의미가 있으나, 만약 연기금이 적자상태라서 일반회계에서 지원하는 형국이라면 4대 연기금을 제외한 관리재정수지가 통합재정수지보다 더 좋게 나타나는 현상이 나타날 수 있다. 최근 산재기금을 제외한 연기금의 적자보전문제가 대두되자 관리재정수지를 대체하는 새로운 재정수지의 개념을 모색하려는 움직임이 있는 것도 이러한 맥락에서 이해하면 쉽게 그 배경을 알 수 있을 것이다.

국가재정법 제7조 국가재정운용계획[24]에 관한 알아보자.

가계에서 아파트를 구입하거나 자동차 등 고가의 물건을 구매하는 경우 한 해의 수입·지출뿐만 아니라 다년도의 수입과 지출계획을 살펴보게 된다. 마찬가지로 정부도 재정상황이 어려울 때일수록 예산을 효율적으로 사용하고자 하는 요구와 필요성이 증대하게 된다. 예산의 효율성 및 효과성을 담보하기 위해 단년도 예산편성에서 벗어나 중장기 계획에 따른 예산편성을 모색하게 된다. 국가재정법은 정부가 국가재정을 운용함에 있어서 5년 단위의 중기 계획인 국가재정운용계획을 수립하도록 하고, 회계연도 개시 120일 전까지 국회에 제출하도록 규정하고 있다. 중기재정운용계획에는 5년 단위의 총수입전망, 총지출계획, 재정수지와 국가채무 등의 주요 재정총량지표를 전망하고 재정운용의 기본방향과 연도별, 분야별 재원배분계획을 제시해

24) 우리나라의 국가재정운영계획은 다년도 예산제도의 유형에 포함된다. 계획과 예산의 관점에서 다년도 예산제도는 행정조직의 목표-수단의 연계 고리에서 합목적성을 띤 정책수단을 선택하기 위해 다년도 예산편성에서 놓칠 수 있는 거시적인 맥락을 놓치지 않으려는 의지의 표현으로 이해된다. 우리나라는 5년 계획을 매년 갱신하는 시스템인데 반해, 네델란드는 정권 교체시에만 갱신하고, 캐나다는 2년 중기계획을 운영하고 있으며, 미국은 5년 한도를 매년 예산결의안에 명시할 뿐 별도의 중기재정계획은 없다. 다만 부처가 예산을 요구하는 경우 10년 지출전망을 제시하도록 하고 있다. 스웨덴의 경우는 현 연도 기준으로 3개년의 예산 총한도를 확정하며, 확정된 총한도는 행정부가 연도별로 수정하지 못한다. 3개년 예산의 총한도는 예산편성단계에서도 적용될 뿐만 아니라 집행에도 기속력을 미친다. 스웨덴의 엄격한 중기계획의 사례는 예산의 1회계연도 속성을 감안하면 이례적이다. 스웨덴 경제사회의 안정성과 예측가능성이 이러한 제도의 도입과 운영을 가능하게 한 측면이 있다고 본다.

야 한다. 주의할 점은 국가재정운용계획은 연동계획이므로 계획 수립 이후의 경제상황 변화 등을 반영하여 매년 수정되고 있음을 유의해야 한다.

국가재정운용계획의 수립절차를 살펴보면, 기획재정부는 국가재정운용계획을 수립하기 위해 당해 회계연도의 전년도 12월 31일까지 국가재정운용계획 수립지침을 마련하여 각 부처에 통보한다. 각 부처는 이 지침에 따라 매년 1월 31일까지 당해 회계연도부터 5회계연도 기간의 신규사업 및 계속사업에 대한 중기사업계획서를 제출한다. 이후 2월부터 정부, 학계, 민간전문가 등이 참여하는 분야별 작업반을 구성하여 주요 재정 이슈에 대해 논의하게 되고 이후 기획재정부는 공개 토론회를 개최하여 향후 5년간의 재정운용방향 및 분야별 중점 투자방향에 대한 의견을 수렴한다. 과정을 거쳐 수립된 국가재정운용계획은 국무회의를 거쳐 예산안과 함께 국회에 제출한다(매년 9월3일까지).

지방교육재정교부금법 제3조는 교부금의 종류와 재원에 관하여 규정하고 있다. 지방교육재정교부금은 지방자치단체의 교육기관 및 교육행정기관 설치 및 경영에 필요한 재원의 전부 또는 일부를 국가가 교부하여 교육의 균형 있는 발전을 도모하기 위해 활용하는 재원을 말한다. 지방재정교부금에는 보통교부금과 특별교부금으로 구분한다. 보통교부금은 내국세 총액의 20.46%의 97%에 해당하는 금액과 교육세 일부를 합산한 금액을 말한다. 특별교부금은 내국세 총액의 20.46% 중 나머지 3%에 해당하는 금액이며, 교육관련 국가시책사업에 60%, 지역교육현안수요에 30%, 재난안전관리수요에 10%가 배분된다. 주의할 점은 교부금의 재원에서 내국세의 20.46%를 교부금의 재원으로 하면서도 내국세의 범주에는 목적세, 종합부동산세, 담배에 부과하는 개별소비세 총액의 100분의 20 및 다른 법률에 따라 특별회계의 재원으로 사용되는 세목의 해당하는 금액은 제외된다는 점이다. 또한 해당 연도의 교육세법에 따른 교육세 세입액 중 유아교육특별회계법 제5조제1항에서 정하는 금액을 제외한 금액만을 교부금의 재원으로 하고 있음에 유의하자. 즉, 누리과정에 지원하는 금액 특히 국고로 지원하는 어린이집 이외에 유치원 누리과정에 지원하는 교육세를 증액하는 경우에는 교부금이 그만큼 삭감됨을 이해해야 한다.

참고로 지방재정에서 일반재정이란 일반행정에 대한 자치를 관할하는 것으로 일반회계, 특별회계, 기금으로 구성되며 국가재정과 유사한 구조를 가진다.

지방재정에서 통합재정지출(=순계)는 일반회계지출에 특별회계지출과 기금지출을 더한 값에서 보전지출을 제한 값이며, 보전지출은 지방채상환, 지난연도이월금 등을 포함한다.

이전수입은 국제 수지 항목 가운데 내국인과 외국인 사이에 무상으로 주고받는 거래로 증여, 해외 공관의 유지비 등으로 구성된다.

조정교부금은 관할 시·군·자치구 간의 재정력 격차를 조정하기 위하여 인구, 지방소비세를 제외한 세수 실적, 해당 시·군의 재정사정, 그 밖에 대통령령으로 정하는 기준에 따라 시장·도지사가 배분하는 교부금을 말한다.

보전수입은 국채발행 또는 상환, 차입 또는 차입금상환, 여유재원의 금융기관 예치 등 실질적 수입·지출의 확대보다는 재정수지를 보전하는 활동을 통해 얻는 수입을 말한다.

내부거래수입은 회계나 기금이 다른 회계나 기금으로부터 넘겨받은 수입을 말한다.

세외수입은 정부의 세입예산 중 국세 이외의 수입을 의미하며, 재산수입, 경상이전수입, 재화 및 용역 판매수입, 수입대체경비수입, 관유물 매각대, 융자 및 전대차관원금회수, 차입금 및 여유자금회수, 전년도 이월금, 정부내부수입 및 기타 등 9개의 항목으로 구성된다.

지역통합재정[25]은 지방자치단체, 지방공공기관, 지방교육재정을 모두 포함하는 통합재정을 말한다.

지방재정조정은 중앙정부와 자치단체 간 또는 자치단체 상호 간에 재정을 조정하는 일련의 조치를 말한다. 중앙정부가 지방자치단체 또는 지방교육자치단체에게 이전하는 지방교부세로 구성된다.

지방교부세는 지방자치단체의 행정운영에 필요한 재원을 교부하여 그 재정을 조정함으로써 지방행정의 건전한 발전을 도모하기 위한 프로그램 예산사업을 말한다.

중앙정부 지방재정조정제도는 중앙정부가 중앙정부와 지방자치단체 그리고 지방자치단체 간 수직적·재정적 재정불균형을 조정하는 수단으로, 중앙정부가 지방자치단체 또는 지방교육자치단체에게 이전하는 지방교부세, 국고보조금, 지방교육재정교부금으로 구성된다.

자치단체간 지방재정조정제도는 지방자치단체 간 수직적·재정적 재정불균형을 조정하는 수단으로, 시·도비 보조금, 조정교부금, 교육청전출금 등으로 구성된다.

재정수지는 재정수입에서 재정지출을 차감한 수치를 말한다.

통합재정수지는 일반회계·특별회계 및 기금을 모두 포괄하는 수지로서, 회계·기금 간 내부거래 및 차입·채무상환 등 보전거래를 제외한 실질적 의미의 수입·지출의 차이를 말한다.

관리재정수지는 통합재정수지에서 4개 사회보장성 기금(국민연금기금·사립학교교직

25) 지역통합재정은 지방통합재정에서 지방교육재정을 포함한 개념임에 유의하자.

원연금기금 · 고용보험기금 · 산업재해보상보험 및 예방기금) 수지를 제외한 재정수지를 말한다.

순융자는 유동성 목적이 아닌 정책적 목적의 대출인 '융자지출'에서 해당 대출금의 회수액인 '융자회수'를 차감한 것을 말한다.

조세부담률이란 국민들이 어느 정도 수준의 조세를 부담하는지를 측정하는 지표로서, 국세 및 지방세를 합한 조세 수입이 경상 GDP에서 차지하는 비중을 의미한다.

국민부담률이란 조세부담률보다 국민들의 조세부담 정도를 포괄적으로 측정하는 지표로서, 국세 및 지방세를 합한 조세수입과 4대 공적연금, 고용보험, 산업재해보상보험, 건강보험, 노인장기요양보험 등의 사회보장기여금이 경상 GDP에서 차지하는 비중을 의미한다. 국민부담률이 조세부담률보다 높다는 점을 쉽게 알 수 있다. OECD 평균값과 우리나라의 수준을 매년 비교해 보기 바란다.

재정지출이란 정부부문에서 수행되는 지출을 말한다. 재정지출에는 의무지출과 재량지출로 구분하기도 한다. 의무지출이란 법령 등에 의해 지출의무가 발생하고 지출규모가 결정되는 법정지출 및 이자지출을 말한다. 재량지출이란 법률상 지출의무가 없는 지출로 재정지출에서 의무지출을 제외한 지출을 말한다.

디지털예산회계시스템(dBrain)이란 세입, 예산편성, 집행 · 결산 · 평가 등 일련의 재정활동이 모든 정보를 실시간으로 분석하여 제공할 수 있는 통합재정정보시스템을 말한다. 과거에는 영수증을 붙여서 지출행위 증명을 했으나 디브레인시스템의 도입으로 전자화되어 별도의 영수증을 첨부하지 않고 지출행위를 관리할 수 있게 되었다.

현금주의란 현금의 변동이 있는 경우에 거래를 기록하는 방식을 말한다.

발생주의란 경제적 거래가 발생하는 시점에 거래를 기록하는 방식을 말한다.

복식부기란 거래 발생과 동시에 차변과 대변을 동시에 회계 처리하는 방식을 말한다.

예비비[26]란 예산의 편성 및 심의 시점에서는 예측할 수 없는 지출에 충당하기 위하여 총액으로 국회의 승인을 얻어 세출예산에 계상하였다가 필요할 때 사용하는 금액(국가재정법 제22조 참조)을 말한다. 국가재정법에 따라 일반회계 예산총액의 100분의 1 이내의 금액을 예비비로 세입세출예산에 계상할 수 있다. 예산서에서 예산총칙 부분을 유의해서 살펴보기 바란다. 예산총칙에 예비비를 적시하고 있다. 주의할 점은 공무원의 보수 인상을 위한 인건비 충당을 위하여 예비비의 사용목적을 지정할 수 없다. 예비비는 일반적인 국가활동에 있어서 예측할 수 없는 소요에 충당하기 위한

26) 예비비는 예산의 사전의결 원칙에 대한 예외로서 예측할 수 없는 예산외의 지출 또는 예산초과 지출에 충당하기 위하여 세입세출예산에 계상하는 제도를 말한다. 예비비는 총액으로 국회의 의결을 얻어야 하고, 예비비의 지출은 차기국회의 승인을 얻어야 한다(헌법 제55조 참조).

일반예비비와 재해대책, 인건비 및 환율변동 등 특정목적에 충당하기 위한 목적예비비로 구분하기도 한다. 예비비 사용액의 이월은 바람직하지는 못하다. 왜냐하면 이월하여도 되는 경비라면 예비비사용 승인 자체가 바람직하지 못하다고 보이기 때문이다. 다만 일단 승인된 예비비가 불가피한 사유 및 이월 사유가 충족된다면 예외적으로 이월사용도 가능하다고 본다.

계속비란 공사나 제조 및 연구개발사업에 있어서 완성하기까지 오랜 기간을 요하는 경우 소요경비의 총액과 연부액[27]을 정하여 미리 국회의 의결을 얻은 범위 안에서 수년도에 걸쳐 지출할 수 있는 경비를 말한다(국가재정법 제23조 참조). 국가재정법에 따라 계속비는 5년 이내의 회계연도로 지출할 수 있고 사업규모 및 국가재원 여건상 필요한 경우에는 예외적으로 10년 이내로 할 수 있도록 규정하고 있다. 또한 기획재정부장관은 필요하다고 인정하는 때에는 국회의 의결을 거쳐 10년 이내의 기간 마저도 연장할 수 있음에 유의해야 한다.

국가채무는 정부가 민간이나 해외에 원리금의 상환의무를 지고 있는 채무로 중앙정부채무와 지방정부순채무의 합으로 나타난다. 국가채무의 범위에 관해서는 소위 D1, D2, D3등 상세한 논의들을 참고하기 바란다. 국가부채와 국가채무의 개념을 구분하고, GDP대비 국가채무비율을 해석함에 있어서 GDP의 속성값 변화로 국가채무액은 동일한데 그 비율이 변화할 수 있음에 유의하자.

국고채무부담행위란 「국가재정법」 제25조에 따라 국가가 차년도 이후의 지출을 전제로 해당연도에 지출 원인이 되는 계약을 함으로써 사전에 국회의 의결을 받은 범위 내에서 국가가 채무를 부담하는 행위를 말한다.

지방정부순채무란 지방정부의 지방채 및 지방교육채 잔액에서 중앙정부에 대한 채무잔액을 차감한 것을 말한다.

국가채무 관리계획[28]이란 국채 또는 차입금의 상환실적·계획 및 5회계연도 이상의 기간에 대한 채무 증감 전망 등을 포함하여 매년 수립되는 계획으로 국회 예산안 심의 시 국가재정운용계획에 첨부하여 국회에 제출된다.

재정준칙이란 재정수입, 재정지출, 재정수지, 국가채무 등 총량적 재정지표에 대한 법적 구속력을 부여함으로써 구체적인 재정운용 목표화하는 것을 말한다.

---

27) 계속비 공사에서 당해(그해) 연도에 들어가는 금액을 말한다.

28) 국가채무관리계획은 국가재정법상의 재정건전성 확보를 위한 구체적인 활동의 하나임에 유의해야 한다. 국가재정법이 IMF외환위기를 극복하기 위한 방안의 하나로 탄생된 것에 비추어 기존의 효율성의 가치와 동등하게 재정건전성이 가치를 중시하고 있다고 봐야 한다. 재정부담을 수반하는 법령의 제·개정 시 재원조달방안을 첨부하도록 하고(제87조), 국세감면율을 일정비율 이하로 유지하도록 하며(제88조), 세계잉여금의 국가채무 우선상환(제90조) 등 재정건전성을 강화하기 위한 구체적인 조치를 규정하고 있다.

회계연도 독립의 원칙이란 각 회계연도의 경비는 그 연도의 세입 또는 수입으로 충당해야 한다는 원칙을 말한다.

본예산이란 당초에 국회의 의결을 얻어 확정, 성립된 예산을 말한다.

수정예산이란 정부가 예산안을 국회에 제출한 후 확정되기 전 부득이한 사유로 인해 국무회의의 심의를 거쳐 대통령의 승인을 얻어 예산안의 일부를 수정한 예산을 말한다.

추가경정예산이란 정부가 예산 성립 후에 생긴 사유로 인하여 이미 성립한 예산을 변경할 필요가 있을 때 편성하는 예산을 말한다.

준예산이란 정부가 제출한 예산안에 대한 국회의 심의가 완료되지 않은 경우 전년도 예산에 준하여 집행하는 예산을 말한다.

중기사업계획이란 당해 회계연도부터 5회계연도 이상의 기간 동안의 신규사업 및 주요 계속사업에 대한 사업계획을 말한다.

예산의 총액배분 자율편성이란 국가재정운용계획에 근거하여 부처별 지출한도를 먼저 정하고 각 부처가 지출한도 범위 내에서 자율적으로 예산을 편성하는 제도를 말한다.

명시이월비란 경비의 성질상 연도 내에 지출을 끝내지 못할 것이 예상되어 미리 국회의 승인을 얻어 다음연도에 이월하여 사용할 수 있도록 허용된 경비를 말한다.

사고이월비란 연도 내에 지출원인행위를 하고 불가피한 사유로 인하여 연도 내에 지출하지 못한 경비와 지출원인행위를 하지 아니한 그 부대경비를 말한다.

성인지 예산제도란 예산이 여성과 남성에게 미칠 영향을 미리 분석하여 이를 예산편성에 반영·집행하고, 여성과 남성이 동등하게 예산의 수혜를 받고 예산이 성차별을 개선하는 방향으로 집행되었는지를 평가하여, 다음연도 예산편성에 반영하는 제도를 말한다.

조세지출[29]이란 조세감면·비과세·소득공제·세액공제·우대세율 적용 또는 과세이연 등 조세특례의 방식으로 납세자를 재정적으로 지원함에 따라 발생하는 국가세입의 감소를 의미한다. 직접감면이란 영구적으로 세금을 감면하는 것으로 특정소득을 과세대상소득에서 제외하는 비과세와 소득금액에서 일정금액을 차감하는 소득공제와 일반세율보다 낮은 세율을 적용하는 저율과세, 투자금액 등의 일정비율을 납부할 세금에서 차감하는 세액공제가 있다. 간접감면이란 일정기간 과세를 연기하는 것

29) 국가재정법 제16조 예산의 원칙 조항에서 정부에게 재정지출 및 조세지출의 성과를 제고하여야 한다는 의무를 부과하고 있다. 특히 조세제한특례법에 따라 조세지출예산서를 작성할 때에는 성과관리를 실시하여야 한다. 특히 조세지출예산서의 작성은 조세특례제한법 제142조의 2에 근거하고 있음에 유의하자.

으로 기업이 특정한 목적을 위해 준비금을 사내 적립하는 경우 과세를 연기하는 준비금, 자산을 대체 취득하는 경우 새로 취득한 자산의 처분시점까지 과세를 연기하는 과세이연제도, 개인이 사업용 고정자산을 현물자산 등으로 법인에 양도하는 경우 개인에 대해서는 양도소득세를 과세하지 않고 법인이 그 출자 받은 자산을 처분할 때까지 과세를 연기하는 이월과세가 있다.

예비타당성 조사란 개발사업의 적정 투자시기, 재원조달 방법 등에 대한 타당성 검증을 통해 사업 추진여부를 투명하고 공정하게 결정함으로써 예산낭비를 방지하고 재정운영의 효율성을 제고하기 위한 제도로써 통상 예타라는 용어로 읽혀진다.

민간투자사업[30]이란 도로 · 항만 · 철도 등 사회기반시설을 민가의 재원을 활용하여 건설하고 해당 시설을 민간이 운영하는 사업을 말한다. 수익형 민자사업(BTO: Build-Own-Operate)이란 민간부문의 자본을 유치하여 사회기반시설의 준공과 동시에 해당 시설의 소유권이 국가 또는 지방자치단체에 귀속되지만 사업시행자(민간)에게 일정기간 동안 시설관리운영권이 부여되어 시설이용자로부터 사용료를 받아 투자비를 회수할 수 있도록 하는 사업방식을 말한다. 고속도로 건설 등 최종이용자에게 사용료 부과로 투자비 회수가 가능한 시설이 대상이 된다.

임대형 민자사업(BTL: Build-Transfer-Lease)이란 민간부문의 자본을 유치하여 사회기반시설의 준공과 동시에 해당 시설의 소유권이 국가 또는 지방자치단체에 귀속되지만 사업시행자(민간)에게 일정기간 동안 시설관리운영권이 부여되어, 국가 또는 지방자치단체 등으로부터 시설임대료와 운영비를 받아 투자비를 회수하도록 하는 사업방식을 말한다. BTO-rs(위험분담형) 방식과 BTO-a(손익공유형) 방식이 있다. BTO는 수익자부담원칙 적용이, BTL은 운영비 등에 정부의 재정부담이 필요한 사업(학교 등)에 적용되는 사례가 많다.

총액계상사업이란 예산편성단계에서 세부내용을 정하지 않고 총액규모만을 예산에 반영하는 것으로서 세부사업별로 나누어 예산을 편성하는 것이 곤란하거나 집행단계에서 수요를 정하는 것이 효율적인 사업을 말한다(국가재정법 제37조 참조). 총액계상이 가능한 사업은 도로보수사업, 도로안전 및 환경개선사업, 항만시설 유지보수사업, 수리시설 개보수사업, 문화재보수정비사업, 그 밖에 대규모 투자 또는 보조사업에 해당하는 사업으로서 기획재정부장관이 정하는 사업(국가재정법 시행령 제12조 참조) 등이다.

예산집행이란 국회에서 확정된 예산에 따라 해당 회계연도 동안 수입을 조달하고 공공경비를 지출하는 활동을 말한다.

---

30) 사회기반시설에 관한 민간투자법을 참고하기 바란다.

예산배정이란 중앙예산기관(기획재정부장관)이 면밀한 계획을 세워 각 분기별로 예산을 할당하는 것을 말한다(국가재정법 제37조 참조). 예산배정에는 정기배정, 긴급배정(회계연도 개시전 배정), 조기배정, 수시배정, 배정유보 등이 있다.

예산재배정이란 각 중앙관서의 장이 각 사업부서에게 예산을 지출할 수 있도록 권한을 부여하는 것을 말한다.

지출원인행위란 배정된 예산 또는 기금운용계획의 범위 내에서 이뤄지는 국고금 지출의 원인이 되는 계약이나 그 밖의 행위를 말한다. 계약당사자 간에 지출금액 등을 확정하고, 예산지출의 대상자, 지출시기 등을 확정하는 행위를 말한다.

예산의 전용이란 예산을 각 세항·목 사이에 상호 융통하는 것을 말한다.

예산의 이용이란 예산을 각 기관 간 또는 각 장·관·항 간에 상호 융통하는 것을 말한다.

기금운용계획 변경이란 국회에서 확정된 기금운용계획의 세부항목 또는 주요항목의 지출금액을 변경하는 것을 말한다.

총사업비 관리란 완성에 2년 이상 소요되는 사업으로서 국고 또는 기금으로 추진되는 대규모 재정사업의 총사업비를 단계별로 합리적으로 조정·관리하는 것을 말한다(국가재정법 제50조 참조). 총사업비관리제도는 시설공사의 무분별한 사업비 증액을 방지하기 위하여 기획재정부와 사업추신부서가 사전에 협의·조정하는 제도이다.

국고금이란 정부가 공공행정업무를 수행하기 위하여 조달하고 운용하는 일체의 현금을 말한다(국고금관리법 제2조 참조). 국고금이란 법령 또는 계약에 따라 국가의 세입으로 납입되거나 기금에 납입된 모든 현금 및 현금과 같은 가치를 가지는 것을 말한다.

시재금이란 지출을 하고 남아있는 돈을 말한다.

한국은행 일시차입이란 회계연도 내의 일시적인 현금의 부족을 보충하기 위해 한국은행으로부터 차입하는 것을 말한다. 국고금의 출납상 필요할 때에는 자금조달 수단으로 사용할 수 있는 재정증권의 발행과 한국은행으로부터의 일시차입금 최고액을 정하도록 규정하고 있다(국가재정법 제20조 참조). 예산총칙에서 자금조달을 필요로 하는 각 회계 및 계정, 기금별로 각 회계연도마다 재정증권 발행 및 한국은행 일시차입의 한도액을 규정하고 있다.

성과관리제도란 통제·투입 방식에서 벗어나 성과관리를 통해 획득된 성과정보를 바탕으로 정부업무 수행의 책임성을 제고하는 것을 말한다(국가회계법 제18조, 정부업무평가기본법 제2조 참조). 성과관리제도는 재정성과 목표관리제도, 재정사업자율평가제도, 심층평가제도로 나뉘어 운영되고 있다.

재정성과목표관리제도(performance monitoring)란 성과계획서를 통해 성과목표와 성과지표를 사전에 설정하고 재정운용 후 성과보고서를 통해 성과목표의 달성여부를 점검하는 제도를 말한다(국가재정법 제8조, 제34조, 제71조, 국가회계법 제14조 및 제15조 참조).

재정사업자율평가(program review)제도란 각 중앙관서의 장과 기금관리주체가 주요 재정사업을 스스로 평가하고 그 결과를 예산안 편성 등에 활용하여 재정사업의 효율성을 제고하는 제도를 말한다.

재정사업심층평가(program evaluation)제도란 재정사업심층평가제도는 재정사업자율평가 결과 추가적인 검토가 필요하다고 판단되는 사업에 대해 계량분석기법 등을 활용하여 심층적으로 분석·평가하는 제도를 말한다(국가재정법 제8조 및 동법시행령 제3조 참조). 자율평가의 주체는 중앙관서의 장 또는 기금관리주체이나 심층평가의 주체는 기획재정부장관이다.

시정요구란 국회의 결산심사 결과 국회가 정부로 하여금 향후 예산편성 및 집행과정에서 시정이 필요하다고 판단한 사항에 대해서 시정을 요구하는 것을 말한다. 국가재정법 제100조에 따라 국민이 직접 예산·기금의 불법지출에 대한 국민통제로서의 감시 내지는 시정요구와는 구분할 수 있어야 한다.

세계잉여금이란 세입세출결산상 잉여금 중 다음 연도 이월액을 차감한 금액을 말한다. 발생주의 복식부기 방식으로 작성한 국가통합재무제표 중의 하나인 재정운용표는 기업의 손익계산서와 대비되는 것으로 재정운영결과는 발생주의 회계에서 손실인지 이익인지를 표시해 주는 숫자이고 세계잉여금은 현금주의 회계에서 현금이 남았는지 부족한지를 표시해 주는 숫자이다.

순세계잉여금이란 세계잉여금에서 이월재원과 보조금 집행잔액을 제외한 금액이며, 이월재원은 명시이월, 사고이월금, 계속비이월금을 합한 금액이다.

법안비용추계란 발의·제안 또는 제출된 법안이 의결되어 시행될 경우 추가적으로 발생할 것으로 예상되는 재정지출의 순증가액 또는 순감소액을 각종 추계기법을 활용하여 객관적으로 추산하는 것을 말한다.

공기업이란 직원 정원이 50명 이상이고 자체 수입액이 총 수입액의 50% 이상인 공공기관을 말한다. 시장형공기업이란 자산 규모가 2조 원 이상이고, 총 수입액 중 자체 수입액이 85% 이상인 공기업을 말한다. 준시장형공기업이란 시장형공기업이 아닌 공기업을 일컫는다.

준정부기관이란 직원 정원이 50명 이상이면서 공기업이 아닌 공공기관을 말한다. 기금관리형 준정부기관이란 「국가재정법」에 따라 기금을 관리하거나 기금의 관리를 위탁받은 준정부기관을 말한다. 위탁집행형 준정부기관이란 기금관리형 준정부기관이 아닌 준정부기관을 말한다. 공공기관을 한눈에 살펴볼 수 있는 사이트로 알리오가 있다. 알리오 사이트(www.alio.go.kr)를 검색해보면 공공기관 전체의 모습을 살펴볼 수 있다. 공공기관의 설치 및 운영에 관한 법률도 참고하기 바란다.

BIS 비율이란 국제결제은행(Bank for International Settlement)이 정한 은행의 위험자산 대비 자기자본비율을 말한다. 자기자본을 위험가중자산으로 나누고 100을 곱한 값으로, 은행의 자본적정성을 나타내는 지표를 말한다. BIS에서는 은행들에게 BIS 비율 8% 이상을 유지하도록 권고하고 있다.

공적자금[31]이란 1997년 경제위기 이후 금융부실이 누적되면서 경색된 금융시장을 조속히 정상화시키고 이를 통해 급속하게 위축되던 실물경제를 회복시키고자 금융구조조정 등에 사용된 자금을 말한다. 공적자금은 1997년 경제위기 이후 금융기관 부실 정리를 위해 정부보증채권 등을 재원으로 조성한 공적자금과 2008년 글로벌 금융위기에 따른 금융시장 해소를 위하여 금융회사 부실채권 및 구조조정기업 자산 인수를 위해 조성된 공적자금으로 구분된다. 이 중 2008년 글로벌 금융위기에 따른 공적자금은 2014년 말 운용이 종료되었다. 현재는 1997년 정부보증채권 등을 재원으로 조성한 공적자금만 관리되고 있다. 정부는 이미 지원된 공적자금에 대하여 국회 심의로 공적자금 상환대책을 확정하고 2003년 1월 1일부터 시행하고 있다. 공적자금 상환대책은 2002년 말 기준 상환부담이 있는 공적자금 채무원금 97.2조 원 중 회수

31) 공적자금 관리특별법을 참고하기 바란다. 공적자금 관리 특별법 제2조(정의) 이 법에서 사용하는 용어의 뜻은 다음과 같다. <개정 2015. 12. 22.>

1. "공적자금"이란 다음 각 목의 기금 또는 재산 등에서 금융회사등 또는 기업의 구조조정에 지원되는 자금을 말한다.

가. 「예금자보호법」에 따른 예금보험기금채권상환기금 및 예금보험기금. 다만, 예금보험기금의 경우에는 다음 어느 하나에 해당하는 재원(財源)을 수입으로 한 경우만 해당한다.

1) 정부의 출연금

2) 「예금자보호법」 제26조의2에 따라 정부가 원리금 상환에 대하여 보증한 예금보험기금채권으로 조성된 자금

3) 「예금자보호법」 제24조의2에 따라 정부가 예금보험공사에 양여한 국유재산

나. 「금융회사부실자산 등의 효율적 처리 및 한국자산관리공사의 설립에 관한 법률」에 따른 부실채권정리기금 및 구조조정기금

다. 「공공자금관리기금법」에 따른 공공자금관리기금

라. 「국유재산법」에 따른 국유재산

마. 「한국은행법」에 따른 한국은행이 금융회사등에 출자한 자금

바. 「공공차관의 도입 및 관리에 관한 법률」에 따른 공공차관

사. 「금융산업의 구조개선에 관한 법률」에 따른 금융안정기금

2. "금융회사등"이란 다음 각 목의 어느 하나에 해당하는 기관을 말한다.

가. 「금융산업의 구조개선에 관한 법률」에 따른 금융기관

나. 「예금자보호법」 에 따른 부보금융회사(이하 "부보금융회사"라 한다)

다. 「금융회사부실자산 등의 효율적 처리 및 한국자산관리공사의 설립에 관한 법률」에 따른 금융회사등

가 가능할 것으로 판단된 28.2조 원을 제외한 69조 원 중 20조 원을 금융권에서, 나머지 49조 원을 정부재정에서 부담하도록 하였다. 정부재정에서는 예금보험기금채권상환기금과 부실채권적자기금에 출연하기 위하여 별도로 공적자금상환기금을 설치하였다.

조직생활의 팁 3 : 인간의 한계 인식과 사랑

사르트르의 인간 부조리가 인간 언어와 의식의 단절을 통한 인간 부조리를 설명하고 있다면, 까뮈는 이방인이라는 작품을 통해 인간의 관념에의 집착으로 인간 부조리를 설명하고 있다고 본다. 이방인 작품의 주인공은 어머니가 돌아가셨는데 울지 않았고 어머니의 시체 옆에 돌아서 담배를 피웠다는 등의 사유로 일반인들의 비난과 사람들이 만들고 강요한 인생의 굴레를 짊어져야만 했다. 이방인의 주인공은 장례식장에 달려오는 중에 눈물을 너무 많이 흘렸고 마침 장례식장에서는 눈물이 말라서 장례식장에서 울지 않았을 수도 있다. 아니면 눈물샘에 장애가 있어서 눈물을 흘리지 않았을 수도 있을 것이다. 만약 앞의 두 사례에 해당한다면 그리고 그 사실을 장례식장에 참석한 일반인들이 충분히 알았다면 주인공을 그렇게 비난하지 않았을지도 모른다는 생각을 하게 된다. 아마도 까뮈는 이 작품을 통해서 우리 인간들이 처해 있는 실존적인 상황과 한계들을 완전하고도 충분하게 알기 어렵다는 인간의 한계를 보여줌으로써 인간 부조리를 설명하려고 했는지 모른다. 인간 부조리의 원인이 삶을 마감해야 하는 인간현실에서 비롯된 것인지는 알 수 없으나 인문학을 통해 우리는 인간이 가진 한계를 철저하게 자각하게 된다. 조직생활에서 직급이 높은 분이나 동료 또는 직원들도 모두 인간이다. 인간의 한계와 굴레를 벗어던지지 못하고 인간의 굴레를 안고 하루하루 살아가는 인간이기에 나의 이성과 느낌으로 도저히 알 수 없고 알기도 어려운 그들 나름의 어려움이 있다는 점을 충분히 인식해야 한다. 결국 인간은–조직 내에서의 개인들도 마찬가지–서로 사랑하고 의지하면서 살아갈 수밖에 없는 존재다. 사랑하는 마음으로 조직에서 인연이 된 사람들을 존중하는 자세로 대해준다면 당신은 조직에서 성공한 사람으로 자리매김하고 있을 것이다. 이 책을 읽은 독자들에게 들려주고 싶은 가장 소중한 말이다. 사랑합니다.

부 록

- 국가재정법
- 세입 세출 예산 과목표
- 주요재정사업(취약계층 정부지원사업) 정리표

국가재정법

제1장 총 칙

제1조(목적) 이 법은 국가의 예산·기금·결산·성과관리 및 국가채무 등 재정에 관한 사항을 정함으로써 효율적이고 성과 지향적이며 투명한 재정운용과 건전재정의 기틀을 확립하는 것을 목적으로 한다.

제2조(회계연도) 국가의 회계연도는 매년 1월 1일에 시작하여 12월 31일에 종료한다.

제3조(회계연도 독립의 원칙) 각 회계연도의 경비는 그 연도의 세입 또는 수입으로 충당하여야 한다.

제4조(회계구분)

① 국가의 회계는 일반회계와 특별회계로 구분한다.

② 일반회계는 조세수입 등을 주요 세입으로 하여 국가의 일반적인 세출에 충당하기 위하여 설치한다.

③ 특별회계는 국가에서 특정한 사업을 운영하고자 할 때, 특정한 자금을 보유하여 운용하고자 할 때, 특정한 세입으로 특정한 세출에 충당함으로써 일반회계와 구분하여 회계처리할 필요가 있을 때에 법률로써 설치하되, 별표 1에 규정된 법률에 의하지 아니하고는 이를 설치할 수 없다. 〈개정 2014·1·1〉

제5조(기금의 설치)

① 기금은 국가가 특정한 목적을 위하여 특정한 자금을 신축적으로 운용할 필요가 있을 때에 한하여 법률로써 설치하되, 정부의 출연금 또는 법률에 따른 민간부담금을 재원으로 하는 기금은 별표 2에 규정된 법률에 의하지 아니하고는 이를 설치할 수 없다.

② 제1항의 규정에 따른 기금은 세입세출예산에 의하지 아니하고 운용할 수 있다.

제6조(독립기관 및 중앙관서)

① 이 법에서 "독립기관"이라 함은 국회·대법원·헌법재판소 및 중앙선거관리위원회를 말한다.

② 이 법에서 "중앙관서"라 함은 「헌법」 또는 「정부조직법」 그 밖의 법률에 따라 설치된 중앙행정기관을 말한다.

③ 국회의 사무총장, 법원행정처장, 헌법재판소의 사무처장 및 중앙선거관리위원회의 사무총장은 이 법의 적용에 있어 중앙관서의 장으로 본다.

제7조(국가재정운용계획의 수립 등)

① 정부는 재정운용의 효율화와 건전화를 위하여 매년 당해 회계연도부터 5회계연도 이상의 기간에 대한 재정운용계획(이하 "국가재정운용계획"이라 한다)을 수립하여 회계연도 개시 120일 전까지 국회에 제출하여야 한다. 〈개정 2013·5·28〉

② 국가재정운용계획에는 다음 각 호의 사항이 포함되어야 한다. 〈개정 2010·5·17, 2016·12·20〉

1. 재정운용의 기본방향과 목표
2. 중·장기 재정전망 및 그 근거
3. 분야별 재원배분계획 및 투자방향
4. 재정규모증가율 및 그 근거

4의2. 의무지출(재정지출 중 법률에 따라 지출의무가 발생하고 법령에 따라 지출규모가 결정되는 법정지출 및 이자지출을 말하며, 그 구체적인 범위는 대통령령으로 정한다)의 증가율 및 산출내역

4의3. 재량지출(재정지출에서 의무지출을 제외한 지출을 말한다)의 증가율에 대한 분야별 전망과 근거 및 관리계획

4의4. 세입·세외수입·기금수입 등 재정수입의 증가율 및 그 근거

5. 조세부담률 및 국민부담률 전망
6. 통합재정수지에 대한 전망과 근거 및 관리계획
7. 삭제 〈2010·5·17〉
8. 그 밖에 대통령령이 정하는 사항

③ 제1항에 따라 국회에 제출하는 국가재정운용계획에는 다음 각 호의 서류를 첨부하여야 한다. 〈신설 2010·5·17, 2014·1·1〉

1. 전년도에 수립한 국가재정운용계획 대비 변동사항, 변동요인 및 관리계획 등에 대한 평가·분석보고서
2. 제73조의3에 따른 중장기 기금재정관리계획
3. 제91조에 따른 국가채무관리계획
4. 「국세기본법」 제20조의2에 따른 중장기 조세정책운용계획

④ 기획재정부장관은 국가재정운용계획을 수립함에 있어 필요한 때에는 관계 국가기관 또는 공공단체의 장에게 중·장기 대내·외 거시경제전망 및 재정전망 등에 관하여 자료의 제출을 요청하거나, 관계 국가기관 또는 공공단체의 장과 이에 관하여 협의할 수 있다. 〈개정 2008·2·29〉

⑤ 기획재정부장관은 국가재정운용계획을 수립하는 때에는 관계 중앙관서의 장과 협의하여야 한다. 〈개정 2008·2·29〉

⑥ 제1항부터 제5항까지에 규정된 사항 외에 국가재정운용계획의 수립에 관하여 필요한 사항은 대통령령으로 정한다. 〈개정 2010·5·17〉

⑦ 기획재정부장관은 제35조에 따른 수정예산안 및 제89조에 따른 추가경정예산안이 제출될 때에는 재정수지, 국가채무 등 국가재정운용계획의 재정총량에 미치는 효과 및 그 관리방안에 대하여 국회에 보고하여야 한다. 〈신설 2010·5·17〉

⑧ 기획재정부장관은 국가재정운용계획을 국회에 제출하기 30일 전에 재정규모, 재정수지, 재원배분 등 수립 방향을 국회 소관 상임위원회에 보고하여야 한다. 〈신설

2010 · 5 · 17, 2014 · 12 · 30〉

⑨ 각 중앙관서의 장은 재정지출을 수반하는 중 · 장기계획을 수립하는 때에는 미리 기획재정부장관과 협의하여야 한다. 〈개정 2008 · 2 · 29〉

⑩ 지방자치단체의 장은 국가의 재정지원에 따라 수행되는 사업으로서 대통령령이 정하는 규모 이상인 사업의 계획을 수립하는 때에는 미리 관계 중앙관서의 장과 협의하여야 한다. 이 경우 중앙관서의 장은 기획재정부장관과 협의하여야 한다. 〈개정 2008 · 2 · 29〉

제8조(성과중심의 재정운용)

① 각 중앙관서의 장과 법률에 따라 기금을 관리 · 운용하는 자(기금의 관리 또는 운용 업무를 위탁받은 자를 제외하며, 이하 "기금관리주체"라 한다)는 재정활동의 성과관리체계를 구축하여야 한다.

② 각 중앙관서의 장은 제31조제1항에 따라 예산요구서를 제출할 때에 다음 연도 예산의 성과계획서 및 전년도 예산의 성과보고서(「국가회계법」 제14조제4호에 따른 성과보고서를 말한다. 이하 이 조에서 같다)를 기획재정부장관에게 함께 제출하여야 하며, 기금관리주체는 제66조제5항에 따라 기금운용계획안을 제출할 때에 다음 연도 기금의 성과계획서 및 전년도 기금의 성과보고서를 기획재정부장관에게 함께 제출하여야 한다. 〈개정 2008 · 2 · 29, 2008 · 12 · 31 법9278〉

③ 각 중앙관서의 장과 기금관리주체는 「국가회계법」에서 정하는 바에 따라 예산 및 기금의 성과보고서를 작성하여야 한다. 〈개정 2008 · 12 · 31 법9278〉

④ 삭제 〈2008 · 12 · 31 법9278〉

⑤ 기획재정부장관은 제2항에 따른 성과계획서 등에 관한 지침을 작성하여 각 중앙관서의 장과 기금관리주체에게 각각 통보하여야 한다. 〈개정 2008 · 2 · 29, 2008 · 12 · 31 법9278〉

⑥ 기획재정부장관은 대통령령이 정하는 바에 따라 주요 재정사업에 대한 평가를 실시하고 그 결과를 재정운용에 반영할 수 있다. 〈개정 2008 · 2 · 29〉

⑦ 기획재정부장관은 제6항의 규정에 따른 평가와 관련하여 전문적인 조사 · 연구 등이 필요한 때에는 관계 전문기관 등에 조사 · 연구 등을 위탁할 수 있다. 〈개정 2008 · 2 · 29〉

⑧ 기획재정부장관은 제6항의 규정에 따른 평가를 행함에 있어 필요하다고 인정하는 때에는 관계 행정기관의 장 등에 대하여 평가에 관한 의견 또는 자료의 제출을 요구할 수 있다. 이 경우 관계 행정기관의 장 등은 특별한 사유가 있는 경우를 제외하고는 이에 따라야 한다. 〈개정 2008 · 2 · 29〉

⑨ 제33조에 따른 예산안, 제35조에 따른 수정예산안, 제68조제1항에 따른 기금운용계획안, 제70조제2항에 따른 기금운용계획변경안 및 제89조제1항에 따른 추가경정예산안과 그에 따라 작성된 성과계획서는 사업내용 및 사업비 등이 각각 일치하도록 노력하여야 한다. 〈개정 2009 · 5 · 27〉

제8조의2(재정사업 평가 등에 대한 전문적인 조사 · 연구기관의 지정 등)

① 기획재정부장관은 주요 재정사업 평가 등을 적정하게 수행하기 위하여 「정부출연연구기관 등의 설립·운영 및 육성에 관한 법률」에 따라 설립된 한국개발연구원 및 한국조세재정연구원과 전문 인력 및 조사·연구 능력 등 대통령령으로 정하는 지정기준을 갖춘 기관을 전문기관으로 지정하여 다음 각 호의 업무 중 전부 또는 일부를 수행하게 할 수 있다. 〈개정 2016·1·28〉

1. 제8조제6항에 따른 주요 재정사업에 대한 평가 및 그 평가와 관련된 전문적인 조사·연구
2. 제38조제1항 및 제3항에 따른 사업의 예비타당성조사 및 그 조사와 관련된 전문적인 조사·연구
3. 제50조제2항 및 제3항에 따른 사업의 타당성 재조사 및 그 조사와 관련된 전문적인 조사·연구
4. 제82조제2항에 따른 기금운용평가단의 운영
5. 「부담금관리 기본법」 제8조제4항에 따른 부담금운용평가단의 운영
6. 「보조금 관리에 관한 법률」 제15조제3항에 따른 보조사업평가단의 운영
7. 「복권 및 복권기금법」 제22조제4항에 따라 구성하는 복권기금사업의 성과에 대한 평가단의 운영

② 기획재정부장관은 제1항에 따라 지정된 전문기관이 그 업무를 수행하는 데에 드는 비용을 지원하기 위하여 해당 전문기관에 출연할 수 있다.

③ 기획재정부장관은 제1항에 따라 지정된 전문기관이 다음 각 호의 어느 하나에 해당하는 경우에는 그 지정을 취소할 수 있다. 다만, 제1호에 해당하면 그 지정을 취소하여야 한다.

1. 거짓이나 그 밖의 부정한 방법으로 지정을 받은 경우
2. 제1항에 따른 지정기준에 적합하지 아니하게 된 경우
3. 제1항에 따른 업무를 적정하게 수행하지 아니하는 등 수행하는 업무가 그 지정의 목적을 벗어난 것으로 인정되는 경우

④ 제1항에 따른 전문기관의 지정 및 그 운영 등에 필요한 사항은 대통령령으로 정한다. [본조신설 2014·1·1]

제9조(재정정보의 공표)

① 정부는 예산, 기금, 결산, 국채, 차입금, 국유재산의 현재액 및 통합재정수지 그 밖에 대통령령이 정하는 국가와 지방자치단체의 재정에 관한 중요한 사항을 매년 1회 이상 정보통신매체·인쇄물 등 적당한 방법으로 알기 쉽고 투명하게 공표하여야 한다.

② 기획재정부장관은 각 중앙관서의 장과 기금관리주체에게 제1항의 규정에 따른 재정정보의 공표를 위하여 필요한 자료의 제출을 요구할 수 있다. 〈개정 2008·2·29, 2016·12·20〉

③ 각 중앙관서의 장은 해당 중앙관서의 세입·세출예산 운용상황을, 각 기금관리주체는 해당 기금의 운용상황을 인터넷 홈페이지에 공개하여야 한다. 〈신설 2014·12·30,

2016 · 12 · 20〉

④ 제3항의 세입 · 세출예산 운용상황 및 기금 운용상황 공개에는 각 사업별 사업설명자료가 첨부되어야 한다. 그 밖에 공개에 필요한 사항은 대통령령으로 정한다. 〈신설 2014 · 12 · 30, 2016 · 12 · 20〉

⑤ 기획재정부장관은 제3항 및 제4항에 관한 지침을 작성하여 각 중앙관서의 장과 기금관리주체에게 각각 통보하여야 하며, 지침과 상이할 경우 시정 요구하여야 한다. 이 경우 각 중앙관서의 장과 기금관리주체는 다른 법령에서 별도로 규정하는 경우를 제외하고는 이에 응하여야 한다. 〈신설 2016 · 12 · 20〉

제9조의2(재정 관련 자료의 제출) 기획재정부장관은 매년 회계연도 개시 120일 전까지 다음 각 호의 서류를 국회에 제출하여야 한다. 〈개정 2013 · 5 · 28〉

1. 제92조에 따른 국가보증채무관리계획
2. 「공공기관의 운영에 관한 법률」 제39조의2에 따른 중장기 재무관리계획
3. 「사회기반시설에 대한 민간투자법」 제24조의2에 따른 임대형 민자사업 정부지급금추계서 [본조신설 2010 · 5 · 17]

제10조(재정운용에 대한 의견수렴)

① 기획재정부장관은 재정운용에 대한 의견수렴을 위하여 각 중앙관서와 지방자치단체의 공무원 및 민간 전문가 등으로 구성된 재정정책자문회의(이하 "자문회의"라 한다)를 운영하여야 한다. 〈개정 2008 · 2 · 29, 2008 · 12 · 31 법9278〉

② 기획재정부장관은 국가재정운용계획을 수립할 때, 매 회계연도의 예산안을 편성할 때와 기금운용계획안을 마련할 때에는 미리 자문회의의 의견수렴을 거쳐야 한다. 〈개정 2008 · 2 · 29, 2008 · 12 · 31 법9278〉

③ 자문회의의 구성 · 기능 및 운영 등에 관하여 필요한 사항은 대통령령으로 정한다. 〈개정 2008 · 12 · 31 법9278〉

제11조(업무의 관장)

① 예산, 결산 및 기금에 관한 사무는 기획재정부장관이 관장한다. 〈개정 2008 · 2 · 29〉

② 각 중앙관서의 장은 제1항의 규정에 따른 사무에 관한 법령을 제정 · 개정 또는 폐지하거나 제1항의 규정에 따른 사무와 관련되는 사항을 다른 법령에 규정하고자 하는 때에는 기획재정부장관과 협의하여야 한다. 〈개정 2008 · 2 · 29〉

제12조(출연금) 국가는 국가연구개발사업의 수행, 공공목적을 수행하는 기관의 운영 등 특정한 목적을 달성하기 위하여 법률에 근거가 있는 경우에는 해당 기관에 출연할 수 있다.

제13조(회계 · 기금 간 여유재원의 전입 · 전출)

① 정부는 국가재정의 효율적 운용을 위하여 필요한 경우에는 다른 법률의 규정에 불구하고 회계 및 기금의 목적 수행에 지장을 초래하지 아니하는 범위 안에서 회계와 기금 간 또는 회계 및 기금 상호 간에 여유재원을 전입 또는 전출하여 통합적으로 활용할 수 있다. 다만, 다음 각 호의 특별회계 및 기금을 제외한다. 〈개정 2008 · 3 · 28〉

1. 우체국보험특별회계
2. 국민연금기금
3. 공무원연금기금
4. 사립학교교직원연금기금
5. 군인연금기금
6. 고용보험기금
7. 산업재해보상보험및예방기금
8. 임금채권보장기금
9. 방사성폐기물관리기금
10. 그 밖에 차입금이나 「부담금관리기본법」 제2조의 규정에 따른 부담금 등을 주요 재원으로 하는 특별회계와 기금 중 대통령령이 정하는 특별회계와 기금

② 기획재정부장관은 제1항의 규정에 따라 전입·전출을 하고자 하는 때에는 관계 중앙관서의 장 및 기금관리주체와 협의한 후 그 내용을 예산안 또는 기금운용계획안에 반영하여야 한다. 〈개정 2008·2·29〉

제14조(특별회계 및 기금의 신설에 관한 심사)

① 중앙관서의 장은 소관 사무와 관련하여 특별회계 또는 기금을 신설하고자 하는 때에는 해당 법률안을 입법예고하기 전에 특별회계 또는 기금의 신설에 관한 계획서(이하 이 조에서 "계획서"라 한다)를 기획재정부장관에게 제출하여 그 신설의 타당성에 관한 심사를 요청하여야 한다. 〈개정 2008·2·29〉

② 기획재정부장관은 제1항의 규정에 따라 심사를 요청받은 경우 기금에 대하여는 제1호부터 제4호까지의 기준에 적합한지 여부를 심사하고, 특별회계에 대하여는 제4호 및 제5호의 기준에 적합한지 여부를 심사하여야 한다. 이 경우 미리 자문회의에 자문하여야 한다. 〈개정 2008·2·29, 2008·12·31 법9278, 2014·1·1〉

1. 부담금 등 기금의 재원이 목적사업과 긴밀하게 연계되어 있을 것
2. 사업의 특성으로 인하여 신축적인 사업추진이 필요할 것
3. 중·장기적으로 안정적인 재원조달과 사업추진이 가능할 것
4. 일반회계나 기존의 특별회계·기금보다 새로운 특별회계나 기금으로 사업을 수행하는 것이 더 효과적일 것
5. 특정한 사업을 운영하거나 특정한 세입으로 특정한 세출에 충당함으로써 일반회계와 구분하여 회계처리할 필요가 있을 것

③ 기획재정부장관은 제2항의 규정에 따른 심사 결과 특별회계 또는 기금의 신설이 제2항의 규정에 따른 심사기준에 부합하지 아니한다고 인정하는 때에는 계획서를 제출한 중앙관서의 장에게 계획서의 재검토 또는 수정을 요청할 수 있다. 〈개정 2008·2·29〉

제15조(특별회계 및 기금의 통합·폐지) 특별회계 및 기금이 다음 각 호의 어느 하나에 해당하는 경우에는 이를 폐지하거나 다른 특별회계 또는 기금과 통합할 수 있다.

1. 설치목적을 달성한 경우

2. 설치목적의 달성이 불가능하다고 판단되는 경우
3. 특별회계와 기금 간 또는 특별회계 및 기금 상호 간에 유사하거나 중복되게 설치된 경우
4. 그 밖에 재정운용의 효율성 및 투명성을 높이기 위하여 일반회계에서 통합 운용하는 것이 바람직하다고 판단되는 경우

제2장 예 산

제1절 총 칙

제16조(예산의 원칙) 정부는 예산의 편성 및 집행에 있어서 다음 각 호의 원칙을 준수하여야 한다. 〈개정 2013·1·1〉

1. 정부는 재정건전성의 확보를 위하여 최선을 다하여야 한다.
2. 정부는 국민부담의 최소화를 위하여 최선을 다하여야 한다.
3. 정부는 재정을 운용함에 있어 재정지출 및 「조세특례제한법」 제142조의2제1항에 따른 조세지출의 성과를 제고하여야 한다.
4. 정부는 예산과정의 투명성과 예산과정에의 국민참여를 제고하기 위하여 노력하여야 한다.
5. 정부는 예산이 여성과 남성에게 미치는 효과를 평가하고, 그 결과를 정부의 예산편성에 반영하기 위하여 노력하여야 한다.

제17조(예산총계주의)

① 한 회계연도의 모든 수입을 세입으로 하고, 모든 지출을 세출로 한다.

② 제53조에 규정된 사항을 제외하고는 세입과 세출은 모두 예산에 계상하여야 한다.

제18조(국가의 세출재원) 국가의 세출은 국채·차입금(외국정부·국제협력기구 및 외국법인으로부터 도입되는 차입자금을 포함한다. 이하 같다) 이외의 세입을 그 재원으로 한다. 다만, 부득이한 경우에는 국회의 의결을 얻은 금액의 범위 안에서 국채 또는 차입금으로써 충당할 수 있다.

제19조(예산의 구성) 예산은 예산총칙·세입세출예산·계속비·명시이월비 및 국고채무부담행위를 총칭한다.

제20조(예산총칙)

① 예산총칙에는 세입세출예산·계속비·명시이월비 및 국고채무부담행위에 관한 총괄적 규정을 두는 외에 다음 각 호의 사항을 규정하여야 한다.

1. 제18조 단서의 규정에 따른 국채와 차입금의 한도액(중앙관서의 장이 관리하는 기금의 기금운용계획안에 계상된 국채발행 및 차입금의 한도액을 포함한다)
2. 「국고금관리법」 제32조의 규정에 따른 재정증권의 발행과 일시차입금의 최고액
3. 그 밖에 예산집행에 관하여 필요한 사항

② 정부는 기존 국채를 새로운 국채로 대체하기 위하여 필요한 경우에는 제1항제1호의 한도액을 초과하여 국채를 발행할 수 있다. 이 경우 미리 국회에 이를 보고하여야 한다.

〈신설 2008 · 12 · 31 법9278〉

제21조(세입세출예산의 구분)

① 세입세출예산은 필요한 때에는 계정으로 구분할 수 있다.

② 세입세출예산은 독립기관 및 중앙관서의 소관별로 구분한 후 소관 내에서 일반회계 · 특별회계로 구분한다.

③ 세입예산은 제2항의 규정에 따른 구분에 따라 그 내용을 성질별로 관 · 항으로 구분하고, 세출예산은 제2항의 규정에 따른 구분에 따라 그 내용을 기능별 · 성질별 또는 기관별로 장 · 관 · 항으로 구분한다.

④ 예산의 구체적인 분류기준 및 세항과 각 경비의 성질에 따른 목의 구분은 기획재정부장관이 정한다. 〈개정 2008 · 2 · 29〉

제22조(예비비)

① 정부는 예측할 수 없는 예산 외의 지출 또는 예산초과지출에 충당하기 위하여 일반회계 예산총액의 100분의 1 이내의 금액을 예비비로 세입세출예산에 계상할 수 있다. 다만, 예산총칙 등에 따라 미리 사용목적을 지정해 놓은 예비비는 본문의 규정에 불구하고 별도로 세입세출예산에 계상할 수 있다.

② 제1항 단서의 규정에 불구하고 공무원의 보수 인상을 위한 인건비 충당을 위하여는 예비비의 사용목적을 지정할 수 없다.

제23조(계속비)

① 완성에 수년도를 요하는 공사나 제조 및 연구개발사업은 그 경비의 총액과 연부액(연부액)을 정하여 미리 국회의 의결을 얻은 범위 안에서 수년도에 걸쳐서 지출할 수 있다.

② 제1항의 규정에 따라 국가가 지출할 수 있는 연한은 그 회계연도부터 5년 이내로 한다. 다만, 사업규모 및 국가재원 여건상 필요한 경우에는 예외적으로 10년 이내로 할 수 있다. 〈개정 2012 · 3 · 21〉

③ 기획재정부장관은 필요하다고 인정하는 때에는 국회의 의결을 거쳐 제2항의 지출연한을 연장할 수 있다. 〈신설 2012 · 3 · 21〉

제24조(명시이월비)

① 세출예산 중 경비의 성질상 연도 내에 지출을 끝내지 못할 것이 예측되는 때에는 그 취지를 세입세출예산에 명시하여 미리 국회의 승인을 얻은 후 다음 연도에 이월하여 사용할 수 있다.

② 각 중앙관서의 장은 제1항의 규정에 따른 명시이월비에 대하여 예산집행상 부득이한 사유가 있는 때에는 사항마다 사유와 금액을 명백히 하여 기획재정부장관의 승인을 얻은 범위 안에서 다음 연도에 걸쳐서 지출하여야 할 지출원인행위를 할 수 있다. 〈개정 2008 · 2 · 29〉

③ 기획재정부장관은 제2항의 규정에 따라 다음 연도에 걸쳐서 지출하여야 할 지출원인행위를 승인한 때에는 감사원에 통지하여야 한다. 〈개정 2008 · 2 · 29〉

제25조(국고채무부담행위)

① 국가는 법률에 따른 것과 세출예산금액 또는 계속비의 총액의 범위 안의 것 외에 채무를 부담하는 행위를 하는 때에는 미리 예산으로써 국회의 의결을 얻어야 한다.

② 국가는 제1항에 규정된 것 외에 재해복구를 위하여 필요한 때에는 회계연도마다 국회의 의결을 얻은 범위 안에서 채무를 부담하는 행위를 할 수 있다. 이 경우 그 행위는 일반회계 예비비의 사용절차에 준하여 집행한다.

③ 국고채무부담행위는 사항마다 그 필요한 이유를 명백히 하고 그 행위를 할 연도 및 상환연도와 채무부담의 금액을 표시하여야 한다.

제26조(성인지 예산서의 작성)

① 정부는 예산이 여성과 남성에게 미칠 영향을 미리 분석한 보고서[이하 "성인지(성인지)예산서"라 한다]를 작성하여야 한다.

② 성인지 예산서에는 성평등 기대효과, 성과목표, 성별 수혜분석 등을 포함하여야 한다. 〈신설 2010 · 5 · 17〉

③ 성인지 예산서의 작성에 관한 구체적인 사항은 대통령령으로 정한다.

제27조 삭제 〈2013 · 1 · 1〉

제2절 예산안의 편성

제28조(중기사업계획서의 제출) 각 중앙관서의 장은 매년 1월 31일까지 당해 회계연도부터 5회계연도 이상의 기간 동안의 신규사업 및 기획재정부장관이 정하는 주요 계속사업에 대한 중기사업계획서를 기획재정부장관에게 제출하여야 한다. 〈개정 2008 · 2 · 29〉

제29조(예산안편성지침의 통보)

① 기획재정부장관은 국무회의의 심의를 거쳐 대통령의 승인을 얻은 다음 연도의 예산안편성지침을 매년 3월 31일까지 각 중앙관서의 장에게 통보하여야 한다. 〈개정 2008 · 2 · 29, 2014 · 1 · 1〉

② 기획재정부장관은 제7조의 규정에 따른 국가재정운용계획과 예산편성을 연계하기 위하여 제1항의 규정에 따른 예산안편성지침에 중앙관서별 지출한도를 포함하여 통보할 수 있다. 〈개정 2008 · 2 · 29〉

제30조(예산안편성지침의 국회보고) 기획재정부장관은 제29조제1항의 규정에 따라 각 중앙관서의 장에게 통보한 예산안편성지침을 국회 예산결산특별위원회에 보고하여야 한다. 〈개정 2008 · 2 · 29〉

제31조(예산요구서의 제출)

① 각 중앙관서의 장은 제29조의 규정에 따른 예산안편성지침에 따라 그 소관에 속하는 다음 연도의 세입세출예산 · 계속비 · 명시이월비 및 국고채무부담행위 요구서(이하 "예산요구서"라 한다)를 작성하여 매년 5월 31일까지 기획재정부장관에게 제출하여야 한다. 〈개정 2008 · 2 · 29, 2014 · 1 · 1〉

② 예산요구서에는 대통령령이 정하는 바에 따라 예산의 편성 및 예산관리기법의 적용에 필요한 서류를 첨부하여야 한다.

③ 기획재정부장관은 제1항의 규정에 따라 제출된 예산요구서가 제29조의 규정에 따른 예산안편성지침에 부합하지 아니하는 때에는 기한을 정하여 이를 수정 또는 보완하도록 요구할 수 있다. 〈개정 2008 · 2 · 29〉

제32조(예산안의 편성) 기획재정부장관은 제31조제1항의 규정에 따른 예산요구서에 따라 예산안을 편성하여 국무회의의 심의를 거친 후 대통령의 승인을 얻어야 한다. 〈개정 2008 · 2 · 29〉

제33조(예산안의 국회제출) 정부는 제32조의 규정에 따라 대통령의 승인을 얻은 예산안을 회계연도 개시 120일 전까지 국회에 제출하여야 한다. 〈개정 2013 · 5 · 28〉

제34조(예산안의 첨부서류) 제33조의 규정에 따라 국회에 제출하는 예산안에는 다음 각 호의 서류를 첨부하여야 한다. 〈개정 2010 · 5 · 17, 2011 · 3 · 30, 2012 · 3 · 21, 2013 · 1 · 1, 2014 · 1 · 1, 2017 · 12 · 26, 2019 · 4 · 23〉

1. 세입세출예산 총계표 및 순계표
2. 세입세출예산사업별 설명서

2의2. 세입예산 추계분석보고서(세입추계 방법 및 근거, 전년도 세입예산과 세입결산 간 총액 및 세목별 차이에 대한 평가 및 원인 분석, 세입추계 개선사항을 포함한다)

3. 계속비에 관한 전년도말까지의 지출액 또는 지출추정액, 당해 연도 이후의 지출예정액과 사업전체의 계획 및 그 진행상황에 관한 명세서

3의2. 제50조에 따른 총사업비 관리대상 사업의 사업별 개요, 전년도 대비 총사업비 증감 내역과 증감 사유, 해당 연도까지의 연부액 및 해당 연도 이후의 지출예정액

4. 국고채무부담행위 설명서
5. 국고채무부담행위로서 다음 연도 이후에 걸치는 것에 있어서는 전년도말까지의 지출액 또는 지출추정액과 당해 연도 이후의 지출예정액에 관한 명세서

5의2. 완성에 2년 이상이 소요되는 사업으로서 대통령령으로 정하는 대규모 사업의 국고채무부담행위 총규모

6. 예산정원표와 예산안편성기준단가
7. 국유재산의 전전년도말에 있어서의 현재액과 전년도말과 당해 연도말에 있어서의 현재액 추정에 관한 명세서
8. 제8조제2항의 규정에 따른 성과계획서
9. 성인지 예산서
10. 「조세특례제한법」 제142조의2에 따른 조세지출예산서
11. 제40조제2항 및 제41조의 규정에 따라 독립기관의 세출예산요구액을 감액하거나 감사원의 세출예산요구액을 감액한 때에는 그 규모 및 이유와 감액에 대한 당해 기관의 장의 의견
12. 삭제 〈2010 · 5 · 17〉
13. 회계와 기금 간 또는 회계 상호 간 여유재원의 전입 · 전출 명세서 그 밖에 재정의 상황과 예산안의 내용을 명백히 할 수 있는 서류

14. 「국유재산특례제한법」 제10조제1항에 따른 국유재산특례지출예산서
15. 제38조제2항에 따라 예비타당성조사를 실시하지 아니한 사업의 내역 및 사유
16. 지방자치단체 국고보조사업 예산안에 따른 분야별 총 대응지방비 소요 추계서

제35조(국회제출 중인 예산안의 수정) 정부는 예산안을 국회에 제출한 후 부득이한 사유로 인하여 그 내용의 일부를 수정하고자 하는 때에는 국무회의의 심의를 거쳐 대통령의 승인을 얻은 수정예산안을 국회에 제출할 수 있다.

제36조(예산안 첨부서류의 생략) 정부는 제35조에 따른 수정예산안 또는 제89조에 따른 추가경정예산안을 편성하여 국회에 제출하는 때에는 제34조 각 호에 규정된 첨부서류의 일부를 생략할 수 있다. 다만, 제8조제2항에 따른 성과계획서의 제출을 생략하는 때에는 사후에 이를 제출하여야 한다. 〈개정 2009 · 5 · 27〉

제37조(총액계상)

① 기획재정부장관은 대통령령이 정하는 사업으로서 세부내용을 미리 확정하기 곤란한 사업의 경우에는 이를 총액으로 예산에 계상할 수 있다. 〈개정 2008 · 2 · 29〉

② 제1항의 규정에 따른 총액계상사업의 총 규모는 매 회계연도 예산의 순계를 기준으로 대통령령이 정하는 비율을 초과할 수 없다.

③ 각 중앙관서의 장은 제1항의 규정에 따른 총액계상사업에 대하여는 예산배정 전에 예산배분에 관한 세부사업시행계획을 수립하여 기획재정부장관과 협의하여야 하며, 그 세부집행실적을 회계연도 종료 후 3개월 이내에 기획재정부장관에게 제출하여야 한다 〈개정 2008 · 2 · 29〉

④ 각 중앙관서의 장은 제3항의 규정에 따른 총액계상사업의 세부사업시행계획과 세부집행실적을 국회 예산결산특별위원회에 제출하여야 한다.

제38조(예비타당성조사)

① 기획재정부장관은 총사업비가 500억원 이상이고 국가의 재정지원 규모가 300억원 이상인 신규 사업으로서 다음 각 호의 어느 하나에 해당하는 대규모사업에 대한 예산을 편성하기 위하여 미리 예비타당성조사를 실시하고, 그 결과를 요약하여 국회 소관 상임위원회와 예산결산특별위원회에 제출하여야 한다. 다만, 제4호의 사업은 제28조에 따라 제출된 중기사업계획서에 의한 재정지출이 500억원 이상 수반되는 신규 사업으로 한다. 〈개정 2008 · 2 · 29, 2010 · 5 · 17, 2014 · 1 · 1〉

1. 건설공사가 포함된 사업
2. 「국가정보화 기본법」 제15조제1항에 따른 정보화 사업
3. 「과학기술기본법」 제11조에 따른 국가연구개발사업
4. 그 밖에 사회복지, 보건, 교육, 노동, 문화 및 관광, 환경 보호, 농림해양수산, 산업 · 중소기업 분야의 사업

② 제1항에도 불구하고 다음 각 호의 어느 하나에 해당하는 사업은 대통령령으로 정하는 절차에 따라 예비타당성조사 대상에서 제외한다. 〈신설 2014 · 1 · 1〉

1. 공공청사, 교정시설, 초 · 중등 교육시설의 신 · 증축 사업

2. 문화재 복원사업
3. 국가안보에 관계되거나 보안을 요하는 국방 관련 사업
4. 남북교류협력에 관계되거나 국가 간 협약·조약에 따라 추진하는 사업
5. 도로 유지보수, 노후 상수도 개량 등 기존 시설의 효용 증진을 위한 단순개량 및 유지보수사업
6. 「재난 및 안전관리기본법」 제3조제1호에 따른 재난(이하 "재난"이라 한다)복구 지원, 시설 안전성 확보, 보건·식품 안전 문제 등으로 시급한 추진이 필요한 사업
7. 재난예방을 위하여 시급한 추진이 필요한 사업으로서 국회 소관 상임위원회의 동의를 받은 사업
8. 법령에 따라 추진하여야 하는 사업
9. 출연·보조기관의 인건비 및 경상비 지원, 융자 사업 등과 같이 예비타당성조사의 실익이 없는 사업
10. 지역 균형발전, 긴급한 경제·사회적 상황 대응 등을 위하여 국가 정책적으로 추진이 필요한 사업으로서 다음 각 목의 요건을 모두 갖춘 사업. 이 경우, 예비타당성조사 면제 사업의 내역 및 사유를 지체 없이 국회 소관 상임위원회에 보고하여야 한다.
가. 사업목적 및 규모, 추진방안 등 구체적인 사업계획이 수립된 사업
나. 국가 정책적으로 추진이 필요하여 국무회의를 거쳐 확정된 사업

③ 제1항의 규정에 따라 실시하는 예비타당성조사 대상사업은 기획재정부장관이 중앙관서의 장의 신청에 따라 또는 직권으로 선정할 수 있다. 〈개정 2008·2·29〉

④ 기획재정부장관은 국회가 그 의결로 요구하는 사업에 대하여는 예비타당성조사를 실시하여야 한다. 〈개정 2008·2·29〉

⑤ 기획재정부장관은 제1항의 규정에 따른 예비타당성조사 대상사업의 선정기준·조사수행기관·조사방법 및 절차 등에 관한 지침을 마련하여 중앙관서의 장에게 통보하여야 한다. 〈개정 2008·2·29〉

제38조의2(예비타당성조사 결과 관련 자료의 공개) 기획재정부장관은 제38조제1항에 따른 예비타당성조사를 제8조의2제1항제2호의 업무를 수행하는 전문기관에 의뢰하여 실시할 수 있으며, 예비타당성조사를 의뢰 받은 전문기관의 장은 수요예측자료 등 예비타당성조사 결과에 관한 자료를 「공공기관의 정보공개에 관한 법률」 제7조에 따라 공개하여야 한다. [본조신설 2014·1·1]

제38조의3(국가연구개발사업 예비타당성조사의 특례)

① 기획재정부장관은 제8조의2, 제38조 및 제38조의2에 규정된 사항 중 「과학기술기본법」 제11조에 따른 국가연구개발사업에 대한 예비타당성조사에 관해서는 대통령령으로 정하는 바에 따라 과학기술정보통신부장관에게 위탁할 수 있다.

② 제1항에 따라 예비타당성조사에 관하여 위탁받은 과학기술정보통신부장관은 제38조 제2항 및 제5항과 관련한 사항의 경우 사전에 기획재정부장관과 협의하여야 한다.

③ 기획재정부장관은 제1항에 따라 위탁한 예비타당성조사가 적절하게 운영되는지 등을

대통령령으로 정하는 바에 따라 평가할 수 있다. [본조신설 2018·1·16]

제39조(대규모 개발사업예산의 편성)

① 각 중앙관서의 장은 대통령령이 정하는 대규모 개발사업에 대하여는 타당성조사 및 기본설계비·실시설계비·보상비(댐수몰지역에 대하여 보상하는 경우와 공사완료 후 존속하는 어업권 또는 양식업권의 피해에 대하여 보상하는 경우를 제외한다)와 공사비의 순서에 따라 그 중 하나의 단계에 소요되는 경비의 전부 또는 일부를 당해 연도의 예산으로 요구하여야 한다. 다만, 부분완공 후 사용이 가능한 경우 등 사업의 효율적인 추진을 위하여 기획재정부장관이 불가피하다고 인정하는 사업에 대하여는 2단계 이상의 예산을 동시에 요구할 수 있다. 〈개정 2008·2·29, 2019·8·27〉

② 기획재정부장관은 제1항에 따른 대규모 개발사업에 대하여는 같은 항에 따른 요구에 따라 단계별로 해당 연도에 필요한 예산안을 편성하여야 한다. 이 경우 다음 각호의 어느 하나에 해당하는 사업으로서 전체공정에 대한 실시설계가 완료되고 총사업비가 확정된 경우에는 그 사업이 지연되지 아니하도록 계속비로 예산안을 편성하여야 한다. 〈개정 2008·2·29, 2012·3·21〉

1. 국가기간 교통망 구축을 위하여 필수적인 사업
2. 재해복구를 위하여 시급히 추진하여야 하는 사업
3. 공사가 지연될 경우 추가 재정부담이 큰사업
4. 그 밖에 국민편익, 사업성격 및 효과 등을 고려하여 시급히 추진할 필요가 있는 사업

③ 기획재정부장관은 제2항 후단에도 불구하고 재정여건, 사업성격, 사업기간 및 규모 등을 고려하여 필요하다고 인정하는 대규모 개발사업은 계속비로 예산안을 편성하지 아니할 수 있으며 이에 대한 기준, 절차 등 구체적 사항은 대통령령으로 정한다. 〈신설 2012·3·21〉

제40조(독립기관의 예산)

① 정부는 독립기관의 예산을 편성함에 있어 당해 독립기관의 장의 의견을 최대한 존중하여야 하며, 국가재정상황 등에 따라 조정이 필요한 때에는 당해 독립기관의 장과 미리 협의하여야 한다.

② 정부는 제1항의 규정에 따른 협의에도 불구하고 독립기관의 세출예산요구액을 감액하고자 할 때에는 국무회의에서 당해 독립기관의 장의 의견을 구하여야 하며, 정부가 독립기관의 세출예산요구액을 감액한 때에는 그 규모 및 이유, 감액에 대한 독립기관의 장의 의견을 국회에 제출하여야 한다.

제41조(감사원의 예산) 정부는 감사원의 세출예산요구액을 감액하고자 할 때에는 국무회의에서 감사원장의 의견을 구하여야 한다.

제3절 예산의 집행

제42조(예산배정요구서의 제출) 각 중앙관서의 장은 예산이 확정된 후 사업운영계획 및 이에 따른 세입세출예산·계속비와 국고채무부담행위를 포함한 예산배정요구서를 기획재정부장관에게 제출하여야 한다. 〈개정 2008·2·29〉

제43조(예산의 배정)

① 기획재정부장관은 제42조의 규정에 따른 예산배정요구서에 따라 분기별 예산배정계획을 작성하여 국무회의의 심의를 거친 후 대통령의 승인을 얻어야 한다. 〈개정 2008·2·29〉

② 기획재정부장관은 각 중앙관서의 장에게 예산을 배정한 때에는 감사원에 통지하여야 한다. 〈개정 2008·2·29〉

③ 기획재정부장관은 필요한 때에는 대통령령이 정하는 바에 따라 회계연도 개시 전에 예산을 배정할 수 있다. 〈개정 2008·2·29〉

④ 기획재정부장관은 예산의 효율적인 집행관리를 위하여 필요한 때에는 제1항의 규정에 따른 분기별 예산배정계획에 불구하고 개별사업계획을 검토하여 그 결과에 따라 예산을 배정할 수 있다. 〈개정 2008·2·29〉

⑤ 기획재정부장관은 재정수지의 적정한 관리 및 예산사업의 효율적인 집행관리 등을 위하여 필요한 때에는 제1항의 규정에 따른 분기별 예산배정계획을 조정하거나 예산배정을 유보할 수 있으며, 배정된 예산의 집행을 보류하도록 조치를 취할 수 있다. 〈개정 2008·2·29〉

제44조(예산집행지침의 통보) 기획재정부장관은 예산집행의 효율성을 높이기 위하여 매년 예산집행에 관한 지침을 작성하여 각 중앙관서의 장에게 통보하여야 한다. 〈개정 2008·2·29〉

제45조(예산의 목적 외 사용금지) 각 중앙관서의 장은 세출예산이 정한 목적 외에 경비를 사용할 수 없다.

제46조(예산의 전용)

① 각 중앙관서의 장은 예산의 목적범위 안에서 재원의 효율적 활용을 위하여 대통령령이 정하는 바에 따라 기획재정부장관의 승인을 얻어 각 세항 또는 목의 금액을 전용할 수 있다. 이 경우 사업 간의 유사성이 있는지, 재해대책 재원 등으로 사용할 시급한 필요가 있는지, 기관운영을 위한 필수적 경비의 충당을 위한 것인지 여부 등을 종합적으로 고려하여야 한다. 〈개정 2008·2·29, 2014·12·30〉

② 각 중앙관서의 장은 제1항의 규정에 불구하고 회계연도마다 기획재정부장관이 위임하는 범위 안에서 각 세항 또는 목의 금액을 자체적으로 전용할 수 있다. 〈개정 2008·2·29〉

③ 제1항 및 제2항에도 불구하고 각 중앙관서의 장은 다음 각 호의 어느 하나에 해당하는 경우에는 전용할 수 없다. 〈신설 2014·12·30〉

1. 당초 예산에 계상되지 아니한 사업을 추진하는 경우
2. 국회가 의결한 취지와 다르게 사업 예산을 집행하는 경우

④ 기획재정부장관은 제1항의 규정에 따라 전용의 승인을 한 때에는 그 전용명세서를 그 중앙관서의 장 및 감사원에 각각 송부하여야 하며, 각 중앙관서의 장은 제2항의 규정에 따라 전용을 한 때에는 전용을 한 과목별 금액 및 이유를 명시한 명세서를 기획재

정부장관 및 감사원에 각각 송부하여야 한다. 〈개정 2008·2·29〉

⑤ 각 중앙관서의 장이 제1항 또는 제2항에 따라 전용을 한 경우에는 분기별로 분기만료일이 속하는 달의 다음 달 말일까지 그 전용 내역을 국회 소관 상임위원회와 예산결산특별위원회에 제출하여야 한다. 〈신설 2009·3·18〉

⑥ 제1항 또는 제2항의 규정에 따라 전용한 경비의 금액은 세입세출결산보고서에 이를 명백히 하고 이유를 기재하여야 한다.

제47조(예산의 이용·이체)

① 각 중앙관서의 장은 예산이 정한 각 기관 간 또는 각 장·관·항 간에 상호 이용(이용)할 수 없다. 다만, 다음 각 호의 어느 하나에 해당하는 경우에 한정하여 미리 예산으로써 국회의 의결을 얻은 때에는 기획재정부장관의 승인을 얻어 이용하거나 기획재정부장관이 위임하는 범위 안에서 자체적으로 이용할 수 있다. 〈개정 2008·2·29, 2014·12·30〉

1. 법령상 지출의무의 이행을 위한 경비 및 기관운영을 위한 필수적 경비의 부족액이 발생하는 경우
2. 환율변동·유가변동 등 사전에 예측하기 어려운 불가피한 사정이 발생하는 경우
3. 재해대책 재원 등으로 사용할 시급한 필요가 있는 경우
4. 그 밖에 대통령령으로 정하는 경우

② 기획재정부장관은 정부조직 등에 관한 법령의 제정·개정 또는 폐지로 인하여 중앙관서의 직무와 권한에 변동이 있는 때에는 그 중앙관서의 장의 요구에 따라 그 예산을 상호 이용하거나 이체할 수 있다. 〈개정 2008·2·29〉

③ 각 중앙관서의 장은 제1항 단서의 규정에 따라 예산을 자체적으로 이용한 때에는 기획재정부장관 및 감사원에 각각 통지하여야 하며, 기획재정부장관은 제1항 단서의 규정에 따라 이용의 승인을 하거나 제2항의 규정에 따라 예산을 이용 또는 이체한 때에는 그 중앙관서의 장 및 감사원에 각각 통지하여야 한다. 〈개정 2008·2·29〉

④ 각 중앙관서의 장이 제1항 또는 제2항에 따라 이용 또는 이체를 한 경우에는 분기별로 분기만료일이 속하는 달의 다음 달 말일까지 그 이용 또는 이체 내역을 국회 소관 상임위원회와 예산결산특별위원회에 제출하여야 한다. 〈신설 2009·3·18〉

제48조(세출예산의 이월)

① 매 회계연도의 세출예산은 다음 연도에 이월하여 사용할 수 없다.

② 제1항의 규정에 불구하고, 다음 각 호의 어느 하나에 해당하는 경비의 금액은 다음 회계연도에 이월하여 사용할 수 있다. 이 경우 이월액은 다른 용도로 사용할 수 없으며, 제2호에 해당하는 경비의 금액은 재이월할 수 없다.

1. 명시이월비
2. 연도 내에 지출원인행위를 하고 불가피한 사유로 인하여 연도 내에 지출하지 못한 경비와 지출원인행위를 하지 아니한 그 부대경비
3. 지출원인행위를 위하여 입찰공고를 한 경비 중 입찰공고 후 지출원인행위까지 장기

간이 소요되는 경우로서 대통령령이 정하는 경비

4. 공익사업의 시행에 필요한 손실보상비로서 대통령령이 정하는 경비

5. 경상적 성격의 경비로서 대통령령이 정하는 경비

③ 제1항의 규정에 불구하고, 계속비의 연도별 연부액 중 당해 연도에 지출하지 못한 금액은 계속비사업의 완성연도까지 계속 이월하여 사용할 수 있다.

④ 각 중앙관서의 장은 제2항 및 제3항의 규정에 따라 예산을 이월하는 때에는 대통령령이 정하는 바에 따라 이월명세서를 작성하여 다음 연도 1월 31일까지 기획재정부장관 및 감사원에 각각 송부하여야 한다. 〈개정 2008·2·29〉

⑤ 각 중앙관서의 장이 제2항 및 제3항의 규정에 따라 예산을 이월한 경우 이월하는 과목별 금액은 다음 연도의 이월예산으로 배정된 것으로 본다.

⑥ 매 회계연도 세입세출의 결산상 잉여금이 발생하는 경우에는 제2항 및 제3항의 규정에 따른 세출예산 이월액에 상당하는 금액을 다음 연도의 세입에 우선적으로 이입하여야 한다.

⑦ 기획재정부장관은 세입징수상황 등을 감안하여 필요하다고 인정하는 때에는 미리 제2항 및 제3항의 규정에 따른 세출예산의 이월사용을 제한하기 위한 조치를 취할 수 있다. 〈개정 2008·2·29〉

第49조(예산성과금의 지급 등)

① 각 중앙관서의 장은 예산의 집행방법 또는 제도의 개선 등으로 인하여 수입이 증대되거나 지출이 절약된 때에는 이에 기여한 자에게 성과금을 지급할 수 있으며, 절약된 예산을 다른 사업에 사용할 수 있다.

② 각 중앙관서의 장은 제1항의 규정에 따라 성과금을 지급하거나 절약된 예산을 다른 사업에 사용하고자 하는 때에는 예산성과금심사위원회의 심사를 거쳐야 한다.

③ 제1항 및 제2항의 규정에 따른 성과금 지급, 절약된 예산의 다른 사업에의 사용 및 예산성과금심사위원회의 구성·운영 등에 관하여 필요한 사항은 대통령령으로 정한다.

第50조(총사업비의 관리)

① 각 중앙관서의 장은 완성에 2년 이상이 소요되는 사업으로서 대통령령이 정하는 대규모사업에 대하여는 그 사업규모·총사업비 및 사업기간을 정하여 미리 기획재정부장관과 협의하여야 한다. 협의를 거친 사업규모·총사업비 또는 사업기간을 변경하고자 하는 때에도 또한 같다. 〈개정 2008·2·29〉

② 기획재정부장관은 제1항의 규정에 따른 사업 중 총사업비가 일정 규모 이상 증가하는 등 대통령령이 정하는 요건에 해당하는 사업에 대하여는 사업 및 감사원의 감사결과에 따라 감사원이 요청하는 사업에 대하여는 사업의 타당성을 재조사(이하 "타당성재조사"라 한다)하고, 그 결과를 국회에 보고하여야 한다. 〈개정 2008·2·29, 2009·3·18, 2014·1·1〉

③ 기획재정부장관은 국회가 그 의결로 요구하는 사업에 대하여는 타당성재조사를 하고, 그 결과를 국회에 보고하여야 한다. 〈개정 2008·2·29, 2009·3·18, 2014·1·1〉

④ 기획재정부장관은 총사업비 관리에 관한 지침을 마련하여 각 중앙관서의 장에게 통보하여야 한다. 〈개정 2008·2·29〉

제50조의2(타당성재조사 결과 관련 자료의 공개) 기획재정부장관은 제50조에 따른 타당성재조사를 제8조의2제1항제3호의 업무를 수행하는 전문기관에 의뢰하여 실시할 수 있으며, 타당성재조사를 의뢰 받은 전문기관의 장은 수요예측자료 등 타당성재조사 결과에 관한 자료를 「공공기관의 정보공개에 관한 법률」 제7조에 따라 공개하여야 한다. [본조신설 2014·1·1]

제51조(예비비의 관리와 사용)

① 예비비는 기획재정부장관이 관리한다. 〈개정 2008·2·29〉

② 각 중앙관서의 장은 예비비의 사용이 필요한 때에는 그 이유 및 금액과 추산의 기초를 명백히 한 명세서를 작성하여 기획재정부장관에게 제출하여야 한다. 다만, 대규모 재난에 따른 피해의 신속한 복구를 위하여 필요한 때에는 「재난 및 안전관리기본법」 제20조의 규정에 따른 피해상황보고를 기초로 긴급구호, 긴급구조 및 복구에 소요되는 금액을 개산(개산)하여 예비비를 신청할 수 있다. 〈개정 2008·2·29, 2014·12·30〉

③ 기획재정부장관은 제2항의 규정에 따른 예비비 신청을 심사한 후 필요하다고 인정하는 때에는 이를 조정하고 예비비사용계획명세서를 작성한 후 국무회의의 심의를 거쳐 대통령의 승인을 얻어야 한다. 〈개정 2008·2·29〉

④ 일반회계로부터 전입받은 특별회계는 필요한 경우에는 일반회계 예비비를 전입받아 그 특별회계의 세출로 사용할 수 있다.

제52조(예비비사용명세서의 작성 및 국회제출)

① 각 중앙관서의 장은 예비비로 사용한 금액의 명세서를 작성하여 다음 연도 2월말까지 기획재정부장관에게 제출하여야 한다. 〈개정 2008·2·29〉

② 기획재정부장관은 제1항의 규정에 따라 제출된 명세서에 따라 예비비로 사용한 금액의 총괄명세서를 작성한 후 국무회의의 심의를 거쳐 대통령의 승인을 얻어야 한다. 〈개정 2008·2·29〉

③ 기획재정부장관은 제2항의 규정에 따라 대통령의 승인을 얻은 총괄명세서를 감사원에 제출하여야 한다. 〈개정 2008·2·29〉

④ 정부는 예비비로 사용한 금액의 총괄명세서를 다음 연도 5월 31일까지 국회에 제출하여 그 승인을 얻어야 한다.

제53조(예산총계주의 원칙의 예외)

① 각 중앙관서의 장은 용역 또는 시설을 제공하여 발생하는 수입과 관련되는 경비로서 대통령령이 정하는 경비(이하 "수입대체경비"라 한다)에 있어 수입이 예산을 초과하거나 초과할 것이 예상되는 때에는 그 초과수입을 대통령령이 정하는 바에 따라 그 초과수입에 직접 관련되는 경비 및 이에 수반되는 경비에 초과지출할 수 있다.

② 국가가 현물로 출자하는 경우와 외국차관을 도입하여 전대(전대)하는 경우에는 이를 세입세출예산 외로 처리할 수 있다.

③ 차관물자대의 경우 전년도 인출예정분의 부득이한 이월 또는 환율 및 금리의 변동으로 인하여 세입이 그 세입예산을 초과하게 되는 때에는 그 세출예산을 초과하여 지출할 수 있다.

④ 전대차관을 상환하는 경우 환율 및 금리의 변동, 기한 전 상환으로 인하여 원리금 상환액이 그 세출예산을 초과하게 되는 때에는 초과한 범위 안에서 그 세출예산을 초과하여 지출할 수 있다.

⑤ 삭제 〈2014·1·1〉

⑥ 수입대체경비 등 예산총계주의 원칙의 예외에 관하여 필요한 사항은 대통령령으로 정한다.

제54조(보조금의 관리) 각 중앙관서의 장은 지방자치단체 및 민간에 지원한 국고보조금의 교부실적과 해당 보조사업자의 보조금 집행실적을 기획재정부장관, 국회 소관 상임위원회 및 예산결산특별위원회에 각각 제출하여야 한다. [전문개정 2010·5·17]

제55조(예산불확정시의 예산집행)

① 정부는 국회에서 부득이한 사유로 회계연도 개시 전까지 예산안이 의결되지 못한 때에는 「헌법」 제54조제3항의 규정에 따라 예산을 집행하여야 한다.

② 제1항의 규정에 따라 집행된 예산은 당해 연도의 예산이 확정된 때에는 그 확정된 예산에 따라 집행된 것으로 본다.

제3장 결 산

제56조(결산의 원칙) 정부는 결산이 「국가회계법」에 따라 재정에 관한 유용하고 적정한 정보를 제공할 수 있도록 객관적인 자료와 증거에 따라 공정하게 이루어지게 하여야 한다. 〈개정 2008·12·31 법9278〉

제57조(성인지 결산서의 작성)

① 정부는 여성과 남성이 동등하게 예산의 수혜를 받고 예산이 성차별을 개선하는 방향으로 집행되었는지를 평가하는 보고서(이하 "성인지 결산서"라 한다)를 작성하여야 한다.

② 성인지 결산서에는 집행실적, 성평등 효과분석 및 평가 등을 포함하여야 한다. 〈신설 2010·5·17〉

제58조(중앙관서결산보고서의 작성 및 제출)

① 각 중앙관서의 장은 「국가회계법」에서 정하는 바에 따라 회계연도마다 작성한 결산보고서(이하 "중앙관서결산보고서"라 한다)를 다음 연도 2월 말일까지 기획재정부장관에게 제출하여야 한다. 〈개정 2008·12·31 법9278〉

② 국회의 사무총장, 법원행정처장, 헌법재판소의 사무처장 및 중앙선거관리위원회의 사무총장은 회계연도마다 예비금사용명세서를 작성하여 다음 연도 2월말까지 기획재정부장관에게 제출하여야 한다. 〈개정 2008·2·29〉

③ 삭제 〈2008·12·31 법9278〉

④ 삭제 〈2008 · 12 · 31 법9278〉

제59조(국가결산보고서의 작성 및 제출) 기획재정부장관은 「국가회계법」에서 정하는 바에 따라 회계연도마다 작성하여 대통령의 승인을 받은 국가결산보고서를 다음 연도 4월 10일까지 감사원에 제출하여야 한다. [전문개정 2008 · 12 · 31 법9278]

제60조(결산검사) 감사원은 제59조에 따라 제출된 국가결산보고서를 검사하고 그 보고서를 다음 연도 5월 20일까지 기획재정부장관에게 송부하여야 한다. 〈개정 2008 · 2 · 29, 2008 · 12 · 31 법9278〉

제61조(국가결산보고서의 국회제출) 정부는 제60조에 따라 감사원의 검사를 거친 국가결산보고서를 다음 연도 5월 31일까지 국회에 제출하여야 한다. 〈개정 2008 · 12 · 31 법9278〉

제4장 기 금

제62조(기금관리 · 운용의 원칙)

① 기금관리주체는 그 기금의 설치목적과 공익에 맞게 기금을 관리 · 운용하여야 한다.

② 삭제 〈2008 · 12 · 31 법9278〉

제63조(기금자산운용의 원칙)

① 기금관리주체는 안정성 · 유동성 · 수익성 및 공공성을 고려하여 기금자산을 투명하고 효율적으로 운용하여야 한다.

② 기금관리주체는 제79조의 규정에 따라 작성된 자산운용지침에 따라 자산을 운용하여야 한다.

③ 기금관리주체는 「자본시장과 금융투자업에 관한 법률」에 따른 경영참여형 사모집합투자기구의 무한책임사원이 될 수 없다. 〈개정 2008 · 12 · 31 법9278, 2015 · 7 · 24〉

제64조(의결권 행사의 원칙) 기금관리주체는 기금이 보유하고 있는 주식의 의결권을 기금의 이익을 위하여 신의에 따라 성실하게 행사하고, 그 행사내용을 공시하여야 한다.

제65조(다른 법률과의 관계) 기금운용계획안의 작성 및 제출 등에 관하여는 다른 법률에 다른 규정이 있는 경우에도 제66조부터 제68조까지, 제68조의2, 제69조부터 제72조까지의 규정을 적용한다. 다만, 기금신설로 인하여 연도 중 기금운용계획안을 수립할 때에는 제66조제5항, 제68조제1항 전단의 규정 중 제출시기에 관한 사항은 적용하지 아니한다. 〈개정 2008 · 12 · 31 법9278, 2010 · 5 · 17〉

제66조(기금운용계획안의 수립)

① 기금관리주체는 매년 1월 31일까지 당해 회계연도부터 5회계연도 이상의 기간 동안의 신규사업 및 기획재정부장관이 정하는 주요 계속사업에 대한 중기사업계획서를 기획재정부장관에게 제출하여야 한다. 〈개정 2008 · 2 · 29〉

② 기획재정부장관은 자문회의의 자문과 국무회의의 심의를 거쳐 대통령의 승인을 얻은 다음 연도의 기금운용계획안 작성지침을 매년 3월 31일까지 기금관리주체에게 통보하여야 한다. 〈개정 2008 · 2 · 29, 2008 · 12 · 31 법9278, 2014 · 1 · 1〉

③ 기획재정부장관은 제7조의 규정에 따른 국가재정운용계획과 기금운용계획 수립을 연계하기 위하여 제2항의 규정에 따른 기금운용계획안 작성지침에 기금별 지출한도를 포함하여 통보할 수 있다. 〈개정 2008 · 2 · 29〉

④ 기획재정부장관은 제2항의 규정에 따라 기금관리주체에게 통보한 기금운용계획안 작성지침을 국회 예산결산특별위원회에 보고하여야 한다. 〈개정 2008 · 2 · 29〉

⑤ 기금관리주체는 제2항의 규정에 따른 기금운용계획안 작성지침에 따라 다음 연도의 기금운용계획안을 작성하여 매년 5월 31일까지 기획재정부장관에게 제출하여야 한다. 〈개정 2008 · 2 · 29, 2014 · 1 · 1〉

⑥ 기획재정부장관은 제5항의 규정에 따라 제출된 기금운용계획안에 대하여 기금관리주체와 협의 · 조정하여 기금운용계획안을 마련한 후 국무회의의 심의를 거쳐 대통령의 승인을 얻어야 한다. 〈개정 2008 · 2 · 29〉

⑦ 기획재정부장관은 제6항의 규정에 따라 기금운용계획안을 조정함에 있어 과도한 여유재원이 운용되고 있는 기금(구조적인 요인을 지닌 연금성 기금을 제외한다)에 대하여는 예산상의 지원을 중단하거나 당해 기금수입의 원천이 되는 부담금 등의 감소를 위한 조치를 취할 것을 기금관리주체에게 요구할 수 있다. 이 경우 기금관리주체가 중앙관서의 장이 아닌 경우에는 그 소관 중앙관서의 장을 거쳐야 한다. 〈개정 2008 · 2 · 29〉

⑧ 제1항 · 제5항 및 제6항에 규정된 기금관리주체 중 중앙관서의 장이 아닌 기금관리주체는 각각 동항에 규정된 제출 · 협의 등에 있어 소관 중앙관서의 장을 거쳐야 한다.

제67조(기금운용계획안의 내용)

① 기금운용계획안은 운용총칙과 자금운용계획으로 구성된다.

② 운용총칙에는 기금의 사업목표, 자금의 조달과 운용(주식 및 부동산 취득한도를 포함한다) 및 자산취득에 관한 총괄적 사항을 규정한다.

③ 자금운용계획은 수입계획과 지출계획으로 구분하되, 수입계획은 성질별로 구분하고 지출계획은 성질별 또는 사업별로 주요항목 및 세부항목으로 구분한다. 이 경우 주요항목의 단위는 장 · 관 · 항으로, 세부항목의 단위는 세항 · 목으로 각각 구분한다.

④ 기금운용계획안의 작성에 관하여 필요한 사항은 대통령령으로 정한다.

제68조(기금운용계획안의 국회제출 등)

① 정부는 제67조제3항의 규정에 따른 주요항목 단위로 마련된 기금운용계획안을 회계연도 개시 120일 전까지 국회에 제출하여야 한다. 이 경우 중앙관서의 장이 관리하는 기금의 기금운용계획안에 계상된 국채발행 및 차입금의 한도액은 제20조의 규정에 따른 예산총칙에 규정하여야 한다. 〈개정 2013 · 5 · 28〉

② 기금관리주체는 기금운용계획이 확정된 때에는 기금의 월별 수입 및 지출계획서를 작성하여 회계연도 개시 전까지 기획재정부장관에게 제출하여야 한다. 〈개정 2008 · 2 · 29〉

제68조의2(성인지 기금운용계획서의 작성)

① 정부는 기금이 여성과 남성에게 미칠 영향을 미리 분석한 보고서(이하 "성인지 기금운용계획서"라 한다)를 작성하여야 한다.

② 성인지 기금운용계획서에는 성평등 기대효과, 성과목표, 성별 수혜분석 등을 포함하여야 한다.

③ 성인지 기금운용계획서의 작성에 관한 구체적인 사항은 대통령령으로 정한다. [본조신설 2010 · 5 · 17]

제69조(증액 동의) 국회는 정부가 제출한 기금운용계획안의 주요항목 지출금액을 증액하거나 새로운 과목을 설치하고자 하는 때에는 미리 정부의 동의를 얻어야 한다.

제70조(기금운용계획의 변경)

① 기금관리주체는 지출계획의 주요항목 지출금액의 범위 안에서 대통령령이 정하는 바에 따라 세부항목 지출금액을 변경할 수 있다.

② 기금관리주체(기금관리주체가 중앙관서의 장이 아닌 경우에는 소관 중앙관서의 장을 말한다)는 기금운용계획 중 주요항목 지출금액을 변경하고자 하는 때에는 기획재정부장관과 협의·조정하여 마련한 기금운용계획변경안을 국무회의의 심의를 거쳐 대통령의 승인을 얻은 후 국회에 제출하여야 한다. 〈개정 2008 · 2 · 29〉

③ 제2항에도 불구하고 주요항목 지출금액이 다음 각 호의 어느 하나에 해당하는 경우에는 기금운용계획변경안을 국회에 제출하지 아니하고 대통령령으로 정하는 바에 따라 변경할 수 있다. 〈개정 2008 · 12 · 31 법9278〉

1. 별표 3에 규정된 금융성 기금 외의 기금은 주요항목 지출금액의 변경범위가 10분의 2 이하

2. 별표 3에 규정된 금융성 기금은 주요항목 지출금액의 변경범위가 10분의 3 이하. 다만, 기금의 관리 및 운영에 소요되는 경상비에 해당하는 주요항목 지출금액에 대하여는 10분의 2 이하로 한다.

3. 다른 법률의 규정에 따른 의무적 지출금액

4. 다음 각 목의 어느 하나에 해당하는 지출금액

가. 기금운용계획상 여유자금 운용으로 계상된 지출금액

나. 수입이 기금운용계획상의 수입계획을 초과하거나 초과할 것이 예상되는 경우 그 초과수입과 직접 관련되는 지출금액

다. 환율 및 금리의 변동, 기한 전 상환으로 인한 차입금 원리금 상환 지출금액

5. 기존 국채를 새로운 국채로 대체하기 위한 국채 원리금 상환

6. 일반회계 예산의 세입 부족을 보전하기 위한 목적으로 해당 연도에 이미 발행한 국채의 금액 범위에서 해당 연도에 예상되는 초과 조세수입을 이용한 국채 원리금 상환

④ 기금관리주체는 제1항부터 제3항까지의 규정에 따라 세부항목 또는 주요항목의 지출금액을 변경한 때에는 변경명세서를 기획재정부장관과 감사원에 각각 제출하여야 하며, 정부는 제61조에 따라 국회에 제출하는 국가결산보고서에 그 내용과 사유를 명시하여야 한다. 〈개정 2008 · 2 · 29, 2008 · 12 · 31 법9278〉

⑤ 기금관리주체는 제3항제4호다목, 같은 항 제5호 및 제6호에 따라 지출금액을 변경한 때(주요항목 지출금액의 변경범위가 10분의 2를 초과한 경우에 한정한다)에는 변경명세

서를 국회 소관 상임위원회 및 예산결산특별위원회에 제출하여야 한다. 이 경우 변경명세서에는 국채 발행 및 상환 실적을 포함하여야 한다. 〈신설 2008 · 12 · 31 법9278〉

⑥ 각 기금관리주체가 제1항부터 제3항까지의 규정에 따라 세부항목 또는 주요항목의 지출금액을 변경한 경우에는 분기별로 분기만료일이 속하는 달의 다음 달 말일까지 그 변경 내역을 국회 소관 상임위원회와 예산결산특별위원회에 제출하여야 한다. 〈신설 2009 · 3 · 18〉

⑦ 제2항부터 제6항까지의 경우 경유기관에 관하여는 제66조제8항의 규정을 준용한다. 〈개정 2008 · 12 · 31 법9278, 2009 · 3 · 18〉

제71조(기금운용계획안 등의 첨부서류) 정부 또는 기금관리주체는 제68조제1항 및 제70조제2항에 따라 기금운용계획안과 기금운용계획변경안(이하 "기금운용계획안등"이라 한다)을 국회에 제출하는 경우에는 다음 각 호의 서류를 첨부하여야 한다. 다만, 기금운용계획변경안을 제출하는 경우로서 첨부서류가 이미 제출된 서류와 중복되는 때에는 이를 생략할 수 있다. 〈개정 2008 · 12 · 31 법9278, 2010 · 5 · 17, 2014 · 1 · 1〉

1. 기금조성계획
2. 추정재정상태표 및 추정재정운영표
3. 수입지출계획의 총계표 · 순계표 및 주요항목별 내역서
4. 제8조제2항의 규정에 따른 성과계획서
5. 기금과 회계 간 또는 기금 상호 간 여유재원의 전입 · 전출 명세서 그 밖에 기금운용계획안등의 내용을 명백히 할 수 있는 서류
6. 성인지 기금운용계획서
7. 제38조제2항(제85조에 따라 준용하는 경우를 말한다)에 따라 예비타당성조사를 실시하지 아니한 사업의 내역 및 사유

제72조(지출사업의 이월)

① 기금관리주체는 매 회계연도의 지출금액을 다음 연도에 이월하여 사용할 수 없다. 다만, 연도 내에 지출원인행위를 하고 불가피한 사유로 연도 내에 지출하지 못한 금액은 다음 연도에 이월하여 사용할 수 있다.

② 기금관리주체는 제1항 단서의 규정에 따라 지출금액을 이월하는 때에는 대통령령이 정하는 바에 따라 이월명세서를 작성하여 다음 연도 1월 31일까지 기획재정부장관과 감사원에 각각 송부하여야 한다. 이 경우 경유기관에 관하여는 제66조제8항의 규정을 준용한다. 〈개정 2008 · 2 · 29〉

제73조(기금결산) 각 중앙관서의 장은 「국가회계법」에서 정하는 바에 따라 회계연도마다 소관 기금의 결산보고서를 중앙관서결산보고서에 통합하여 작성한 후 제58조제1항에 따라 기획재정부장관에게 제출하여야 한다. [전문개정 2008 · 12 · 31 법9278]

제73조의2(성인지 기금결산서의 작성)

① 정부는 여성과 남성이 동등하게 기금의 수혜를 받고 기금이 성차별을 개선하는 방향으로 집행되었는지를 평가하는 보고서(이하 "성인지 기금결산서"라 한다)를 작성하여야

한다.

② 성인지 기금결산서에는 집행실적, 성평등 효과분석 및 평가 등을 포함하여야 한다.

[본조신설 2010·5·17]

제73조의3(중장기 기금재정관리계획 등)

① 연금급여 및 보험사업 수행을 목적으로 하는 기금 또는 채권을 발행하는 기금 중 대통령령으로 정하는 기금의 관리주체는 소관 기금에 관하여 매년 해당 회계연도부터 5회계연도 이상의 기간에 대한 중장기 기금재정관리계획(이하 "중장기 기금재정관리계획"이라 한다)을 수립하고 이를 기획재정부장관에게 제출하여야 한다. 이 경우 기금관리주체가 중앙관서의 장이 아닌 경우에는 소관 중앙관서의 장을 거쳐야 한다.

② 중장기 기금재정관리계획에는 다음 각 호의 사항이 포함되어야 한다.

1. 재정 수지 등의 전망과 근거 및 관리계획
2. 부채의 증감에 대한 전망과 근거 및 관리계획
3. 전년도 중장기 기금재정관리계획 대비 변동사항, 변동요인 및 관리계획 등에 대한 평가·분석
4. 그 밖에 대통령령으로 정하는 사항

③ 기획재정부장관은 제1항 및 제2항에 따라 수립된 중장기 기금재정관리계획을 제7조에 따른 국가재정운용계획 수립 시 반영하여야 한다.

④ 중장기 기금재정관리계획의 수립 절차 등에 관한 사항은 대통령령으로 정한다.

[본조신설 2010·5·17]

제74조(기금운용심의회)

① 기금관리주체는 기금의 관리·운용에 관한 중요한 사항을 심의하기 위하여 기금별로 기금운용심의회(이하 "심의회"라 한다)를 설치하여야 한다. 다만, 심의회를 설치할 필요가 없다고 인정되는 기금의 경우에는 기획재정부장관과 협의하여 설치하지 아니할 수 있다. 〈개정 2008·2·29〉

② 다음 각 호의 사항은 심의회의 심의를 거쳐야 한다. 〈개정 2008·12·31 법9278〉

1. 제66조제5항의 규정에 따른 기금운용계획안의 작성
2. 제70조제2항 및 제3항의 규정에 따른 주요항목 지출금액의 변경
3. 제73조에 따른 기금결산보고서의 작성
4. 제79조의 규정에 따른 자산운용지침의 제정 및 개정
5. 기금의 관리·운용에 관한 중요사항으로서 대통령령이 정하는 사항과 기금관리주체가 필요하다고 인정하여 부의하는 사항

③ 심의회의 위원장은 기금관리주체의 장이 되며, 위원은 위원장이 위촉하되, 학식과 경험이 풍부한 자로서 공무원이 아닌 자를 2분의 1 이상 위촉하여야 한다.

④ 그 밖에 심의회의 구성과 운영에 관하여 필요한 사항은 대통령령으로 정한다.

⑤ 기금의 관리·운용에 관한 사항을 심의하기 위하여 다른 법률에 따라 설치된 위원회 등은 이를 심의회로 보며, 그 위원회 등이 다른 법률에 따라 심의하여야 하는 사항은

제2항 각 호의 심의사항에 해당하는 것으로 본다.

제75조 삭제 〈2008 · 12 · 31 법9278〉

제76조(자산운용위원회)

① 기금관리주체는 자산운용에 관한 중요한 사항을 심의하기 위하여 다른 법률에서 따로 정하는 경우를 제외하고는 심의회에 자산운용위원회(이하 "자산운용위원회"라 한다)를 설치하여야 한다. 다만, 「외국환거래법」 제13조에 따른 외국환평형기금이나 기획재정부장관과 협의하여 자산운용위원회를 설치할 필요가 없다고 인정되는 기금의 경우에는 자산운용위원회를 설치하지 아니할 수 있다. 〈개정 2016 · 12 · 20〉

② 다음 각 호의 사항은 자산운용위원회의 심의를 거쳐야 한다.

1. 제77조의 규정에 따른 자산운용 전담부서의 설치 등에 관한 사항
2. 제79조의 규정에 따른 자산운용지침의 제정 및 개정에 관한 사항
3. 자산운용 전략에 관한 사항
4. 자산운용 평가 및 위험관리에 관한 사항
5. 그 밖에 자산운용과 관련된 중요한 사항

③ 자산운용위원회의 위원장은 기금관리주체의 장이 기금의 여건 등을 고려하여 당해 기금관리주체 및 수탁기관의 임 · 직원 또는 공무원 중에서 선임한다.

④ 자산운용위원회의 위원은 다음 각 호의 어느 하나에 해당하는 자 중에서 기금관리주체의 장이 선임 또는 위촉한다. 이 경우 제2호에 해당하는 위원의 정수는 전체위원 정수의 과반수가 되어야 한다.

1. 당해 기금관리주체 및 수탁기관의 임 · 직원 또는 공무원
2. 자산운용에 관한 학식과 경험이 풍부한 자로서 대통령령이 정하는 자격을 갖춘 자

⑤ 그 밖에 자산운용위원회의 구성 및 운영 등에 관하여 필요한 사항은 대통령령으로 정한다.

제77조(자산운용 전담부서의 설치 등)

① 기금관리주체는 자산운용위원회의 심의를 거쳐 자산운용을 전담하는 부서를 두어야 한다.

② 기금관리주체는 자산운용위원회의 심의를 거쳐 자산운용평가 및 위험관리를 전담하는 부서를 두거나 그 업무를 외부 전문기관에 위탁하여야 한다.

제78조(국민연금기금의 자산운용에 관한 특례)

① 제77조의 규정에 불구하고 국민연금기금은 자산운용을 전문으로 하는 법인을 설립하여 여유자금을 운용하여야 한다.

② 제1항의 규정에 따른 법인의 조직 · 운영 및 감독에 관하여 필요한 사항은 「국민연금법」에서 따로 정한다.

제79조(자산운용지침의 제정 등)

① 기금관리주체는 기금의 자산운용이 투명하고 효율적으로 이루어지도록 하기 위하여 자산운용업무를 수행함에 있어서 준수하여야 할 지침(이하 "자산운용지침"이라 한다)을

심의회의 심의를 거쳐 정하고, 이를 14일 이내에 국회 소관 상임위원회에 제출하여야 한다. 이 경우 자산운용위원회가 설치되어 있는 기금은 심의회의 심의 전에 자산운용위원회의 심의를 거쳐야 한다.

② 제1항의 규정에 불구하고, 제74조제1항 단서의 규정에 따라 심의회를 설치하지 아니한 기금의 경우에는 기금관리주체가 직접 자산운용지침을 정하여야 한다.

③ 자산운용지침에는 다음 각 호의 사항이 포함되어야 한다.

1. 투자결정 및 위험관리 등에 관련된 기준과 절차에 관한 사항
2. 투자자산별 배분에 관한 사항
3. 자산운용 실적의 평가 및 공시에 관한 사항
4. 보유주식의 의결권 행사에 대한 기준과 절차에 관한 사항
5. 자산운용과 관련된 부정행위 등을 방지하기 위하여 자산운용업무를 수행하는 자가 지켜야 할 사항
6. 그 밖에 자산운용과 관련하여 기금관리주체가 필요하다고 인정하는 사항

제80조(기금운용계획의 집행지침) 기획재정부장관은 기금운용계획 집행의 효율성 및 공공성을 높이기 위하여 기금운용계획의 집행에 관한 지침을 정할 수 있다. 〈개정 2008·2·29, 2008·12·31 법9278〉

제81조(여유자금의 통합운용) 기획재정부장관은 기금 여유자금의 효율적인 관리·운용을 위하여 각 기금관리주체가 예탁하는 여유자금을 대통령령이 정하는 기준과 절차에 따라 선정된 금융기관으로 하여금 통합하여 운용하게 할 수 있다. 〈개정 2008·2·29〉

제82조(기금운용의 평가)

① 기획재정부장관은 회계연도마다 전체 기금 중 3분의 1 이상의 기금에 대하여 대통령령이 정하는 바에 따라 그 운용실태를 조사·평가하여야 하며, 3년마다 전체 재정체계를 고려하여 기금의 존치 여부를 평가하여야 한다. 〈개정 2008·2·29〉

② 기획재정부장관은 제1항의 규정에 따른 기금운용실태의 조사·평가와 기금제도에 관한 전문적·기술적인 연구 또는 자문을 위하여 기금운용평가단을 운영할 수 있다. 〈개정 2008·2·29〉

③ 기획재정부장관은 제1항 또는 제2항에 따른 평가결과를 국무회의에 보고한 후 제61조에 따라 국회에 제출하는 국가결산보고서와 함께 국회에 제출하여야 한다. 〈개정 2008·2·29, 2008·12·31 법9278〉

④ 제2항의 규정에 따른 기금운용평가단의 구성 및 운영에 관하여 필요한 사항은 대통령령으로 정한다.

제83조(국정감사) 이 법의 적용을 받는 기금을 운용하는 기금관리주체는 「국정감사및조사에관한법률」 제7조의 규정에 따른 감사의 대상기관으로 한다.

제84조(기금자산운용담당자의 손해배상 책임)

① 기금의 자산운용을 담당하는 자는 고의 또는 중대한 과실로 법령을 위반하여 기금에 손해를 끼친 경우 그 손해를 배상할 책임이 있다.

② 공무원이 기금의 자산운용에 영향을 줄 목적으로 직권을 남용하여 기금관리주체 그 밖에 기금의 자산운용을 담당하는 자에게 부당한 영향력을 행사하여 기금에 손해를 끼친 경우 당해 공무원은 제1항의 규정에 따른 책임이 있는 자와 연대하여 손해를 배상하여야 한다.

第85조(준용규정) 제31조제3항 · 제35조 · 제38조 · 제38조의2 · 제38조의3 · 제39조 · 제45조 · 제49조 · 제50조 및 제55조의 규정은 기금에 관하여 이를 준용한다. 〈개정 2018 · 1 · 16〉

제5장 재정건전화

第86조(재정건전화를 위한 노력) 정부는 건전재정을 유지하고 국가채권을 효율적으로 관리하며 국가채무를 적정수준으로 유지하도록 노력하여야 한다.

第87조(재정부담을 수반하는 법령의 제정 및 개정)

① 정부는 재정지출 또는 조세감면을 수반하는 법률안을 제출하고자 하는 때에는 법률이 시행되는 연도부터 5회계연도의 재정수입 · 지출의 증감액에 관한 추계자료와 이에 상응하는 재원조달방안을 그 법률안에 첨부하여야 한다.

② 각 중앙관서의 장은 입안하는 법령이 재정지출을 수반하는 때에는 대통령령이 정하는 바에 따라 제1항의 규정에 따른 추계자료와 재원조달방안을 작성하여 그 법령안에 대한 입법예고 전에 기획재정부장관과 협의하여야 한다. 〈개정 2008 · 2 · 29〉

③ 각 중앙관서의 장은 제2항에 따른 협의를 한 후 법령안의 변경으로 대통령령으로 정하는 사항이 변경되는 경우에는 그 법령안에 대하여 추계자료와 재원조달방안을 작성하여 기획재정부장관과 재협의하여야 한다. 〈신설 2010 · 5 · 17〉

第88조(국세감면의 제한)

① 기획재정부장관은 대통령령이 정하는 당해 연도 국세 수입총액과 국세감면액 총액을 합한 금액에서 국세감면액 총액이 차지하는 비율(이하 "국세감면율"이라 한다)이 대통령령이 정하는 비율 이하가 되도록 노력하여야 한다. 〈개정 2008 · 2 · 29〉

② 각 중앙관서의 장은 새로운 국세감면을 요청하는 때에는 대통령령이 정하는 바에 따라 감면액을 보충하기 위한 기존 국세감면의 축소 또는 폐지방안이나 재정지출의 축소방안과 그 밖의 필요한 사항을 작성하여 기획재정부장관에게 제출하여야 한다. 〈개정 2008 · 2 · 29, 2010 · 5 · 17〉

第89조(추가경정예산안 편성)

① 정부는 다음 각 호의 어느 하나에 해당하게 되어 이미 확정된 예산에 변경을 가할 필요가 있는 경우에는 추가경정예산안을 편성할 수 있다. 〈개정 2009 · 2 · 6, 2015 · 12 · 15〉

1. 전쟁이나 대규모 재해(「재난 및 안전관리 기본법」 제3조에서 정의한 자연재난과 사회재난의 발생에 따른 피해를 말한다)가 발생한 경우
2. 경기침체, 대량실업, 남북관계의 변화, 경제협력과 같은 대내 · 외 여건에 중대한 변화가 발생하였거나 발생할 우려가 있는 경우

3. 법령에 따라 국가가 지급하여야 하는 지출이 발생하거나 증가하는 경우

② 정부는 국회에서 추가경정예산안이 확정되기 전에 이를 미리 배정하거나 집행할 수 없다.

제90조(세계잉여금 등의 처리)

① 일반회계 예산의 세입 부족을 보전(보전)하기 위한 목적으로 해당 연도에 이미 발행한 국채의 금액 범위에서는 해당 연도에 예상되는 초과 조세수입을 이용하여 국채를 우선 상환할 수 있다. 이 경우 세입·세출 외로 처리할 수 있다. 〈신설 2008·12·31 법9278〉

② 매 회계연도 세입세출의 결산상 잉여금 중 다른 법률에 따른 것과 제48조의 규정에 따른 이월액을 공제한 금액(이하 "세계잉여금"이라 한다)은 「지방교부세법」 제5조제2항의 규정에 따른 교부세의 정산 및 「지방교육재정교부금법」 제9조제3항의 규정에 따른 교부금의 정산에 사용할 수 있다.

③ 제2항의 규정에 따라 사용한 금액을 제외한 세계잉여금은 100분의 30 이상을 「공적자금상환기금법」에 따른 공적자금상환기금에 우선적으로 출연하여야 한다. 〈개정 2008·12·31 법9278〉

④ 제2항 및 제3항의 규정에 따라 사용하거나 출연한 금액을 제외한 세계잉여금은 100분의 30 이상을 나음 각 호의 채무를 상환하는데 사용하여야 한다. 〈개정 2006·12·30, 2008·12·31 법9278〉

1. 국채 또는 차입금의 원리금

2. 「국가배상법」에 따라 확정된 국가배상금

3. 「공공자금관리기금법」에 따른 공공자금관리기금의 융자계정의 차입금(예수금을 포함한다)의 원리금. 다만, 2006년 12월 31일 이전의 차입금(예수금을 포함한다)에 한한다.

4. 그 밖에 다른 법률에 따라 정부가 부담하는 채무

⑤ 제2항부터 제4항까지의 규정에 따라 사용하거나 출연한 금액을 제외한 세계잉여금은 추가경정예산안의 편성에 사용할 수 있다. 〈개정 2008·12·31 법9278〉

⑥ 제2항부터 제4항까지의 규정에 따른 세계잉여금의 사용 또는 출연은 그 세계잉여금이 발생한 다음 연도까지 그 회계의 세출예산에 관계없이 이를 하되, 국무회의의 심의를 거쳐 대통령의 승인을 얻어야 한다. 〈개정 2008·12·31 법9278〉

⑦ 제2항부터 제5항까지의 규정에 따른 세계잉여금의 사용 또는 출연은 다른 법률의 규정에 불구하고 「국가회계법」 제13조제3항에 따라 국가결산보고서에 대한 대통령의 승인을 얻은 때부터 이를 할 수 있다. 〈개정 2008·12·31 법9278〉

⑧ 세계잉여금 중 제2항부터 제5항까지의 규정에 따라 사용하거나 출연한 금액을 공제한 잔액은 다음 연도의 세입에 이입하여야 한다. 〈개정 2008·12·31 법9278〉

제91조(국가채무의 관리)

① 기획재정부장관은 국가의 회계 또는 기금이 부담하는 금전채무에 대하여 매년 다음 각 호의 사항이 포함된 국가채무관리계획을 수립하여야 한다. 〈개정 2008·2·29,

2010 · 5 · 17〉

1. 전전년도 및 전년도 국채 또는 차입금의 차입 및 상환실적

2. 당해 회계연도의 국채 발행 또는 차입금 등에 대한 추정액

3. 해당 회계연도부터 5회계연도 이상의 기간에 대한 국채 발행 계획 또는 차입 계획과 그에 따른 국채 또는 차입금의 상환 계획

4. 해당 회계연도부터 5회계연도 이상의 기간에 대한 채무의 증감 전망과 근거 및 관리 계획

5. 그 밖에 대통령령이 정하는 사항

② 제1항의 규정에 따른 금전채무는 다음 각 호의 어느 하나에 해당하는 채무를 말한다.

1. 국가의 회계 또는 기금(재원의 조성 및 운용방식 등에 따라 실질적으로 국가의 회계 또는 기금으로 보기 어려운 회계 또는 기금으로서 대통령령이 정하는 회계 또는 기금을 제외한다. 이하 이 항에서 같다)이 발행한 채권

2. 국가의 회계 또는 기금의 차입금

3. 국가의 회계 또는 기금의 국고채무부담행위

4. 그 밖에 제1호 및 제2호에 준하는 채무로서 대통령령이 정하는 채무

③ 제2항의 규정에 불구하고 다음 각 호의 어느 하나에 해당하는 채무는 국가채무에 포함하지 아니한다.

1. 「국고금관리법」 제32조제1항의 규정에 따른 재정증권 또는 한국은행으로부터의 일시 차입금

2. 제2항제1호에 해당하는 채권 중 국가의 회계 또는 기금이 인수 또는 매입하여 보유하고 있는 채권

3. 제2항제2호에 해당하는 차입금 중 국가의 다른 회계 또는 기금으로부터의 차입금

④ 기획재정부장관은 제1항의 규정에 따른 국가채무관리계획을 수립하기 위하여 필요한 때에는 관계 중앙관서의 장에게 자료제출을 요청할 수 있다. 〈개정 2008 · 2 · 29〉

제92조(국가보증채무의 부담 및 관리)

① 국가가 보증채무를 부담하고자 하는 때에는 미리 국회의 동의를 얻어야 한다.

② 기획재정부장관은 매년 제1항에 따른 국가보증채무의 부담 및 관리에 관한 국가보증채무관리계획을 작성하여야 한다. 〈신설 2010 · 5 · 17〉

③ 제1항에 따른 보증채무의 관리 및 제2항에 따른 국가보증채무관리계획의 작성 등에 관한 사항은 대통령령으로 정한다. 〈개정 2010 · 5 · 17〉

제6장 보 칙

제93조(유가증권의 보관)

① 중앙관서의 장은 법령의 규정에 따르지 아니하고는 유가증권을 보관할 수 없다.

② 중앙관서의 장은 법령의 규정에 따라 유가증권을 보관하게 되는 때에는 한국은행 또는 대통령령이 정하는 금융기관에 보관업무를 위탁하여야 한다.

③ 제2항의 규정에 따라 한국은행 또는 대통령령이 정하는 금융기관이 유가증권을 위탁관리하는 때에는 「국유재산법」 제15조제2항부터 제5항까지 규정을 준용한다. 〈개정 2009 · 1 · 30〉

제94조(장부의 기록과 비치) 기획재정부장관, 중앙관서의 장, 제93조제2항의 규정에 따라 유가증권 보관업무를 위탁받은 한국은행 및 금융기관은 대통령령이 정하는 바에 따라 장부를 비치하고 필요한 사항을 기록하여야 한다. 〈개정 2008 · 2 · 29〉

제95조(자금의 보유) 국가는 법률로 정하는 경우에 한하여 특별한 자금을 보유할 수 있다.

제96조(금전채권 · 채무의 소멸시효)

① 금전의 급부를 목적으로 하는 국가의 권리로서 시효에 관하여 다른 법률에 규정이 없는 것은 5년 동안 행사하지 아니하면 시효로 인하여 소멸한다.

② 국가에 대한 권리로서 금전의 급부를 목적으로 하는 것도 또한 제1항과 같다.

③ 금전의 급부를 목적으로 하는 국가의 권리에 있어서는 소멸시효의 중단 · 정지 그 밖의 사항에 관하여 다른 법률의 규정이 없는 때에는 「민법」의 규정을 적용한다. 국가에 대한 권리로서 금전의 급부를 목적으로 하는 것도 또한 같다.

④ 법령의 규정에 따라 국가가 행하는 납입의 고지는 시효중단의 효력이 있다.

제97조(재정집행의 관리)

① 각 중앙관서의 장과 기금관리주체는 대통령령이 정하는 바에 따라 사업집행보고서와 예산 및 기금운용계획에 관한 집행보고서를 기획재정부장관에게 제출하여야 한다. 〈개정 2008 · 2 · 29〉

② 기획재정부장관은 예산 및 기금의 효율적인 운용을 위하여 제1항의 규정에 따른 보고서의 내용을 분석하고 예산 및 기금의 집행상황과 낭비 실태를 확인 · 점검한 후 필요한 때에는 집행 애로요인의 해소와 낭비 방지를 위하여 필요한 조치를 각 중앙관서의 장과 기금관리주체에게 요구할 수 있다. 〈개정 2008 · 2 · 29〉

제97조의2(재정업무의 정보화)

① 기획재정부장관은 재정에 관한 업무를 원활하게 수행하기 위하여 정보통신매체 및 프로그램 등을 개발하여 중앙관서의 장이 사용하게 할 수 있다. 이 경우 국가회계업무에 관한 정보통신매체 및 프로그램 등의 개발에 대하여는 감사원과 미리 협의를 하여야 한다.

② 중앙관서의 장은 제1항에도 불구하고 재정에 관한 업무를 처리하는 정보통신매체 및 프로그램 등을 직접 개발하여 사용할 수 있다. 이 경우 기획재정부장관 및 감사원(국가회계업무에 관한 정보통신매체 및 프로그램 등의 개발인 경우에 한정한다)과 미리 협의를 하여야 한다.

③ 기획재정부장관 및 중앙관서의 장은 제1항 및 제2항에 따른 정보통신매체 및 프로그램 등을 통하여 산출되는 재정정보에 대하여 국회의 정보 제공 요구가 있는 경우에는

정당한 사유가 없으면 해당 재정정보를 제공하여야 한다. 〈신설 2014 · 12 · 30〉

④ 제3항에 따른 재정정보 제공의 범위, 절차 및 방법 등에 필요한 사항은 대통령령으로 정한다. 〈신설 2014 · 12 · 30〉 [본조신설 2008 · 12 · 31 법9278]

제98조(내부통제) 각 중앙관서의 장은 재정관리 · 재원사용의 적정 여부와 집행과정에서 보고된 자료의 신빙성을 분석 · 평가하기 위하여 소속 공무원으로 하여금 필요한 사항에 관하여 내부통제를 하게 하여야 한다.

제99조(예산 및 기금운용계획의 집행 및 결산의 감독) 기획재정부장관은 예산 및 기금운용계획의 집행 또는 결산의 적정을 기하기 위하여 소속 공무원으로 하여금 확인 · 점검하게 하여야 하며, 필요한 때에는 각 중앙관서의 장에게 관련 제도의 개선을 요구하거나 국무회의 심의를 거친 후 대통령의 승인을 얻어 예산 및 기금운용계획의 집행과 결산에 관한 지시를 할 수 있다. 〈개정 2008 · 2 · 29〉

제100조(예산 · 기금의 불법지출에 대한 국민감시)

① 국가의 예산 또는 기금을 집행하는 자, 재정지원을 받는 자, 각 중앙관서의 장(그 소속기관의 장을 포함한다) 또는 기금관리주체와 계약 그 밖의 거래를 하는 자가 법령을 위반함으로써 국가에 손해를 가하였음이 명백한 때에는 누구든지 집행에 책임 있는 중앙관서의 장 또는 기금관리주체에게 불법지출에 대한 증거를 제출하고 시정을 요구할 수 있다.

② 제1항의 규정에 따라 시정요구를 받은 중앙관서의 장 또는 기금관리주체는 대통령령이 정하는 바에 따라 그 처리결과를 시정요구를 한 자에게 통지하여야 한다.

③ 중앙관서의 장 또는 기금관리주체는 제2항의 규정에 따른 처리결과에 따라 수입이 증대되거나 지출이 절약된 때에는 시정요구를 한 자에게 제49조의 규정에 따른 예산성과금을 지급할 수 있다.

제101조(재정관련 공무원의 교육) 기획재정부장관은 재정업무를 담당하는 공무원의 업무전문성 향상을 위하여 대통령령이 정하는 바에 따라 교육을 실시할 수 있다. 〈개정 2008 · 2 · 29〉

제7장 벌 칙

제102조(벌칙) 공무원이 기금의 자산운용에 영향을 줄 목적으로 직권을 남용하여 기금관리주체 그 밖에 기금의 자산운용을 담당하는 자에게 부당한 영향력을 행사하는 때에는 5년 이하의 징역, 10년 이하의 자격정지 또는 1천만원 이하의 벌금에 처한다.

부 칙

제1조 (시행일)

이 법은 2007년 1월 1일부터 시행한다. 다만, 제56조의 규정은 법률에 따라 정부회계에 관한 기준이 마련되어 시행되는 회계연도부터, 부칙 제11조제14항, 동조제17항(「국유재산법」 제48조제4항 관련규정에 한한다) 및 동조제29항(「물품관리법」 제21조 관련 규정에 한한다)의 규정은 각각 2008년 1월 1일부터 시행한다.

제2조 (폐지법률)

「예산회계법」 및 「기금관리기본법」은 이를 각각 폐지한다. (이하 부칙 내용은 저자가 임의로 생략함)

부 칙 〈제16328호. 2019.4.23〉

제1조 (시행일) 이 법은 공포한 날부터 시행한다.

제2조 (예산안의 첨부서류에 관한 적용례) 제34조제2호의2의 개정규정은 2020년도 예산안의 첨부서류로 국회에 제출하는 분부터 적용한다.

세입 세출 예산 과목표

1. 세입과목 구분(전회계 및 기금)

관		항		목		내 역
01	내 국 세					
		11	소 득 세			
				111	신 고 분	소득세법에 의한 세입중 신고분
				112	원 천 분	소득세법에 의한 세입중 원천분
		12	법 인 세			
				121	법 인 세	법인세법에 의한 세입
		13	부 당 이 득 세			
				131	부 당 이 득 세	부당이득세법에 의한 세입
		14	토 지 초 과 이 득 세			
				141	토 지 초 과 이 득 세	토지초과이득세법에 의한 세입
		15	상 속 세			
				151	상 속 세	상속세법에 의한 상속세 세입
				152	증 여 세	상속세법에 의한 증여세 세입
		16	재 평 가 세			
				161	재 평 가 세	자산재평가법에 의한 세입
		21	부 가 가 치 세			
				211	부 가 가 치 세	부가가치세법에 의한 세입

관		항		목		내 역
		22	개별소비세			
				221	개별소비세	개별소비세법에 의한 세입
				222	기타개별소비세	개별소비세 과년도수입
		23	주세			
				231	주세	주세법에 의한 세입
				232	기타주세	주세 과년도 수입
		24	전화세			
				241	전화세	전화세법에 의한 세입
		25	증권거래세			
				251	증권거래세	증권거래세법에 의한 세입
		26	인지세			
				261	인지세	인지세법에 의한 세입
		27	기타내국세			
				271	과년도수입	내국세 과년도수입
				272	기타내국세	세법개정으로 인하여 폐지된 세목의 세법개정 이진의 과세대상에 의한 세입
02	관세					
		31	관세			
				311	관세	관세법에 의한 세입
				312	기타관세	관세 과년도수입
03	방위세					
		32	방위세			
				321	방위세	방위세법에 의한 세입
				322	기타방위세	방위세 과년도수입

관		항		목		내 역
04	교통·에너지·환경세					
		33	교통·에너지·환경세			
				331	교통·에너지·환경세	교통·에너지·환경세법에 의한 세입
				332	기타교통·에너지·환경세	교통·에너지·환경세 과년도수입
				333	기타교통세	교통세 과년도수입
05	양여세					
		36	지방교육양여세			
				361	지방교육양여세	교육세법에 의한 세입
				362	기타지방교육양여세	지방교육양여세 과년도수입
06	교육세					
		34	교육세			
				341	교육세	교육세법에 의한 세입
				345	기타교육세	교육세 과년도수입
07	사회보장기여금					
		38	사회보장기여금			
				381	고용주부담금	사회보장보험운영을 위한 고용주부담금
				382	피고용자분담금	사회보장보험운영을 위한 피고용자부담금

관		항		목		내역
08	농어촌특별세					
		37	농어촌특별세			
				371	농 어 촌 특 별 세	농어촌특별세법에 의한 세입
				372	기 타 농 어 촌 특 별 세	농어촌특별세 과년도 수입
09	종합부동산세					
		39	종합부동산세			
				391	종 합 부 동 산 세	종합부동산세법에 의한 세입
				392	기 타 종 합 부 동 산 세	종합부동산세 과년도 수입
10	기업특별회계 영 업 수 입	41	양곡사업수입			
				411	미곡판매수입	양곡관리특별회계의 미곡판매수입
				412	잡곡판매수입	양곡관리특별회계의 잡곡판매수입
				413	부산물, 기타판매 수 입 료	양곡관리특별회계의 부산물, 기타판매수입
				414	미곡판매 장기미납수입	양곡관리특별회계의 미곡판매 장기미납수입

관		항		목		내 역
		43	우정사업수입			
				431	우편사업수입	우편사업특별회계의 우편영업수입
				432	금융영업수입	우체국예금특별회계의 금융 영업수입
				433	수탁영업수입	우편사업특별회계의 수탁 영업수입 등 기타수입
		45	조달사업수입			
				451	내자구매사업수입	조달특별회계의 내자구매사업 관련 수입
				452	외자구매사업 수입	조달특별회계의 외자구매사업 관련 수입
				453	물류관리사업 수입	조달특별회계의 물류관리사업 수입
				454	시설계약사업 수입	조달특별회계의 시설계약사업 수입
				455	물자조정사업수입	조달특별회계의 물자조정사업 수입

관		항		목		내 역
				456	비축물자사업수입	조달특별회계의 비축물자사업 수입
		49	책임운영기관 사업수입			
				491	책임운영기관사업수입	책임운영기관의 사업수입
11	재산수입					
		51	관유물대여료			
				511	토지대여료	토지의 대여에 따른 수입
				512	건물대여료	건물대여에 따른 수입
				513	기타 관유물대여료	토지와 건물 이외의 관유물대여 수입 (종전의 611목에 해당)
		52	정부출자수입			
				521	정부출자수입	정부출자에 대한 이익 배당수입 및 관계법에 의한 출자기업체로부터의 수입
		53	전대차관 이자수입			
				531	지방자치단체 전대차관이자수입	지방자치단체로부터 받는 전대차관의 이자수입
				532	통화금융기관 전대차관이자수입	통화금융기관으로부터 받는 전대차관의 이자수입
				533	비통화금융기관 전대차관이자수입	비통화금융기관으로부터 받는 전대차관의 이자수입
				534	기타민간 전대차관이자수입	기타 민간으로부터 받는 전대차관의 이자수입

관		항		목		내 역
		54	기타이자수입 및 재산수입			
				541	지방자치단체 이자수입	지방자치단체로부터 받는 융자금에 대한 이자수입
				542	통화금융기관 이자수입	통화금융기관으로부터 받는 융자금에 대한 이자수입
				543	비통화금융기관 이자수입	비통화금융기관으로부터 받는 융자금에 대한 이자수입
				544	기타민간 이자수입	기타 민간으로부터 받는 융자금에 대한 이자수입
				545	기타재산수입	기타 정부의 재산, 금융자산, 무형자산의 소유로 인한 수입 (예: 세입·세출금의 금융기관 예치에 따른 이자수입)
12	경상이전수입					
		55	연금수입			
				551	연금기여금	일반회계, 기타특별회계, 기금의 연금기여금 (예: 공무원 및 군인연금법에 의한 연금 기여금)

관		항		목		내 역
				552	기업특별회계 연금부담금	기업특별회계 연금부담금 (공무상 재해보상부담금 포함)
				553	자치단체 연금부담금	자치단체 연금부담금 (공무상 재해보상부담금 포함)
		56	벌금, 몰수금 및 과태료			
				561	벌금 및 과료	법령에 의하여 국가가 수납할 벌금, 과료, 즉결재판에 의한 벌금, 과료
				562	몰수금 및 추징금	법령에 의하여 국가가 수납할 몰수금, 몰수물품, 압수물 공매대금 및 가액에 대한 추징금
				563	과태료	법령에 의하여 국가가 수납할 과태료 등(법령상 이행강제금 포함)
				564	징계부과금	법령에 의하여 국가가 수납할 징계부과금 등
				565	과징금	법령 등에 의하여 국가가 수납할 과징금 등
		57	변상금 및 위약금			
				571	변상금	법령과 계약에 의거하여 국가가 수납할 변상금
				572	위약금	법령과 계약에 의거하여 국가가 수납할 위약금 (예: 지체상금, 계약불이행으로 인한 위약금)
		58	가산금			
				581	가산금	

관		항		목		내 역
		59	기타 경상이전수입			
				593	법정부담금	법률의 규정에 의하여 사업에 소요되는 경비의 전부 또는 일부를 부담시킴으로써 얻는 수입
				594	민간출연금	민간의 자발적, 임의적 출연에 의한 수입 (예: 국민성금이나 관련단체기부금 등)
				595	설비부담금	설비부담금수입(수탁공사비 포함)
				596	기타경상이전수입	연체료 및 반환금 등 (예: 국고보조금 반환금, 급여 환급금, 국비훈련비 정산금, 과오지급금 회수, 전세보증금 반납금, 전화가입비 반납금 등) ※ 재화 및 용역의 제공에 대한 대가로 획득되는 수입은 "재화 및 용역 판매수입"의 해당 목으로 계상
13	재화및용역 판매수입					
		62	병원수입			
				621	병원수입	병원운영에 따른 재화용역 판매수입
		63	교도소수입			
				631	교도소수입	교도소운영에 따른 재화용역 판매수입

관		항		목		내역
		64	입장료수입			
				641	입장료수입	입장료수입(관람료수입 포함)
		65	면허료 및 수수료			
				651	면허료 및 수수료	면허, 허가, 인가 및 증명발급에 수반하는 수수료 및 기타 수수료, 입학 또는 고시수수료, 청원경찰수수료
		66	입학금 및 수업료			
				661	입학금	국립학교 입학금
				662	수업료	국립학교 수업료
		67	항공, 항만 및 용수수입			
				671	항공항만수입	항공, 항만시설의 이용에 따른 재화 및 용역 판매 수입
				672	용수수입	공업용수 사용료 등 용수이용에 따른 수입
		68	실습수입			
				681	실습수입	학교 및 단체의 실습연구시험에 따른 부산물 수입

관		항		목		내 역
		69	잡 수 입			
				691	기 타 잡 수 입	기타 재화 및 용역의 비기업적 판매에 따른 수입
				693	수탁사업예납금	수탁사업을 위해 예치한 예납금
				694	유 동 자 산 매 각 익	기업특별회계 및 기금의 유동자산 처분시 발생하는 처분가액과 장부가액과의 차액
				695	고 정 자 산 매 각 익	기업특별회계 및 기금의 고정자산 처분시 발생하는 처분가액과 장부가액과의 차액
				697	기 타 영업외잡수익	기업특별회계 기타 영업의 차액
				698	부 가 보 험 료	우체국보험사업의 운영경비로 쓰이는 보험료
14	수 입 대 체 경 비 수 입		(항, 목은 일반회계 세입코드와 동일)			국가재정법 제53조 제1항에 의한 경비로 지출되는 수입
15	관유물매각대					
		71	고 정 자 산 매 각 대			
				711	건 물 매 각 대	
				712	기 계 기 구 매 각 대	
				713	기타고정자산 매 각 대	기타 내용년수 1년 이상의 완성재(중축 포함) 매각수입
		72	토 지 및 무 형 자 산 매 각 대			

관		항		목		내역
				721	토지매각대	
				722	입목죽매각대	
				723	기타토지및 무형자산 매각대	광산자원 및 임업권, 광업권, 특허권 등 기타 토지 및 무형자산매각수입
		73	재고자산 매각대및 유동자산			
				731	재고자산 매각대	재고자산의 매각수입
				732	유동자산 매각대	기타 내용년수 1년 이내의 불용품 등 유동자산 매각수입
20	융자 및 전대차관 원금회수					
		75	융자원금 회수			
				751	지방자치단체 융자원금회수	지방자치단체로부터 받는 융자원금회수금
				752	통화금융기관 융자원금회수	통화금융기관으로부터 받는 융자원금회수금
				753	비통화금융기관 융자원금회수	비통화금융기관으로부터 받는융자원금 회수금
				754	기타민간 융자원금회수	기타 민간으로부터 받는 융자원금회수금 (해외로부터의 융자 및 차관원금회수 포함)
		77	전대차관 원금회수			
				771	지방자치단체 전대차관원금회수	지방자치단체로부터 받는 전대차관 원금회수금
				772	통화금융기관 전대차관원금회수	통화금융기관으로부터 받는 전대차관 원금회수금
				773	비통화금융기관 전대차관원금회수	비통화금융기관으로부터 받는 전대차관 원금회수금
				774	기타민간 전대차관원금회수	기타 민간으로부터 받는 전대차관 원금회수금

관		항		목		내 역
31	차입금 및 여유자금회수					
		81	국공채수입			
				811	국공채발행수입	국공채의 발행수입 ※ 기발행된 국채의 매각(최초발행자와 매각자가 다른 경우)으로 인한 수입은 국채매각대(844목)에 계상하고, 기발행된 공채의 매각수입은 공채매각대(845목)에 계상
		82	민간차입금			
				821	한은장기차입금	한국은행으로부터의 장기차입금
				822	통화금융기관차입금	통화금융기관으로부터의 차입금
				823	비통화금융기관차입금	비통화금융기관으로부터의 차입금
				824	기타민간차입금	기타 민간으로부터의 차입금
				825	한은일시차입금	한국은행으로부터의 일시차입금
		84	유가증권매각대			
				842	지방채매각대	여유자금운용 등의 목적으로 취득한 지방채를 매각하여 생기는 수입
				843	기타유가증권매각대	여유자금운용 등의 목적으로 취득한 유가증권 (비금융공기업주식, 정부투자기관주식, 수익증권 등)의 매각수입
				844	국채매각대	여유자금운용 등의 목적으로 취득한 국채를 매각하여 생기는 수입
				845	공채매각대	여유자금운용 등의 목적으로 취득한 공채를 매각하여 생기는 수입

관		항		목		내역
		85	정부예금회수			
				851	한국은행 예치금회수	여유자금운용 등을 위해 한국은행에 예치한 원금의 회수
				852	통화금융기관 예치금회수	여유자금운용 등을 위해 통화금융기관에 예치한 원금의 회수 ※ 예치금의 이자는 545목 기타 재산수입에 계상
				853	비통화금융기관 예치금회수	여유자금운용 등을 위해 비통화금융기관에 예치한 원금의 회수 ※ 예치금의 이자는 545목 기타 재산수입에 계상
				854	기타민간 예치금회수	여유자금운용 등을 위해 기타 민간에 예치한 원금의 회수
32	차관수입					
		86	차관수입			
				861	차관현금수입	해외로부터 직접 도입한 차관수입 (전대차관의 상환을 위해 공공자금관리기금 차관계정에서 회수하는 자금은 77항 및 92항의 해당 목에 계상)
				862	차관물자 용역대수입	
33	전년도이월금					
		88	전년도이월금			
				881	전년도이월금	

관		항		목		내 역
34	세계잉여금					
		89	세계잉여금 이입액			
				892	세계잉여금 이입액	일반회계 세계잉여금 중 국가재정법 제90조 제2항 및 제3항에 의한 세계잉여금의 기금 이입액 ※특별회계 세계잉여금 및 국가재정법 제90조 제7항에 의한 이입액은 33관에 계상
40	정부내부수입 및 기타					
		91	전입금			
				911	일반회계전입금	정부내부거래로서 일반회계로부터 무상으로 받는 전입금
				912	특별회계전입금	정부내부거래로서 특별회계로부터 무상으로 받는 전입금
				913	기금전입금	정부내부거래로서 기금으로부터 무상으로 받는 전입금
				915	계정간전입금	정부내부거래로서 동일 회계 또는 기금 내 타계정으로부터 무상으로 받는 전입금 (예 : 특별회계의 자본계정이 손익계정으로부터 받는 전입금)
				916	기타전입금	국가가 특별히 보유하고 있는 자금으로부터 무상으로 받는 전입금

관		항		목		내 역
		92	예탁원금회수			
				921	일반회계 예탁원금회수	정부내부거래로서 일반회계로부터 받는 예탁원금 회수금
				922	특별회계 예탁원금회수	정부내부거래로서 특별회계로부터 받는 예탁원금 회수금
				923	기금예탁 원금회수	정부내부거래로서 기금으로부터 받는 예탁원금 회수금
				925	계정간 예탁원금회수	정부내부거래로서 동일 회계 또는 기금 내 타계정으로부터 받는 예탁원금 회수금 (예 : 특별회계의 손익계정이 자본계정으로 받는 예탁원금)
				926	타회계 전대차관 원금회수	정부내부거래로서 타회계(일반회계, 기타 특별회계, 기업특별회계부문)로부터 전대차관의 상환을 위해 받는 원금회수 ※ 기금으로부터의 전대차관원금회수는 927목에 계상
				927	기금전대차관 원금회수	정부내부거래로서 기금으로부터 전대차관의 상환을 위해 받는 원금회수

관	항	목	내역
	94 예 수 금		
		941 일반회계 예수금	정부내부거래로서 일반회계로부터 받는 예수금
		942 특별회계 예수금	정부내부거래로서 특별회계로부터 받는 예수금
		943 기금예수금	정부내부거래로서 기금으로부터 받는 예수금
		945 계정간예수금	정부내부거래로서 동일 회계 또는 기금 내 타계정으로부터 받는 예수금
		946 기타민간예수금	주택청약저축 등 민간으로부터 받는 예수금
	95 예탁이자수입		
		951 일반회계 예탁이자수입	정부내부거래로서 일반회계에 예탁한 자금의 이자수입
		952 특별회계 예탁이자수입	정부내부거래로서 특별회계에 예탁한 자금의 이자수입
		953 기금예탁 이자수입	정부내부거래로서 기금에 예탁한 자금의 이자수입
		955 계정간 예탁이자수입	정부내부거래로서 동일 회계 또는 기금 내 타계정에 예탁한 자금의 이자수입
		956 타회계 전대차관 이자수입	정부내부거래로서 타회계(일반회계, 특별회계)로부터 받는 전대차관에 대한 이자수입

관		항		목		내 역
				957	기금전대차관이자수입	정부내부거래로서 기금으로부터 받는 전대차관에 대한 이자수입
		96	기타			
				961	당기순이익전입금	
				962	감가상각비전입금	
				963	제충당금전입금	

2. 세출과목 구분(전 회계 및 기금)

목번호	목	세목(내역)
100	**1. 인건비**	
110	**인건비**	
		110-01 보수 1. 봉 급 - "공무원보수규정"제5조(별표1), 제33조(별표31), 제53조에 의한 특수경력직 및 경력직 공무원의 봉급 및 연봉(전문임기제공무원은 기타직보수(110-02)목으로 계상) - "법관의보수에관한법률" 제2조에 의한 법관의 봉급 - "검사의보수에관한법률" 제2조에 의한 검사의 봉급 2. 정근수당 - "공무원수당 등에 관한 규정" 제7조에 의한 정근수당 3. 성과상여금 - "공무원수당 등에 관한 규정" 제7조의2에 의한 성과상여금 4. 정액수당 - "국회의원 수당 등에 관한 법률"에 의한 국회의원 일반수당 및 정근수당 - 각종 공무원 보수 및 수당 규정 등에 의하여 월정액으로 지급하는 제수당(근거규정) ① 공무원수당 등에 관한 규정 ② 국회공무원 제수당 지급규정 ③ 법원 공무원 수당 규칙 ④ 검사의 보수에 관한 법률시행령 ⑤ 기타 법령으로 월정액지급이 규정된 수당

목번호	목	세목(내역)
		5. 초과근무수당 - "공무원수당 등에 관한 규정" 제15조 내지 제17조에 의한 시간외근무수당, 야간근무수당, 휴일근무수당 6. 정액급식비 - "공무원수당 등에 관한 규정" 제18조에 의한 정액급식비 7. 명절휴가비 - "공무원수당 등에 관한 규정" 제18조의 3에 의한 명절휴가비 8. 명예퇴직수당 - "국가공무원 명예퇴직수당 등 지급규정"에 의한 명예퇴직수당 9. 직급보조비 - 공무원의 직책 수행을 위해 "공무원 수당 등에 관한 규정" 제18조의 6에 의하여 정액으로 지급하는 금액
		110-02 기타직보수 - "공무원임용령"에 의하여 채용하는 전문임기제 공무원에 대한 보수(상여금, 수당 포함. 이하 같음) - "법원조직법" 제72조에 의한 사법연수생에 대한 보수 - "공무원임용령" 제24조에 의한 시보공무원이 될 자에 대한 보수 - "청원경찰법시행령" 제9조 규정에 의한 청원경찰에 대한 보수 - "청원산림보호직의배치에관한법률시행령" 제6조 규정에 의한 청원산림보호직에 대한 보수

목번호	목	세목(내역)
		- "전문의의수련및자격인정에관한규정" 제10조의 규정에 의한 수련의(인턴, 레지던트)에게 지급하는 보수 - "농어촌등보건진료를위한특별조치법" 제11조에 의한 공중보건의사에 대한 보수 - "공중방역수의사에관한법률" 제16조에 의한 공중방역수의사에 대한 보수 - "병역법" 제34조의2에 의한 징병전담의사에 대한 보수 - "공익법무관에관한법률" 제14조에 의한 공익법무관에 대한 보수 - "경찰대학설치법" 제9조에 의한 경찰대학생 및 경찰간부후보생에 대한 보수 - "소방공무원법" 제26조에 의한 소방간부후보생에 대한 보수 - "공무원임용령" 제22조의3에 의한 견습직원에 대한 보수 - 개별법령에 의해 설치된 각종 위원회 또는 심의회의 비정규직에 대한 보수
		110-03 상용임금 - 「공공부문 비정규직 근로자 정규직 전환 가이드라인('17.7.20)」에 의한 무기계약직 및 상시·지속적 업무에 종사하는 기간제근로자(단시간근로자 포함)에 대한 보수 - "고등교육법"에 따른 강사 및 "공무원인재개발법"에 의한 교수요원 등에 대한 보수 - "별정우체국법"에 의한 별정우체국직원에 대한 보수
		110-04 일용임금

목번호	목	세목(내역)
		- 수개월 또는 수일 동안 일용으로 고용하는 임시직에 대한 보수
		110-05 연가보상비 - "공무원수당 등에 관한 규정" 제18조의 5에 의한 연가보상비
200	**2. 물건비**	
210	운영비	
		210-01 일반수용비 1. 사무용품 구입비 - 필기용구, 각종 용지 등 사무용 제 잡품의 구입비 2. 인쇄비 및 유인비 - 자료 및 보고서, 책자, 각종 양식, 전단 등 업무 수행에 따른 일체의 인쇄물 및 유인물의 제작비 3. 안내・홍보물 등 제작비 - 현수막, 간판 등 행사 안내 및 홍보용 물품의 제작비 - 기관(관서)간판, 명패, 감사패, 상패 등의 제작비 4. 소모성 물품 구입비 - 물품관리법 제19조의 규정에 의한 재물조사대상(소모성 물품은 제외)이 아닌 물품의 구입비 * 재물조사대상 물품은 자산취득비(430-01)목에 계상 5. 간행물 등 구입비 - 신문・잡지・관보・도서・팜플렛 등 정기・비정기 간행물의 구입비

목번호	목	세목(내역)
		* 도서관용 등 자본형성적 도서구입비는 자산취득비 (430-01)목에 계상 6. 비품 수선비 - 책상, 의자, 캐비넷, 파일박스, 집기, 전산기기, 타자기 등 각종 사무용 비품의 수선비 7. 각종 수수료 및 사용료 등 - 물품관리위탁수수료, 업무대행수수료, 외국환거래 규정에 의한 외국환대체송금, 전송금, 우편송금수수료 - 등기 및 소송료(인지대 및 법정수수료) 등 - 검정료, 감정료, 시험료 - 물품의 보관·운송료, 고속도로통행료, 주차 및 차고료, 물품의 운송을 위한 포장비, 상하차비, 선적·하역비. 단, 철도화물운송료는 공공요금및제세(210-02)목에, 기업특별회계에서 물자처리관리과정에 소요되는 경비는 기타운영비(210-16)목에 계상 - 속기·원고측량 등의 각종 소규모 업무대행의 대가 및 전문가 자문료 - 국선변호사 및 수임·고문변호사에 대한 변호료·수임료 - 법령 등에 의하여 설치된 각종 위원회의 민간위원에 대한 회의참석 사례비 및 안건검토비 - 교육훈련시 초빙강사료, 각 중앙관서 직원교육비 * 초빙강사료는 고용계약없이 강의회수에 비례하여 미리 정해진 기준에 따라 대가를 지급하는 것이며, 고용계약을 통해 한시적으로 채용 후 임금을 고정 지급하는 경우 일용임금(110-04)목에 계상 8. 공고료 및 광고료

목번호	목	세목(내역)
		- TV · 신문 · 잡지 기타 간행물에 대한 공고 및 광고료, 기타 제품의 생산 · 구매 · 판매를 위한 선전비 (의식비 제외)와 견본비 * 물품 또는 용역의 구입이나 임차에 소요되는 공고료는 당해 물품 · 용역의 구입에 계상 9. 업무용 택시 이용에 대한 대가 10. 의무실 · 양호실 등 자체의료시설의 약품 · 소모성 의료기구 구입비 11. 기타 업무수행과정에서 소규모적으로 발생되는 물품의 구입에 대한 대가
		210-02 공공요금 및 제세 1. 공공요금 - 우편요금, 전신 · 전화요금, 모사 전송기 등의 회선 사용료 및 철도화물 운송요금 - 전기 · 가스료, 상 · 하수도료, 오물 수거료 2. 제　세 - 법령에 의하여 지불 · 부담하는 제세(자동차세 포함) 및 국내부담금, 협회비, 기타 계약에 의하여 부담하는 각종 부담금 - 소송사건에 있어서 제공해야 할 공탁금과 국고체당금 - 보험계약에 의한 각종 보험료 * 무기계약직 및 기간제 근로자 등의 고용에 따른 건강보험료 등은 고용부담금(320-09)목에 계상 - 에너지 절약 성과배분계약에 따른 설비투자 상환금
		210-03 피복비

목번호	목	세목(내역)
		- 공무원·군인에게 직접 지급하거나 대여하는 피복비 ① 상시착용근무피복(작업복포함) ② 침구 및 개인장구 구입비 ③ 근무피복을 제조하여 지급할 경우 피목제조에 소요되는 재료비, 노임, 운반비 기타 제경비 - 당직용 침구 구입비 * 국가기관에 입원·수용·보호되고 있는 민간인에게 지급하는 피복비는 '구호및교정비(320-06)목'에 계상
		210-04 급식비 - 공무원, 군인에게 직접 급여하는 다음의 경비 ① 주식비 ② 부식비 ③ 후식비(우유 및 음료 등) ④ 합숙인 경우에는 상기(①~③)이외에 숙비를 포함 ⑤ 1항에서부터 4항에 소요되는 부대 경비 (운반비·보관비 및 공고료) ⑥ 주·부식물 생산에 필요한 제경비 ⑦ 주·부식물을 조리하거나 취사하기 위한 조리원 인건비, 소모성 도구 구입비. 단, 소모성 도구의 구입비는 부식비 총액의 100분의 1을 초과하여 계상할 수 없음 * 국가기관에 입원·수용·보호되고 있는 민간인에게 급여하는 급식비는 '구호 및 교정비(320-06)목'에 계상
		210-05 특근매식비 - 경상 사무를 위한 특근자 및 을지연습에 참여하는 직원에 대한 매식비 - 급식을 필요로 하나 취사시설이 없어 매식하게 되는 경우의 급식비
		210-06 일·숙직비

목번호	목	세목(내역)
		- "공무원 당직 및 비상근무규정"에 의한 일 · 숙직비
		210-07 임차료 - 임대차 계약에 의한 토지, 건물, 시설, 장비, 물품 등의 임자료 - 장소, 건물 등의 일시 임차료 - 각종 시설 및 장비의 리스료 - 물건 보관을 위한 간단한 창고 이용료 - 버스 · 승용차 등의 차량 임차료 - 통신망을 통한 소프트웨어 임대(ASP, Application Service Provider)에 따른 임차료 등
		210-08 유류비 - 보일러 등 냉·난방시설, 원동기 등 동력장치, 중장비의 가동 및 차량 · 항공기 · 선박의 운행 등에 필요한 모든 유류(LPG, LNG 포함) 구입비 * 난방시설, 동력장치 등 시설장비 가동에 필요한 유류(LPG, LNG 포함)이외의 연료(석탄, 나무, 폐지 등) 구입비는 시설장비유지비(210-09)목으로 계상 ** 차량 등 운행, 난방, 시설 및 장비 가동 등을 위해 사용하여 소모되는 유류는 유류비(210-08)목으로, 비상상황을 대비하여 저장 비축하는 유류 구입의 경우에는 저장품매입비(430-02)목으로 계상 *** 공공요금성 도시가스료는 공공요금 및 제세(210-02)로 계상

목번호	목	세목(내역)
		210-09 시설장비유지비 - 건물 및 건축설비(구축물, 기계장치, 보일러 등 난방시설), 공구, 기구, 비품 기타 시설물의 유지 보수비(목재, 석탄, 폐지 등 유류이외의 연료구입비 포함) - 통신시설 및 기상관측장비(단, 대체비는 노임, 제비용 포함) 유지비 - 원동기 등 동력장치, 중장비, 기타 차량·비행기·선박 등 운반구 유지비 * 동력장치, 중장비, 운반구 등의 가동을 위한 유류의 구입비는 '유류비(210-08)목'에 계상 - 시설장비유지관리의 용역비(노무비와 제비용을 포함) * 내용년수를 현저히 증가시키는 대규모 수리비는 '공사비(420-03)목'에 계상
		210-10 학교운영비 - 초중등교육법 제30조의2 제2항 제1호의 규정에 의한 학교회계에 지원하는 운영경비와 유아교육법 제19조의7 제2항 제1호의 규정에 의한 유치원 회계에 지원하는 운영경비 중 국립부설유치원에 해당하는 경비(공무원인건비 및 공사비는 제외) - 고등교육법 제7조 제1항의 규정에 따른 국립대학 운영에 필요한 기존 기성회비 상당액에 해당하는 경비
		210-11 재료비 1. 사업용 및 시험연구, 실험·실습 등에 소요되는 소모성 재료비 - 실험·실습기자재, 시약, 시료 구입비 - 직접제작 또는 시공하는 기계·기구, 선박, 기타 공작물

목번호	목	세목(내역)
		및 건물에 소요되는 재료비 * 물품관리법 제19조의 규정에 의한 재물조사 대상물품(소모성물품은 제외)은 자산취득비(430-01)목에, 수선에 사용되는 부속품 등은 시설장비유지비(210-09)목에 계상 2. 제품생산에 소비되는 각종 재료 비용(재료 소비에 의하여 주요 재료비, 보조 재료비, 매입부품비, 소모공기구비품비로 구분) 3. 광물 및 기타 특수한 물건의 구입비 4 동물, 식물 및 식물종자 구입비 5. 사료구입비
		210-12 복리후생비 1. 기업특별회계 등의 법정 복리비, 복리시설부담금 및 후생비 2. 동호회 및 연구모임 지원경비 3. 맞춤형 복지제도 시행경비 4. 소속직원 생일 기념 소액 경비 5. 청사이전에 따른 이주지원비
		210-13 시험연구비 - 국가시험연구기관 및 방위력개선 사업에서 시험연구에 직접 관련된 다음의 경비 ① 일용임금(110-04) ② 일반수용비(210-01) ③ 공공요금 및 제세(210-02) ④ 피복비(210-03) ⑤ 임차료(210-07)

목번호	목	세목(내역)
		⑥ 유류비(210-08) ⑦ 시설장비유지비(210-09) ⑧ 재료비(210-11) ⑨ 여비(220목)
		210-14 일반용역비 - 기관의 업무추진 과정에서 전문성이 필요한 행사운영, 채용, 영상자료 제작 등의 일반업무를 용역계약을 통해 대행시키는 비용 * 법률적 의미의 민간위탁과 법정대행, 정책개발 및 그 외 일반 조사연구, 장비·시설물 등의 유지보수관리가 아닌 기타 업무의 대행을 위한 용역비
		210-15 관리용역비 - 청사의 시설관리 또는 장비의 유지관리, 전산 운영 등 기관의 운영 과정에 필요한 시설장비의 유지관리 업무를 용역 계약을 통해 외부에 대행시키는 비용 * 개별법령 또는 행정권한의 위임 및 위탁에 관한 규정에 의거 정부가 시행해야할 주요사무를 외부에 민간위탁하는 경우에는 민간위탁사업비(320-02)목으로 계상하고, 유지관리업무가 아닌 행사 등 일반업무에 대한 대행 용역은 일반용역비(210-14)목에 계상
		210-16 기타운영비 1. 기업특별회계의 원재료, 제품 등 물자(외자 포함) 및 우편물 등의 운송비(항공, 철도, 자동차, 선박 등 요금과 인부 포함), 외주가공비, 상하차비, 물자처리관리과정에 수반되는 비용 2. 기본적인 조직운영을 위하여 조직단위(과)로 지급하는 과운영비 및 기관장·부기관장 등 비서실 운영비 3. 조직 및 기관을 대표하여 행하는 축·조의 경비 및 우수부서·직원 등에 대한 격려금

목번호	목	세목(내역)
220	여비	
		220-01 국내여비 1. 공무원여비규정에 의한 공무원 국내출장여비 * 유무선 통신시설, 항공시설 및 기상관측장비 유지와 철도시설장비의 유지를 위한 직접적인 공사수행과 감독을 위한 여비는 시설장비유지비(210-09)목에 계상 2. 공무원여비규정에 의한 공무원이 아닌 자의 국내출장 여비 3. 각종 월액여비지급규정에 의하여 월정액으로 지급하는 여비 4. 공무원의 인사이동에 따른 이전여비
		220-02 국외업무여비 1. 공무원여비규정에 의한 공무원의 해외출장여비 중 업무수행관련 여비 - 특정업무(조사 · 확인 · 점검 · 물품구매 · 검사, 협력체결 등) - 외교활동(정상회담, 대통령 특사, 국가간 협약 체결 등) - 해외에서 열리는 국제회의 · 국제행사 등 참석 - 각종 해외시찰 · 견학 · 참관, 자료수집 등 2. 공무원여비규정에 의한 공무원이 아닌 자에 대하여 지급하는 국외출장여비 3. 외빈초청에 따른 여비(숙식비 및 항공료 등 교통비)

목번호	목	세목(내역)
		220-03 국외교육여비 - 장·단기 공무원 교육훈련 등을 위한 국외훈련여비
230	특수활동비	
		230-00 특수활동비 - 기밀유지가 요구되는 정보 및 사건수사, 기타 이에 준하는 국정수행활동에 직접 소요되는 경비
240	업무추진비	
		240-01 사업추진비 - 사업 추진에 특별히 소요되는 접대비, 연회비 및 기타 제경비 - 외빈초청 경비, 해외출장지원 경비, 공식 회의 및 행사경비 등
		240-02 관서업무추진비 - 기관 간 업무협의 및 기관 내·외 간담회 등 각 관서의 기본적인 운영 및 체육대회, 종무식 등 기관의 공식업무 추진을 위하여 소요되는 경비
250	직무수행경비	
		250-01 교수보직경비 - 대학보직을 수행하는 교수에게 지급되는 경비
		250-02 직책수행경비 - 각급기관의 운영을 위하여 조직을 규정한 법령 또는 직제에 의한 직위를 보유한 자에게 정액으로 지급하는 경비

목번호	목	세목(내역)
		250-03 특정업무경비 - 예산, 감사, 수사, 조사 등 특정 업무수행을 위하여 조직 단위 또는 인원수를 감안하여 일정액을 계상하여 지급하는 경비
260	연구용역비	
		260-01 일반연구비 - 국가로부터 학술, 기술, 평가, 자문 및 시운전, 실태조사, 전산개발, 임상연구 등 지식기반의 업무에 대한 용역 비용 * 단, 각 부처의 정책개발을 위한 비용은 정책연구비 (260-02)목으로 별도 계상
		260-02 정책연구비 - 각 부처에서 정책 개발을 위해 추진하는 정책연구용역 관련 비용(사업명을 '정책연구'로 통일)
270	안보비	
		270-00 안보비 - 국가안전보장을 위한 정보활동 및 이에 준하는 직무 수행에 직접 소요되는 경비와 해당기관 운영(인건비, 운영비, 사업비 등)에 필요한 제반 경비
300	3. 이전지출	
310	보전금	
		310-01 손실보상금 1. 국가가 사업을 적법하게 수행함에 있어 또는 국가의 공무

목번호	목	세목(내역)
		원이 적법하게 그 직무를 수행함에 있어 타인에게 손해나 손실을 가했을 경우 각종 법률에 따라 지급하는 경비 - 댐 건설 등 대규모 공공사업의 수행을 위하여 이주자에게 대가없이(토지의 매입에 의하지 않고 토지를 제공 받는 경우 포함) 지급하는 이주정착비 등 이주보상비 * 건설에 따른 토지매입비 등은 건설보상비(410)목에 계상 - 현업관서에서 적법한 업무수행중 제반사고로 인한 민간인에 대한 부상치료비 - 징발법에 의한 징발보상금
		310-02 배상금 - 국가가 사업을 수행하거나 국가 공무원이 직무를 집행함에 있어 고의 또는 과실로 법령을 위반하여 타인에게 손해를 가했을 경우 국가배상법이나 기타 법률에 근거하여 지급하는 경비(손해배상금, 국가배상금 등)
		310-03 포상금 1. 국가 및 사회의 공익을 위한 행위를 장려하기 위해, 해당 행위를 한 공무원 및 민간인(또는 기관)을 격려·포상하기 위해 지급하는 상금 및 격려금 등 2. 예산절약 상여금
		310-04 기타보전금 1. 법령에 의하여 민간에 지급하는 사회보장적수혜금 및 보철구 제작비 등 2. 법령에 의하여 지급하는 장학금 및 학자금 3. 「자연재해대책법」에 따른 재난지원금

목번호	목	세목(내역)
		4. 법령에 의하여 독립유공자 및 국가유공자 등에게 지급하는 보상금과 수당 5. 법령에 의하여 증인, 감정인, 참고인, 공술인에 대한 실비 변상금 6. 국민건강보험법 제108조에 의해 국가가 국민건강보험공단에 지급하는 지원금 7. 기타 법령에 의해 반대급부 또는 채권채무의 원인행위 없이 민간에 지원하는 경비
320	**민간이전**	
		320-01 민간경상보조 1. "보조금 관리에 관한 법률"에 의한 보조금 중 민간에 대한 경상적 지원으로 다음을 포함한다. - 민간이 행하는 사무 또는 사업에 대하여 국가가 이를 조성하거나 재정상의 원조를 하기 위하여 교부하는 것으로 자본적 경비를 제외한 보조금 - 국가조성사업 또는 보호사업 중 물가안정 또는 기타 정책 목적에 의하여 원가 이하로 판매함으로써 야기되는 차액보상을 위한 일반적인 생산 장려금 또는 보조금 2. "복권및복권기금법"에 의한 법정배분금 중 민간에 대한 경상적 지원
		320-02 민간위탁사업비 - 법률에 규정된 국가의 사무 중 일부를 지방자치단체가 아닌 법인·단체 또는 그 기관이나 개인에게 맡겨 그 명의·책임하에 행사하는 경우의 비용 * 예산관리상 예산에서 기금으로 전출되는 국고대여 장학금은 기금전출금(610-03)목으로 편성

목번호	목	세목(내역)
		320-03 연금지급금 - 공무원연금법, 군인연금법, 사립학교교직원 연금법 등에 의한 연금 및 재해보상금 등 제급여
		320-04 보험금 - 보험금, 제보험금 등 보험 지급금
		320-05 이차보전금 - 특정 목적을 위하여 필요한 자금이 일반 대출금리 또는 조달금리보다 낮은 금리로 조성될 수 있도록 하기 위하여 지원되는 경비(환차손 포함)
		320-06 구호 및 교정비 1. 환자, 수용자, 요구호대상자 및 기타 민간인에게 급여하는 주·부식물 생산에 필요한 제경비 - 주·부식 취사용 부대경비(운반비 및 공고료 등) - 주·부식물을 조리 및 취사하기 위하여 필요한 소모성 소도구의 구입비. 단, 부식비 총액의 100분의 1을 초과 계상할 수 없음 2. 피복급여규정에 의거 환자, 수용자, 요구호 대상자에게 지급하거나 대여하는 피복의 구입비 - 피복을 직접 제조·지급할 경우에는 피복 제조에 소요되는 재료비, 노임, 운반, 기타 제경비 포함 3. 구속집행 정지자, 형집행 정지자 또는 감정 유치된 피고인, 피의자 중 법원의 감정 유치장 또는 검사의 지휘에 의하여 사회병원 및 의료기관에 수용된 자의 입원비, 시술비 등

목번호	목	세목(내역)
		320-07 민간자본보조 1. "보조금 관리에 관한 법률"에 의한 보조금 중 민간의 자본형성 또는 경제개발을 위하여 지급하는 보조금 2. "복권및복권기금법"에 의한 법정배분금 중 민간에 대한 자본형성적 지원
		320-08 법정민간대행사업비 - 국가가 직접 추진하여야 할 사업으로서 법령의 규정에 의하여 민간에 대행시키는 사업의 사업비 * 일반적인 용역과는 달리 개별 법령에 의해 민간에 대행시키는 경우에 한함
		320-09 고용부담금 1. 공무원연금법의 적용을 받지 않은 기타직(110-02목), 상용직(110-03목), 일용직(110-04목) 등을 고용함에 따라 사용자인 기관이 부담해야하는 퇴직금 및 사회보험료 등 각종 법정부담금 * 퇴직연금 가입시 연금기관에 납부해야 하는 납입금을 포함 ** 공무원연금법 및 사립학교교원연금법에 의해 국가가 납부해야할 부담금은 '기금전출금(610-03)목'으로 지출 2. 국민건강보험법 제76조에 의해 공무원 및 사립학교 교원의 보험료액 중 국가가 납부해야하는 부담금
330	**자치단체이전**	
		330-01 자치단체 경상보조 1. "보조금 관리에 관한 법률"에 의한 보조금 중 지방자치단체에 대한 경상적 지원

목번호	목	세목(내역)
		2. "복권및복권기금법"에 의한 법정배분금 중 지방자치단체에 대한 경상적 지원 3. 지방자치단체를 통하여 민간에게 지급하는 경상적 지원으로 자본적 경비를 제외한 보조금
		330-02 자치단체교부금 - 지방교부세법에 의한 지방재정교부금 및 소방안전교부금 - 지방교육재정교부금법에 의한 지방교육재정교부금
		330-03 자치단체 자본보조 1. "보조금 관리에 관한 법률"에 의한 보조금 중 지방자치단체에 자본형성 또는 경제개발을 위하여 지급하는 보조금 2. "복권및복권기금법"에 의한 법정배분금 중 자치단체에 대한 자본형성적 지원 3. 지방자치단체를 통하여 민간에게 지급하는 자본형성적 보조금
		330-04 자치단체 대행사업비 - 국가가 직접 추진하여야 할 사업이나 법령의 규정에 의하여 지방자치단체에 대행시키는 사업비
340	해외이전	
		340-01 해외경상이전 - "보조금 관리에 관한 법률"에 의한 보조금 중 해외교포 또는 외국기관에 지급하는 경상보조금과 교포교육 경비

목번호	목	세목(내역)
		340-02 국제부담금 - 법령, 조약, 협정 등에 의하여 설립된 법인, 외국기관, 국제기구, 외국인 또는 외국과 공동으로 설립된 기관 및 조합에 대하여 국고에서 직접 지급할 국제부담금 - 조약 또는 협정에 의하여 정부가 부담하도록 규정된 부담금
		340-03 해외자본이전 - "보조금 관리에 관한 법률"에 의해 지급하는 보조금 중 다음에 해당하는 경비 1. 해외교포 또는 외국기관에 지급하는 자본형성 보조금 2. 해외 출자금
350	일반출연금	
		350-01 기관운영출연금 - 법령에 의한 정부출연금으로서, 기관운영에 기본적으로 소요되는 인건비 및 경비
		350-02 사업출연금 - 법령에 의한 정부출연금으로서, 출연기관 고유목적 사업수행을 위해 소요되는 비용
		350-03 금융성기금 출연금 - 일반회계 및 특별회계에서 국가재정법의 적용을 받는 기금 중 금융성 기금으로의 출연금 * 금융성기금을 제외한 기금으로의 전출금은 기금전출금(610-03)목으로 계상

목번호	목	세목(내역)
		350-04 민간기금 출연금 - 국가재정법의 적용을 받지 않는 민간기금으로의 출연금 * 국가재정법의 적용을 받는 기금 중 민간이 관리주체인 기금으로의 출연금과는 별개임
360	**연구개발출연금**	
		360-01 연구개발인건비
		360-02 연구개발경상경비
		360-03 연구개발건축비
		360-04 연구개발장비·시스템 구축비
		360-05 연구개발활동비등
400	**4. 자산취득 및 운용**	
410	**건설보상비**	
		410-00 건설보상비 1. 사무실, 창고, 공장 등의 부지 및 기타 토지매입비 2. 건축 및 토목 공사에 편입되는 토지 및 건물의 보상비와 동 공사로 인한 손실(경영권, 광업권, 어업권, 이전비, 이농비 및 실어비 등)에 대한 보상비 3. 1~2로 인한 재산권 변동을 위한 등기 등록비, 감정수수료, 측량수수료 등 부대경비

목번호	목	세목(내역)
420	건설비	
		420-01 기본조사설계비 1. 사업계획을 기초로 하여 기술적, 경제적 타당성 조사 및 교통 · 환경영향평가와 사업기본계획 수립에 소요되는 경비 2. 주요설계 시행지침, 예비설계, 기본설계 및 개략 공사비 산정에 소요되는 경비 3. 일괄입찰 또는 대안입찰방식으로 집행방법이 확정된 공사의 발주에 따른 설계보상비 지급에 소요되는 경비
		420-02 실시설계비 - 기본계획 및 기본설계를 바탕으로 하여 공사현장에서 공사 집행이 가능한 설계 작성에 소요되는 경비
		420-03 공사비 1. 건물, 공작물, 구축물, 대규모 기계장치, 기구의 신조 및 동 부대시설에 필요한 경비 2. 전력신호 및 전신전화, 선로시설비와 동 부대경비 3. 토지정지공사비 4. 조림, 육림 및 병해충 방제에 필요한 경비 5. 직영공사일 경우에는 공사에 직접 소요되는 재료비 · 노임 · 운반비 등 기타 제경비 * 국방부 방위력개선사업에 의한 군의 직영 소요경비 포함 6. 전화가입 및 가설료, 무선설비, 무선허가 신청료 및 검사료

목번호	목	세목(내역)
		7. 기업특별회계의 경우는 무형자산(440)목 등의 내역에 적합한 경우 각 해당목에 계상 8. 건물, 기계, 기구, 선박 및 기타 공작물의 수선비 (재료비 포함)와 도장공사비 등 내용년수를 현저히 증가시키는 수리비 또는 대체비
		420-04 감리비 - 도로, 항만 등 건설공사와 청사 등 건축공사의 현장관리와 품질향상을 위하여 위탁받은 자의 조사·감독·검사 등 감리용역에 소요되는 경비
		420-05 시설부대비 - 도로, 하천, 항만 등의 건설, 대수선 또는 재산취득 등에 직접 소요되는 부대경비 1. 공사시공 계획수립 및 시공관리에 필요한 공공요금 2. 공사용 기계, 물자도입에 따르는 처리관리비 및 통관수수료 3. 공사감독과 재산취득에 따르는 여비, 용지 매수 및 시공관리에 직접 필요한 일용임금, 공사현장 또는 사업장 감독의 현장체재비 및 피복비(작업복, 명찰, 헬멧, 완장, 장화, 장갑 등) 4. 공고료, 시험 및 직접공사에 소요되는 수용비 및 수수료 5. 공사계약 수수료와 공사감독에 따르는 임차료(차량 또는 선박을 임차하는 경우에는 운영비 포함) 및 수수료 6. 공사의 기공식 및 준공식에 따르는 최소한의 의식비 7. 공사과정에서 발생하는 경미한 피해에 대한 보상비 또는 복구비

목번호	목	세목(내역)
		* (예) 도로굴착시 민간 건물 손상, 전주건식에 따른 농작물 피해, 공사인부의 경미한 치료비 ** 준공도서 전산화 비용은 공사비에 포함
430	**유형자산**	
		430-01 자산취득비 1. 건물 및 공작물(토지를 포함하여 취득하는 경우에 토지 매입비가 구분되지 않은 경우는 이를 포함), 대규모 기계, 기구, 차량, 선박, 항공기 및 임목죽 등의 취득비 * 무형자산의 취득은 무형자산(440)목에 계상 2. 차량, 운반구 및 공구ㆍ기구 비품 - 육상ㆍ수상ㆍ항공 운반구 구입 및 동 주요 부속 설비의 구입 또는 제작비 - 물품관리법 제19조의 규정에 의한 재물조사 대상이 되는 공구ㆍ기구ㆍ비품, 기타 물품구입비 등 3. 물건의 성질 및 형상이 변하지 않고 비교적 장기간 사용할 수 있는 기계기구(부속품 포함) 및 사무집기류 4. 도서관용 등 자본형성적 도서 구입비 5. 방위력 개선사업에 의한 무기 및 장비(군수 포함) 취득비 6. 서류함, 책상, 의자, 전화기등 사무용 집기류의 구입비 7. 국가기관 소유 미술품 보관관리규정(조달청고시)에 의하여 관리되는 문화예술품 취득 경비 8. 물품관리법령상 박물관 보존물품 9. 전산 장비 및 프로그램 구입비 - 정보시스템구축에 필요한 HW, 상용 SW, NW

목번호	목	세목(내역)
		(네트워크장비) 등 구입비 10. 자산취득에 직접 소요되는 제세, 수수료 등 부대경비
		430-02 저장품매입비 - 특별회계의 양곡, 석탄 등 저장품 매입비(저장용품 포함)
440	무형자산	
		440-00 무형자산 1. 법률상의 권리 취득 비용 - 특허권, 실용신안권, 의장권, 상표권, 전화가입권 등 * 전화가입권 등 통신시설 가입권은 기업특별회계 등 (재무제표상 무형고정자산으로 취급)의 경우 외에는 공사비(420-03)목에 계상 - 임대차계약에 의한 청·관사 보증금 및 전세금 2. 법률상 권리가 아닌 장래의 수익을 예상한 경영상의 권리로서의 영업권 취득 비용
450	융자금	
		450-01 비금융공기업 융자금 - 특정정책 목적을 달성하기 위해 비금융공기업에 유상으로 빌려주는 자금
		450-02 통화금융기관 융자금 - 특정정책 목적을 달성하기 위해 통화금융기관(예금은행)에 대해 유상으로 빌려주는 자금

목번호	목	세목(내역)
		450-03 비통화금융기관 융자금 - 특정정책 목적을 달성하기 위해 비통화금융기관에 대해 유상으로 빌려주는 자금
		450-04 기타 민간융자금 - 특정정책 목적을 달성하기 위해 기타 민간분야에 대해 유상으로 빌려주는 자금
		450-05 지방자치단체 융자금 - 특정정책 목적을 달성하기 위해 지방자치단체에 유상으로 빌려주는 자금
460	출자금 등	
		460-01 일반출자금 - 예금은행을 제외한 국유재산법에 따른 정부출자 기업체, 민간 등에 대한 정부출자금
		460-02 통화금융기관 출자금 - 예금은행에 대한 정부출자금
470	예치금 및 유가증권매입	
		470-01 한국은행 예치금 - 여유자금운용 등의 목적으로 한국은행에 예입·예치하는 자금 * 추후 이를 회수할 경우 한국은행예치금회수(851)목으로 세입 계상

목번호	목	세목(내역)
		470-02 통화금융기관 예치금 - 여유자금운용 등의 목적으로 통화 금융기관에 예입・예치하는 자금 * 추후 이를 회수할 경우 통화금융기관 예치금회수(852)목으로 세입 계상
		470-03 비통화금융기관 예치금 - 여유자금운용 등의 목적으로 비통화금융기관에 예입・예치하는 자금 * 추후 이를 회수할 경우 비통화금융기관 예치금회수(853)목으로 세입 계상
		470-04 기타민간예치금 - 여유자금운용 등의 목적으로 한국은행, 통화금융기관, 비통화금융기관이 아닌 민간에 예입・예치하는 자금 * 추후 이를 회수할 경우 기타민간예치금회수(854)목으로 세입 계상
		470-05 국채매입 - 여유자금운용 등의 목적으로 국채를 매입하는 자금 * 추후 이를 회수할 경우 국채매각대(844)목으로 세입 계상
		470-06 공채매입 - 여유자금운용 등의 목적으로 국채, 지방채가 아닌 공채를 매입하는 자금

목번호	목	세목(내역)
		* 추후 이를 회수할 경우 공채매각대(845)목으로 세입 계상
		470-07 지방채매입 - 여유자금운용 등의 목적으로 지방채를 매입하는 자금 * 추후 이를 회수할 경우 지방채매각대(842)목으로 세입 계상
		470-08 기타 유가증권매입 - 여유자금운용 등의 목적으로 국채, 지방채를 제외한 기타 유가증권을 매입하는 자금 * 추후 이를 회수할 경우 기타유가증권매각대(843)목으로 세입 계상
		470-09 복권당첨금 지급준비 예치금
480	예탁금	
		480-01 일반회계 예탁금 - 특별회계나 기금이 일반회계에 유상으로 빌려주는 자금
		480-02 특별회계 예탁금 - 특별회계에 유상으로 빌려주는 자금
		480-03 기금 예탁금 - 기금에 유상으로 빌려주는 자금
		480-04 계정간 예탁금

목번호	목	세목(내역)
		- 동일한 회계 또는 기금 내 다른 계정으로 유상으로 빌려주는 자금
490	지분취득비	
		490-00 지분취득비 - 토지에 대하여 국가가 사업비 지원액에 해당하는 지분을 재산으로 취득하고 지자체 · 민간 등 지원 대상자의 무상사용을 허용하는 방식으로 지원하는 자본형성적 경비
500	5. 상환지출	
510	상환지출	
		510-01 국내차입금 상환 1. 비금융공기업 차입금 원금상환 - 비금융 공기업으로부터 유상으로 빌려온 자금의 원금상환 2. 통화금융기관 차입금 원금상환 - 통화금융기관(예금은행)으로부터 유상으로 빌려온 차입금 원금상환 3. 비통화금융기관 차입금 원금상환 - 비통화금융기관으로부터 유상으로 빌려온 차입금 원금상환 4. 기타 민간 차입금 원금상환 - 기타 민간부문으로부터의 차입금 원금상환 5. 국공채 원금상환 6. 한국은행 차입금 원금상환

<table>
<tr><th>목번호</th><th>목</th><th>세목(내역)</th></tr>
<tr><td></td><td></td><td>- 통화당국인 한국은행으로부터 차입한 차입금 원금상환</td></tr>
<tr><td></td><td></td><td>510-02 해외차입금상환
1. 차관 원금상환
- 해외차입금(차관) 원금의 상환(해외차관선에 직접 상환하는 것에 한하며, 전대차관의 공공자금관리기금 차관계정으로의 상환은 선대자관원금상환(510-06)목에 계상)
2. 기타 해외채무 원금상환
- 차관을 제외한 해외채무(원금)의 상환
* (예) 외교부 소관 : 재외공관 취득을 위한 외국은행으로부터의 현금차입금의 상환</td></tr>
<tr><td></td><td></td><td>510-03 차입금이자
1. 비금융공기업 차입금이자
- 비금융공기업으로부터 차입한 차입금에 대한 이자
2. 국공채 이자
- 발행한 국공채에 대한 이자 지급
3. 기타 국내 차입금이자
- 금융기관 기타 국내차입금에 대한 이자
4. 차관이자
- 국제차관에 대한 이자 및 약정 수수료
5. 기타 해외채무이자
- 차관을 제외한 기타 해외채무에 대한 이자지출</td></tr>
</table>

목번호	목	세목(내역)
		510-04 예수금 원금 상환 1. 타 회계 또는 기금으로부터 예탁받은 예수금의 원금상환 2. 동일한 회계 또는 기금 내 다른 계정으로터 예탁받은 예수금의 원금상환
		510-05 예수금이자 1. 타 회계 또는 기금으로부터 예탁받은 예수금 원금에 대한 이자지급 2. 동일한 회계 또는 기금 내 다른 계정으로터 예탁받은 예수금의 원금상환
		510-06 전대차관 원금상환 - 공공자금관리기금의 차관계정에 대한 전대차관원금상환 * 단, 공공자금관리기금의 차관계정을 거치지 않고 직접 해외차관선에 상환하는 차관원금은 해외차입금상환(510-02)목, 이자는 차입금이자(510-03)목에 계상
		510-07 전대차관 이자 - 전대차관 원금에 대한 이자
		510-08 민간예수금 원금상환 - 주택청약저축 등 민간으로부터 받는 예수금 원금에 대한 원금상환
		510-09 민간예수금 이자

목번호	목	세목(내역)
		- 주택청약저축 등 민간으로부터 받는 예수금 원금에 대한 이자
600	6. 전출금 등	
610	전출금 등	
		610-01 일반회계 전출금 - 특별회계 및 기금이 일반회계에 무상으로 주는 자금
		610-02 특별회계 전출금 - 특별회계에 무상으로 주는 자금
		610-03 기금 진출금 1. 기금에 무상으로 주는 자금 2. 공무원연금법 및 사립학교교원연금법에 의한 국가부담금
		610-04 계정간전출금 - 회계 또는 기금 내 다른 계정으로 무상 지원하는 자금
		610-05 기타전출금 - 국가재정법 제95조에 따라 국가가 특별히 보유하는 자금으로의 전출금
		610-06 감가상각비 - 기업특별회계 등의 고정자산중 상각자산에 대한 감가상각비 및 기타 이연자산에 대한 상각비

목번호	목	세목(내역)
		610-07 당기순이익 - 기업특별회계 등의 당기손익계산상의 순이익
700	**7. 예비비 및 기타**	
710	**예비비 및 기타**	
		710-01 예비비 - 국가재정법 제22조의 규정에 의해 예측할 수 없는 예산 외의 지출 또는 예산 초과 지출액에 충당하기 위한 자금
		710-02 예비금 - 국가재정법상 독립기관의 특수성을 감안하여 국회법 등의 개별법에 근거하여 편성 운용하는 경비
		710-03 반환금 및 손실금 1. 반환금 : 과오납금, 반환금, 수표지불미청산금, 상환금, 기타 반환금 2. 손실금 : 유가증권, 고정자산등의 매출손실금, 대손금 또는 대손상각충당금, 기타 잡손실
		710-04 차기이월금 - 차 회계연도 이월금액

주요재정사업(취약계층 정부지원사업) 정리표

소관부처명	재원	세부사업명	18 예산 (추경기준) (단위: 백만원)	19 예산 (단위: 백만원)	지원대상 분류	지원대상	2019년 지원내용	개인별 지원단가(직접지원에만 해당)	지원주기
고용노동부	일반회계	취업성공패키지지원	1,442	1,159	취업취약계층	저소득층, 미취업 청장년 등 취업취약계층	상담, 직업능력개발, 취업알선의 단계별 서비스, 단계별 서비스 참여에 따른 수당, 취업성공수당 등 지원	1단계 참여수당: 최대 25만원 2단계 훈련참여지원수당: 월 284천원(최대 6개월) 저소득층구직촉진수당: 월 30만원(최대 3개월) 취업성공수당: 근속기간에 따라 최대 150만원(3/6/12개월30/40/80만원)	신청시
고용노동부	국가균형발전특별회계		502,943	370,960					
고용노동부	일반회계	청년구직활동지원금	0	158,186	취업취약계층	만 18~34세 청년 중 졸업중퇴 후 2년 이내인 미취업자(기준중위소득 120%이하, 생애 1회 지원)	청년구직활동지원금 및 취업성공금 지급, 청년지원 프로그램 지원	자기주도적 구직활동 청년 대상 월 50만원 청년구직활동지원금 지급 및 취업 후3개월 이상 근속 시 추가 50만원 지원	매월(최대 6개월)
	국가균형발전특별회계		0	1,508					
고용노동부	고용보험기금	전직실업자등능력개발지원	704,041	597,623	실업자	실업자, 영세자영업자 및 특수형태근로종사자 등 취약계층	훈련비 및 장려금 지원(내일배움카드, 국가기간전략산업직종훈련)	장려금 월 최대 116,000원	신청시
고용노동부	일반회계	실업자등능력개발지원	72,639	88,946	실업자				
고용노동부	고용보험기금	구직급여(구직급여(순수)) ※실업급여	6,698,518	7,179,786	실업자	이직일 이전 18개월간 피보험단위기간이 180일 이상이고, 경영상 해고 등 비자발적으로 이직한 사람	연령 및 가입기간에 따라 90일~240일간 평균임금의 50% 지급	1일 상한액 6만원, 하한액 최저임금액의 90%	비자발적 이직시
고용노동부	고용보험기금	구직급여(개별연장급여) ※실업급여	2,795	2,950	실업자	구직급여 수급자 중 취업이 특히 곤란하고, 생활이 어려운 수급자	구직급여의 70%를 60일간 연장하여 지급	구직급여의 70%	신청시
고용노동부	고용보험기금	구직급여(훈련연장급여) ※실업급여	38	47	실업자	구직급여 수급자 중 직업능력개발이 필요하다고 판단되어 직업안정기관의 장이 훈련을 받도록 지시한 자	구직급여를 훈련을 받는 기간 동안 지원	구직급여의 100%	신청시
고용노동부	고용보험기금	직업훈련생계비대부	24,145	31,735	실업자, 비정규직근로자	실업자, 비정규직근로자	생계비 대부 지원	월 200만원 한도 범위에서 최대 1,000만원	신청시
고용노동부	국가균형발전특별회계	신규실업자등직업훈련	294	288	실업자	실업자, 영세자영업자 및 특수형태근로종사자 등 취약계층	훈련비 및 장려금 지원	장려금 월 최대 116,000원	신청시
고용노동부	국가균형발전특별회계	자치단체직업능력개발지원(제주)	223	212	실업자	실업자, 영세자영업자 및 특수형태근로종사자 등 취약계층	훈련비 및 장려금 지원	훈련수당 월 최대 116,000원	신청시
고용노동부	일반회계	사회보험사각지대해소	893,179	1,341,932	저소득근로자	10인미만 사업 210만원미만 임금근로자 및 그 사업주	고용보험 및 국민연금 보험료 부담분의 일부	고용보험 및 국민연금보험료부담분의 40%~90%	신청시 매월
고용노동부	장애인고용촉진및직업재활기금	장애인고용장려금	199,262	210,560	장애인(사업주지원)	장애인 의무고용률을 초과하여 장애인을 고용한 사업주	사업주가 고용하고 있는 장애인근로자의 장애정도 및 성별에 따라 월 30~60만원 장애인고용장려금 지급	경증남성 30만원, 경증여성 40만원, 중증남성 50만원, 중증여성 60만원	신청시
고용노동부	장애인고용촉진및직업재활기금	장애인고용관리지원(근로지원인)	18,508	55,477	장애인	안정적·지속적으로 직업생활을 유지할 수 있도록 근로지원인 서비스 제공이 필요한 중증 장애인근로자	1일 8시간, 주 40시간 한도(평가를 통해 결정) 내에서 지원	근로지원인 시간당 단가(12,454원)지원 *시간당 300원 장애인근로자의 본인부담금 납부	신청시
고용노동부	장애인고용촉진및직업재활기금	장애인고용관리지원(장애인고용시설장비지원)	2,300	2,300	장애인(사업주지원)	장애인을 고용하고 있거나 고용하고자 하는 사업주	장애인 고용에 필요한 편의시설 설치 및 통근용 승합자동차 구입비용 등 지원	장애인근로자 1인당 1천만원(중증 1천5백만원) 이내(사업주 당 3억원 한도) 지원	신청시

소관부처명	재원	세부사업명	18 예산 (추경기준) (단위: 백만원)	19 예산 (단위: 백만원)	지원대상 분류	지원대상	2019년 지원내용	개인별 지원단가(직접지원에만 해당)	지원주기
고용노동부	장애인고용촉진및직업재활기금	장애인취업지원 (중증장애인 지원고용)	3,592	11,697	장애인	훈련에 참여하는 중증장애인	훈련기간(3~7주)동안 훈련수당 및 훈련준비금 지급	훈련준비금 1회 4만원, 훈련수당 1일 1만7천원 지급	참여시
고용노동부	장애인고용촉진및직업재활기금	장애인취업지원 (중증장애인 인턴제)	1,054	1,054	장애인	뇌병변, 정신, 장루요루, 신장, 언어, 호흡기, 뇌전증, 자폐, 척수손상 또는 근육병증으로 운동기능 장애가 있는 지체 총 9개 유형 (장애인경제활동실태조사를 근거로 중증장애인 평균고용률에 미달하는 장애유형으로 매 3년마다 변경, '18년부터 '20년까지 적용)	인턴지원금(최대6개월), 정규직전환지원금지원	○인턴지원금 - 인턴기간(최대 6개월) 월 약정임금의 80%(월 80만원한도) ○정규직전환지원금 - 인턴종료 후 정규직 전환시 6개월간 월 65만원 추가 지원	최대 6개월
고용노동부	장애인고용촉진및직업재활기금	장애인취업지원 (장애학생취업지원)	1,557	1,948	장애인	고등학교 특수학교(급) 전학년 및 전공과 재학 중인 장애학생	고등학교 및 전공과 재학중인 장애학생을 대상으로 개별욕구 및 능력에 맞는 진로설계컨설팅, 취업준비프로그램을 제공하여 졸업 후 취업을 통한 사회진출을 지원	진로설계컨설팅, 취업준비 프로그램 제공	
고용노동부	장애인고용촉진및직업재활기금	장애인취업성공패키지지원	14,365	13,761	장애인	취성성공패키지 프로그램에 참여하는 중증장애인	단계별 프로그램 참여기간 동안 참여수당 및 취업공수당 지급	1단계 참여수당: 최대 25만원 2단계 참여수당: 월 284천원(최대 12~24개월) 저소득층구직촉진수당: 월 30만원(최대 3개월) 취업성공수당: 근속기간에 따라 최대 150만원(3/6/12개월 30/40/80만원)	참여시
고용노동부	장애인고용촉진및직업재활기금	장애인표준사업장지원	11,790	17,104	장애인 (사업주지원)	장애인 표준사업장을 설립·운영하거나 설립하고자 하는 사업주	장애인 고용시설(작업장 및 작업시설, 부대시설, 편의시설 등)의 설치, 구입, 수리, 개선에 소요되는 비용 지원	신규 장애인근로자 고용 조건(7년간 고용유지)으로 1인당 3천만원(최대 10억원 이내) 지원	표준사업장으로 선정시
고용노동부	장애인고용촉진및직업재활기금	보조공학기기지원	9,060	11,531	장애인	장애로 인한 기능 저하 및 상실로 직업생활에 어려움을 겪는 장애인근로자 또는 사업주	작업용 보조공학기기 및 차량용 보조공학기기 지원	고용유지조건: 장애인 1인당 1천만원(중증 1천5백만원)한도지원 무상지원: 장애인 1인당 3백만원(중증 5백만원)한도지원	신청시
고용노동부	장애인고용촉진및직업재활기금	장애인직업능력개발	34,118	61,627	장애인	15세 이상 직업능력개발 훈련을 희망하는 구직장애인	장애인이 희망, 적성, 능력에 맞는 일자리 취업을 위해 공공·민간훈련기관의 훈련비 지원	훈련수당 월 20만원(취업성공패키지 프로그램 연계 참여시 284천원), 훈련장려금(교통비 및 식비) 116천원	매월
고용노동부	장애인고용촉진및직업재활기금	장애인고용증진융자(융자)	-	10,000	장애인 기타(사업주)	장애인을 고용하고 있거나 고용하고자 하는 사업주	작업시설, 부대시설, 편의시설 설치, 구입, 수리 비용 지원	장애인근로자 1인당 1억원 이내(사업주 당 15억 원 한도)	신청시
고용노동부	임금채권보장기금	체당금 지급	409,956	411,423	기타	도산 사업장 등에서 퇴직하거나 법원의 확정판결 등을 받은 체불노동자	최종 3개월 임금 또는 최종 3년간 퇴직금 중 지급받지 못한 체불임금등에 대해 상한액 범위에서 지급	일반체당금: 연령별상한액범위(1,080 ~ 1,800만원) 소액체당금: 400만원	신청시
고용노동부	근로복지진흥기금	생활안정자금 (융자)	90,000	84,729	산재근로자	저소득근로자(월평균소득이 3인가구 중위소득 2/3 이하) 및 임금체불근로자(배우자 소득포함 연간소득액이 3인가구 중위소득 이하인 근로자) *(융자종목)의료비, 혼례비, 장례비, 부모요양비, 자녀학자금, 임금감소생계비, 소액생계비, 임금체불생계비	저소득 근로자 대상 생활안정자금 융자	융자 종목별 1,000만원 한도(부모요양비 및 자녀학자금 1명당 500만원, 소액생계비 200만원), 2종류 이상 융자 신청시 1인당 2,000만원 한도	신청시
고용노동부	산업재해보상보험및예방기금	산재보험급여 (요양급여)	1,044,990	984,213	산재근로자	업무상 재해를 당한 산재노동자	4일 이상 요양 중인 산재노동자에 대한 진찰, 약제 또는 진료재료, 의지, 기타 보철구의 지급, 처치, 수술 및 치료비	재해자가 부담한 진료비(진찰, 처치, 수술 등) 전액	청구시

소관부처명	재원	세부사업명	18 예산 (추경기준) (단위: 백만원)	19 예산 (단위: 백만원)	지원대상 분류	지원대상	2019년 지원내용	개인별 지원단가(직접지원에만 해당)	지원주기
고용노동부	산업재해보상보험 및예방기금	산재보험급여 (휴업급여)	1,199,581	1,139,861	산재근로자	업무상 재해를 당한 산재 노동자	요양으로 인하여 취업하지 못한 기간동안 지급	평균임금의 70% 지급 · 저소득근로자 휴업급여 및 고령자 감액제도 운영 * 평균임금 최고·최저보상기준고시 ('18년 기준) 최고: 1일 205,686원 최저: 1일 57,135원 * 최저임금: 60,240원('18년 기준)	청구시
고용노동부	산업재해보상보험 및예방기금	산재보험급여 (장해급여)	1,726,305	1,818,970	산재근로자	업무상 재해를 당한 산재 노동자	치료종결후 신체에 일정수준 이상의 장해상태가 남아있는 산재근로자에게 장해보상연금 또는 일시금지급	- 일시금: 1급(1,474일분)~14급(55일분) - 연금: 1급(329일분)~7급(138일분) * 1~3급: 연금 지급(1~4년 선급금 청구시 50%만 지급, 선급금의 2% 이자 공제) * 4~7급: 연금 또는 일시금 선택 (1~2년분선급금 청구시 50%만 지급, 선급금의 2% 이자 공제) * 8~14급: 일시금 지급	청구시
고용노동부	산업재해보상보험 및예방기금	산재보험급여 (유족급여)	630,382	675,302	산재근로자	업무상 사망한 노동자의 유족	업무상 사망한 노동자의 유족에게 지급	- 연금: 급여기초연액(평균임금×365)의 52%~67% - 일시금: 평균임금의 1,300일분 * 연금수급자격자 희망시 50% 일시금 지급	청구시
고용노동부	산업재해보상보험 및예방기금	산재보험급여 (간병급여)	58,371	55,394	산재근로자	업무상 재해를 당한 산재 노동자	치료 종결후 장해등급 1~2급 중간병급여대상자에게 지급	- 1일 3만원 내외 지급 * 상시 간병 1일당 41,170원 * 수시 간병 1일당 27,450원('18년 기준)	청구시
고용노동부	산업재해보상보험 및예방기금	산재보험급여 (상병보상연금)	146,423	145,507	산재근로자	업무상 재해를 당한 산재 노동자	2년 이상 요양중인 폐질등급 1~3급 해당자에게 지급	- 1급(329일분), 2급(291일분), 3급(257일분) * 휴업급여 대신 지급	청구시
고용노동부	산업재해보상보험 및예방기금	산재보험급여 (장의비)	28,942	31,095	산재근로자	업무상 사망한 노동자의 유족	업무상 사망에 대하여 실제 장제를 행한 자에게 지급	- 평균임금의 120일분 * 최고 15,069천원, 최저 10,763천원('18년기준)	청구시
고용노동부	산업재해보상보험 및예방기금	산재보험급여 (직업재활급여)	11,730	11,962	산재근로자	업무상 재해를 당한 산재 노동자	요양종결 이후 산재보험법상 장해등급 1~12급 판정을 받거나 판정을 받을 것이 의학적으로 명백한 자 중 직업훈련을 받은 노동자에게 직업훈련수당 지급	1일당 최저임금액 지급	청구시
고용노동부	산업재해보상보험 및예방기금	산재보험급여 (진폐연금)	187,954	207,660	산재근로자	업무상 재해를 당한 산재 노동자 및 그 유족	요양하거나 진폐장해 판정 받은 진폐근로자에게 진폐보상연금, 진폐로 사망한 자의 유족에게 진폐유족연금지급	- 기초연금: 최저임금의 60% - 진폐장해연금: 진폐장해등급에 따라 3단계로 구분하여 매월 평균임금의 11일분~2일분 - 진폐유족연금: 사망 전 진폐보상연금 금액 * 유족보상연금 금액을 초과할 수 없음	청구시
고용노동부	산업재해보상보험 및예방기금	산재근로자재활복지지원 (산재근로자 복지지원(장학사업))	4,282	4,282	산재근로자	산재보험급여수령액이 월평균 260만원 미만인 가구중 1~7급 산재장해인 등 우선순위에 따라 선정된 자	고등학교 입학금, 수업료, 학교운영지원비(1인당 500만원 범위 내)	고등학교 학비 (1인당 평균 1,626,500원)	분기 1회
고용노동부	산업재해보상보험 및예방기금	산재근로자재활복지지원 (산재근로자 합병증등예방관리)	52,405	54,419	산재근로자	산재요양이 끝났으나 합병증 예방을 위해 진료가 필요하다고 인정되는 산재장해인 등	진찰, 약제, 처치, 검사, 물리치료, 기타 필요한 의학적 조치 지원	진료 받은 산재보험 의료기관으로 지급(1인당 평균진료비 1,093,329원)	청구시

소관부처명	재원	세부사업명	18 예산 (추경기준) (단위: 백만원)	19 예산 (단위: 백만원)	지원대상 분류	지원대상	2019년 지원내용	개인별 지원단가(직접지원에만 해당)	지원주기
고용노동부	산업재해보상보험 및예방기금	산재근로자재활복지지원 (산재근로자 직업훈련)	1,156	1,156	산재근로자	직업훈련 신청일 현재 실업 중인 산재장해인(제1급~제12급)	훈련수당	최저임금의 50%	청구시
고용노동부	산업재해보상보험 및예방기금	산재근로자재활복지지원 (사회심리재활지원)	2,472	2,472	산재근로자	심리불안 산재노동자 및 장해가 예상되는 산재노동자	심리불안 해소를 위한 집단심리상담 프로그램 및 재활스포츠 비용 지원	재활스포츠: 월 10만원 한도 3개월 지원	청구시
고용노동부	산업재해보상보험 및예방기금	산재근로자생활안정자금 (생활안정자금융자)	13,293	13,293	산재근로자	월평균 소득이 3인가구 기준중위소득 이하인 자로서 산재유족급여 수급권자, 산재 장해등급 1~9급 판정자 등	의료비, 혼례비, 장례비, 취업안정자금, 주택이전비, 차량구입비, 사업자금 대출	1세대당 2,000만원 이내에서 각 융자종류별 한도	청구시
고용노동부	산업재해보상보험 및예방기금	산재근로자생활안정자금 (산재근로자창업점포지원)	1,540	270	산재근로자	2개월이상 요양한 산재노동자로 직업훈련 직종 또는 취득자격증이나 일정기간 이상 종사한 업종과 관련된 업종으로 창업을 희망하는 사람	기존지원자 이전계약 및 임대료 인상 비용 지원(융자)	61백만원	청구시
고용노동부	에너지및자원사업특별회계	진폐위로금 지급 (진폐재해위로금, 장해위로금, 유족위로금)	78,244	74,034	재해 등 피해자	산재보험법상 진폐판정에 따른 진폐장해등급이 결정된 근로자 산재보험법상 진폐로 인한 장해급여 대상이 된 퇴직근로자 산재보험법상 진폐로 사망한 근로자의 유족	진폐 위로금(진폐재해위로금, 장해위로금, 유족위로금) 지급	평균임금(진폐고시임금)에 진폐장해등급별 지급일수(215~1,040일)곱하여 지급 산재보험법상장해보상일시금의 60% 산재보험법상유족보상일시금의 60%	청구시
고용노동부	에너지및자원사업특별회계	건강진단지원금 (정기건강진단)	62	51	재해 등 피해자	광업종사 재직근로자	건강진단기관에서 진폐건강진단 실시 후 진료비용을 건강진단기관에 지급	건강진단비 지원	청구시
고용노동부	에너지및자원사업특별회계	건강진단지원금 (진단수당)	453	360	재해 등 피해자	광업종사 근로자 또는 1년 이상 광업분진사업장에 종사한 퇴직근로자	정밀진단을 위한 입원기간(3일)동안 진단수당 지급	1일 50,000원	청구시
고용노동부	에너지및자원사업특별회계	건강진단지원금 (이송료)	57	73	재해 등 피해자	광업종사 근로자 또는 1년 이상 광업분진사업장에 종사한 퇴직근로자	자택등에서 건강진단기관까지 왕복 교통비	왕복 교통실비 지원	청구시
고용노동부	에너지및자원사업특별회계	건강진단지원금 (진폐근로자자녀장학금)	3	3	재해 등 피해자	광업의 분진작업에 종사한(하는) 진폐근로자의 자녀	중·고등학교 수업료 전액	입학금 또는 수업료, 기성회비, 학교운영지원비등 정기적으로 해당교육기관에 납부하는 교육비용	청구시
교육부	일반회계	교육급여	131,244	131,708	저소득층	기준중위소득 50% 이하 가구 초중고 학생	교육급여 수급자 대상 학용품비, 부교재비, 고교 교과서, 입학금 및 수업료 지원	학용품비: 초 71천원, 중고 81천원 부교재비: 초 132천원, 중고 209천원 (고)교과서, (고)입학금 및 수업료	매년
교육부	일반회계	맞춤형국가장학금지원 (국가장학금 (Ⅰ유형))	3,684,541	2,738,981	저소득층	기초~8구간(기준중위소득 200% 이하), 성적 및 기타 요건충족자	소득수준에 따른 등록금 지원	ㅇ등록금 범위내 연 최대 520만원 (소득구간별 차등지원)	매학기
교육부	일반회계	맞춤형국가장학금지원 (국가장학금 (Ⅱ유형))		400,000	저소득층	기초생활수급자~8구간(기준중위소득 200% 이하), 대학 자체지원기준 충족자	대학 자체노력과 연계하여 등록금 지원	ㅇ등록금 범위 내 지원	매학기
교육부	일반회계	맞춤형국가장학금지원 (대학생근로장학금지원)	273,930	287,366	저소득층	소득 8구간 이하로 직전 학기성적이 70점(C학점) 이상인 대학생	근로한 시간에 따라 장학금 지원	ㅇ교내근로장학금시급단가: 8,350원 ㅇ교외근로장학금시급단가: 10,500원 * 최대 근로시간 제한(일 8시간, 학기중 주당 20시간, 방학중 주당 40시간, 학기당 450시간 이내)	매월
교육부	일반회계	맞춤형국가장학금지원 (다문화멘토링지원사업)			다문화, 북한이탈주민	초·중·고 재학 다문화, 탈북학생	다문화·탈북학생과 대학생과 1:1 매칭하여 학생의 기초학습과 학교생활 적응을 지원하고 대학생에게는 근로장학금 지급	시간당 근로장학금: 도시 12,500원 / 농어촌 15,000원	매년

소관부처명	재원	세부사업명	18 예산 (추경기준) (단위: 백만원)	19 예산 (단위: 백만원)	지원대상 분류	지원대상	2019년 지원내용	개인별 지원단가(직접지원에만 해당)	지원주기
교육부	일반회계	우수고등학생 해외유학 장학금 (드림장학금)	19,688	19,690	저소득층	국내 고2, 3학년 재학자 중 해외대학 입학을 희망하는 저소득층(신청일 현재 기초생활수급자, 차상위계층) 학생	저소득층 우수고등학생의 해외 유학 지원	ㅇ유학준비생: 고 2월 50만원, 고 3월 70만원 ㅇ유학생: 연간최대 6만USD(학비+체재비), 항공료(2년내 5천USD 이내, 4년내 총 1만USD 이내)	매학기
교육부	보통교부금	초중고 학생 교육비 지원	보통교부금	보통교부금	저소득층	저소득수급자격보유자(기초수급자, 한부모, 법장차상위)와 통상소득인정액이 기준중위소득 50~60% 이하인 가구의 초중고등학생(시도별 항목별로 지원기준이 다름)	고교학비, 방과후자유수강권, 급식비(무상급식 제외), 교육정보화 지원	(고교학비)입학금, 수업료, 학교운영지원비전액 (방과후자유수강권)방과후 수강권연간 60만원 한도 (급식비)학기중 중식비 전액 (교육정보화)PC가구당 1대, 인터넷통신비(19,250원)	(고교학비)매분기 (방과후, 급식비, 교육정보화)매월
교육부	보통교부금	방과후학교자유수강권	보통교부금	보통교부금	저소득층	저소득층수급자격자(기초, 한부모, 법성차상위), 가구의 소득인정액이 시도교육청별 지원기준*에 해당하는 학생 *시도별로 상이하나, 통상 중위소득 52~60% 이하	1인당 연간 60만원 내외 방과후학교 프로그램 수강료 지원		매년
교육부	특별교부금	취약계층우수인재육성사업 (꿈사다리장학제도)	보통교부금	보통교부금	저소득층	법정저소득층가구중 1학생 300명 ※(일반)250명,(예술)30명,(체육)20명	장학금 및 교육캠프 등 맞춤형 교육 지원	매월 30~40만원 장학금	매월
교육부	복권기금	저소득층 장학사업 지원	0	4,402	저소득층	기준중위소득 50% 이하 저소득층 중·고생(교육급여 수급자, 차상위계층, 한부모)	매월 장학금 지원(6개월)	- (중학생) 월 30만원 - (고등학생) 월 40만원	매월 (최대 6개월)
교육부	지방교육재정교부금	방과후보육료 지원	지방교육재정교부금	지방교육재정교부금	저소득층	차상위 이하 및 장애다동에 해당되는 취학아동이 방과후에 어린이집을 일일 4시간 이상 이용하는 경우	매월 방과후보육료 지원	일반아동: 월 10만원 지원(방학기간 종일제보육시 월 20만원) 장애아동: 월 장애아보육료의 50%(22.5만원) 지원(방학기간종일제 보육시 장애아 보육료의 100%)	매월
교육부	일반회계	장애학생 교육지원	8,600	10,416	장애인	국립특수학교(급)에 재학중인 특수교육대상자	특수교육대상자 중 대상자에 한하여 방과후학교, 통학비, 치료지원비 지급	⊙(방과후학교): 1인당 연 1백만원 내 지원 ⊙(통학비): 1인당 연 0.42백만원 내 지원(대중교통비 기준으로 지급) ⊙(치료지원비): 1인당 최대 연 1.3백만원 내 지원	매월
교육부	일반회계	장애학생교육지원 (장애대학생 도우미지원)			장애인	대학에 재학중인 장애대학생 ※인건비지급대상: 학습도우미	장애대학생 학습도우미 인건비 지원	도우미1인당월지급한도액 - 일반 학습도우미 : 월 1,280,000원 - 전문 학습도우미 : 월 1,560,000원	매월
교육부	일반회계	특수교육정보화지원	524	742	장애인	장애학생	교수학습자료 개발, 진로·직업교육, 특수교육 교육과정 및 교과용 도서 개발 등	해당없음	
교육부	일반회계	평생교육 바우처 지원	2,391	2,509	취약계층 일반	만 19세 이상 기초생활수급자, 법정차상위계층 등	평생교육 참여비용 지원	평생교육 프로그램 수강 비용 35만원 지원	1년
과학기술 정보통신부	일반회계	정보격차해소지원 (정보화교육지원)	6390	5883	취약계층 일반	장애인, 고령자, 결혼이민자, 농어업인 등 정보소외계층	정보화 교육 지원	정보화 교육 지원	
과학기술 정보통신부	일반회계	정보격차해소지원 (정보통신보조기기개발보급)	4223	3482	장애인	-장애인복지법 제32조의 규정에 의하여 등록한 장애인 -국가유공자등예우및지원에관한법률 제6조의 규정에 의하여 등록된 자중 상이등급 판정을 받은 자	보조기기 제품가격기준 정부지원 80%(개인부담 20%) ※기초생활보장수급자 및 차상위계층장애인은 개인부담금의 50% 할인	- 제품가격 100만원 미만 : 제품가격의 20% - 제품가격 100만원 이상 : 20만원 + 100만원 초과 금액10%	

소관부처명	재원	세부사업명	18 예산 (추경기준) (단위: 백만원)	19 예산 (단위: 백만원)	지원대상 분류	지원대상	2019년 지원내용	개인별 지원단가(직접지원에만 해당)	지원주기
국가보훈처	일반회계	국제보훈교류 협력사업 (창군원로지원)	38	19	보훈대상자	재향군인회 회원인 창군 및 참전원로 중 저소득자 1명	명예수당 18백만원(1.5백만원×1명×12월) 장제비 1백만원(1백만원×1명)	명예수당 월 1.5백만원 사망시 장제비 1회 1백만원	매월
국가보훈처	일반회계	보상금	2,743,789	2,813,124	보훈대상자	독립유공자(유족), 상이국가유공자 및 유족, 보훈보상대상자 및 유족	국가를 위해 신체적사회적 희생과 공헌이 있는 독립유공자, 국가유공자 및 그 유족의 생활안정을 위하여 대상훈격·급수별로 차등하여 보훈보상금 지급	매월 317천원~5,714천원	매월
국가보훈처	일반회계	간호수당	55,500	54,728	보훈대상자	상시 및 수시 간호대상자	상이 정도가 심하여 다른 사람의 보호없이는 활동이 어려운 상이 1급 및 2급(상시 및 수시대상자)중 상이국가유공자에게 간병인의 인건비 명목으로 간호수당 지급	매월 763~2,387천원	매월
국가보훈처	일반회계	생활조정수당	16,374	26,041	보훈대상자	생계곤란 독립유공자, 국가유공자, 보훈보상대상자 및 그 유족	생활이 어려운 선순위자 1명에 대하여 매월 생활조정수당 지급	매월 21~32만원	매월
국가보훈처	일반회계	6.25자녀수당	235,570	260,577	보훈대상자	6.25전몰(순직)군경 자녀 1인	6.25전몰(순직)군경 자녀 1인에게 매월 수당 지급	매월 257~1,333천원	매월
국가보훈처	일반회계	고엽제수당 (고엽제2세환자수당)	286,015	290,117	보훈대상자	고엽제후유증 2세환자	월남전 참전자 및 국내 고엽제 피해자로서 후유증 2세환자로 결정된 자 중 장애등급 판정을 받은 자에게 수당 지급	매월 1,038~1,664천원	매월
국가보훈처	일반회계	고엽제수당 (고엽제후유의증수당)			보훈대상자	고엽제후유의증환자	월남참전 및 국내 DMZ 근무자 중 고엽제후유의증 장애로 판정된 환자의 생활안정과 치료비 보조를 위해 수당 지급	매월 452~934천원	매월
국가보훈처	일반회계	무공영예수당	72,180	66,606	보훈대상자	만 60세 이상 무공수훈자	60세 이상 무공수훈자에게 매월 수당 지급	매월 36~38만원	매월
국가보훈처	일반회계	참전명예수당	769,624	687,684	보훈대상자	만 65세 이상 6.25 및 월남전 참전유공자	만65세 이상 6.25전쟁 및 월남전에 참전한 참전유공자의 명예선양 및 복리증진을 위해 수당지급	매월 30만원	매월
국가보훈처	일반회계	사망일시금	9,204	8,407	보훈대상자	보상금수급 순위유족	보상금을 수령하던 국가유공자 또는 유족이 사망한 경우에 보상금 종결에 대한 위로 및 장제 지원을 위해 사망일시금 지급	국가유공자 유족 사망시 1,127~3,268천원	사유발생시
국가보훈처	일반회계	재해보상금	13,860	13,866	보훈대상자	군인 등 사망 유족	군인 사망, 전투경찰순경 등의 사망·상이시 사망·상이급여금 지급	사망시 127백만원~301백만원	사유발생시
국가보훈처	일반회계	보훈단체운영 (고엽제특별위문)	90	90	보훈대상자	생계 곤란한 고엽제후유증 환자 중 장애자녀	고엽제후유증환자 2세환자 및 장애자녀 중 생계가 곤란한 자에 대한 특별위문	장애정도 및 생활수준에 따라 예산범위내에서 차등 지급 -190천원~305천원('18년지급단가)	연1회
국가보훈처	일반회계	교통시설이용 지원 (고속철도)	2,359	2,403	보훈대상자	독립유공자, 국가유공상이자, 5·18민주부상자	상이(장해)등급에 따라 고속철도(KTX,SRT) 무임 또는 할인 이용료 지원 -연간 6회 무임후 7회부터 50% 감면	보조사업자(한국철도공사, ㈜SR))에게 지급	상,하반기 각1회
국가보훈처	일반회계	교통시설이용 지원 (내항여객선)	155	100	보훈대상자	독립유공자, 국가유공상이자, 5·18민주부상자	상이(장해)등급에 따라 내항여객선 무임 또는 할인이용료 지원 -연 6회 무임 또는 50% 할인	보조사업자(내항여객선 사업자)에게 지급	분기 1회
국가보훈처	일반회계	교통시설이용 지원 (민영버스)	8,116	9,587	보훈대상자	독립유공자, 국가유공상이자, 5·18민주부상자	상이(장해)등급에 따라 민영버스 무임 또는 할인이용료 지원 -시내버스(무임), 시외버스(70%,30%할인), 고속버스(50%,30%할인)	보조사업자(전국버스운송사업조합연합회)에게 지급	연1회

소관부처명	재원	세부사업명	18 예산 (추경기준) (단위: 백만원)	19 예산 (단위: 백만원)	지원대상 분류	지원대상	2019년 지원내용	개인별 지원단가(직접지원에만 해당)	지원주기
국가보훈처	일반회계	보훈병원 진료	455,718	409,597	보훈대상자	국비진료대상:애국지사, 전공상군경, 고엽제환자, 518부상자, 특수임무부상자, 재해부상군경 등 감면진료대상:참전유공자, 무공수훈자, 장기복무제대군인, 국가유공자의 배우자 및 선순위 유족 등	국비진료대상: 진료비 100% 국가부담 감면진료대상: 진료비 30~90% 감면	병원진료시 발생하는 진료비에 대해 전액국가부담 또는 30~90% 감면 실시	진료발생시
국가보훈처	일반회계	위탁병원 진료	245,180	247,893	보훈대상자	국비진료대상:애국지사, 전공상군경, 고엽제환자, 518부상자, 특수임무부상자, 재해부상군경 등 감면진료대상:(건강보험에 가입한 75세 이상)참전유공자, 무공수훈자, 보상금을 받는 국가유공자 선순위유족 1인 등	국비진료대상: 진료비 100% 국가부담 감면진료대상: 진료비 60~90% 감면	병원진료시 발생하는 진료비에 대해 전액국가부담 또는 60~90% 감면 실시	진료발생시
국가보훈처	일반회계	보철구지급	6,003	6,003	보훈대상자	전·공상군경, 4·19상이자, 공상공무원, 국가사회발전특별공로상이자, 6·18자유상이자, 지원대상자, 5·18민주화운동부상자, 특수임무부상자, 재해부상군경, 재해부상공무원 등	신체장애가 있는 전·공상군경등 상이자에게 장애부위에 적합한 보철구를 지급	상이처별 현물 지급	지급연도별 1회
국가보훈처	에너지및 자원사업 특별회계	LPG차량세금 인상분지원	21,715	20,831	보훈대상자	독립유공자, 국가유공상이자, 5 · 18민주부상자	매월 LPG세금 인상분(리터당220원) 지원 (월300리터한도)	보조사업자(신한카드주식회사)에게 지급	매월
국가보훈처	보훈기금	국가유공자등 위로격려 (재해위로금)	193	210	보훈대상자	독립유공자, 국가유공자, 유가족(선순위자), 참전유공자, 518민주유공자, 특수임무유공자, 보훈보상대상자	불의의 재해를 입은 국가유공자등 보휴가족에게 재해위로금 지급	재해규모별지급액 -사망: 500만원, 부상 300만원, 주택피해 50만원~500만원, 기타 재산피해 30만원~50만원	재해피해시
국가보훈처	보훈기금	국가유공자등 노후복지지원 (재가복시시원)	41,318	44,534	부후대상자	만65세이상 독거 또는 노인부부세대 중 준위소득 160% 이하자	보훈섬김이 가정에 방문하여 재가복지서비스 지원		회딩
국가보훈처	보훈기금	복지시설운영 및이용지원 (보훈요양원 이용지원)	1,337	1,656	보훈대상자	요양등급 판정을 받은 국가유공자 및 그 배우자, 부모	보훈요양원 이용 감면비 지원	요양보조금 본인부담금의 40~80% 지원	매월
국가보훈처	보훈기금	복지시설운영 및이용지원 (양로지원)	3,417	3,417	보훈대상자	무의탁고령 국가유공자 및 유족 (남성 65세 이상, 여성 60세 이상)	보훈원 입소자 양로비(의 · 식 · 주) 지원	양로비 전액 무상 지원	매월
국가보훈처	보훈기금	복지시설운영 및이용지원 (양육지원)			보훈대상자	무의탁 미성년국가유공자 (손)자녀 및 제매 (만19세미만)	보훈원 입소자 양육비(의 · 식 · 주) 지원	양육비 전액 무상 지원	매월
국가보훈처	보훈기금	복지시설운영 및이용지원 (장기요양급여이용지원)	1,934	1,924	보훈대상자	요양등급 판정을 받은 국가유공자 및 그 배우자, 부모	민간요양시설 이용 본인부담금 지원	요양보조금 본인부담금의 40~80% 지원	매월
국가보훈처	일반회계	보훈대상자교육비지원 (수업료 면제)	29,080	25,893	보훈대상자	· 국가보훈대상자 *자녀의 경우 30세 이전에 취학한 경우에 한함 *신체적 희생이 없거나 경상이유공자의 경우 생활수준에 따라 지원	· (수업료보전)국가유공자등록 신청후 교육기관에서 면제받기 전까지 교육지원대상자가 부담한 수업료를 국가가 보전 · (사립대국고보조)대학진학 국가유공자 및 그 자녀에게 수업료 등을 면제하고 사립대의 경우 면제금액의 50%를 국고보조	각 해당 학교의 수업료, 입학금	매학기

소관부처명	재원	세부사업명	18 예산 (추경기준) (단위: 백만원)	19 예산 (단위: 백만원)	지원대상 분류	지원대상	2019년 지원내용	개인별 지원단가(직접지원에만 해당)	지원주기
국가보훈처	일반회계	보훈대상자교육비지원 (학습보조비)	1,608	1,528	보훈대상자	· 국가보훈대상자 *자녀의 경우 30세 이전에 취학한 경우에 한함 *신체적 희생이 없거나 경상이유공자의 경우 생활수준에 따라 지원	국가유공자 및 그 유족 또는 가족에게 학습에 필요한 부교재비 등 명목의 교육비 지원	· 중학교 124천원 · 인문계고등학교 144천원 · 실업계고등학교 186천원 · 대학교 236천원 · 특수학교(유 · 초등) 534천원 · 특수학교(중 · 고등) 718천원	매학기
국가보훈처	보훈기금	장학금	456	503	보훈대상자	대학원과정의 유공자본인, 특수교육대상자녀, 6.25 전몰군경 손자녀	매학기 장학금 지원	대학원 유공자 본인 115만원 특수학교자녀: 90만원 6.25전몰군경손자녀 90만원	매학기
국가보훈처	일반회계	취업지원 (직업교육훈련장려금지원)	46	107	보훈대상자	독립유공자(유족), 상이국가유공자 및 유족, 보훈보상대상자 및 유족	공공직업훈련기관 및 대한상공회의소 산하 인력개발원에서 직업훈련을 3개월 이상의 과정을 이수하는 경우 장려금 지원	월 4만원	분기
국가보훈처	일반회계	취업지원 (취업수강료지원)	892	892	보훈대상자	독립유공자(유족), 상이국가유공자 및 유족, 보훈보상대상자 및 유족	취업수강료가 지원되는 취업수강료지원과정 수강료의 70% 지원	유공자 본인 연간 100만원(총 300만원한도), 유가족 연간 50만원(총 150만원 한도)	수시
국가보훈처	보훈기금	국가유공자등대부지원 (국가유공자)	30,857	30,903	보훈대상자	국가유공자 및 보훈보상대상자와 그 유족	국가유공자와 그 유족에 대해 장기저리의 융자지원(연이율 2~3%)	주택구입. 아파트분양: 30백만원~60백만원 주택임차: 15백만원~40백만원 주택개량: 6백만원 농토구입: 25백만원 사업: 20백만원 생활안정대부: 3백만원~10백만원	수시
국가보훈처	보훈기금	국가유공자등대부지원 (5.18민주유공자)	440	247	보훈대상자	5.18민주유공자와 그 유족	5.18민주유공자와 그 유족에 대해 장기저리의 융자지원(연이율 2~3%)	주택구입.아파트분양: 30백만원~60백만원 주택임차: 15백만원~40백만원 주택개량: 6백만원 농토구입: 25백만원 사업: 20백만원 생활안정대부: 3백만원~10백만원	수시
국가보훈처	보훈기금	국가유공자등대부지원 (특수임무요공자)	309	142	보훈대상자	특수임무유공자와 그 유족	특수임무유공자와 그 유족에 대해 장기저리의 융자지원(연이율 2~3%)	주택구입. 아파트분양: 30백만원~60백만원 주택임차: 15백만원~40백만원 주택개량: 6백만원 농토구입: 25백만원 사업: 20백만원 생활안정대부: 3백만원~10백만원	수시
국가보훈처	순국선열애국지사사업기금	독립유공자및유족지원 (단순수훈자생계부조금)	3	3	보훈대상자	독립유공자 유족	독립유공자 유족에게 훈격에 따라 차등 지급	1~3등급 훈장자유족: 90천원 4등급 훈장자유족: 84천원 5등급 훈장자유족: 78천원	연2회
국가보훈처	순국선열애국지사사업기금	독립유공자및유족지원 (독립유공자제수비)	2,066	2,131	보훈대상자	독립유공자 유족	독립유공자 유족에게 독립유공자의 기일이 속한 달에 제수비 지급	300천원	연1회
국가보훈처	순국선열애국지사사업기금	독립유공자및유족지원 (생존애국지사특별예우금)	1,133	967	보훈대상자	생존애국지사	생존애국지사 본인에게 훈격에 따라 특별 예우금 지급	3등급: 2,325천원 4등급: 1,920천원 5등급: 1,725천원 건국포장자, 대통령표창자: 1,575천원	매월
국가보훈처	순국선열애국지사사업기금	독립유공자및유족지원 (손자녀가계지원비)	972	955	보훈대상자	독립유공자 손자녀 1인	'05년부터 보상금 혜택이 없는 광복이후 사망한 독립유공자 손자녀 1인에게 가계지원비 지급	400천원	매월
국가보훈처	순국선열애국지사사업기금	독립유공자및유족지원 ((손)자녀생활지원금)	72,190	74,281	보훈대상자	보상금을 받지 않는 생계곤란 독립유공자 (손)자녀	보상금을 받지 않는 생계곤란 독립유공자 (손)자녀에게 지원금 지급	매월 335~468천원	매월

소관부처명	재원	세부사업명	18 예산 (추경기준) (단위: 백만원)	19 예산 (단위: 백만원)	지원대상 분류	지원대상	2019년 지원내용	개인별 지원단가(직접지원에만 해당)	지원주기
국가보훈처	순국선열 애국지사 사업기금	독립유공자묘소관리 (국내산재묘소 유지관리비지원)	250	234	보훈대상자	독립유공자 유족	독립유공자 산재묘소 벌초비 등 지원	200천원 이내	연1회
국가보훈처	순국선열 애국지사 사업기금	독립유공자묘소관리 (국립묘지이장지원)	21	21	보훈대상자	독립유공자 유족	지방산재 독립유공자 묘소를 국립묘지로 이장하는 경우	500천원	사유발생시
국가보훈처	순국선열 애국지사 사업기금	독립유공자묘소관리 (국외선열묘소현시난상)	3	3	보훈대상자	독립유공자 유족	국외안장 독립유공자 묘소중 묘소단장을 희망하는 경우	250만원	사유발생시
국가보훈처	순국선열 애국지사 사업기금	독립유공자묘소관리 (지방산재묘소단장지원)	36	36	보훈대상자	독립유공자 유족	지방산재 독립유공자 묘소중 묘소단장을 희망하는 경우	200만원 이내	사유발생시
국가보훈처	일반회계	영주귀국정착금	805	615	보훈대상자	영주귀국독립유공자, 독립유공자의 유족중 세대주	· 가족수에 따른 세대별 영주귀국 정착금 지급	- 1인 가구: 45백만원 - 2~3인 가구: 55백만원 - 4인 이상 가구: 70백만원	수시
국가보훈처	일반회계	국가유공자등 예우및지원 (비석구입비 지급)	67	67	보훈대상자	독립유공자, 국가유공자, 5.18민주유공자로서 사망한 자 중 국립묘지 이외에 안장된 사람	묘비 설치 후 3년 이내에 신청한 경우	400천원	사유발생시
국가보훈처	일반회계	국가유공자등 예우및지원 (생계곤란국가유공자장례서비스지원)	1,166	1,166	보훈대상자	독립유공자, 국가유공자, 특수임무유공자, 5.18민주유공자, 고엽제후유의증 환자중 국민기초수급권자(생계급여)	고인용품, 빈소용품, 상주용품, 인력지원 등 200만원 상당 장례서비스 지원	200만원 상당	사유발생시
국가보훈처	일반회계	국가유공자의료급여증 발급	-	-	보훈대상자	독립유공자 및 그 유·가족, 국가유공자 및 그 유·가족, 보훈보상대상자 및 그 유·가족	의료급여 1종 지원	입원: 급여비용면제 외래: 급여청구중 1차기관 외래 1,000원, 2차기관 1,500원, 3차기관 2,000원 본인부담	진찰 등 사유발생시
국토교통부	일반회계	주거급여지원 (주거급여지급)	1,092,900	1,640,620	저소득층	소득인정액이 중위소득 44% 이하인 가구에 대하여 임차료를 보조(임차가구)하거나, 주택개보수 지원(자가가구)	ㅇ임차가구: 지역별·가구원수별로 산정된 기준임대료(14.7~44.1만원)를 상한으로 실제임차료에 따라 지급 ㅇ자가가구: 보수범위별 수선비용(경보수 378만원, 중보수 702만원, 대보수 1,026만원)을 기준으로 지원	임차가구에 대하여 지역별·가구원수에 따라 월 14.7~44.1을 상한으로 월 실제임차료지급(월평균지급액 약 12.5만원 예상)	매월 (자가가구는3~7년)
국토교통부	일반회계	주거급여지원 (농어촌장애인개조사업)	1,710	1,710	저소득층	주거약자중 「장애인복지법(제2조)」에 해당하는 등록장애인으로서 농어촌지역에 거주하는 자 -장애인 가구의 소득이전년도 도시근로자가구당 월평균소득액 이하인 자	ㅇ장애인의 이동 및 생활편의를 위해 맞춤형으로 개선, 지원대상주택 내부시설외에 일부 외부시설 포함 -출입문 및 출입로 설치, 욕실, 재래식화장실 개조 등	ㅇ호당 사업비는 380만원 이내로 하고, 국토교통부와 지자체가 5:5으로 분담하여 각각 190만원 범위에서 부담	매년
국토교통부	일반회계	노후공공임대주택시설개선	50,000	50,000	저소득층	영구 및 50년 임대아파트에 거주하는 저소득층	ㅇ베리어프리: 동입구경사로 설치, 고속승강기 등 ㅇ생활안전: 수배전반개선, 옥상방수 등 ㅇ에너지절약: 보도새시 설치 등	ㅇ영구 및 50년 임대아파트중 15년 이상 노후된 시설에 대한 지원	매년
국토교통부	주택도시기금	분양주택융자	333,923	300,531	저소득층 등	다자녀가구, 신혼부부, 생애최초 등 소득 100~120% 이하 무주택세대구성원	공공분양주택 2.9만호 공급(분양)	60㎡ 이하 호당 5,500만원 60㎡ 초과~85㎡ 이하 호당 7,500만원 공공주택사업자 및 민간사업자에게 지원	수시

소관부처명	재원	세부사업명	18 예산 (추경기준) (단위: 백만원)	19 예산 (단위: 백만원)	지원대상 분류	지원대상	2019년 지원내용	개인별 지원단가(직접지원에만 해당)	지원주기
국토교통부	주택도시기금	주택구입 · 전세자금 (구입자금)	7,350,000	7,844,200	취약계층 일반	청년, 장애인, 한부모, 저소득층 등을 포함한 무주택세대주	무주택 세대주에게 저리의 주택구입자금 융자	ㅇ디딤돌대출 (한도) 호당 최대 2.4억원 (이율) 2.00~3.15% (상환기간) 10,15,20,30년	대출신청 이후 상환완료 시까지
국토교통부	주택도시기금	주택구입 · 전세자금 (전세자금)			취약계층 일반	청년, 장애인, 한부모, 저소득층 등을 포함한 무주택세대주	무주택 세대주에게 저리의 주택전월세자금 융자	ㅇ버팀목대출 (한도) 전세보증금의 최대 80%(수도권 2억원, 지방1.6억원) (이율) 2.3%~2.9% (상환기간) 최장 10년	대출신청 이후 상환완료 시까지
국토교통부	주택도시기금	국민임대융자	494,248	795,200	취약계층 일반	장애인, 북한이탈주민, 가정폭력 피해자, 한부모가족, 노인, 다자녀가구, 국가유공자, 신혼부부 및 월평균 소득 70% 이하인 자 등	국민임대주택 1.3만호 공급(준공)	건설지원단가평당7,643천원('19년기준), 지원평형13평~22평 출자20~50%, 융자37~42%, 공공주택사업자에게지원	수시
		국민임대출자	125,980	357,052					
국토교통부	주택도시기금	공공임대융자	1,711,163	1,544,239	저소득층 등	다자녀가구, 신혼부부, 생애최초 등 소득 100~120% 이하 무주택세대구성원	분양전환 공공임대주택 1.8만호 공급(준공)	60㎡ 이하 호당 5,500만원 60㎡ 초과~85㎡ 이하 호당 7,500만원 공공주택사업자 및 민간사업자에게 지원	수시
국토교통부	주택도시기금	행복주택융자	1,339,490	1,326,850	저소득층	신혼부부(소득 100%, 맞벌이 120% 이하), 청년(80%, 세대 100% 이하), 고령자(100% 이하), 주거급여수급자, 산단근로자(100% 이하) 등	행복주택 2.9만호 공급(준공)	건설지원 단가 평당 7,643천원('19년기준), 지원평형 15.6평 출자 30%, 융자 40%, 공공주택사업자에게 지원	수시
		행복주택출자	1,004,593	995,137					
국토교통부	주택도시기금	다가구매입임대융자	932,500	1,593,000	취약계층 일반	(일반)수급자, 한부모가족, 장애인, 월평균소득 50% 이하인 저소득층 등 (신혼부부)월평균소득 70%(맞벌이의 경우 90%) 이하인 (예비)신혼부부, 한부모가족 (청년)수급자, 한부모가족, 장애인, 월평균소득 50% 이하인 저소득층 가정의 청년 등	ㅇ다가구매입임대주택2.3만호공급 ㅇ주거취약계층주거지원및 취약계층긴급주거지원등 포함	(일반) 호당 110백만원, (신혼부부, 청년) 호당 150백만원 (신혼부부2) 호당 300백만원 등 사업비에 대해 출자 30~50%, 융자 50%를 공공주택사업자에게 지원	수시
		다가구매입임대출자	850,250	1,354,700					
국토교통부	주택도시기금	전세임대융자	3,301,000	2,907,250	취약계층 일반	(일반)수급자, 한부모가족, 장애인, 월평균소득 50% 이하인 저소득층 등 (신혼부부)월평균소득 70%(맞벌이의 경우 90%) 이하인 (예비)신혼부부, 한부모가족 (청년)수급자, 한부모가족, 장애인, 월평균소득 50% 이하인 저소득층 가정의 청년 등	ㅇ전세임대주택3.9만호공급 ㅇ주거취약계층주거지원및 취약계층긴급주거지원등 포함	(일반) 호당 78백만원, (신혼부부, 청년)호당 100백만원 (신혼부부2) 호당 200백만원 등 사업비에 대해 융자 80~100%, 전세임대 호당 103만원(신규) 및 73만원(재계약)를 공공주택사업자에게 지원	수시
		전세임대경상보조	67,894	75,677					
국토교통부	주택도시기금	영구임대출자	64,458	276,788	취약계층 일반	국가유공자, 위안부피해자, 한부모, 북한이탈주민, 장애인, 노인, 수급자, 저소득층, 신혼부부 및 소득 50% 이하인 자 등	영구임대주택 0.4만호 공급(준공)	건설지원단가 평당 7,643천원('19년기준), 지원평형 12.5평 출자 85%, 공공주택사업자에게 지원	수시
국토교통부	국가균형발전특별회계	개발제한구역 주민지원사업 (생활비용보조)	83,733	76,718	저소득층	개발제한구역 지정당시 거주가구 중 통계청이 발표한 전년도 도시지역가구당 월평균소득액 이하인 세대	의료비, 통신료, 전기료 등 생활비용 보조	세대별 60만원 한도 내 생활비용 보조	매년
금융위원회	주택금융 신용보증 기금	버팀목대출 보증	별도 산출 불가능	별도 산출 불가능	일반	임차보증금 3억원(지방2억원) 이하인 임대차계약을 체결하고, 임차보증금의 5% 이상 지급한 부양가족 있는 만19세 이상의 무주택세대주로 연소득 50백만원 이하인 자 (단, 신혼가구, 혁신도시이전 공공기관종사자, 타지역 이주하는 재개발구역내 세입자인 경우 60백만원 이하)	근로자 및 서민의 주거안정을 위한 버팀목 전세자금 대출시 보증 지원	주택자금 대출에 대한 보증서비스 제공하는 것으로 직접 현금을 지급하지 않음 (참고) '17년 버팀목전세자금 대위변제액 26,170백만원	상시

소관부처명	재원	세부사업명	18 예산 (추경기준) (단위: 백만원)	19 예산 (단위: 백만원)	지원대상 분류	지원대상	2019년 지원내용	개인별 지원단가(직접지원에만 해당)	지원주기
금융위원회	주택금융 신용보증 기금	주거안정 월세대출 보증	별도 산출 불가능	별도 산출 불가능	일반	보증금 1억원 이하 및 월세금 60만원 이하인 월세 계약을 체결한 만 19세 이상의 자로서, 취업준비생, 사회초년생, 근로장려금수급자, 희망키움통장가입자, 자녀장려금수급자, 부부합산 연소득 5천만원 이하자	월세 거주자의 주거안정을 위한 월세자금 대출시 보증 지원	주택자금대출에 대한 보증서비스 제공하는 것으로 직접 현금을 지급하지 않음 (참고) '17년 월세자금대위변제액 30백만원	상시
금융위원회	농어가저축마련장려기금	농어가저축마련장려금	81,379	70,641	기타	농어가 중 일정 소득 미만인 자	농어가 저축마련 장려금	소득 수준 및 저축금액(20만원 한도)에 따라 차등이자 지급	월별
기획재정부	조세지출	근로장려금(EITC)	조세지출	조세지출	저소득 근로자	소득 및 재산요건을 충족하는 배우자 또는 부양가녀(18세미만)가 있는 가구 및 단독가구 *소득요건 단독가구: 2,000만원미만 홑벌이: 3,000만원미만 맞벌이: 3,600만원미만 *재산요건 가구당 2억원 미만	(최대지급액) 단독가구: 150만원 홑벌이: 260만원 맞벌이: 300만원	(최대지급액) 단독가구: 150만원 홑벌이: 260만원 맞벌이: 300만원	연2회
기획재정부	조세지출	자녀장려금(CTC)	조세지출	조세지출	저소득 근로자	만 18세 미만의 부양 자녀가 있는 가구 중 전년도 부부합산 연간 총소득 4,000만원 미만인 가구	자녀 1인당 70만원	자녀 1인당 70만원	연2회
농림축산식품부	자유무역협정이행지원기금	피해보전직불	100,478	100,000	농어촌 취약가구	피해보전직불금 지원대상 품목을 생산하는 농업인, 농업법인	매년 가격하락분의 일부를 지원	매년 지급단가 다름 - ('17년) 1품목: 도라지 173원 - ('18년) 5품목: 도라지 6원, 호두 102원, 귀리195원, 양송이 581원, 염소 1,062원	매년
농림축산식품부	자유무역협정이행지원기금	폐업지원	102,717	102,000	농어촌 취약가구	폐업지원 시원대상 품목을 생산하는 농업인, 농업법인	(재배업)연간 단위면적당 순수익액 지원 (축산업)연간 마리당 순수익액 지원 * 순수익액: 올림픽 평균의 최고, 최저치를 제외한 3년간 평균	매년지급단가다름 - ('17년) 폐업지원 지급 실적 없음 - ('18년) 3품목 : 호두 1,207원, 양송이109,160원, 염소 159,000원	매년
농림축산식품부	농어촌구조개선특별회계	조건불리지역 직불	50,560	54,647	농어촌 취약가구	조건불리지역에 거주하면서 03~05년 동안 농업에 이용된 조건불리지역내 농지 또는 초지를 농업에 이용하거나 관리하는 농업인 등	지급대상농지, 지급대상자 등 기준 충족 시 직접지불금 지원	농지 65만원/ha, 초지 40만원/ha * 상한: (농지) 농업인 4ha, 농업법인 10ha (초지) 농업인 30ha, 농업법인 50ha	매년 (신청시)
농림축산식품부	농어촌구조개선특별회계	농업자금이차보전 (농촌주택개량사업)	별도 산출 불가능	별도 산출 불가능	농어촌 취약가구	농촌지역 무주택자 또는 노후불량주택소유자, 농촌으로 이주하려는 무주택자	농촌주택개량자금 지원	담보가능 한도 이내에서 신축 2억원 이내, 리모델링 1억원이내	매년
농림축산식품부	농어촌구조개선특별회계	취약농가인력지원 (영농도우미)	7,252	8,330	농어촌 취약가구	사고 및 질병으로 인해 영농활동이 곤란한 농업경영체	영농도우미 활동비 최대 10일 지원	영농도우미 활동비 70천원	최대 10일
농림축산식품부	농어촌구조개선특별회계	취약농가인력지원 (행복나눔이)	1,337	1,617	농어촌 취약가구	농촌거주65세이상가구(독거노인), 수급자, 조손가구, 장애인가구등취약계층	행복나눔이 활동비 최대 12일 지원	행복나눔이 활동비 15천원	최대 12일
농림축산식품부	축산발전기금	축산물수급관리 (학교우유급식사업)	37,016	37,016	저소득층	저소득층및차상위계층초·중고등학생, 기타	지원대상에게 연간 250일 이내 우유급식 지원	-	-

소관부처명	재원	세부사업명	18 예산 (추경기준) (단위: 백만원)	19 예산 (단위: 백만원)	지원대상 분류	지원대상	2019년 지원내용	개인별 지원단가(직접지원에만 해당)	지원주기
문화체육관광부	일반회계	예술인창작안전망구축 (창작준비금 지원)	27,553	31,319	저소득층	예술활동 증명완료 예술인으로 다음 조건을 만족하는 자를 대상으로 선정 (만 19세 이상, 고용보험, 실업급여 미가입자, 가구원소득합계기준 중위소득 75%, 건강보험료 100%(가입자) 또는 150%(피부양자) 이내, 최근 3년간 예술활동 실적증빙 가능자)	창작준비금 지원	300만원 일시금 지원(격년제)	격년별 1회
문화체육관광부	문화예술진흥기금	예술인생활안정자금(융자)	0	8,500	저소득층	예술인 중위소득 75% 이하 등	예술인 긴급생활자금 소액대출 등을 통해 경제적 안전망 제공		
문화체육관광부	문화예술진흥기금	통합문화체육관광이용권	82,103	91,501	저소득층	기초생활수급자 및 차상위계층(6세 이상)	전국 문화예술, 여행, 체육관련 가맹점에서 이용 가능한 문화누리카드 발급	1인당 연 7만원('18년 기준)	매년
문화체육관광부	국민체육진흥기금	스포츠강좌 이용권 지원	20,142	24,668	취약계층 일반	저소득층(기초생활수급자, 차상위계층), 법정 한부모가정, 범죄피해가정 만 5~18세 유·청소년	매월 스포츠강좌 수강료 지원	월 8만원	매월
문화체육관광부	일반회계	함께누리 지원	6,580	8,821	장애인	장애인, 장애예술인, 장애인문화예술단체	향유 기회 확대, 창작역량강화, 문화예술접근성 제고	프로젝트에 대한 공모심사를 통해 지원하므로 해당 없음	매년
문화체육관광부	영화발전기금	영화정책지원 (장애인영화향유권강화)	1,705	1,669	장애인	장애인 영화향유권 강화를 위한 콘텐츠 제작 단체 등	화면해설/한글자막 콘텐츠 제작지원 지원, 장애인영화제 지원 등	해당없음	
문화체육관광부	일반회계	국립도서관분관운영 (국립장애인도서관운영)	4,999	5,577	장애인	국립장애인도서관	국립장애인도서관 운영	해당없음	
문화체육관광부	일반회계	장애인체육육성지원	108	258	장애인	장애체육인	장애인체육정책 수립, 장애인 생활·전문체육 활성화 및 국제대회 개최·참가지원, 국내 장애인체육대회 개최지원 등 전문체육육성, 생활체육 프로그램운영 등 생활체육 활성화 지원	해당없음	
문화체육관광부	국민체육진흥기금	장애인체육단체 운영지원	16,660	18,610	장애인	대한장애인체육회 등 장애인 체육단체 지원	대한장애인체육회 운영 지원, 장애인국가대표훈련시설 지원, 장애인체육 법인단체 운영 지원 등	해당없음	
문화체육관광부	국민체육진흥기금	장애인 생활체육 지원	15,445	20,494	장애인	장애인 생활체육교실, 동호회 등	장애인 체육활동 참여환경 조성 및 프로그램 지원, 각종 장애인 생활체육대회 개최와 장애인전국체전 개최 지원 등	해당없음	
문화체육관광부	국민체육진흥기금	장애인 전문체육 및 국제체육 지원	30,895	26,178	장애인	장애체육인	장애인실업팀 육성, 신인선수 발굴육성, 특별훈련 지원과 국제대회 참가지원, 국제기구 스포츠교류활동 등	해당없음	
문화체육관광부	일반회계	한국어진흥기반조성및확산 (수어보급지원)	150	150	장애인	한국수어 관련 기관	한국수어교육원 등 한국수어 관련 기관의 수어 교육 및 보급 사업 지원(5개소)	해당없음	
문화체육관광부	일반회계	만화산업육성 (만화산업인력양성-취약계층 (장애인실버) 작가양성)	0	1,500	장애인	장애인 웹툰작가	장애인 웹툰아카데미 조성	해당없음	

소관부처명	재원	세부사업명	18 예산 (추경기준) (단위: 백만원)	19 예산 (단위: 백만원)	지원대상 분류	지원대상	2019년 지원내용	개인별 지원단가(직접지원에만 해당)	지원주기
방송통신위원회	방송통신 발전기금	소외계층방송 접근권보장 (시청각 장애인용 방송수신기 보급사업)	2,858	3,921	장애인	시청각장애인 (신청접수후 우선순위에 따라 대상자 선정후 보급)	시청각장애인용TV 보급(선정 후 보급)	(장애인을 대상으로 대상자 선정 후 보급하는 것으로, 연령별 지원단가 미작성)	선정 후 보급
법무부	일반회계	법률구조	50,264	54,761	취약계층 일반	법률상담: 전국민 소송대리: 장애인,한부모,다문화,북한이탈주민,저소득층,보훈대상자,기타	경제적으로 어렵거나 법을 몰라 스스로 법적수단을 강구하지 못하는 사회적 약자에 대한 법률상담, 소송대리, 기타 법률사무 지원	예산은 민간경상보조로 공단운영비등 국고보조금 지원이며 법률구조대상자에 직접 현금성 지원은 하지 않음, 법률상담은 전국민대상이고 소송대리는 각 법률구조대상자에 대한 출연기관인 보건복지부 등 정부부처, 신한은행 등 민간기관의 출연금을 통해 소송종결후 사후정산 지원임	희망
법무부	범죄피해자보호기금	범죄피해자 치료 및 자립지원	21,189	19,620	범죄 등 피해자	범죄피해자	긴급생계비 치료비	1회당 최대 50만원 범위에서 최대 3회 지원 연 1500만원 범위내에서 치료실비 지급	회당 회당
법무부	범죄피해자보호기금	범죄피해구조금	10,000	10,000	범죄 등 피해자	범죄피해자	범죄피해구조금	피해정도에 따라 최대 12,475만원 지급	회당
보건복지부	일반회계	재난적의료비 지원	-	3,946	저소득층	연소득 대비 15% 이상 의료비 발생한 중위소득 100%(소득하위 50%) 이하 가구	발생한 비급여 의료비 실지출액의 50%	발생한 비급여 의료비 실지출액의 50%	1년
보건복지부	복권기금		35,662	35,662					
보건복지부	일반회계	생계급여	3,721,567	3,750,801	저소득층	소득인정액이 기준중위소득 30% 이하이고 부양의무자 기준을 충족한 가구	매월 생계급여 지원	가구원수별 생계급여 최저보장수준(선정기준) 금액에서 수급자가구의 소득인정액을 제외한 차액을 보충급여 방식으로 지급(19년 기준 1인가구 최대 51.2만원 지원)	매월
보건복지부	일반회계	해산장제급여	25,042	33,811	저소득층	생계, 의료, 주거급여 수급자 중 출산 또는 사망한자	출산시 해산급여, 사망시 장제급여 지원	해산급여 60만원, 장제급여 75만원	수시
보건복지부	일반회계	생업자금 이차 및 손실보전금	111	35	저소득층	'03년~'15년까지 수행한 생업자금 융자 사업 대출자	기존 대출된 생업자금융자금의 이차보전으로 저소득 생업자금대출자 보호 *(생업자금융자사업)저소득층의 자활을 위한 사업의 창업·운영 등에 필요한 자금을 장기저리로 대여하여 자립 및 생활안정을 도모('03년~'15년까지 수행)	해당없음	
보건복지부	일반회계	양곡할인	122,033	-	저소득층	기초수급자(생계, 의료, 주거, 교육) 및 차상위계층 *한부모가족지원법 보호가구, 차상위본인부담경감가구, 자활사업참여가구, 장애인수당수급가구, 장애인연금수급가구, 차상위계층확인서발급가구 포함	사업이관(18년 복지부일반회계→19년 농식품부양곡관리특별회계)	〈18년지원내용〉 ○정부양곡을 할인된 가격으로 지원 *생계,의료급여수급자: 공급가역의 90% 지원 *주거, 교육급여수급자 및 차상위계층: 공급가격의 50% 지원 ○구입상한량:가구원수×1인당10kg/월	신청시(매월)
보건복지부	일반회계	의료급여경상보조 (진료비지원)	5,285,606	6,295,985	저소득층	의료급여수급권자 (기준중위소득 40% 이하가구, 국가유공자, 이재민 등 다른법에서 정하고 있는 자)	의료급여수급권자들이 의료기관 등을 이용할 때 발생하는 진료비 중 법률에서 정한 본인부담을 제외한 나머지 진료비 지원(현물급여)	현금 지원 사업이 아니므로 해당사항 없음	연중
보건복지부	일반회계	의료급여경상보조 (본인부담보상금)	3,399	2,442	저소득층	의료급여수급권자 (기준중위소득 40% 이하가구, 국가유공자, 이재민 등 다른법에서 정하고 있는 자)	수급권자 급여대상 본인부담금이 진료개시일부터 매 30일간 1종은 2만원, 2종은 20만원 초과시 초과금액의 50% 보상	수급권자 급여대상 본인부담금이 진료개시일부터 매 30일간 1종은 2만원, 2종은 20만원 초과 시 초과금액의 50% 보상	매월
보건복지부	일반회계	의료급여경상보조 (본인부담상한금)			저소득층	의료급여수급권자 (기준중위소득 40% 이하가구, 국가유공자, 이재민 등 다른법에서 정하고 있는 자)	본인부담보상금 차감 후 의료기관 등 이용 후 본인부담이 1종은 매 월 30일간 5만원, 2종은 연간 80만원을 초과한 경우 초과한 금액 전액 보상	본인부담보상금 차감 후 의료기관 등 이용 후 본인부담이 1종은 매 월 30일간 5만원, 2종은 연간 80만원을 초과한 경우 초과한 금액 전액 보상	1종매월 2종매년

소관부처명	재원	세부사업명	18 예산 (추경기준) (단위: 백만원)	19 예산 (단위: 백만원)	지원대상 분류	지원대상	2019년 지원내용	개인별 지원단가(직접지원에만 해당)	지원주기
보건복지부	일반회계	의료급여경상보조 (건강생활유지비)	42,718	42,718	저소득층	의료급여수급권자 중 1종 (기준중위소득 40% 이하 가구, 국가유공자, 이재민 등 다른법에서 정하고 있는 자)	1종 수급권자(본인부담면제자 제외)가 외래 진료시 이용할 수 있도록 매월 6천원씩 지원	매월 6천원	매월
보건복지부	일반회계	의료급여경상보조 (임신출산진료비지원)	1,193	1,128	저소득층	의료급여 수급권자 중 임산부 및 영아(출생후 1년 이내) (기준중위소득 40% 이하 가구, 국가유공자, 이재민 등 다른법에서 정하고 있는 자)	임신한 수급권자가 의료급여기관에서 진료를 받는 경우(비급여, 1세 아동 진료비 포함) 사용할 수 있도록 본인부담금 지원	단태아 60만원, 다태아 100만원 (기간 중 1회)	기간 중 1회
보건복지부	일반회계	의료급여경상보조 (요양비)	-	12,171	저소득층	의료급여수급권자 중 의료급여법 시행규칙 제24조(요양비) 1항에 해당되어 요양비를 신청한 자	보건복지부령이 정하는 긴급 또는 부득이한 사유로 의료급여기관과 같은 기능을 수행하는 기관에서 의료급여를 받았을 때 요양비 지급 (질병·부상·출산 요양비, 당뇨병 소모성 재료, 양압기 등 8종에 대한 요양비 지원)	요양비에 대한 유형별 기준금액(보건복지부 고시)과 구입금액 중 낮은 금액 100% 지원	수시 (지급결정시)
보건복지부	일반회계	의료급여경상보조 (장애인보장구지원)	-	21,307	장애인	의료급여수급권자 중 등록장애인 (기준중위소득 40% 이하 가구, 국가유공자, 이재민 등 다른법에서 정하고 있는 자)	등록장애인이 의지, 전동휠체어 등 장애인보장구를 구입하고자 할 경우 구입 비용 지원	장애인보장구에 대한 유형별 기준금액(보건복지부령), 고시금액, 실구입금액 중 최저금액에 해당하는 금액	수시 (지급청구시 내구연한 내1회원칙)
보건복지부	일반회계	의료급여경상보조 (의료급여대지급금)	별도 산출 불가능	별도 산출 불가능	저소득층	의료급여수급권자 2종	2종 수급권자가 입원 본인부담금을 보장기관에서(지자체)에서 대지급하고 무이자로 상환받는 제도 (대지급기준: 2종 수급권자 입원 본인부담금이 20만원을 초과한 경우 신청할 수 있으며 보장기관이 승인한 금액)	현급 지원 사업이 아니므로 해당사항 없음	지급결정시
보건복지부	일반회계	긴급복지	111,304	142,176	저소득층	갑작스런 위기상황으로 생계유지 등이 곤란한 저소득 위기가구 (소득이 기준중위소득 75% 이하이고, 별도재산기준 및 금융재산기준 이하인 경우)	생계지원, 의료지원, 주거지원, 사회복지시설이용지원, 교육지원, 연료비지원, 장제비지원, 해산비지원, 전기요금지원	생계지원(4인기준 115.7만원/월), 의료지원(300만원 이내), 주거지원(대도시4인기준 63.6만원/월), 사회복지시설이용지원(4인기준 143.4만원 이내/월), 교육지원(초21.9만원, 중 34.8만원, 고42.7만원및 수업료,입학금), 연료비지원(9.5만원/월), 장제비지원(75만원/인), 해산비지원(60만원/인), 전기요금지원(50만원 이내)	수시
보건복지부	일반회계	자활사업	375,627	490,959	저소득층	만 18세 이상의 기초생활수급 및 차상위계층 가구	자활근로참여자에게 자활급여 지급	19년 일일단가 근로유지형: 27,968원, 사회서비스일자리형: 46,782원, 시장진입형: 53,437원	매월
보건복지부	일반회계	근로능력있는 수급자의탈수급지원	82,883	78,090	저소득층	일하는 기초생활수급자 및 차상위 계층	매월 근로소득장려금 및 근로소득공제금(청년희망키움통장) 매칭 적립하여 3년 만기시 지급요건 충족여부에 따라 지급	정액(희망키움II, 내일) 혹은 근로사업소득에 비례(희망키움I, 청년희망) 한 근로소득장려금 지급	매월
보건복지부	일반회계	차상위계층 지원	273,241	300,460	저소득층	희귀난치성, 중증질환자, 6개월 이상 치료를 받고 있거나 치료가 필요한 사람 또는 18세 미만인 자 중 소득인정액이 기준중위소득 50% 이하이고, 부양의무자 기준을 충족하는 자	요양급여비용 본인부담금 경감 및 보험료 지원	요양급여비용 본인부담금 경감 및 보험료 지원 (대상자에게 직접 지원하지 않음)	요양기관 진료시, 본인부담 경감

소관부처명	재원	세부사업명	18 예산 (추경기준) (단위: 백만원)	19 예산 (단위: 백만원)	지원대상 분류	지원대상	2019년 지원내용	개인별 지원단가(직접지원에만 해당)	지원주기
보건복지부	일반회계	지역아동센터 지원	158,688	173,122	저소득층	만18세 미만 아동중 소득기준, 가구특성기준, 연령기준을 모두 만족하는 가구의 아동	아동보호(안전한 보호, 급식 등), 교육 기능(일상생활 지도, 학습능력 제고 등), 정서적 지원(상담·가족지원), 문화서비스(체험활동, 공연) 등으로 지역사회 내 아동돌봄에 대한 사전 예방적 기능 및 사후 연계 제공	해당사항 없음(본 사업은 시설개소단위로 운영비 등을 지원하는 사업임)	매월(또는 매분기)
보건복지부	일반회계	장애등급심사제도운영 (저소득장애인등록진단서발급비및검사비지원)	453	453	저소득층	수급자 및 차상위계층으로 장애인등록 재판정을 받아야 하는 등록장애인	장애진단서 및 검사비 지원 최대 10만원까지 지원	1회당 최대 10만원 범위에서 지원	회당
보건복지부	일반회계	기초연금	9,122,866	11,495,198	저소득층	65세 이상으로 소득·재산(소득인정액)이 선정기준액 이하인 사람(70% 수준)	매월 기초연금 지원	ㅇ단독가구(월최대) -300,000원(소득하위 20%)/254,750원(소득하위 20~70%*) * 물가상승률 반영으로 변동 가능 ㅇ부부가구(월최대) -480,000원(소득하위 20%)/407,600원(소득하위 20~70%*) * 물가상승률 반영으로 변동 가능	매월
보건복지부	일반회계	저소득층 기저귀•조제분유 지원	17,783	17,424	저소득층	('19~) 기초생활보장수급자, 차상위계층, 한부모가족 자격보유가구의 만 2세 미만 영아	기저귀 및 조제분유 구매비용을 국민행복카드 바우처 포인트로 지급	기저귀 월 6만4천원, 조제분유 월 8만6천원	3개월
보건복지부	국민건강증진기금	모자보건사업 (고위험임산부의료비지원)	4,051	4,051	저소득층	기준중위소득 180% 이하 가구의 구성원인 임산부	11대 고위험 임산부 입원치료비 중 비급여 및 전액본인부담금의 90% 지원	분만일로부터 6개월 이내 신청 시 지원, 1인당 300만원 한도	1회
보건복지부	국민건강증진기금	모자보건사업 (난임부부시술비지원)	7,012	20,734	저소득층	만 44세 이하 의료급여수급자, 소득인정액이 기준중위소득 130%(2인기준 259.9만원) 이하 가구	체외수정 시술비 중 비급여 및 전액본인부담금	1회당 최대 50만원 범위에서 최대 4회 지원	회당
보건복지부	국민건강증진기금	모자보건사업 (청소년산모 임신·출산의료비지원)	600	300	저소득층	만 18세 이하 청소년산모	임신 및 출산과 관련하여 진료 받은 급여 또는 비급여 의료비 중 본인부담 의료비	임신 1회당 120만원 범위내 카드 수령후부터 분만예정일 이후 60일까지 사용	1회
보건복지부	국민건강증진기금	영유아사전예방적건강관리 (취학전아동실명예방)	605	605	저소득층	만 3세~6세 이하 아동	자가시력검진, 취약계층정밀검진, 눈건강교육및홍보, 안수술비지원		1회
보건복지부	국민건강증진기금	영유아사전예방적건강관리 (미숙아및선천성이상아의료비지원)	6,105	5,111	저소득층	기준중위소득 180% 이하 가구 미숙아 및 선천성 이상아로 진단받은 신생아	의료비 (비급여 및 전액본인부담금) 지원	미숙아 체중별 지원한도 2.5kg 이상 37주미만 3백만원, 2.0kg~2.5kg 3백만원, 1.5kg~2.0kg 4백만원, 1.0kg~1.5kg 7백만원, 1kg~ 10백만원 선천성이상아: 5백만원	1회
보건복지부	국민건강증진기금	영유아사전예방적건강관리 (선천성대사이상검사및환아관리지원)	5,161	2,749	저소득층	기준중위소득 180% 이하 가구 신생아	선별검사, 확진비 외래본인부담금 및 환아관리(특수식이 지원)	선별검사: 2~4만원 확진검사 7만원 환아관리: 150만원	검사비 1회 환아관리 분기별
보건복지부	국민건강증진기금	영유아사전예방적건강관리 (신생아의난청진단의료비지원)	580	1,646	저소득층	기준중위소득 180% 이하 가구 신생아	선별검사, 확진비 외래본인부담금 및 환아관리(보청기 지원)	선별검사: 1~2만원 확진검사 7만원 환아관리: 135만원	1회
보건복지부	일반회계	아동통합서비스지원 (드림스타트사업)	66,855	67,680	저소득층	만 0세(임산부)~18세 미만(초등학생 이하)	저소득 취약계층아동에게 지역자원을 활용, 맞춤형 통합서비스 제공(건강·사회·정서·인지등) 제공	해당사항 없음(지역 자원 연계사업)	없음

소관부처명	재원	세부사업명	18 예산 (추경기준) (단위: 백만원)	19 예산 (단위: 백만원)	지원대상 분류	지원대상	2019년 지원내용	개인별 지원단가(직접지원에만 해당)	지원주기
보건복지부	국민건강증진기금	국가암관리 (암검진비지원)	24,000	38,834	저소득층	의료급여수급권자, 건강보험가입자 및 피부양자로서 당해연도 검진대상자(위암, 간암, 대장암, 유방암, 자궁경부암) 중 보험료 부과기준에 해당하는 자(건보료 하위 50%)	암검진비 지원	의료급여수급권자: 검진비 100% 지원 건강보험가입자: 검진비 10% 지원 (건보공단에서 90% 지원)	수시
보건복지부	국민건강증진기금	암환자지원사업 (암환자의료비지원)	21,665	30,287	저소득층	소아암환자, 성인암환자중 소득재산조사 및 건강보험료등 기준에 부합하는 자 - 소아암환자(만18세) : 전체암종에 대하여 지원 (건보가입자는 소득재산 조사, 의료급여수급자는 당연선정) - 성인암환자 : 의료급여수급권자(전체암종에 대하여 당연선정), 건강보험가입자(국가암검진 수검자로서 건강보험료 부합하는자(하위 50%)	암환자의료비 지원	소아암환자: 백혈병 3,000만원, 백혈병 이외 2,000만원 성인암환자 -의료급여수급권자: 본인 일부부담금 120만원, 비급여본인부담금 100만원 -건강보험가입자: 본인 일부부담금 200만원	수시
보건복지부	국민건강증진기금	암환자지원사업 (재가암환자관리)	1,116	1,116	저소득층	재가암환자	방문건강관리 서비스 지원	재가암환자에게 보건의료서비스 제공 (현물 및 가정방문서비스, 보건소별로 상이)	수시
보건복지부	국민건강증진기금	국가건강검진사업 운영	별도 산출 불가능	별도 산출 불가능	저소득층	의료수급권자 영유아 건강검진비 지원 만 6세미만 영유아 7회(4개월, 9개월, 18개월, 30개월, 42개월, 54개월, 66개월)	의료수급권자 영유아건강검진비 지원(전액)		6세미만 총 7회 실시
보건복지부	국민건강증진기금	국가건강검진사업 운영	별도 산출 불가능	별도 산출 불가능	저소득층	의료수급권자 일반건강검진비 지원 만 19세부터 64세까지 세대주 및 세대원	의료수급권자 일반건강검진비 지원(전액)		2년/1회
보건복지부	국민건강증진기금	국가결핵예방 (부양가족생활보호비)	65	65	저소득층	당해연도 가구별 중위소득 수준의 120% 미만 환자가구(*입원격리치료명령 실시 이전 최근 1년 이내에 소득이 확인된 환자)	2019년도 가구별 생계급여 최저보장 수준	(단위 :원/월) 1인: 512,102 / 2인: 871,958 / 3인: 1,128,010 / 4인: 1,384,061 / 5인: 1,640,112 / 6인: 1,896,163 / 7인: 2,152,214 ※8인 이상 가구의 경우, 1인 증가시마다 256,051원 증가(8인 가구: 2,408,265원)	매월 (입원시~퇴원시)
보건복지부	국민건강증진기금	희귀질환자 의료비지원사업	31,967	35,470	저소득층	의료급여수급권자, 차상위 본인부담경감대상자, 기준 중위소득 120% 미만의 건강보험가입자	11종 희귀질환자에게 간병비 지원(간병비 국비 예산 2,982백만원)	매달 30만원 지원	매달
보건복지부	일반회계	노인보호전문기관	7,597	8,561	취약계층 노인	65세 이상 노인	중앙·지역노인보호전문기관 및 학대피해노인전용쉼터 인건비, 사업비 등 기관운영 지원(학대피해노인 일시보호, 상담·교육 및 지역자원서비스 연계 등 지원)	기관 운영비, 사업비 등 지원(중앙노인보호전문기관(1개소): 1,167백만원, 지역노인보호전문기관(32개소): 기관당 평균 약 347백만원, 학대피해노인전용쉼터(17개소): 기관당 평균 약 185백만원)	연중
보건복지부	일반회계	노인돌봄종합서비스	93,882	105,591	취약계층 노인	노인장기요양등급 외 A,B 판정자 중 기준중위소득 160% 이하인 자	방문서비스(활동지원, 가사지원) 및 주간보호서비스 제공	서비스 이용단가 : 12,960원/시간	매월 (월27,36시간)
보건복지부	일반회계	노인돌봄서비스 (독거노인사회관계활성화)	2,680	3,853	취약계층 노인	사회관계가 단절된 독거노인	개인상담, 사례관리서비스, 우울증 진단 및 투약, 집단활동 프로그램 제공	수행기관 사업비 및 인건비(기관당 50백만원)	매월

소관부처명	재원	세부사업명	18 예산 (추경기준) (단위: 백만원)	19 예산 (단위: 백만원)	지원대상 분류	지원대상	2019년 지원내용	개인별 지원단가(직접지원에만 해당)	지원주기
보건복지부	일반회계	노인일자리 및 사회활동지원 사업	634,932	822,002	취약계층 노인	65세 이상 어르신 중 기초연금 수급자 등	활동비 지원	월 27만원(월 30시간 활동)	매월
보건복지부	일반회계	노인장기요양 보험 사업운영	805,832	1,035,129	취약계층 노인	65세 미만 노인성질환을 가지고 계시거나, 65세 이상 노인 중 6개월 이상 동안 혼자서 일상생활을 수행하기 어려운 수급자로 판정 받으시는 경우 해당됨	고령이나 노인성질병으로 일상생활을 혼자서 수행하기 어려운 노인 등에게 신체활동 또는 가사활동 등을 제공 (재가급여: 방문요양, 방문목욕, 방문간호등, 시설급여, 특별현금급여 포함)	등급판정을 받고 수급자가 되시는 경우 재가급여 또는 시설급여 등 서비스 제공받음 (노인장기요양보험의 경우 장기요양보험료가 대부분 수입재원이며, 국고와 지방비매칭사업이 아님)	
보건복지부	국민건강 증진기금	노인건강관리 (전립선질환 예방관리)	200	200	취약계층 노인	(전립선등 노인성질환 예방관리) 의료 취약지역 및 도시 저소득층 노인	의료 취약지역 및 도시 저소득층 노인들의 배뇨장애 관련 교육, 홍보, 검진사업 실시		연중
보건복지부	일반회계	노인돌봄기본 서비스	95,114	132,610	취약계층 노인	만 65세 이상 독거노인 중 일상적 위험에 취약하여 정기적인 안전 확인이 필요한 자	돌봄 제공인력(서비스관리자 531명, 생활관리사 1,269명) 인건비 및 운영비 지원	서비스관리자 월 1,745.2천원, 생활관리사 월 1,088.9천원	매월
보건복지부	국민건강 증진기금	노인건강관리 (노인안검진 및개안수술)	2,070	2,070	취약계층 노인	백내장, 녹내장등 안질환을 가진 자로 기초수급자, 차상위, 한부모가족 중 60세 이상인 자	본인부담금전액(사전검사비, 수술비, 수술관련재료비등) *수술과 관련이 없는 질환치료비, 상급병실, 선택진료비제외	백내장 평균 약 24만원, 망막질환 평균 약 105만원	1회
보건복지부	국민건강 증진기금	치매치료 관리비 지원	14,334	14,334	취약계층 노인	치매치료제 복용중인 만 60세 이상 노인 중 소득인정책이 중위소득 120% 이하인 자	약제비와 진료비의 본인부담금중 최대 월 3만원까지 지급	최대 월 3만원	매월
보건복지부	국민건강 증진기금	치매조기검진 (치매치료관리비지원)	13,509	13,509	취약계층 노인	만 60세 이상 노인 중 소득인정책이 중위소득 120% 이하인 자	진단검사 비용 중 본인부담금의 일부(진단검사 상한 8만원, 감별검사 의원, 병원, 종합병원급 상한 8만원, 상급종합병원의 경우 상한 11만원)를 지원	진단검사 비용 중 본인부담금의 일부 (진단검사 상한 8만원, 감별검사 의원, 병원, 종합병원급 상한 8만원, 상급종합병원의 경우 상한 11만원)를 지원	검진시
보건복지부	응급의료 기금	독거노인 · 중증장애인 응급안전알림 서비스	10,006	10,995	취약계층 노인	65세 이상 독거노인 및 중증장애인	19년도는 화재, 가스 및 활동감지 장비 설치를 통한 안전관리 서비스 제공	가정내 화재, 가스 및 활동감지 장비 설치(약 20만원)	1회 설치
보건복지부	국민건강 증진기금	고혈압당뇨병 등록관리사업	12,753	12,753	취약계층 노인	주민등록상 사업지역에 거주하는 65세 이상 고혈압 당뇨병 환자	사업지역 65세 이상 고혈압, 당뇨병환자에게 사업참여 인센티브 제공	65세 이상 고혈압, 당뇨병환자 1인당 월 1회 3,500원 지급 (진료비 1,500원/월 1회, 약제비 2,000원/월 1회)	매월
보건복지부	일반회계	장애인 의료비 지원	23,072	43,524	장애인	의료급여2종 및 차상위 본인부담경감 대상 등록장애인	병원 진단,치료비 등 본인부담금 전액, 일부 지원	해당 없음	매회
보건복지부	건강보험 재정	건강보험 장애인보장구 지원	건강보험재정	건강보험재정	장애인	건강보험 가입자 및 피부양자 중 등록장애인	건강보험 가입자 중 등록장애인에게 휠체어 등 보장구 지원	장애인보장구 유형별 기준액, 고시금액 및 실구입금액 중 최저금액의 90% 지원	내구연한 내 1회
보건복지부	일반회계	장애수당 (기초)	74,985	719,735	장애인	만 18세 이상 등록장애인 중 3~6급의 국민기초생활보장 수급자	매월 장애수당 지급	소득재산조사 후 월 2~4만원 지급	매월
보건복지부	일반회계	장애수당 (차상위 등)	54,779	719,735	장애인	만 18세 이상 등록장애인 중 3~6급의 차상위계층 및 만 18세 미만 등록장애인 중 기초수급자 또는 차상위계층	매월 장애(아동)수당 지급	소득재산 조사후 만 18세 이상 경증장애인 월 2~4만원, 만 18세 미만 장애아동 2~20만원 지급	매월
보건복지부	일반회계	장애인연금	600,877	719,735	장애인	만 18세 이상 중증장애인 중 소득인정액이 선정기준액 이하	매월 장애인연금 지급	연령별, 소득계층별 차등지원 매월(최대) 380,000원,(최소) 40,000원	매월
보건복지부	일반회계	장애인 보조기기 지원	3,242	4,204	장애인	저소득층 장애인(기초, 차상위)	장애인 보조기기 교부	해당 없음	매년

소관부처명	재원	세부사업명	18 예산 (추경기준) (단위: 백만원)	19 예산 (단위: 백만원)	지원대상 분류	지원대상	2019년 지원내용	개인별 지원단가(직접지원에만 해당)	지원주기
보건복지부	일반회계	장애인자립자금대여 (장애인자립자금이차및손실보전금)	208	156	장애인	소득인정액 기준중위소득 50% 초과 100% 이하 가구의 성년 등록장애인	*무보증대출: 가구당 1,200만원 이하 *보증대출: 가구당 2,000만원 이하 *담보대출: 담보범위내(5,000만원 이하) →금리최고 연 3.0%, 5년거치 5년 상환	해당사항 없음	상시
보건복지부	일반회계	장애인활동지원	690,674	1,003,461	장애인	1~3급 등록장애인 중 활동지원 등급을 받은 사람	월별 개인급여량 범위내에서 활동보조, 방문간호 및 목욕서비스 등 지원	2019년 정부안 기준 12960원(연령무관)	시간당
보건복지부	일반회계	장애아동가족지원 (언어발달지원)	507	796	장애인	전국가구평균소득 100% 이하의 만12세 미만 비장애아동(한쪽부모 및 조손가정의 한쪽 부모가 시각, 청각, 언어, 지적, 자폐성, 뇌병변 등록장애인)	언어발달진단서비스, 언어재활서비스 및 독서지도, 수화지도	월 8회(주 2회), 회당 27,500원 기준	회당
보건복지부	일반회계	장애아동가족지원 (장애아가족양육지원)	11,277	17,186	장애인	전국가구평균소득 100% 이하의 만18세 미만 1~3급 장애아와 생계.주거를 같이하는 가정	장애등록 1~3급 만18세 미만 장애아와 생계, 주거를 같이 하는 가정 양육지원, 휴식지원	9,650원(시간당)	시간당
보건복지부	일반회계	장애아동가족지원 (발달재활서비스)	76,288	82,970	장애인	연령: 만 18세 미만 장애유형: 뇌병변,지적,자폐성,청각,언어,시각장애아동 소득기준: 기준중위소득 180%이하 *기존이용자의 경우 매년 1월, 7월(연 2회) 소득기준조사후 적합한 경우 계속이용 가능	언어·청능(聽能), 미술·음악, 행동·놀이·심리, 감각·운동 등 발달재활 서비스 제공 (장애아동 및 부모의 수요에 따라 사업실시기관이 다양한 서비스 개발 가능)	*서비스 단가는 월8회(주 2회), 회당 27,500원으로 하는 것을 기준으로 하되, 시·군·구에서 제공기관지정 시 해당지역의 시장가격, 전년도 바우처가격, 타지역가격, 제공인력의 자격 및 경력 등을 고려하여 적정단가를 설정할 수 있음 *대상자 소득기준에 따라 바우처지원액 및 본인부담금 차등 지원 -기초생활수급자 (다형): 월 22만원 바우처지원, 본인부담금면제 -차상위계층(가형) 월 20만원 바우처지원, 본인부담금 2만원 -차상위초과기준중위소득 65% 이하(나형): 월 18만원 바우처지원, 본인부담금 4만원 -기준중위소득 65% 초과~120% 이하(라형): 월 16만원 바우처지원, 본인부담금 6만원 -기준중위소득 120% 초과~180% 이하(마형): 월 14만원 바우처지원, 본인부담금 8만원	상시
보건복지부	일반회계	여성장애인지원사업 (여성장애인교육지원)	1,620	1,637	장애인	등록 여성장애인(1~6급)	역량강화 교육 프로그램, 상담 사례관리, 자조모임 등 여성장애인 역량강화를 위한 프로그램 운영	해당사항 없음	연중
보건복지부	일반회계	여성장애인지원사업 (여성장애인출산비용지원)	1,222	1,122	장애인	등록 여성장애인(1~6급) 중 출산한 자 및 임신기간 4개월 이상의 태아를 유산, 사산한 자	출산 시 여성장애인에게 출산비용 지원	태아 1인 기준 1백만원 지원	연중
보건복지부	일반회계	발달장애인지원 (공공후견지원)	1,176	1,531	장애인	만 18세 이상의 발달장애인	공공후견심판청구비용지원 공공후견인활동비용지원	공공후견심판청구비용: 실비지원(최대 30만원) 공공후견인활동비용: 1인당 월 150천원(상한400천원)	월별
보건복지부	일반회계	발달장애인지원 (발달장애인부모·가족지원)	1,811	2,883	장애인	발달장애인으로 등록된 자녀의 부모 및 보호자	발달장애인 부모 및 보호자에 개별/집단 상담 제공	월 최대 20만원 *바우처지원액: 월 16만원, 본인부담금: 4천원~4만원	월별
보건복지부	일반회계	발달장애인지원 (발달장애인문제행동치료지원)	505	3,005	장애인		행동발달증진센터운영지원 및 거점병원운영지원		

소관부처명	재원	세부사업명	18 예산 (추경기준) (단위: 백만원)	19 예산 (단위: 백만원)	지원대상 분류	지원대상	2019년 지원내용	개인별 지원단가(직접지원에만 해당)	지원주기
보건복지부	일반회계	발달장애인 지원 (주간활동 서비스)	-	19,103	장애인	만 18세 이상의 발달장애인	주간활동 바우처 이용권(월 88시간) 지원	1인당 12,960원 (단가)	월별
보건복지부	일반회계	발달장애인 지원 (청소년방과후돌봄지원)	-	9,169	장애인	일반 중·고등학교 발달장애 학생	방과후 돌봄서비스 바우처 지원	일일 2시간 방과후 돌봄서비스 바우처 제공	
보건복지부	일반회계	장애인거주시설 운영지원	470,933	480,881	장애인	기준 중위소득 이하인 시설입소 장애인	장애인거주시설 이용장애인 중 기준 중위소득 이하인 장애인에게 입소이용료 지원	월 286천원 입소료 지원	매월
보건복지부	일반회계	장애인일자리 지원 (일반형(전일제)일자리)	49,995	63,643	장애인	만 18세 이상 등록장애인	일반형일자리 제공(전일제 일자리)	1,745,150원	매월
보건복지부	일반회계	장애인일자리 지원 (일반형(시간제)일자리)	8,036	10,676	장애인	만 18세 이상 등록장애인	일반형일자리 제공(시간제 일자리)	872,580원	매월
보건복지부	일반회계	장애인일자리 지원 (시각장애인 안마파견)	9,492	9,665	장애인	만 18세 이상 등록장애인 중 안마사자격 인증을 받은자	특화형일자리 제공(시각장애인안마파견)	1,113,740원	매월
보건복지부	일반회계	장애인일자리 지원 (발달장애인 요양보호사 보조)	1,924	4,438	장애인	만 18세 이상 등록장애인	특화형일자리 제공(발달장애인요양보호사보조일자리)	1,093,850원	매월
보건복지부	일반회계	장애인일자리 지원 (복지일자리)	25,619	31,679	장애인	만 18세 이상 등록장애인	복지일자리 제공	467,600원	매월
보건복지부	일반회계	중증장애인자립생활지원 (중도시각장애인재활훈련지원)	463	465	장애인	중도시각장애인	중도실명 시각장애인에 대한 재활 및 교육프로그램을 실시하여 사회적으로 다시 자립할 수 있도록 지원	해당없음	연중
보건복지부	일반회계	중증장애인자립생활지원 (척수장애인재활훈련지원)	637	914	장애인	척수장애인	척수장애인을 위한 심리재활, 사회재활, 동료상담가 파견, 지역사회 복귀훈련 등을 통해 지역사회에 복귀 지원	해당없음	연중
보건복지부	일반회계	중증장애인직업재활지원	18,939	16,669	장애인	만 15세 이상 등록장애인	훈련수당	월 7만원	분기
보건복지부	일반회계	영유아보육료 지원 (장애아보육료)	44,408	48,499	장애인	어린이집 이용 만 0~12세 장애아	매월 보육료 지원	매월 462천원 지원	매월
보건복지부	국민건강증진기금	지역사회중심재활사업 (지역사회통합건강증진사업13개사업에 포함)	별도 산출 불가능	별도 산출 불가능	장애인	장애인 및 장애인이 될 것으로 예상되는 자	대상자를 기본관리군, 집중관리군으로 분류하고, 대상자에 따라 상담, 교육, 건강관리 프로그램 등 제공		
보건복지부	일반회계	장애인운전교육장 임차 및 순회교육	590	609	장애인	전국거주 1~4급 지체, 뇌병변, 청각장애인(기초생활수급자 1~6급)	'찾아가는 운전교육' 프로그램 지원		
보건복지부	일반회계	장애인전동보장구 충전기 설치	0	4,400	장애인	주요 공공이용시설	장애인전동보장구 충전기 설치 지원	해당없음	

소관부처명	재원	세부사업명	18 예산 (추경기준) (단위: 백만원)	19 예산 (단위: 백만원)	지원대상 분류	지원대상	2019년 지원내용	개인별 지원단가(직접지원에만 해당)	지원주기
보건복지부	일반회계	중증장애인자립생활지원 (장애인보조견전문훈련기관지원)	96	97	장애인	보조견 보급을 통한 장애인의 독립적 보행 및 청각장애인의 소리 인지 등 보조서비스 제공 위한 보조견 훈련기관 지원		기관 지원	수시
보건복지부	일반회계	중증장애인자립생활지원 (시각장애인 음악재활센터 지원)	388	394	장애인	시각장애인에게 체계적인 음악 재활 프로그램을 제공하여 전문 음악인을 양성하고, 음악을 통해 자립생활을 지원하기 위한 시각장애인 음악 재활센터 사업비 지원		기관 지원	수시
보건복지부	일반회계	장애인건강보건관리사업 (장애인건강검진지원)	300	740	장애인	의료기관(장애인 건강검진기관 공모를 통해 선정)	장애특화 시설장비비 지원(20개소)	기관 지원	
보건복지부	일반회계	보호종료아동 자립수당 지급	-	9,858	요보호아동	보호종료 2년 내 만18세~24세 보호종료아동	매월 보호종료아동 자립수당 지급	매월 30만원 지원	매월
보건복지부	일반회계	아동발달지원계좌(보조)	19,570	20,929	요보호아동	보호대상아동(만 0세~18세 미만), 기초생활수급아동(만 12세~18세 미만)	아동이 일정 금액 적립 시 정부가 동일 금액을 월 4만원 한도내 매칭지원	월 4만원 한도내 매칭지원	매월
보건복지부	일반회계	가정위탁지원·운영 (가정위탁아동상해보험료 지원)	556	531	요보호아동	가정위탁보호아동(소득재산기준 무관, 18세 미만 아동)	상해보험료 지원	1인당 연 65천원 이내	
보건복지부	일반회계	가정위탁지원·운영 (입양가정위탁아동심리치료지원)	278	513	요보호아동	국내입양 · 가정위탁아동 중 심리정서치료가 필요한 아동(소득재산기준 무관, 18세 미만 아동)	심리정서치료비 및 검사비	심리정서치료비 월 20만원 이내, 심리검사비 20만원(1회)	
보건복지부	복권기금	요보호아동그룹홈운영 및 지원 (학대피해아동쉼터설치및 운영)	5,024	5,531	요보호아동	만 18세 미만 학대피해아동	피해아동 보호 및 숙식 제공, 의복 등 생필품 지원, 일상생활 훈련 및 생활 지원, 심리검사, 심리치료, 건강검진 지원 및 병원 치료 지원, 학업지도, 안전교육, 문화체험, 체육활동 지원 등	해당사항 없음(본 사업은 시설개소 단위로 운영비 등을 지원하는 사업임)	매월
보건복지부	일반회계	한센인피해사건진상조사 및 위로지원	7,025	6,816	재해 등 피해자	소득에 관계없이 피해자로 결정된 모든 한센인(약 3,734명)	1.한센인피해자에 위로지원금 2.한센인피해자중 의료지원 대상자 지원	1.한센인 피해자에 매월 15만원 지원(위로지원금) 2.의료지원대상자 연 500만원 지급(의료지원금)	매월/매년
보건복지부	일반회계	원폭피해자진료비장제비등 지원	4,938	4,922	재해 등 피해자	등록된 원폭피해자중 건강수첩미소지자 (단, 진료보조비는 등록된 원폭피해자 약 2,345명 전부)	1.진료비 중 국민건강보험법이 정하는 의료비요양급여항목의 일부 본인부담금과 처방전에 의한 약제비 2.진료보조비 월 10만원(복지회관입주자 월 5만원) 3.장제비 150만원 4.종합건강검진비 연 35만원 지원	1.청구내역 중 비급여, 한방, 간병비, 급여항목의 전액 본인부담금 제외한 약제비 일체(개인별 다양) 2.진료보조비 월 10만원(복지회관입주자 월 5만원, 110명) 3.장제비 150만원(연간 6명 이내) 4.종합건강검진비 연 35만원(연간 40명 이내)	매월/매회
보건복지부	일반회계	원폭피해자진료비장제비등 지원 (진료소약제비지원)	31	31	재해 등 피해자	원폭피해자복지회관입주자(정원 110명)	원폭피해자복지회관 입주자 대상 원폭진료 약제비 지원	원폭피해자복지회관 입주자 대상 약제비지원(개인별 다양)	매회
보건복지부	일반회계	실종아동 보호 및 지원	854	1,432	기타	실종아동 가족 등을 포함한 모든 국민	실종아동 예방 교육 및 홍보, 장기실종아동 가족 지원	해당사항 없음(본 사업 예산은 민간경상보조사업 및 직접사업수행 경비임)	매분기 (또는 상하반기)

소관부처명	재원	세부사업명	18 예산 (추경기준) (단위: 백만원)	19 예산 (단위: 백만원)	지원대상 분류	지원대상	2019년 지원내용	개인별 지원단가(직접지원에만 해당)	지원주기
보건복지부	일반회계	노숙인등복지지원 (노숙인시설 기능보강)	2,069	4,457	기타	노숙인시설	노숙인시설 신증축, 개보수, 장비보강 및 난연재 교체	신축 1,270천원/㎡, 개보수 620천원/㎡, 난연재교체 158천원/㎡	연간
보건복지부	일반회계	노숙인등복지지원 (노숙인시설 운영)	33,439	35,571	기타	노숙인시설	종사자 인건비, 관리비, 프로그램비 지원	종사자 인건비(서울 207명 48백만원/연, 지방 779명 49백만원/연), 신규인력 113명 13백만원/0.5년, 관리운영비 600천원/개소당, 프로그램비 40개소, 50백만원/개소당	연간
보건복지부	일반회계	노숙인등복지지원 (노숙인권익보호, 자활프로그램개발·보급)	488	458	기타	노숙인시설	민간단체지원, 위기관리사업 지원	노숙인종합지원센터 노숙인위기관리사업 인건비 지원 25백만원/개소당, 민간단체 지원 213백만원	연간
보건복지부	일반회계	의사상자 지원	3,345	3,356	기타	의사자의 유족 또는 의상자	유족 보상금 또는 의상자 보상금	의사자유족: 221,728천원 의상자: 221,728~11,086천원	1회
보건복지부	일반회계	영주귀국 사할린한인 정착비 및 시설운영비 지원	4,370	4,763	기타	영주귀국 사할린 한인	영주귀국 사할린 한인들에 대한 항공료, 집기, 비품비, 임대주택 보증금, 특별생계비 및 입소시설의 운영비 지원	항공료, 집기, 비품비, 임대주택 보증금, 특별생계비 및 입소시설의 운영비 등 연중 지속지원	연중
보건복지부	일반회계	사례관리전달체계개선 (중독관리통합지원)	3,490	3,548	기타	중독에 문제가 있는 노숙인과 그 가족 등 지역주민	중독 문제가 있는 노숙인 등을 대상으로 상담, 치료, 재활 지원 서비스 제공		
보건복지부	일반회계	외국인근로자 등의료지원	2,900	2,900	기타	외국인근로자 및 그 자녀, 국적취득 전 여성결혼이민자 및 그 자녀, 난민 등 및 그 자녀, 노숙자	건강보험, 의료급여 등 각종 의료보장제도에 의해서 의료혜택을 받을 수 없는 외국인 근로자 등에 의료서비스를 제공	1회당 최대 500만원 범위내(본인부담 10%)	사후정산
보건복지부	복권기금	입양아동가족지원 (장애아동입양양육보조금)	1,575	1,473	기타	「입양특례법」상 허가를 받은 입양기관에 의해, 같은 법의 요건과 절차를 갖춰 장애아동을 국내 입양한 가정, 만18세 전까지	매월 장애입양아동 양육보조금 지원	(중증장애) 627천원/월 (경증장애등) 551천원/월	매월
보건복지부	복권기금	입양아동가족지원 (장애입양아동 의료비지원)				「입양특례법」상 허가를 받은 입양기관에 의해, 같은 법의 요건과 절차를 갖춰 장애아동을 국내 입양한 가정, 만18세 전까지	장애입양아동의 진료·상담·재활 및 치료에 소요되는 비용	1인당 연간 260만원 이내	신청시
보건복지부	복권기금	입양아동가족지원 (입양숙려기간모자지원사업)	405	245	한부모가족	출산예정일전 40일 또는 출산후 7일 이내인 미혼·이혼한 부모 (지원기간내 입양동의 사실이 없을 것)	미혼·이혼 한부모 모자보호 서비스(가정 내 보호, 산후지원인력, 산후조리원) 이용비용 지원	o(가정내보호지원)산후지원 인력가정방문서비스 지원(1주), 500,000원/가족, 지인의 도움받기 원할 경우 350,000원 o(미혼모자 가족복지시설내 입소자지원)산후지원 인력인건비 지원(1주), 400,000원 o(산후조리원보호지원)산후조리원 이용료 지원(1주), 최대700,000원	회당
보건복지부	국가균형발전특별회계	지역자율형사회서비스투자사업 (가사간병방문지원사업)	25,525	28,985	취약계층 일반	만 65세 미만의 생계·의료·주거·교육급여 수급자, 차상위계층 중 장애인(1~3급), 중증질환자, 소년소녀가정, 한부모가정, 희귀난치성질환 등 가사간병서비스가 필요한 자	저소득 취약계층에 가사간병 서비스 바우처 제공	소득구간, 서비스 시간에 따라 월 24시간 또는 월 27시간 바우처 제공(정부지원금 최대 308,310원)	매월
보건복지부	국가균형발전특별회계	지역자율형사회서비스투자사업 (산모신생아건강관리지원사업)	44,911	77,696	저소득층	기준중위소득 80% 이하 출산가정	출산가정에 재가방문 산후조리서비스 바우처 제공	태아유형, 출산순위, 소득구간, 서비스 기간에 따라 5~25일 바우처 제공(정부지원금 300천원~2,536천원)	회당

소관부처명	재원	세부사업명	18 예산 (추경기준) (단위: 백만원)	19 예산 (단위: 백만원)	지원대상 분류	지원대상	2019년 지원내용	개인별 지원단가(직접지원에만 해당)	지원주기
보건복지부	국가균형 발전특별 회계	지역자율형사회서비스투자사업 (지역사회서비스투자사업)	165,672	170,147	취약계층 일반	서비스별 상이하나 일반적으로 기준중위소득 120% 이하 *노인 및 장애인 대상 사업의 경우 전국 가구평균소득 140%이하	아동청소년 심리지원, 노인 맞춤형 운동처방 등 지역수요에 맞는 400여개 사업 지원	사업별 상이	사업별 상이하나 일반적으로 12개월
보건복지부	일반회계	사례관리전달체계개선사업 (통합사례관리사지원(희망복지지원단 운영))	16,099	16,359	취약계층 일반	긴급하게 도움을 원하는 가구나 장기적으로 보호가 필요한 가구등 어려움에 처한 지역주민	읍면동 복지전담팀이 대상자를 직접 방문상담하여 복지급여, 민간자원 연계등 맞춤형 서비스를 제공, 통합사례관리를 통해 지속적인 상담과 복지서비스 관리 진행		
보건복지부	일반회계	공공사회복지전달체계개선	70,365	51,333	취약계층 일반	탈빈곤, 자활 지원 가능 가구(기초생활수급자 중 신규수급자, 기초수급 탈락자 등), 차상위 빈곤가구	의료비, 생활지원비, 교육훈련비 등 지원	1가구당 최대 50만원(추가 지원이 필요한 경우 추가 50만원 지원 가능)	필요시
산림청	산림환경 기능증진 자금	산림복지서비스이용권 지원사업	별도 산출 불가능	별도 산출 불가능	취약계층 일반	기초생활수급자 장애수당수급자 장애아동수당수급자 장애인연금수급자 차상위계층	산림복지서비스제공자 시설에서 산림복지서비스를 이용할 수 있는 이용권 지급	1인당 연 10만원 바우처 카드 제공	매년
산림청	농어촌구조개선특별회계	숲가꾸기 (공공산림가꾸기)	17,205	17,397	취업취약계층	만 18세 이상의 성인 중에서 실업자 또는 정기적인 소득이 없는 일용근로자	산림가꾸기 일자리 제공 및 인건비 지급 –숲가꾸기 패트롤(직접) : 각종 산림피해(덩굴류, 병해충,산림재해 등) 및 산림내 현장민원 처리 –숲가꾸기 자원조사단(보조) : 산림자원조사 업무 및 산림사업DB구축 –산림바이오매스 수집단(보조) : 공공성이 강한 생활권 주변산림정비 및 숲가꾸기 산물수집	- 숲가꾸기 패트롤(직접) : 74,800원/1일 - 숲가꾸기 자원조사단(보조) : 66,800원/1일 - 산림바이오매스 수집단(보조) : 66,800원/1일	
산업통상자원부	에특회계	저소득층에너지효율개선 (단열/창호/바닥시공및고효율보일러교체지원)	63,865	69,765	저소득층	기초생활수급가구, 차상위계층, 사회복지시설	단열, 창호개선, 보일러교체 시공 등	가구당 200만원(18년 기준)	3년이상
산업통상자원부	전력산업 기반기금	공공(임대)주택신재생에너지지원 (구보급자리주택신재생보급)	별도 산출 불가능	별도 산출 불가능	저소득층	공공임대주택(영구임대, 국민임대)	18년 주택지원사업 보조금 단가를 기준 총 사업비 50% 수준으로 예산 범위 내 협의하여 지원		매년
산업통상자원부	에특회계	서민층가스시설개선	9,670	19,850	취약계층 일반	국민기초생활수급자, 차상위계층, 독거노인, 중증장애인, 소년소녀가장, 기초연금수급자, 한부모가족 가구 중 LPG를 고무호스로 사용하는 가구	LPG호스시설을 금속배관으로 교체 및 퓨즈콕 등 안전장치 설치	가구당 241,000원(18년 기준)	매년
산업통상자원부	전력산업 기반기금	취약계층 에너지복지 사업	23,369	22,195	취약계층 일반	저소득층 및 복지시설	저소득층 및 복지시설 LED 교체지원	저소득층 가구별 상황(조명개수, 조명모델 등)에 따라 차등지원 / 복지시설 또한 상황별 규모별 차등 지원	매년
산업통상자원부	에특회계	에너지바우처	83,170	93,702	취약계층 일반	생계, 의료수급가구 중 노인, 장애인, 영유아, 임산부, 중증, 희귀난치성질환자 가구	연탄, 등유, LPG, 전기, 도시가스, 지역난방을 구입할 수 있는 바우처 지급	가구당 102,000원(18년 기준)	매년
여성가족부	양성평등 기금	한부모가족자녀 양육비 등 지원	91,823	206,933	한부모가족	소득인정액이 기준 중위소득 52% 이하이면서 아동을 양육하는 한부모가족 및 조손가족	매월 아동양육비지원 매년 학용품비지원 매월 생활보조금지원	(아동양육비)만 14세 이하 아동, 월 13만원 (학용품비)중고등학생, 연 5.41만원 (생활보조금)한부모아동중 시설입소, 월 5만원	매월 매년

소관부처명	재원	세부사업명	18 예산 (추경기준) (단위: 백만원)	19 예산 (단위: 백만원)	지원대상 분류	지원대상	2019년 지원내용	개인별 지원단가(직접지원에만 해당)	지원주기
여성가족부	양성평등기금	청소년한부모 아동양육 및 자립지원	1,806	3,596	한부모가족	소득인정액기 기준 중위소득 60%이하이면서 부 또는 모가 만 24세 이하인 한부모	매월 아동양육비 지원 검정고시학습비 지원 자립촉진수당 지원 미혼모부자거점기관운영	(아동양육비) 월 18만원 (검정고시학습비) 가구당 연 154만원 이내 (교육학생교육비) 수업료입학금 실비 (자립촉진수당) 가구당 월 10만원	매월 매년
여성가족부	양성평등기금	청소년한부모 아동양육및자립지원 (미혼모초기지원)	423	427	한부모가족	시설입소자(보장시설수급자)를 제외한 만3세 이하 자녀를 양육하는 미혼모부 가구 중 소득이 기준 중위소득 72% 이하인 가구	미혼모부자 거점기관 운영	(출산 및 양육지원) 연간가구당 최대 70만원, 자녀가 2인 이상인 경우 최대 140만원 (친자검사비) 실비	상시
여성가족부	일반회계	한국건강가정 흥원지원 (양육비이행지원)	3,734	3,886	한부모가족	지원요건 충족하는 한부모가족	양육비 이행확보 위한 법률지원, 한시적 양육비지원 등	소송지원/한시 적양육비: 자녀 1인당 월 200,000원	상시/매월 (최장12개월)
여성가족부	양성평등기금	건강가정및다문화가족지원 (다문화가족 특화사업)	33,833	40,520	다문화가족	다문화가족	방문교육, 사례관리, 통번역, 언어발달, 이중언어 지원	-	상시
여성가족부	양성평등기금	건강가정및다문화가족지원 (건강가정및 다문화가족지원센터운영)	30,142	38,379	취약계층 일반	가족문제 예방 및 해소, 가족관계 증진 등이 필요한 가족	가족교육, 가족상담 등	-	상시
여성가족부	일반회계	취약위기가족 지원	4,577	4,188	취약계층 일반	중위소득 72% 이하 한부모, 조손가족 등 취약가정 및 긴급위기가족	사례관리, 상담, 자녀학습정서지원, 생활도움지원 등	해당없음	상시
여성가족부	청소년육성기금	청소년방과후 활동지원 (청소년방과 후아카데미운영지원)	19,695	22,402	취약계층 일반	초등 4학년 ~ 중등 3학년 청소년 중 방과후 돌봄이 필요한 저소득층(기준중위소득 60% 이하), 한부모, 조손, 다문화, 장애, 3자녀 이상 가정 등	방과후 돌봄이 필요한 청소년에게 체험활동, 보충학습, 급식, 상담 등 종합서비스 제공		매년
여성가족부 (법무부)	범죄피해자보호기금	성폭력피해자 지원 (성폭력피해자 보호시설운영)	3,824	4,452	범죄 등 피해자	성폭력피해자 보호시설 퇴소자(만 19세 미만 미성년자가 보호시설 입소후 1년 이상 경과하고 만 19세 이상 도달한 자) *내역사업예산 중 일부지원	성폭력 피해자 보호시설 퇴소 시 퇴소자립지원금	퇴소 시 1인당 5백만원	퇴소시
여성가족부 (법무부)	범죄피해자보호기금	성폭력피해자 지원 (의료비등피해자지원)	4,099	4,166	범죄 등 피해자	성폭력 피해자	성폭력 피해자의 조속한 회복을 위한 치료회복 프로그램 운영 및 의료비, 간병비 등 지원	의료비 전액본인부담금, 간병비 자부담 비용(최대 300만원), 돌봄서비스 자부담비용(최대 300만원)	퇴소시
여성가족부	양성평등기금	성매매방지 및 피해자 지원	15,849	15,904	범죄 등 피해자	성매매피해자 등	성매매피해자에 대한 구조, 상담, 보호서비스제공 및 의료·법률·진학·직업훈련 지원	(의료·법률·진학·직업훈련지원) 1인당 지원한도액 760만원 범위에서 최대 3년까지 지원 (자활지원센터 일자리 제공사업) 월 100시간 이상 참여 1인당 월 647천원 지원	회당
여성가족부	양성평등기금	가정폭력피해자지원 (퇴소시자립지원금지원)	-	1,410	범죄 등 피해자	가정폭력 피해자 및 동반아동	가정폭력피해자보호시설 퇴소시, 주거 및 생활안정을 위한 자립지원금 지급	1인당 500만원 내외	청구시
여성가족부	양성평등기금	가정폭력피해자지원 (가정폭력성폭력피해자무료법률지원)	2,321	2,941	범죄 등 피해자	가정폭력 피해자 및 동반아동	가정폭력, 성폭력피해자 대상소송비용 등 무료법률 지원	변호사 수임료 등 소송 지원	청구시
여성가족부	양성평등기금	가정폭력피해자지원 (가정폭력피해자치료회복및의료비지원)	1,904	1,904	범죄 등 피해자	가정폭력 피해자 및 동반아동	가정폭력피해자의 조속한 회복을 도모하기 위한 치료회복 프로그램 운영 및 의료비 지원	의료비 청구액	청구시

소관부처명	재원	세부사업명	18 예산 (추경기준) (단위: 백만원)	19 예산 (단위: 백만원)	지원대상 분류	지원대상	2019년 지원내용	개인별 지원단가(직접지원에만 해당)	지원주기
여성가족부	양성평등기금	가정폭력피해자지원 (폭력피해여성주거지원)	889	976	범죄 등 피해자	가정폭력 피해자 및 동반아동	가정폭력 피해자의 자립을 지원하기 위한 임대주택 제공	임대주택 보증금 등 지원(월 관리비 등은 입주자 부담)	청구시
여성가족부	양성평등기금	폭력피해이주여성지원사업 (폭력피해이주여성보호시설퇴소자자립지원금)	-	684	범죄 등 피해자	폭력피해 이주여성 및 동반아동	폭력피해 이주여성보호시설 퇴소시, 주거 및 생활안정을 위한 자립지원금 지급	1인당 500만원 내외	청구시
여성가족부	일반회계	일본군위안부피해자생활안정및기념사업	3,920	3,940	범죄 등 피해자	일본군 '위안부' 피해자(생활안정지원대상자)	생활안정지원금 지급, 간병비 지원, 최초 등록 시 특별지원금 지급	월 140만4천원(생활안정지원금), 136만원(간병비) 지원, 특별지원금은 최초 등록 시 4,300만원(1회만)	매월
여성가족부	일반회계	아이돌봄 지원	108,377	224,592	저소득층	만 12세 이하 아동, 소득인정액이 기준중위소득 120% 이하 가구	아이돌봄 서비스에 대한 이용요금 지원(소득수준별 차등지원)		매년
여성가족부	일반회계	청소년 건강지원	3,151	6,764	저소득층	생계·의료·주거·교육급여 수급자, 법정차상위계층, 한부모가족지원대상에 해당하는 만 11~만18세 여성청소년	보건위생물품(생리대) 구매비용 바우처 지원	월 10,500원 (연간 최대 126,000원 지원)	반기별 (연 2회)
여성가족부	청소년육성기금	매체활용능력증진및역기능해소 (청소년인터넷중독예방·해소)	1,915	2,063	위기청소년	공존질환 보유 과의존 위험군 청소년	치료비 지원	일반계층 30만원, 취약계층 50만원	
여성가족부	청소년육성기금	청소년사회안전망구축 (지역사회청소년통합지원체계구축)	12,946	13,716	위기청소년	9~24세 (위기)청소년	위기청소년 발견 및 상담·보호·자립지원 등 필요서비스 지원 및 연계	무료	상시
여성가족부	청소년육성기금	청소년사회안전망구축 (청소년동반자프로그램운영)	9,503	10,626	위기청소년	9~24세 (위기)청소년	청소년 상담 및 필요서비스 연계 등	무료	상시
여성가족부	청소년육성기금	청소년사회안전망구축 (학교밖청소년지원)	17,851	18,992	위기청소년	학교 밖 청소년	학교밖청소년에게 학업지원, 직업체험, 상담지원 등의 서비스 제공		매년
여성가족부	청소년육성기금	청소년사회안전망구축 (청소년특별지원)	1,415	1,409	위기청소년	소득인정액이 기준 중위소득 72% 이하(생활지원 및 건강지원은 60% 이하) 이면서 9세 이상 18세 이하 위기청소년	생활지원, 건강지원, 학업지원, 자립지원, 법률지원, 상담지원, 활동지원 중에서 택일	지원 내용별로 차등 지원	매월
여성가족부	청소년육성기금	청소년사회안전망구축 (이주배경청소년지원)	2,476	2,487	다문화, 북한이탈주민	9~24세 이주배경청소년 (북한이탈, 중도입국, 다문화 등)	이주배경청소년의 원활한 한국사회 적응을 위한 기초 한국어 교육, 문화체험 등 지원		매년
여성가족부	청소년육성기금	국립중앙청소년치료재활센터 운영	5,326	6,644	위기청소년	정서·행동적 장애를 가진 청소년(만 9세~만 18세)	정서·행동장애 청소년 대상 치유·재활서비스 제공	저소득계층(기초생활수급자+차상위계층) 월 30만원 치유비용 면제	
중소벤처기업부	일반	장애인기업육성 (장애인창업점포지원)	202		장애인	장애인	창업시 초기사업화비용 지원	1천만원	1회
중소벤처기업부	일반	장애인기업육성 (장애인창업육성)	2,229	7,975	장애인	장애인	창업교육, 우수 창업아이템 발굴 및 시상	현금성 지원이 아닌 교육지원 등으로 지원단가 산출 곤란	1회
중소벤처기업부	일반	장애인기업육성 (장애인기업종합지원센터운영)	2,905		장애인	장애인	장애인기업지원센터 입주, 보육지원	현금성 지원이 아닌 입주공간 지원 등으로 지원단가 산출 곤란	1회

소관부처명	재원	세부사업명	18 예산 (추경기준) (단위: 백만원)	19 예산 (단위: 백만원)	지원대상 분류	지원대상	2019년 지원내용	개인별 지원단가(직접지원에만 해당)	지원주기
통일부	일반회계	북한이탈주민 지원재단운영 (의료지원)	23,303	33,640	북한이탈주민	입국 15년이내 질병으로 치료받은 북한이탈주민	의료지원	일반질환: 연 200만원 한도내 지원 중증질환: 연 700만원 한도내 지원	매년
통일부	일반회계	북한이탈주민 지원재단운영 (긴급생계지원)			북한이탈주민	입국 15년 이내 북한이탈주민 중 위기상황(질병,가족해체 등) 및 당해년도 비보호자 판정 받은 세대	긴급생계지원	1인 50~100만원 지급	매년
통일부	일반회계	북한이탈주민 지원재단운영 (초기지원)			북한이탈주민	하나원을 수료한 북한이탈주민 세대(세대별 차등지급)	전입초기 가전제품 및 생활안정키트 지원	가전제품 구입 바우처: 세대당 120만원 생활안정키트: 세대당 약 25만원	매년
통일부	일반회계	북한이탈주민 지원재단운영 (장학지원)			북한이탈주민	중학교, 고등학교, 대학교, 대학원 재학생 및 검정고시 합격자 (연령제한 없음)	장학지원	장학생선발자에 한하여(연 2회 선발) 1인 80~240만원 지원	매학기
통일부	일반회계	북한이탈주민 지원재단운영 (학습지및화상 영어지원)			북한이탈주민	학습지: 만 3세~초등학생 탈북아동 및 탈북자녀화상영어: 만 9세~25세 이하 탈북청소년 및 자녀	학습지 및 화상영어	학습지: 매월 30,000원 화상영어: 매월 110,000원	매월
통일부	일반회계	북한이탈주민 지원재단운영 (해외연수지원)			북한이탈주민	탈북대학생	해외연수생활지원	호주어학연수: 1인 9,900천원 / 18개월(총 5명)한 미취업연수(WEST) : 1인 3,600천원 / 7.5개월(총 3명)	분기~반기별
통일부	일반회계	북한이탈주민 지원재단운영 (취업바우처)			북한이탈주민	만 19~49세 북한이탈주민	직업훈련교육을 받을 수 있는 취업바우처(카드) 지원	1인 55~100만원	매년
통일부	일반회계	북한이탈주민지원재단운영 (영농실습훈련비)			북한이탈주민	만 25~65세 미만 북한이탈주민 중 영농실습희망자	영농실습훈련비	영농희망자 1인 80만원, 최대 6개월 지급(매월)	매월
통일부	일반회계	북한이탈주민 지원재단운영 (단기직업연수-훈련비)			북한이탈주민	취업을 목적으로 현장 직무경험을 필요로 하는 탈북민	단기 직업연수훈련비 - 직업체험형: 훈련비 지급 - 취업연계인턴십 : 급여 지급	1인 1월 120만원 3개월 지급(매월) -직업체험형: 연수생 80만원 -취업연계인턴십: 최대 6개월, 급여 50%내 120만원 한도	매월
통일부	일반회계	북한이탈주민 지원재단운영 (직업훈련수당)			북한이탈주민	취업연계형과정 직업훈련 참가자	직업훈련수당(출석률 80% 이상 참가자)	1인 1월 20만원	매월
통일부	일반회계	북한이탈주민 지원재단운영 (창업훈련비)			북한이탈주민	창업을 희망하는 만 19세 이상 북한이탈주민	창업훈련실습비	시간당 최저 시급('18년 7,530, '19년 8,350)	매월
통일부	일반회계	북한이탈주민 지원재단운영 (미래행복통장)			북한이탈주민	만 19~60세 미만 북한이탈주민	미래행복통장	최대 2400만원(월 50만원, 최대 4년까지)	매월
통일부	일반회계	북한이탈주민 지원재단운영 (경영개선자금 지원)			북한이탈주민	본인 명의로 사업자등록증을 발급받아 사업체를 운영하고 있는 북한이탈주민	경영개선자금 지원	경영 상황을 고려하여 최대 350만원 차등 지급	1회 (수혜시5년경과이후재신청 가능)
통일부	일반회계	북한이탈주민지원재단운영 (세무기장료지원)			북한이탈주민	본인 명의로 사업자등록증을 발급받아 사업체를 운영하고 있는 북한이탈주민	세무기장료 지원	월 최대 10만원, 24회 한도	분기별 지급
통일부	일반회계	북한이탈주민 지원재단운영 (예비창업자창업자금지원)			북한이탈주민	2014.11.28.이전입국자 중 창업을 희망하고, 희망창업 동종업종에서 1년 이상 재직중인 근로소득자(고용보험가입)	햇빛플러스 매칭적금(예비창업자 창업자금 지원)	본인적립금과 1:1 매칭하여 월 최대 50만원 적립 최대 18백만원 적립가능	분기별적립 (만기시심사통해지급)
통일부	일반회계	북한이탈주민지원재단운영 (온라인취업지원)			북한이탈주민	19세 이상 취·창업을 준비하는 북한이탈주민	(재)취업에 필요한 온라인, 모바일 환경, 사이버학습 제공	1인 최대 100만원	수시 (60% 수강완료시지급)
통일부	일반회계	북한이탈주민 지원재단운영 (교육지원금)			북한이탈주민	만 34세 미만의 탈북민 (단 평생교육시설의 경우 연령제한 없음)	교육지원금	사립대 등록금 50%(학교별 상이), 국공립 무료	년 2회
통일부	일반회계	북한이탈주민 지원재단운영 (가산금)			북한이탈주민	보호대상자 중 1~5급 장애보유자 보호대상자 중 중증질병으로 3개월 이상 입원한 자 보호대상자 중 만 16세 미만 제3국 출생아동을 양육하는 자	장애가산금, 장기치료가산금 제3국 출생아동 양육가산금	장애가산금: 최소 360만원, 최대 1,540만원 장기치료가산금: 개월당 80만원, 최대 720만원 제3국 출생자녀 양육가산금: 자녀 1인 400만원, 최대800만원	분기별 (장애, 제3국) 계기시 (장기치료)

소관부처명	재원	세부사업명	18 예산 (추경기준) (단위: 백만원)	19 예산 (단위: 백만원)	지원대상 분류	지원대상	2019년 지원내용	개인별 지원단가(직접지원에만 해당)	지원주기
통일부	일반회계	북한이탈주민 정착금지급 (정착기본금)	58,389	41,136	북한이탈주민	보호대상자를 포함하는 단독 혹은 가족세대	정착기본금 -초기지급금: 사회편입 시 지급 -분할금: 사회편입 후 분기별 3회 지급(3, 6, 9개월 후)	1인 세대 700만원, 2인 세대 1,200만원, 3인 세대 1,600만원, 4인 세대 2,000만원, 5인 세대 2,400만원, 6인 세대 2,800만원, 7인 이상 세대 3,200만원	계기기(초기), 분기별(분할)
통일부	일반회계	북한이탈주민 정착금지급 (가산금)			북한이탈주민	보호결정당시 만 60세 이상인 자, 보호결정당시 한부모가정인 세대	연령가산금, 한부모가정 아동보호가산금	연령가산금 1인 720만원 한부모 아동보호가산금 세대당 360만원	분기별
통일부	일반회계	북한이탈주민 정착금지급 (주거지원금)			북한이탈주민	보호대상자를 포함하는 단독 혹은 가족세대	임대주택알선 및 주거지원금 지급 -사회편입 시 임대주택 알선 및 임대보증금 지원 -지원 후 남은 금액은 사회편입 5년 경과 후 본인(세대주)신청에 의해 지급	1인 세대 1,600만원 2~4인 세대 2,000만원, 5인 이상 세대 2,300만원기준	계기시
통일부	일반회계	북한이탈주민 정착금지급 (지방거주 장려금)			북한이탈주민	보호대상자를 포함하면서, 서울, 인천, 경기 외 지역에 편입한 후 해당 지역에서 2년간 거주한 단독 혹은 가족세대	지방거주장려금	인천외 광역시거주자: 주거지원금의 10% 나머지 지역거주자: 주거지원금의 20%	계기시
통일부	일반회계	북한이탈주민 정착금지급 (고용지원금)			북한이탈주민	14.11.28 이전 대한민국 입국하여 보호결정을 받은 자를 채용한 사업주	월 15일 이상 근무했을 때 최대 4년간(48개월) 지급	월 급여의 1/2 지원(월 50만원 상한)	분기별
통일부	일반회계	북한이탈주민 정착금지급 (직업훈련 장려금)			북한이탈주민	일정 시간의 직업훈련과정 수료자(14.11.28 이전 대한민국 입국하여 보호결정을 받은 자)	1회에 한하여 직업훈련 이수 시간 및 과정에 따라 직업훈련 장려금 및 추가 장려금 지급	120~160만원 및 추가 장려금 200만원	요건 충족시
통일부	일반회계	북한이탈주민 정착금지급 (자격취득 장려금)			북한이탈주민	일정한 자격 취득한 자(14.11.28 이전 대한민국 입국하여 보호결정을 받은 자)	1회에 한하여 자격취득장려금 지급	200만원	요건 충족시
통일부	일반회계	북한이탈주민 정착금지급 (취업장려금)			북한이탈주민	6개월 이상 동일업체에 근무한 자(최대 3년)	근무기간에 따라 6개월~ 최대 3년까지 취업장려금 지급	수도권 200~650만원(최대 1,650만원), 지방 250~750만원(최대 1,950만원)	요건 충족시
해양수산부	농특회계	어업인삶의질 향상 (어촌지역가사도우미)	70	70	농어촌 취약가구	임산부 및 출산, 노인, 장애인, 다문화, 저소득층등 어촌지역 거주 고령취약가구	어촌 지역 고령취약가구에 가사도우미를 지원하여 기초적인 가정생활 유지(연간 최대 12일 이내 사용 가능, 경로당은 24일 이내))	가사도우미에 1일 12,000원 지급하여 서비스 제공 지원	회당
해양수산부	농특회계	어업인삶의질 향상 (어업도우미)	245	245	농어촌 취약가구	임산부, 청년, 노인, 장애인, 한부모, 다문화, 북한이탈주민, 저소득층, 보훈대상자 등 어업인이면 지원 가능	사고, 질병, 임신, 출산 등으로 어업활동이 곤란한 어업인에게 어업을 대신할 대체인력비 지원(연간 30일 이내 지원 가능, 임신 및 출산 시 60일 이내)	1일 100,000만원 기준 8만원 지원(80%)	회당
해양수산부	농특회계	조건불리지역 수산직불제	10,193	10,989	농어촌 취약가구	어업생산성이 낮고 정주여건이 불리한 어촌(도서)지역 어업인	어업생산성이 낮고 정주여건이 불리한 어촌도서지역 어업인의 소득보전 / 1인당 65만원 / 20,100어가 예상	1인당 65만원	연1회
행정안전부	균형발전 특별회계	지역공동체 일자리	34,332	40,947	취업취약계층	취업 취약계층(만18세 이상 가능)	취업 취약계층에 직접 일자리 제공으로 고용 및 생계안정 도모	8,350원×150시간×10,000명×4개월	분기
환경부	환경개선 특별회계	환경성질환 예방 및 사후관리사업	7,349	7,971	취약계층 일반	저소득, 소년소녀가장 독거노인, 장애인 가구 등 사회취약계층 및 아토피, 천식 등 환경성질환 어린이 거주 가구	실내환경진단 및 컨설팅, 도배, 장판등 실내환경 개선 환경성 질환 어린이가 있는 가구에 무료진료 서비스 제공	실내환경개선: 약 80만원/개소(12평 기준) 진료서비스: 약35만원/인(2~4회 진료 기준)	매년

소관부처명	재원	세부사업명	18 예산 (추경기준) (단위: 백만원)	19 예산 (단위: 백만원)	지원대상 분류	지원대상	2019년 지원내용	개인별 지원단가(직접지원에만 해당)	지원주기
환경부	석면피해 구제기금	석면피해구제 급여	9,862	12,074	재해 등 피해자	환경성 석면노출로 인해 질병에 걸린 사람 또는 유족	석면피해자에게 구제 급여 지급	요양생활수당(매월, 질병별 차등지원)(331,340원~1,380,600원) 요양급여 및 석면피해 검사비용(사례별 차등지원) 구제급여조정금(사례별 차등지원) 장의비 및 특별장의비(2,607,150원) 특별유족조위금(질병별차 등 지원)(6,517,870원~39,107,250원)	매월 (요양생활수당), 사례 발생시 (기타구제급여)

주: 세부사업명중 (　)안에 있는 사업명은 내역사업명.
자료: 정부제출자료를 그대로 반영하거나 2019년도 예산 및 기금운용계획 개요의 내용을 재정리.
출처: 국회예산정책처 내부자료.

참고문헌

1. 국내문헌

강영철 · 박경돈 · 이민호.(2008). 우리나라 재정개혁에 대한 평가와 향후 전망. KIPA연구보고서 2008-15. 한국행정연구원.

고재경.(2007). "물이용부담금의 패러다임변화와 개선방향-환경서비스에 대한 지불원칙의 적용." 『경기논단』. 2007년 여름호. pp.35-67.

고재경 · 이정전.(1999). "공유자원 관리에 있어 정부개입의 영향". 『대한국토도시계획학회』. 국토계획. 34(4).

김종면.(2007). "재정혁신의 평가 및 향후 과제" 재정포럼 128.한국조세연구원 2007-7.

김준기.(2007). "정부기능변화: 정책수단을 중심으로." 『한국행정학회』. 한국행정학회 2007년도 추계학술대회 발표논문집. pp.691-791.

남궁근.(2008). 정책학: 이론과 경험적 연구. 서울. 법문사.

라휘문 · 김영희.(2006). "지방행정혁신 평가모형의 적실성 평가." 한국사회와 행정연구. 17(2). pp.109-130.

목진휴, 안택, 주경호.(1999) "공공조직 구성원의 조직목표 효과성 인식 결정요인에 관한 연구." 『한국정책학회』 1999년도 동계학술대회 발표논문집.

박종민, 배정현.(2007). "정부신뢰와 정책혜택 및 정부공정성에 대한 태도." 『한국행정학회』 2007년도 동계학술대회 발표논문집(上).

박중훈.(1997). 행정서비스 종합대책의 구상. 서울. 한국행정연구원.

송기창.(2017a). 지방교육재정교부금제도의 회고와 전망 및 개선방향. 교육정책연구. 서울대 교육연구소. 1(2), 1-36.

송기창.(2017b). 지방교육재정의 변화추이 분석에 따른 문재인정부의 정책 과제. 교육재정경제연구. 26(4), 57-92.

송기창, 김민희, 김용남, 김지하, 나민주, 박소영, 우명숙, 윤홍주.(2012). 2012 교육재정백서. 한국교육개발원.

송기창 · 윤홍주.(2011). 2000~2010년 지방교육재정 변동추이 분석(2010년 통계 및 2011년 정책 추가). 한국교육개발원.

송기창 · 윤홍주 · 오범호.(2010). 지방교육재정 변동추이 분석 및 분석지표 개발 연구. 교육과학기술부 정책연구보고서.

신무섭.(2006). 재무행정학. 대영문화사.

안문석.(1990). "협동생성의 조건과 행정의 역할." 『사회과학논집』 15.

오세윤 · 노시평 · 박희서.(2002). "신공공서비스의 배경과 한국행정에 대한 함의". 『한국사회와 행정연구』. 제13권 제1호.

오영균.(2007). "참여정부 혁신평가: 서비스 혁신을 중심으로."『한국행정학회』. 한국행정학회 학술대회 발표논문집. pp. 861-882.

윤정일 · 송기창 · 조동섭 · 김병주.(2015). 교육행정학원론(6판). 학지사.

윤주환.(2009). "물환경에 대한 시민의 인식." 『한국물환경학회』 세계 물의 날 기념 학술 심포지엄.

안문석.(2004). 정보체계론. 학현사.
이명석.(1995). "공유재 문제의 자치적 해결 가능성." 『한국행정학회. 한국행정학보. 29.(4).
이영조·김석태·문인수·김대원.(2008). 행정학원론. 서울. 도서출판 fides.
이정전.(2002). 환경경제학. 박영사.
윤홍주.(2012b). "학교운영비 배분 기준," 송기창 외. 2012 교육재정백서. 한국교육개발원.
장 욱송미령.(1997). "계획의 정당성과 시장실패." 『국토계획』. 제32권 제4호. pp.7-17.
전상경.(1992). "시장실패와 비시장실패 및 공공정책: 환경오염을 중심으로." 한국행정학회. 한국행정학보 제26권 제1호.
전정환.(1993). "정책문제의 특성과 공익단체의 활동전략에 관한 연구." 서울대학교 대학원 행정학 박사학위논문.
정광호.(2007). "공공정책 인식수준 격차분석." 『한국행정학회』. 한국행정학회 발표논문집(4).
정용덕 역.(2007). 사익의 공공활용. 성균관대학교출판부.
조경호.(1999). "행정성과 평가의 이론과 실제: 과정평가와 시민평가의 비교." 사회과학연구 12권.
조석준.(1989). 조직론. 서울. 법문사.
주재현.(2008). 정책과정론. 서울. 대영문화사.
최무현.(2004). "환경분야의 규제영향분석에 관한 연구." 『한국국정관리학회』. 현대사회와 행정. 14.(1). pp.133-162.
최병선.(1992). "정부규제론". 서울. 법문사.
최완규 역.(2012). 국가는 왜 실패하는가. 대런 애쓰모글루 제임스A. 로빈슨 공저. 시공사.
최연홍, 최길수.(2002). "환경정책의 인식에 관한 연구-환경전문가집단을 중심으로-." 한국지방자치학회보. 제14권 제1호. pp.145-157.
최종원.(2002). "시차이론과 행정개혁." 정정길 회, 『행정의 시차적 접근』. 박영사.
최준호.(1997). "공공서비스 정책의 주민만족을 위한 행정 대응성 연구: 사회변화와 행정의 쇄신. 한국행정학회 춘계학술대회 발표논문집. pp.281-300.
하연섭.(1996). 재정학의 기초. 다산출판사.
한석태.(2008). "노인 삶의 질 결정요인에 관한 연구: 객관적 변수와 주관적 변수의 비교." 『한국행정학회보』. 제42권 제3호. pp.441-461.
허 범.(1988). "새로운 공공행정의 모색: 민주행정의 개념과 과제." 『한국행정학회』. 한국민주행정론. 서울. 고시원.
홍성만·주재복.(2002). "자율규칙형성을 통한 공유재(common-pool resource) 관리 모색 - 수질관리를 위한 정부와 주민 간 자발적 협약체결사례를 중심으로." 한국행정학회 2002년도 동계학술대회 발표논문집.
허철행.(2001). "신자유주의의 역사적 전개와 이론적 근거." 『지방과 행정연구』. pp.87-118.

2. 공공기관 간행물 및 공문서

교육부. 지방교육재정알리미. http://www.eduinfo.go.kr/portal/main.do#anchor6.
국회예산정책처.(2016). 주요국의 재정제도.
국회예산정책처.(2019). 2019 대한민국재정.
국회예산정책처.(2018). 국가재정운용계획의 운영현황과 제도개선방안 연구, 2018년도 연구용역보고서, 2018.07.

국회예산정책처.(2019). 2020년도 공공기관 예산안 분석 1.
국회예산정책처.(2014). 국가재정법 이해와 실제.
국회예산정책처.(2009). 중소기업 기술혁신개발사업 평가.2009.5.
기획예산처.(2006). 혁신수용도 조사 결과 보고서.
사단법인 한국국제조세협회.(2019). 미래성장동력확보를 위한 조세정책방향. 2019.12.12. 제14회 조세관련 학회 연합학술대회 세미나자료집.
서울시정개발연구원.(2001). 서울시 사업소 성과평가 방안.
기획재정부. e-나라지표. http://www.index.go.kr/potal/main/EachDtlPageDetail.do?idx_cd=1106.
기획재정부 홈페이지. www.moef.go.kr.
기획재정부.(2011). 재정통계 개편(기획재정위원회 설명자료). 2011.10.
기획재정부 공공기관 경영정보 공개시스템. http://www.alio.go.kr/home.do.
정부합동: 국무조정실 · 환경부 · 건설교통부 등 관계부처 및 낙동강수계 6개 시·도. (1999). 『낙동강수계 물관리종합대책: 낙동강생명찾기 대장정』.
한국행정연구원.(1998). 지방자치단체 평가 표준모델 정립에 관한 연구. 서울. 한국행정연구원.
환경부.(2007). 환경백서.
환경부.(2008). 환경백서.
환경부.(2003). 환경정책의 비용/편익분석 지침서(요약보고서).
환경부.(2006). 물환경관리기본계획: 4대강 대권역 수질보전 기본계획('06-'15).
국회 법률정보시스템. http://likms.assembly.go.kr/law/jsp/main.jsp.
국회 회의록시스템. http://likms.assembly.go.kr/record/index.html.
국회환경노동위원회 홈페이지. http://environment.na.go.kr/index.jsp.
대한민국정부, 2020년도 예산안.
한국재정정보원 홈페이지. www.kpfis.or.kr.
환경부 홈페이지. www.me.go.kr.
행정안전부. 지방재정 365. http://lofin.mois.go.kr.

3. 외국문헌

Aman Khan and W.Bartley Hildreth.(2002). Budget Theory In The Public Sector, Quorum Books.
Axelrod, Robert.(1973). Schma Theory: An Information Processing Model of Perception and Cognition. American Political Science Review. 67(4).
Balfour, D. L.(1990). Individual and organization: Modeling commitment in public organizations. Doctoral Dissertation, The Florida State University.
Bernstein, B.(1958). "Some Sociological Determinants of Perception: An Enquiry into Sub-Cultural Differences". The British Journal of Sociology. Vol. 9. No.2. pp.159-174.
Bagozzi, Richard P., and Moore, David J.(1994). "Public Service Announcements: Emotions and Empathy Guide Prosocial Behavior." Journal of Marketing. Vol. 58. pp.56-70.
Brudney, J.L., and England, R.E.(1982). "Urban Policy Making and Subjective Service Evaluation: Are They Compatible?" Public Administration Review. 42(2). pp.127-133.

Charles Wolf, Jr.(1979). "A Theory of Nonmarket Failure: Framework for Implementation Analysis". Journal of Law and Economics. Vol.22. No.1. pp107-139.

Charles Wolf, Jr.전상경역.(1991). 시장과 정부. 교문사.

Coase, Ronald Harry.(1960). "The Problem of Social Cost". The Journal of Law and Economics. Vol. 3.

Denhardt, Robert B. and Janet Vinzant Denhardt.(2000). "The New Public Service: Serving Rather Than Steering." Public Administration Review, Vol. 60, No. 6.

ECB.(2007). Asseing Fiscal Soundness Occasional Paper Series

Garrett Hardin.(1968). "The Tragedy of the Commons". Science. Vol. 162. no. 3859, pp.1243 - 1248.

Gerbing, David A., and Anderson, James C.(1988). "An Updated Paradigm for Scale Development Incorporating Unidimensionality and Its Assessment." Journal of Marketing Research. Vol. 25. pp.186-192.

Gerston, Larry N.(2004). Pathologies of Rational Choice Theory. New Haven: Yale University Press.

Gutman, Jonathan.(1982). "A Means-End Chain Model Based on Consumer Categorization Processes." Journal of Marketing.46. pp.60-72.

Hal R. Varian.(2003). Intermediate Microeconomics A Modern Approach. 6th edition. W.W.Norton and Company.

IPU.(2004). Parliament, the Budget and Gender.

James L. Perry and Kenneth L. Kraemer.(1983). Public Management-Public and Private Perspectives-, Mayfield Publishing Company.

John R. Bartle, Evolving Theories of Public Budgeting, JAI imprint An imprint of Elsevier Science, 2001.

Jon Blondal.(2003). "Budget Reform in OECD Member Countries: Common Trends" OECD Journal on Budgeting. Vol2. No.4.

Jun, J. S.(2006). Social Construction of Public Administration. NY: SUNY Press.

Olson, M.(1965). The Logic of Collective Action: Public Goods and the Theory of Groups, Cambridge, Mass: Harvard University Press.

Ostrom, E.(1990). Governing the Commons: The Evolution of Institution for Collective Action. Cambridge University Press.

Ostrom, E.(2005). Understanding Institutional Diversity. Princeton University Press.

Ostrom, E., Roy Gardner, and James Walker.(1994). Rules, Games, and Common-Pool Resources. The University of Michigan Press.

Ramu Ramanathan.(2002). Introductory Economics with Applications. 5th edition. South-Western Thomson Learning.

Rogers, Steve.(1990). Performance Management in Local Government. London: Longman.

Schultze, Charles L.(1977). The Public use of private interest. The Brookings Institution: Washington, D. C.

Stiglitz, Joseph E.(1988). "Economics of the Public Sector.(second ed.)" New York: W.W. Norton and Company.

Swan, J.E. and Oliver, R.L.(1985). "Automobile buyer satisfaction with the salesperson related to equity and disconfirmation." in Hunt, H.K. and Day, R.L.(Eds). Consumer Satisfaction and Complaining Behavior. Indiana University Press. Bloomington. IN.

Tremblay, K.R., Jr., and Dunlap, Riley E.(1978). "Rural-Ur ban Residence and Consequences of Natural Resource- Based Development and Rural Transformations." World Development 20(3). pp.385-399.

Wildavsky, Aaron.(1986). Budgeting A Comparative Theory of Budgetary Processes, Second, Revised Editioni, Transaction Books New Brunswick (U.S.A.) and Oxford (U.K.).

Whitaker, Gordon P.(1974). "Who Puts the Value in Evaluation?" Social Science Quarterly. Vol. 54. No. 4. pp.759-64.

이 승 재
국회교육위원회 수석전문위원

학 력
• 고려대학교 행정학박사
(논문 : 환경정책체감에 관한 연구 : 4대강 수질 개선정책을 중심으로)
• 미국 밴드빌트대학교 경제학 석사
• 고려대학교 행정학 학사

주요경력
• 국회예산정책처 예산분석실장
• 국회의정연수원장
• 환경부 · 해양수산부 · 문화체육관광부 · (구)정보통신부 등
정부부처 소관 조사 · 분석업무 담당
• 국회 8급 공개경쟁채용시험 출제위원(행정학)
• 의회발전연구회 국회연수과정편집위원

재미있는 정부톡talk

초판 발행 2020년 2월 15일

지은이 이 승 재
펴낸이 황 영 성
펴낸곳 법 우 사

주 소 서울시 관악구 봉천로 485 우진빌딩 4층
전 화 (02) 876-2261
팩 스 (02) 875-2263
e-mail hys8009@hanmail.net
등 록 2001년 4월 30일, 제301-10-1747호

ISBN 978-89-97060-61-0 93350 정가 18,000원

이 도서의 국립중앙도서관 출판예정도서목록(CIP)은 서지정보유통지원시스템 홈페이지(http://seoji.nl.go.kr)와 국가자료종합목록 구축시스템(http://kolis-net.nl.go.kr)에서 이용하실 수 있습니다.(CIP제어번호 : CIP2020004872)